BTV

2011 BEIJING TELEVISION

YEARBOOK

2011
北京电视台
年鉴

BTV 2011 BEIJING TELEVISION YEARBOOK

《北京电视台年鉴》编辑部　编

北京日报报业集团
同心出版社

图书在版编目（CIP）数据

2011北京电视台年鉴／《北京电视台年鉴》编辑部编．
北京：同心出版社，2011.10
ISBN 978-7-5477-0172-0

Ⅰ.①2…　Ⅱ.①北…　Ⅲ.①北京电视台-2011-年鉴
Ⅳ.①G229.271-54

中国版本图书馆CIP数据核字（2011）第103046号

责任编辑：王小云　杨　芳
责编助理：王　芳　高天航

2011北京电视台年鉴

出版发行：同心出版社
地　　址：北京市东城区东单三条8-16号东方广场东配楼4层
邮　　编：100005
电　　话：发行部：（010）65255876
　　　　　总编室：（010）65252135-8015
网　　址：www.bjd.com.cn/txcbs/
印　　刷：北京京都六环印刷厂
经　　销：各地新华书店
版　　次：2011年10月第1版
　　　　　2011年10月第1次印刷
开　　本：787×1092　1/16
印　　张：25.25
字　　数：538千字
定　　价：128.00元

编辑说明

一、《北京电视台年鉴》以较翔实的图文资料，客观记述北京电视台在宣传业务、技术工作、队伍建设、事业发展、产业经营等各个方面的基本情况，反映电视事业产业的发展变化，是一部综合性资料工具书和史料文献的大型年刊。

二、本年鉴于2008年创刊，每年编印一卷，主要记录和反映北京电视台上一年度的宣传情况和各项事业产业发展成果。

三、本年鉴以马克思列宁主义、毛泽东思想、邓小平理论、“三个代表”重要思想为指导，深入贯彻落实科学发展观，坚持实事求是的编辑方针，坚持“贴近实际、贴近生活、贴近群众”的宣传原则，为广大电视工作者以及社会各界了解和研究北京电视台提供可靠信息。

四、对本年鉴有关栏目的几点说明。

《图片》——主要收录反映2010年北京电视台各方面情况的照片。

《特载》——收录上级领导对本台的批示及台领导撰写的有关文章和重要讲话。

《概况》——概要记录全台各部门一年中主要的工作情况。

《典型经验》——选录有关业务工作的经验、体会文章。

《专辑》——较详细介绍有关重大宣传报道活动。

《频道·栏目》——介绍各频道的基本情况、栏目设置、优秀栏目。

五、《北京电视台年鉴》的编辑工作得到本台各级领导及有关部门的关心和大力支持，在此一并表示感谢。对本书的疏漏之处与不足，恳请各界批评指正。

北京电视台史志办（本刊编辑部）

▲ 2010 年 5 月 7 日，中共中央政治局常委李长春（前排左四），中共中央政治局委员、中央书记处书记、中宣部部长刘云山（前排左二），中共中央政治局委员、国务委员刘延东（前排左六），中共中央政治局委员、中央书记处书记、中组部部长李源潮（前排左一）等在北京电视台 BTV 大剧院观看朝鲜歌剧《红楼梦》

▲ 2010 年 1 月 15 日，中共中央政治局常委、中央政法委书记、中央社会治安综合治理委员会主任周永康（前排左一），中共中央政治局委员、中共北京市委书记刘淇（前排左二）出席由北京电视台录制的《崇高的荣誉——首都政法综合治理系统春节联欢晚会》

◀ 北京电视台新闻节目中心拍摄制作“北京申请世界设计之都”形象专题片时，采访北京市市长郭金龙

▶ 中共北京市委副书记、市政协主席、市委政法委书记王安顺参加北京电视台录制的《文明新北京——“做文明有礼的北京人”主题晚会》时为章子怡颁发形象大使聘书

◀ 中共北京市委常委、宣传部长、副市长蔡赴朝（前排左二），副市长苟仲文（前排左一）在北京电视台视察“三网合一”工作

▲ 广电总局党组副书记、副局长赵实（前排右二）率队到北京电视台调研

▲ 文化部文化产业司司长刘玉珠、副司长高政等一行来北京电视台卡酷卫视调研动漫文化产业发展情况

◀ 北京市委组织部常务副部长史绍洁（前排右二）率组织部调研组在北京电视台调研，北京广播电视台党委书记刘志远（前排右一）等陪同

▶ 北京市纪委领导在北京电视台调研

◀ 北京广播电视台党委书记刘志远(二排左二)率台领导班子在北京电视台调研

▶ 北京市广播电影电视局丁百之副局长(左三)参观第四届北京文化创意产业博览会时与北京电视台网络编辑室工作人员交流

◀ 北京市广播电影电视局何桂芝总工程师(右三)在参观第四届北京文化创意产业博览会时听取多媒体技术人员讲解

▶ 北京市第二期区县局级干部研修班在北京电视台调研

北京广播电视台成立，中宣部、中国记协、广电总局、市委领导与台领导班子成员合影

北京电视台圆满完成市人大十三届三次会议直播任务，受到市领导表扬

由北京电视台承办的2010年度中国播音主持“金话筒奖”颁奖典礼在国家大剧院举行

北京电视台主持人姜华（前排中）荣获“金话筒奖”

◀ 北京电视台现场直播上海世博会北京周开幕仪式

▲ 北京电视台上海世博会《世博直通车》直播现场

▲ 北京电视台直播上海世博会北京周花车巡游

▲ 北京电视台记者在上海世博会现场采访

▲ 2010年12月10日，BTV卫视高标清同播频道正式启用，北京电视台台长王晓东（中）发表贺词

▲ 2010年12月29日，BTV新闻高清机房启用

▲ 2010年12月29日，BTV文艺高标清同播频道正式启用

▲ 北京电视台制作的大型系列片《人民大会堂》举行新闻发布会

▲ 北京电视台与北京大学、清华大学、中国人民大学、中央财经大学、中国传媒大学、北京邮电大学、北京航空航天大学7所高校共建实习基地签约仪式现场

▲ 第四届北京文化创意产业博览会北京电视台展台

▲ 在第六届中国国际动漫节暨动漫产业博览会上，北京电视台卡酷动画设立展台

◀ 北京电视台与时尚传媒集团共同举办的 2010 中国时尚大典活动现场

▶ 北京电视台现场直播 2010 年北京国际车展

由中共北京市委宣传部、中共河北省委宣传部、张家口市委市政府主办，北京电视台承办的《饮水思源 相约沽源——第十届“京张心连心”大型演出》在张家口市沽源县闪电湖举行

北京电视台记者在西南抗旱一线报道

2010 年 12 月 26 日，北京卫视改版发布会举行

第四届文化创意产业博览会北京电视台 BTV 手机电视展台

◀ 由北京市委宣传部、北京电视台共同主办的“书香北京文化盛典——21世纪十年影响中国图书榜”活动现场

◀ 《国粹生香——2010北京京剧票友段位评授季》现场

◀ 北京电视台《北京青年拍客大赛》在新中关购物中心举行颁奖典礼

◀ 由北京电视台录制的《2010北京青少年公益电影节颁奖晚会》现场

▲ 由北京电视台体育节目中心和国家体育场联合主办的第二届“鸟巢欢乐冰雪季”开幕

▲ 鸟巢欢乐冰雪季开幕式现场

▲ 北京电视台记者拍摄鸟巢欢乐冰雪季活动

▲ 鸟巢欢乐冰雪季活动现场

▲ 由北京电视台和北京市体育局联手打造的“2010 北京海洋沙滩狂欢节”在朝阳公园奥运沙滩排球场开幕

▲ 北京电视台总编辑赵多佳（后排左三）、副总编辑朱江（后排左二）看望“海沙节”工作人员

▲ 北京电视台邀请青海玉树小学生参加海洋沙滩狂欢节活动

▲ 海洋沙滩狂欢节活动现场

北京电视台举行电影《第一书记》上映典礼

电影《第一书记》上映典礼现场

▲ 2010 年北京电视台春节联欢晚会现场

▲ 2010年北京电视台环球春节联欢晚会现场

▲ 北京电视台春节联欢晚会网络春晚现场

▲ 2010年北京电视台卡酷动画春节晚会现场

▲ 2010 年北京电视台录制的《崇高的荣誉——首都政法综合治理系统春节联欢晚会》现场

▲ 北京电视台录制的《2010 年首都迎新春双拥文艺晚会》现场

▲ 由市委宣传部、密云县委县政府、市水务局联合主办，北京电视台承办的《碧水润京华——纪念密云水库建成 50 周年主题晚会》现场

▲ 青海电视台与北京电视台共同举办的《玉树不倒 感恩祖国》文艺晚会现场

▲ 北京电视台录制的《2010 年寻找北京最美的乡村》晚会现场

▲ 北京电视台录制的《“我的北京 我的家”群众文化年启动仪式晚会》现场

▲ 北京电视台录制的《“梦回 1980”新星音乐会三十年纪念演出》现场

▲ 北京电视台录制的《献出你的爱——百姓爱心故事颁奖晚会》现场

▲ 北京电视台录制的《母爱之歌——真情盛典》现场

▲ 北京电视台录制的《古韵天街 文化东城——第一届前门历史文化节大型文艺晚会》现场

◀ 北京电视台承办的《2010年北京影视春燕奖颁奖典礼》开场节目《春天对秋天的问候》

▲ 北京市十佳电视工作者

▲ 北京市十佳电影工作者

▲ 张国立、闫妮典礼现场接受采访

▲ 芭蕾舞《北风那个吹》

《天涯共此时——2010 BTV网络中秋晚会》开场节目《穿越未来》

《月洒万家情》

《月上紫禁城》

毛阿敏演唱《乡愁》

▲ 北京电视台录制的《文明新北京——“做文明有礼的北京人”主题晚会》在人民大会堂隆重举行

▲ 活动形象大使濮存昕、章子怡、蔡明、冯巩

▲ 打工子弟学校的孩子们演唱《我是北京人》

▲ 受到表彰的“文明北京新市民”代表

▲ 受到表彰的“绿袖标垃圾分类指导员”代表

◀ 北京电视台全面报道“第十一届亚洲运动会”，图为《星耀亚洲》直播节目

▶ 北京电视台王晓东台长与朱江副总编辑在广州亚运会北京电视台GAB沙滩排球的转播现场，慰问转播团队全体工作人员

▲ 报道组研究转播方案

▲ 直播前的精心准备

▲ 北京电视台记者在南非世界杯现场采访

▲ 北京电视台加拿大温哥华“冬奥会”报道组采访冬奥会花样滑冰亚军庞清、佟健及主教练姚滨

▲ “2010 年北京首届世界武搏会”转播现场

▲ “2010 年第二届 BTV 杯国际斯诺克挑战赛”转播现场

◀ 北京电视台举办“世界时间、北京城市——纪念北京奥运会两周年特别节目”

◀ 北京电视台制作播出了第八套广播体操宣传片

◀ 朱江副总编辑在“2010 北京奥运城市发展论坛”上发言

◀ 由北京电视台体育节目中心和首都博物馆共同举办的“我是北京人——我心中的 2050 年万人心愿大征集活动”启动仪式

▲ 电视剧《金婚风雨情》剧照

▲ 电视剧《憨媳当家》剧照

▲ 电视剧《杜拉拉升职记》剧照

▲ 电视剧《父爱如山》剧照

▲ 电视剧《黎明之前》剧照

▲ 电视剧《历史的进程》剧照

▲ 电视剧《媳妇的美好时代》剧照

▲ 电视剧《铁梨花》剧照

▲ 电视剧《穷妈妈富妈妈》剧照

▲ 电影《第一书记》

▲ 电影《第一书记》剧照

▲ 电影《惊沙》剧照

▲ 电影《惊沙》

▲ 电影《隐婚男女》剧照

▲ 电影《堵车》剧照

北京电视台举行庆祝中国共产党成立 89 周年暨先进表彰大会

表彰大会现场新党员宣誓

表彰大会现场文艺节目中心主持人红歌联唱《唱支山歌给党听》

表彰大会现场主持人爱心团合唱《走向新胜利》

▲ 北京电视台 2010 年思想政治工作会议

▲ 北京电视台深入开展“三项学习教育”活动动员会

◀ 北京电视台召开“创先争优”活动和学习贯彻干部选拔任用工作四项监督制度动员会

▶ 北京电视台组织优秀党员参观学习

◀ 北京电视台组织中层干部参观上海世博会

◀ 北京电视台高清摄像技术培训班

◀ 北京电视台制片人岗位能力测试

◀ 北京电视台制片人岗位能力培训班

▲ 北京电视台体育节目中心党支部邀请四川地震灾区的 12 名高中生孤儿来北京参观游览

▲ 北京电视台转播传送部党支部组织党员参观绿色产业基地旗舰集团，开展“保护环境节能减排”主题活动

▲ 北京电视台办公室党支部组织党员参观武警国旗护卫队后合影

▲ 北京电视台新闻节目中心要闻部党支部组织党员赴安徽省凤阳县小岗村学习“第一书记”沈浩同志事迹

▲ 北京电视台制作部党支部组织党员进行“创新思维　优化管理”培训

▲ 北京电视台党委办公室和动画节目中心党支部联合组织“爱心手拉手”文化下乡主题党日活动

▲ 北京电视台卫视节目中心党支部在新启用的1000平方米演播室组织特殊党日活动

▲ 北京电视台总编室党支部组织党员赴摩托罗拉公司参观学习

▲ 北京电视台工会党支部组织党员开展以“帮助他人教育自己”为主题的走访慰问残疾人系列活动

▲ 北京电视台播出部党支部组织党员参观北京航天城

▲ 北京电视台财经节目中心党支部组织党员赴昌平区南口镇桃洼学校捐资助学

▲ 北京电视台科教节目中心党支部组织党员慰问首都消防一线官兵

▲ 北京电视台动力部党支部组织党员到中央电视台新台址进行动力设备考察和运行管理经验交流

▲ 北京电视台保卫部党支部组织党员和入党积极分子开展岗位练兵和消防技能竞赛活动

▲ 北京电视台海外节目中心党支部组织党员走进军营，开展“祖国利益高于一切”主题活动

◀ 北京电视台新闻节目中心新闻评论部党支部组织党员在国家地震灾害救援队参观学习

▲ 北京电视台新闻节目中心社会新闻采访部党支部组织党员参观朝阳区文化创意产业区

▲ 北京电视台网络信息编辑室党支部组织党员参观中国网络电视台

▲ 北京电视台生活节目中心党支部开展以“关爱生命、关爱家园、关爱自然环境”为主题的植树活动

▲ 北京电视台离退休党支部开展“低碳环保健康生活”主题党日活动

▲ 北京电视台 2010 年职工新春大联欢活动现场

▲ 联欢会现场抽奖

▲ 联欢会现场表演节目

▲ 联欢会现场表演节目

▲ 联欢会现场观众

北京电视台开展职工疾病预防与健康维护讲座

职工积极参加讲座活动

职工在老师带领下做保健操

讲座现场

▲ 北京电视台举办 2010 年羽毛球团体赛

▲ 比赛现场

▲ 比赛现场

▲ 现场拉拉队

▲ 体育节目中心代表队获得冠军

◀ 北京电视台举办2010年乒乓球团体赛

▲ 比赛现场

▲ 比赛现场

▲ 比赛现场拉拉队

▲ 工会主席李珍为获得第一名的制作部一队颁奖

北京电视台台长王晓东，副台长王澎会见法国阳狮集团执行副总裁那奥里先生及阳狮锐奇集团大中华区主席李亦非女士一行

北京电视台总编辑赵多佳、副总编辑张亮会见日本 HBC 北海道放送株式会社社长渡边卓先生一行

北京电视台副总编辑张亮会见马来西亚 DETV 董事总经理魏俊明一行

北京电视台总工程师田方出席北京电视台与日本松下电器公司 P2HD 战略合作协议签字仪式

发展中国家广播电视研修班成员来北京电视台参观

北京电视台副总编辑张亮会见以色列国防军新闻发言人

日本索尼公司代表团来北京电视台参观访问

日本东京电视台动漫考察团来北京电视台参观访问

◀ 香港“紫荆花计划”学生在北京电视台实习

▲ 北京首都机场影视传媒公司来北京电视台参观交流

▲ 北京市园林绿化局局长、首都绿化委员会办公室主任董瑞龙率队来北京电视台慰问

▶ 北京电视台聘请知名旅行者黑剑为特邀记者

《2011 北京电视台年鉴》编辑委员会

主　任：王晓东　北京电视台党委书记、台长
副主任：赵多佳　北京电视台党委副书记、总编辑
　　　　窦晓东　北京电视台党委副书记、常务副台长
委　员：邵宣堂　北京电视台副台长
　　　　田　方　北京电视台总工程师
　　　　张　强　北京电视台副总编辑
　　　　朱　江　北京电视台副总编辑
　　　　张　亮　北京电视台副总编辑
　　　　王　澎　北京电视台副台长
　　　　冯　平　史志办主任
　　　　徐　滔　卫视节目中心主任
　　　　艾冬云　新闻节目中心主任
　　　　周　泳　海外节目中心主任
　　　　张　帆　文艺节目中心主任
　　　　杜　研　科教节目中心主任
　　　　张　恒　影视剧中心主任
　　　　宗燕红　财经节目中心主任
　　　　焦少波　体育节目中心主任
　　　　赵　彤　生活节目中心主任
　　　　帅　民　动画节目中心主任
　　　　史椰森　总编室副主任（主持工作）
　　　　蒋　虎　研究发展部主任
　　　　李　迅　副总工程师
　　　　郑　星　制作部主任
　　　　王　喆　转播传送部主任
　　　　周旭辉　技术设备管理部主任
　　　　王晓龙　动力部主任
　　　　李志国　党委办公室副主任（主持工作）
　　　　宋　莲　办公室主任

杨建忠　人事部主任
李　珍　工会主席
孙成刚　计财部主任
周久兰　监察审计办公室副主任
黄剑华　保卫部主任
王开平　基建办公室主任
钱　毅　广告部主任
孙洪斌　经营管理部主任
戴巧玲　网络信息编辑室主任
刘　冰　艺委会主任
刘绍芬　老干部工作办公室主任
陈大立　纪录片频道申办组负责人
霍　胜　北京京视传媒有限公司总经理
刘　军　电视产业发展集团总经理
许建海　北京紫禁城影业有限公司总经理

《2011 北京电视台年鉴》编辑部

主　　编：冯　平（兼）

副 主 编：闫军才

编　　辑：谷　松　茹一娟　唐晓燕　魏向东

特约编辑：黄新荣　总编室

琳　平　卫视节目中心

郑文彦　新闻节目中心

陈　楠　新闻节目中心要闻采访部

贾菁莉　新闻节目中心新闻评论部

石　云　新闻节目中心新闻编辑部

李荣莉　新闻节目中心社会新闻采访部

康　健　海外节目中心

王炳川　文艺节目中心

马晓冬　科教节目中心

马银平　影视剧中心

韩　梅　财经节目中心

汪　荦　体育节目中心

于　莉　生活节目中心

张　立　青少年节目中心

伊国庆　公共频道节目中心

吕　沁　动画节目中心

王　瑾　总编室

宁文茹　研究发展部

李　玲　研究发展部

王　静　总工办

余婷婷　制作部

王建业　制作部

于　莹　播出部

叶志云　转播传送部

姜世杰　转播传送部

金　雯　技术设备管理部
许之明　信息网络管理部
孙少英　动力部
陈　庆　党委办公室
文　平　党委办公室
王　伟　办公室
李　斌　办公室
张兰岚　人事部
李晓雁　工会
史楠楠　计财部
蒋效中　监察审计办公室
段　平　行政部
高志坚　保卫部
张宇青　基建办公室
周　疆　基建办公室
张晓耕　广告部
王　蕊　经营管理部
王　烨　网络信息编辑室
王晓路　艺委会
梁　爽　老干部工作办公室
徐　芃　北京京视传媒有限责任公司
杨　蕾　北京紫禁城影业有限责任公司

目　录

特　载

概　况

典型经验

技术管理和新技术应用

专 辑

组织机构

频道·栏目

观众调查

获奖·表彰

节目播出时间表

广告价目表

大事记

索　引

特　载

《新闻阅评》热评北京电视台节目 中央和市委领导批示给予鼓励

编者按：2010年，中央宣传部新闻局出刊的《新闻阅评》、国家广播电影电视总局出刊的《收听收看报告》和北京市委办公厅出刊的《北京信息》纷纷刊发文章，热评北京电视台的节目；中央、国家广电总局和市委市政府的有关领导同志也不断作出批示，充分肯定北京电视台的节目，给予热情鼓励。现将部分领导的批示及评论文章汇编于此，以飨读者。

刘云山、刘淇、蔡赴朝对《江山如画》的批示

2010年6月，中央宣传部新闻局《新闻阅评》第363期以《与时代同辉　与人民同行　与山河同美——北京电视台推出系列专题片〈江山如画〉》为题，刊载阅评员文章，充分肯定这个节目，文章说，北京电视台近日播出的10集文献性系列专题片《江山如画》，以音像形式记录了新中国60年来美术事业的发展进程，形象直观地展现了几代美术家在艰难曲折中的不懈探索追求，以及他们用心血绘就的壮美画卷，是一部鼓舞人们投身我国文化事业大发展、大繁荣浪潮的生动教材。

一、关注艺术家和艺术家群体的命运，彰显他们在曲折的艺术道路上的献身精神

专题片共采访了国内外近百位当代著名画家，或者他们的亲属，解读和展示了他们的数百幅经典画作，记录了这些画作背后感人的故事。如新中国第一任中央美术学院院长徐悲鸿，在中华民族遭受危难中激愤地画出了奔马嘶鸣这一艺术形象，成为中国画坛的艺术符号。国画大师李苦禅78岁高龄仍壮心不已，在晚年画出了一幅幅精美之作，达到一个很高的境界。还有大画家黄胄，“文革”的磨难没有使他退却，四肢麻痹也不能让他放下画笔。他的许多力作就是在精神与身体极度痛苦中完成的。

二、记录新中国美术事业发展历程，探索中国美术发展的道路

专题片记录了新中国美术事业60年来的三次回归。第一次是新中国建立后美术界从旧文人画向“师造化”，也就是反映社会主义火热现实的回归，产生了像董希文的油画《开国大典》、石鲁的国画《转战陕北》、詹建俊的油画《狼牙山五壮士》，以及健康明朗的山水、花鸟、人物画和连环画等等，由此奠定了社会主义主流美术的基础。第二次是“文革”后，美术界从封闭单一走向生动活泼的局面，美术事业向着更加深广、丰富的道路发展。第三次是从追赶国际潮流向以表现中国精神、中国气派为主的转变，典型的是以陈逸飞以及后来者陈丹青、王沂东、陈逸鸣、艾轩等画家们的回国寻根过程，以及他们在家园故土上创作的“水乡风情绘

画”“乡土系列”等具有民族特点的画作。

三、介绍60年间的经典作品，展示艺术家们勇攀艺术高峰的壮志雄心

专题片里介绍了一大批曾经在中国乃至国际产生重大影响的画作，像徐悲鸿的奔马、齐白石的水墨虾蟹、李可染的浓墨山水和牛、黄胄的新疆人物，揭示了这些大师级人物对艺术的不懈追求。还有靳尚谊的油画《塔吉克新娘》、齐白石的“衰年变法”等等。这些画作和画家的事迹让人感动，他们精益求精的精神也让观众看到中国文化大发展大繁荣的美好前景。

阅评员认为，北京电视台推出具有文献性质的大型系列专题片《江山如画》，用美术作品来体现新中国的发展，直观形象地展示了中国美术界走过的道路、产生过的代表作品。不仅对推动我国美术事业的大发展、大繁荣有启发，同时也大大增加了节目的可视性。

中共中央政治局委员、中央书记处书记、中宣部部长刘云山同志首先于2010年6月18日在《新闻阅评》上批示：

焦利同志：北京电视台前年拍摄的《百花》和近期推出的《江山如画》创意好、制作也精心，广受好评。央视要借鉴北京台的做法，扩大视野，规划一批思想艺术含量高、社会影响大的专题片，对提升央视地位和品位都有益处。明年是建党九十周年，要精心拍好《红歌九十年》。

中共中央政治局委员、中共北京市委书记刘淇同志于2010年6月21日在《新闻阅评》上批示：

请赴朝同志阅。北京电视台的工作值得称道。要不断推出好作品，扩大电视台的影响力。

市委常委、市委宣传部长、副市长蔡赴朝同志于2010年6月22日在《新闻阅评》上批示：

力强同志：请落实好云山、刘淇同志批示，北京电视台和其他市属媒体都要不断推出有影响力的精品。

刘淇、蔡赴朝对财经频道年终特别节目的批示

2010年初，《新闻阅评》撰文《策划精心　形式活泼　说理充分——北京电视台财经频道年终特别节目有特色》，充分肯定这个节目。文章指出，北京电视台财经频道2009年12月21日至27日采用电视论坛的形式，对2009年北京市的宏观经济、股市、楼市、车市、国企、2010年经济复苏和六大功能区发展潜力，以及北京新的经济增长点等七大经济热点进行深入浅出的梳理和解读，效果良好。

策划精心。节目主创人员对2009年的经济大事进行了深入研究，筛选出7个题目，每个题目都设计了人们最为关注的话题，尤其是与民生有关的内容，从菜篮子、住房、股票、私家车等问题切入，以“主持人+主嘉宾+观察员+现场观众”的演播室节目形态，通过专家通俗而深入的点评、解读，观察员与观众的互动讨论，增加了节目的吸引力。

权威解读。本节目分别邀请国家信息中心范剑平、国务院发展研究中心张立群、建设部政策研究中心陈淮、中国机械联合会张小虞等，回顾党中央面对国际金融危机冲击采取的一系列应对措施；回顾市政府及时调整宏观经济政策，着力缓解经济运行中的突出矛盾，带领全市人民坚定信心、迎难而上、共克时艰，确保经济较快回升，以及结构调整

取得的新成效，重点领域改革取得的新进展。节目还邀请经济观察员参与讨论和互动。例如《解读09楼市新现象》一集，由房产经济公司经理、房地产开发商和楼市传媒出品人做观察员。开发商说："09年是想起来做梦都会笑的一年。"陈淮等嘉宾遵照国务院的最新政策精神解释说，我们不能让那些想从公寓搬到独栋别墅的人优先改善，而是要让我们的年轻人买得到房，让困难群体优先购到房，让农民工群体住房优先得到改善。今后70%的土地要盖经济适用房、廉租房、小户型房和两限房。

形式活泼。该节目比较通俗，贴近性强，吸引观众。在《我为"保八"做贡献》中，有三位观察员分别就"投资"、"消费"和"外贸"发言，将这"三大支柱"在2009年经济发展中发挥的作用阐述得淋漓尽致。在阐述消费增长的话题时，请北京新发地批发市场负责人和国际俱乐部饭店外籍经理到现场，佐证了消费市场的喜人增长。《解读09楼市新现象》一集，设计了现场土地拍卖和13平方米"豪宅"设计的有趣环节，博得了在场观众的一阵阵掌声。

说理透彻。几位专家对2009年经济大事的点评和解读，凸显了节目的权威性。例如对当前物价上涨究竟是不是通货膨胀的讨论，范剑平用数据及经济理论说明，当前物价上涨是前一阶段农产品价格大幅下降以后的恢复性上涨，并且告知大家，今年让农产品价格适当上涨，对调动农民明年的生产积极性，保持明年物价的稳定是有好处的。细致深入的论述，起到了解疑释惑的作用。

市委书记刘淇同志在《新闻阅评》上批示：

对北京电视台财经频道提出表扬。关键是开动了脑筋，挖掘了内涵，用心去做节目，就有了好效果。

2010年1月22日

市委常委、市委宣传部部长、副市长蔡赴朝同志在《新闻阅评》上批示：

刘淇同志的批示是对电视台财经频道特别节目的充分肯定，也是对全台同志的鼓舞和鞭策，请落实好刘淇同志批示精神，在全台提倡"开动脑筋，用心做节目"的好作风，不断促进节目创新。

2010年1月22日

刘淇、蔡赴朝对北京电视台春晚系列节目的批示

2011年2月16日，中共北京市委办公厅出刊的《北京信息》以《北京电视台春晚系列节目受好评》为题，刊文指出，从农历腊月二十五至正月初五，北京电视台陆续推出《网络互动春晚》、《动画春晚》、《春节联欢晚会》、《环球春晚》、《政法春晚》、《美丽乡村晚会》、《双拥晚会》，共7台12场春晚系列节目。极富特色的多台春晚纷纷登场，喜庆祥和，年味十足，从内容精彩度、节目独创性、与受众贴近性、草根民众参与度、观众反响和业界反映来看，均达到预期，广受好评。

BTV主春晚：2011BTV主春晚以"感受温暖，传递幸福"为主题，欢歌热舞，活力四射；相声小品，令人捧腹；新老演员同台登场，草根明星倾情献艺；百岁老人祝福新春，温情感人；玉树少年齐声高歌，撼人心魄，打造了一台内容丰富、形式多样、特色鲜明的剧院版春晚。本届主春晚的成功，还得益于一系列推广宣传。自2010年11月起，我台为主春晚启动了"春晚e起来·我是大明星"和"春晚e

起来·我的榜样家庭”两大主题活动，在两个月的地面推广活动中，发现和挑选出了一批有梦想、有才华的草根艺人和许多各具特色的榜样家庭，参与到晚会中来。

《网络春晚》：2010年我台领业界之先，率先推出了网络春晚。2010年的BTV网络互动春晚更加注重凸显春晚的互动性、参与性和创新性，整合出《网络潮人夜》、《经典怀旧夜》、《魔幻传奇夜》、《喜庆欢乐夜》、《梦想希望夜》5场不同主题的互动晚会。“精雕细琢”的近100个节目，体现出“出奇、出新、出彩”的网络特色。360度全景视频的拍摄和网络播出，为网民提供了独特的视觉新体验。此外，还制作了电视版与网络版两个互补版本，依托网络平台的海量空间实现差异化内容的同步播出。

《环球春晚》：以“牵手世界，欢动五洲——美丽北京欢迎您”为口号，邀请来自五大洲、十余个国家和地区的近180名演员来到BTV大剧院，中外艺人同台，台上台下交融，欢庆中国春节，为观众奉献了一场跨越国界、民族、肤色、语言的视听盛宴。西班牙驻华大使卡洛斯·布拉斯科·比利亚表示：“通过来自不同国度的艺术家所带来的迥异表演，《环球春晚》得以从一种全球化的视角，让在京的外国人感受到节日氛围，并且和节日真正的主角，也就是中国民众，共同分享。”这台晚会除在春节期间于BTV卫视、香港电视广播有限公司、加拿大城市台、美国中文电视台等以华人为主要受众的电视台播出外，还进军欧美主流媒体。其中西班牙国家电视台、以色列国家电视台、瑞典国家电视台、美国广播公司、美国哥伦比亚广播公司、英国独立电视台、法国电视台、澳大利亚电视台等，也正在洽谈之中，此次对外推广将进一步扩大北京的国际影响力，展现一个国际化的北京、现代化的中国。

《动画春晚》：以“原创动画故事＋真人节目＋互动”的全新模式，在除夕夜为全国小朋友奉献了一部动画人物与真人明星云集的“穿越狂欢”。在节目制作上，突出动画特点；在宣传推广方面，重点增加孩子们的参与度。“爆豆达人全国征选”、“全民种豆”等地面推广活动，不仅得到北京、天津、上海等发达地区小朋友的响应，偏远的省市地区如内蒙古、贵州、山西等近20省区的小朋友也亲手种豆、热情参与。

此外，首都政法综治系统春晚、美丽乡村主题晚会、首都迎新春双拥文艺晚会也紧扣时代主题，凸显晚会特色，赢得观众喜爱。

市委书记刘淇同志对此节目作出批示：

赴朝同志：

北京电视台春节系列节目主题鲜明，富有创意，广受欢迎。要认真总结经验，把北京电视办得更好。在国家文化中心的建设中，发挥更大作用。

向同志们表示祝贺，元宵节快乐。

刘 淇

2月17日

市委常委、宣传部部长、副市长蔡赴朝同志作出批示：

力强、春良、志远、晓东、多佳同志：

刘淇同志对北京电视台系列春晚的重要批示，表达了市委主要领导同志对广播电视事业的关心，对发展深受人民群众喜爱的社会主义先进文化的关心。对电视台乃至全市广电领域的同志们都是极大的鼓励和鞭策。在充分肯定成绩的基础上，刘淇同志代表市委市政府表达了对进一步提高春晚在内的广播电视节目质量的期望，从建设国家文化中心的战略高度，提出了广电影视文化建设的新要求。希望你们组织电视台及广电单位认真学习刘淇同志的重要批示精神。不断总结经验，不断奋进创新，努力使全市广电事业和产业的发展走在全国前列，为人民群众提供更加丰富多彩的高质量的精神文化产品。

蔡赴朝

2月18日

刘淇、蔡赴朝对“温暖一家亲”公益活动的批示

2011年2月12日，中宣部新闻局第91期《新闻阅评》采取专刊的形式对北京电视台春节大型记者关爱公益行动“温暖一家亲”予以表扬，全文如下：

2011年1月23日，北京电视台倾情推出“温暖一家亲”春节大型记者关爱公益行动，BTV卫视和BTV公共·新闻频道《北京您早》、《特别关注》、《都市晚高峰》、《北京新闻》、《晚间新闻报道》各档新闻全天滚动播出，播发总时长500分钟。节目传递大爱，深入基层，主持人全程参与，体现党和政府以人为本、关注民生的执政理念和工作实绩，表现北京人对城市发展的拳拳大爱、每个家庭的团圆之爱以及人和人之间的亲情友爱。

一、以情传情，传递真情

从1月23日（腊月二十）到2月7日（正月初五），北京电视台在16天的“温暖一家亲”活动中先后播出了爱心车厢、与你同行、孝老爱亲、重返什邡、大爱无疆、志愿之光、欢笑童颜、心手相连、温馨传递、合家团圆、温暖拜年、坚守岗位、新家新年、相聚北京等15个题目。主持人爱心团和农民工代表专门为即将返乡的外来务工人员精心排练演出了湖北民歌《龙船调》，受到农民工的热烈欢迎。主持人来到春节工作的基层岗位，分担一些力所能及的工作，在候车室打扫卫生，为旅客提供耐心的咨询，为忙碌的工作人员送上暖心的热茶。主持人董丽萍、阿龙、王巍分别探访了他们常年关爱的孤寡老人。王巍为孙茂芳和他照顾的孤寡老人送去了两件新唐装，和孤寡老人促膝谈心，为他们送去了节目的问候；董丽萍和几名志愿者来到张淑英家和李德才家，为他们打扫卫生，收拾房间，还为两位老人送去新唐装；而阿龙则带着张长龙和他常年关爱的北京第一福利院的老人们参观了首都博物馆。“温暖一家亲”报道组还深入灾区，奔赴农村，为坚守岗位的消防队员带来父母对孩子的新春祝愿；为999的医务工作者送去鲜花；用BTV爱心车为司售人员送红围巾、红帽子、红手套；为清扫爆竹皮的环卫工人送去热腾腾的饺子。

二、以爱写爱，送去所需

1月21日，“温暖一家亲”记者关爱公益行动在台内发出爱心认捐倡议，向四川什邡BTV双盛小学的200名学生和奋战在地铁10号线二期工地的200名湖北籍外来务工人员分别捐赠学习用品和返乡车票。倡议发出后短短的7个小时里，共募集善款99610元。1月23日用这批爱心捐款购买的200张返乡车票赠送到外来务工人员手中，200套学习用品也由记者带到了四川什邡，送到孩子们的手里。曹一楠、赵彬彬、王巍、桑朝晖这4位《特别关注》的主持人为盲人朋友送去了他们自己录制的文学名著，为盲人朋友心中开启另一扇窗。在宽街公交站台，主持人范红军早晨6点和文明乘车引导员一起维持交通秩序，骑着三轮车送行动不便的老人去

中医院看病；主持人马迟不怕脏臭，加入垃圾分类引导员队伍，为的是让别的引导员回家吃顿踏实饭；主持人刘海宁为义务指路队送上自己录制的英语教学光盘表达对这一志愿团队的敬意。

阅评员认为，新闻工作者把自己置身于火热的生活之中，把自己融入人间大爱的亲情之中，很有意义。北京电视台组织的“温暖一家亲”活动讲述真情故事，实施真情行动，为基层群众办实事、办好事，送温暖、献爱心，使报道生动活泼、情理交融，富有亲和力、吸引力、感染力。

市委书记刘淇同志对此节目作出批示：

北京电视台工作不断创新，出不少亮点，坚持贴近群众的大方向，再创新佳绩。

市委常委、宣传部部长、副市长蔡赴朝同志作出批示：

中宣部阅评和刘淇同志对电视台坚持正确导向，不断进行节目和内容创新给予了充分肯定，特别是刘淇同志的批示，是对电视台全台同志的热情鼓励，也提出了创新奋进的更高要求。我们要认真落实好刘淇同志批示，在全市广电系统开创各项工作的新局面。

胡占凡对北京卫视寒假期间动画节目的批示

2010年初，国家广播电影电视总局出刊的《收听收看报告》以《北京卫视寒假期间动画节目策划编排好》为题，刊文指出，1月26日至2月12日，北京卫视每天13:40至17:10，为欢度寒假的少年儿童送上一台大容量的动漫大餐。这种策划编排，凸显了北京卫视的创新意识。

从2002年1月1日起，北京电视台少儿节目全部转到青少频道和卡酷频道，此后北京卫视再也没有播过动画片。2010年北京卫视精心挑选了《三国演义》、《郑和下西洋》、《小牛向前冲》3部主题鲜明、制作精良的国产动画片，在寒假期间，每天下午时段集中播出。这是贯彻国家广电总局2009年底提出的“上星频道要着力创新思路，积极创造条件，切实开办国产动画栏目”要求的具体行动，也是北京卫视为少年儿童办的一件实事，让动画片伴随小朋友们度过一个真正愉快而有意义的寒假。

在各地方电视台反复播放《喜洋洋与灰太狼》动画片的情况下，北京卫视另辟蹊径，在众多的优秀国产动画片中选出以中国传统文化为主题的3部动画片，让小朋友们换换口味，一次看个够，不失为一记良策。此次大动作可以吸引更多小观众对北京卫视的关注，扩大覆盖面，进而提高北京卫视在北京乃至全国的影响力和公信力。

国家广播电影电视总局副局长胡占凡同志在《收听收看报告》上批示：

很好，就是要这样增强服务意识。

2010年2月2日

蔡赴朝对2010年北京电视台网络互动春节联欢晚会的批示

2010年2月23日，北京电视台就2010年网络互动春节联欢晚会的问题向市委宣传部作了报告。报告说，新春伊始，我台推出了全国第一台三屏合一的新春晚——首届北京电视台网络互动春晚。为充分彰显主流媒体抢占新媒体先机的信心和决心，这队“春晚轻骑兵”从筹备到录制只用了28天的时间，充分借力网络、手机等新媒体，首开电视台小年夜起连播7天春晚的先河，抢占小年夜至除夕连续一周的“春晚预热播出带”，率先在全国打响春晚第一枪，并连续7天在黄金时段由三大平台同步播出，创新了“春晚”播出方式。

一、三屏合一，与全球华人同享

北京台新浪网络互动春晚第一次将“三屏合一”的新技术理念融合到亲民的传播平台，从一般电视观众的“家庭收看”，也就是“点对面”的收看方式跨越到了网络、手机的“点对点”触达手段，从而将“春晚”真正送到了普通百姓的身边。“三屏合一”是“三网融合”推进到现阶段的新概念。所谓“三屏合一”，是希望在现有的传输网络、技术平台、终端设备、业务资源等条件下，统合电视屏、电脑屏、手机屏这三个媒介终端的特点，重新设计可以在这三屏之间进行互联互通、服务互补的传媒方式。因此北京电视台新浪网络互动春晚是“全球华人第一台三屏合一新春晚”，它启动的是一片文化创意产业的新天地。北京电视台正是看到了这一前所未有的契机，才全力运用首都优势首创“三屏合一新春晚”的先锋理念，且敢于在短短28天的制作周期内推出7台春晚，更显示出北京电视台进军新媒体的信心与实力。

作为“全球华人第一台三屏合一新春晚”，北京电视台网络互动春晚大胆利用传统媒体与新平台“互补优势”，自12月10日启动到播出不到两个月，三大主办方强强携手，不但在荧屏上频繁推出亮点宣传，还在新浪、BTV在线首页、北京移动WAP开设官网链接。“条条网络通北京，你我都能上春晚”的立意进一步激起普通百姓献计献策的热情，由网友推选节目创意、演员、导演和主持人的推广策略更迎来了全国乃至全球的眼球效应——据不完全统计，仅新浪微博地图上平均每天就能收到世界各地的150多条建言，参与网上“点将、支招”突破1.16亿人次，真正透射出北京电视台与新浪网、中国移动北京公司三屏合一、电视与新媒体联动的非凡多媒体效应。

随着活动的进一步深入，每天的留言都在成倍递增。电视、网络、手机三大平台联合出击，为网络春晚宣传造势，爆点不断。北京电视台、新浪网、中国移动北京公司深度合作，真正实现了“三屏合一看春晚”，播出时观众既能在北京卫视以传统方式欣赏高清晰画质的电视节目，又能在新浪网、BTV在线观看，随意点播，实现全球华人的网络即时互动。北京移动联手BTV手机电视更开放WAP端口，手机用户可轻松收看。BTV网络互动春晚在业界第一次达成了三屏任挑选、随时随地点播、随时随地收看。

二、情暖中国，凸显主流媒体新春晚特色

北京电视台新浪网络互动春晚，是第一个由主流媒体主办的网络春晚，堪称是引领产业潮流的开创性尝试，电视、网络和手机三屏合一、三网联动的合作模式更是一大突破，三大平台分工合作、各尽其能，借助多媒体不同的表述渠道，民意、心意和创意得以交融通达，温暖、欢愉与和谐可以广泛传递。

无论是在电视晚会的录制现场，还是在BTV－新浪网络春晚官网、BTV在线专题页面，“祝福中国年，情‘签’四海心”和“让世界看到中国红”两大主题活动都贯穿始终，面向全球观众和网友征集对祖国、对家乡、对亲人的新春祝福。

以“喜迎天下、情暖中国”为主旨的BTV网络互动春晚始终坚持新姿态、新风貌，7天大容量的晚会，多位一线明星热力加盟，网络红人纷纷现身，各地民间奇人大秀绝活，自荐节目圆梦春晚，参与人数之多创全国之最。从2009年12月10日晚会创意破茧而出，迄今为止新浪官网、BTV 在线网站和中国移动 WAP 官网上网民推选、自荐节目的人次已经过亿，堪称是人气最旺的春晚。不少草根和网络红人由此化茧成蝶，得以与巨星同台、一圆春晚梦想。

三、喜传天下，百姓新春晚受大众追捧

自 2 月 6 日晚间 21:35 打响虎年春晚的第一枪，北京电视台网络春晚一开播就发挥三网联动的整合威力，运用电视平台的高覆盖率与网络平台的互动转帖、手机平台的信息分享等多媒体聚合效应，将不同年龄、不同类型的观众和网民迅速吸引到全景式开放的新春晚舞台周围。开播当天新浪网和 BTV 在线累积点击观看人次达到 80 万，以后每天点击量直线上升，好评率达 90%，播出仅 4 天就引来 1.8 万微博博主热议，令大家真真切切地玩味了一把“三屏合一”的先锋媒体传播。

统计数据表明，北京电视台新浪网络互动春晚的收视呈现出全面飘红态势，收视率始终保持在 3% 左右，最高单期收视达到 3.8%，各年龄段、各教育程度以及不同性别观众同比 2009 年时段收视水平均有不同程度增长，尤其是呈现出较为明显的年轻化，一改往日中老年观众为收视主要人口的局面，25～44 岁中青年观众成为收视主体，对比 2009 年同时段 25～34 岁和 35～44 岁观众收视涨幅均在 130% 以上，显现出较为理想的收视人口样态。在收视性别上，女性观众略高于男性观众。在观众受教育程度上显示出一定的梯次，高中教育程度观众收视比重增长最为明显，收视涨幅超过 50%。

市委常委、宣传部部长、副市长蔡赴朝同志批示：

效果很好，同志们付出了很多智慧和心血，也体现了开门办台、办节目的成果。请再接再厉，取得新的成绩。

2010 年 3 月 3 日

蔡赴朝就北京卫视改版致信函

力强、志远、晓东、多佳同志：

你们好。新年伊始，全新改版的北京卫视让人眼前一亮。一周看下来，总体感觉是有新意、有亮点、有特色、有成效。

首先是突出了内容创新和集成创新，多档节目各有特色且表现出较高的品位、格调。《BTV 秀场》、《剧说》等诸多栏目使频道呈现出丰富多彩的格局。此外在形式上各栏目统一包装，从口号、标识、色彩到编排、节目，都让观众感受到北京卫视锐意求新的意识。画面清晰明亮，赏心悦目，整个频道采用北京电报大楼的报时音乐作为主旋律，而“北京卫视，天涯共此时”的口号则在一定程度上暗喻了首都台的地位、功能和责任。衷心希望北京卫视能够以其优秀的节目，影响辐射“天涯”。

改版初战告捷，而巩固和扩大战果要付出的心血和努力将会更多。如《喜剧世界》这样的节目，每周一期需要大量的具有一定水平的脚本，其他节目也需要大量源源不断的有创意、有新意、有积极社会意义的选题。这是一项长期的苦其心志的工作，希望也相信同志们有长期作战并愈战愈精彩的准备。

谨向所有参与改版的同志们致以敬意。希望北京卫视再接再厉，在保持良好发展态势的同时，广泛听取、吸纳各方意见，不断创新丰富频道内容，提高制作水平，努力打造全国领先的卫视频道。

蔡赴朝

2011 年 1 月 11 日

求真务实　开拓创新
努力开创北京电视台科学发展的新局面

——在北京电视台2011年工作会议上的讲话
（2011年1月27日）

北京电视台党委书记、台长　王晓东

同志们：

今天，在辛卯年新春即将来临之际，我们召开北京电视台2011年工作会议，主要任务是：回顾总结2010年的工作，研究部署2011年的工作，统一思想、凝聚力量，动员和激励全台干部职工，求真务实、开拓创新，努力开创我台科学发展的新局面。全台2010年工作总结、思想政治工作总结和2011年工作要点、思想政治工作要点，已经党委会讨论通过，印发给大家，希望同志们认真学习。

刚才，多佳同志代表台党委宣读了九项表彰决定，受到表彰的部门和同志是我台2010年各项工作的佼佼者，我在此再次向同志们表示祝贺，希望获得表彰的部门和同志珍惜荣誉，把表彰化作进取的力量，为我台发展再立新功。我刚才代表台党委与中心、部、室负责人代表签订了六类责任书，一诺重千金，责任须担当，希望各中心、部、室领导班子，守土有责，承诺践诺，切实履行职责，保证各项工作安全有序，优质高效。

下面，我代表台党委和台领导班子，概括总结2010年工作的主要成绩、不足和经验，重点讲我们面临的形势、我们的奋斗目标、我们2011年的主要工作。

第一部分　关于2010年工作总结

2010年我台工作的重点、特点、亮点，可以概括为6句话：一是BTV影响力增强；二是多项业绩创“第一”；三是高清化进程稳步推进；四是内部管理不断规范；五是党建工作进一步加强；六是员工心气提振。

一是BTV影响力增强。根据市委、市政府建设“人文北京、科技北京、绿色北京”和世界城市的新要求，我台坚持以内容生产为核心，打造精品栏目和大型活动。《北京新闻》、《法治进行时》、《首都经济报道》、《每日文娱播报》、《档案》、《这里是北京》、《养生堂》等老品牌，保持品质，焕发活力；《点击年关键》、《江山如画》、《回眸十一五展望十二五》、《中国节　中华情》、《人民大会堂》等专题、系列节目，内涵深厚，特色鲜明；世博、亚运、世界杯报道、“金话筒奖”颁奖典礼、车展直播、《时尚大典》等大型活动，创新策划，精彩呈现。全年向央视送播新闻1627条，位居省级台前列。什邡记者站出色完成任务后，我们又走出京门，陆续在新疆和田、青海玉树、西藏拉萨组建记者站；新台址硬件一流，各级领导和海内外人士228批、3356人次来台参观考察，批次之密、人数之多、规格之高，近年少有；国内外机构、单位发给我台的感谢函、表扬信等百余封。荧屏内外，凸显了BTV的公益责任和社会担当，表现出主流媒体的文化情怀和价值追求，扩大了北京电视台的传播力、引导力、社会影响力。

二是多项业绩创“第一”。全国“两会”，我台记者首场发布会首发提问，在中外百余家媒体中拔得头筹；大型直播《魅力首都，闪耀世博》创造了我台历史上最大规模的时政新闻异地直播；救灾报道，记者深入地域之广、灾区地形气候之复杂、所处海拔之高，前所未有；《玉树不倒，感恩祖国》、《抗旱救灾，我们在行动》，一年内承办两场跨省公益晚会活动，尚属首次；世界杯报道，推出三屏合一的新媒体节目，首次实现与网友的实时互动直播；春节晚会，首次推出包括主春晚、网络春晚、环球春晚、动画春晚等在内的高品质春晚节目带，引起业界热烈反响；卡酷动画，收视领跑全国少儿频道，连续4年蝉联总局评选的全国优秀动画频道一等奖。“大戏看北京”好戏连连，参与出品的《媳妇的美好时代》平均收视率达10.9%，刷新“最高平均收视”、“最高单日收视”等4项纪录，收获白玉兰奖、金鹰奖等近10个奖项；紫禁城影业公司出品的《第一书记》，创造了主旋律优秀影片的多项第一，受到中央和北京市领导的充分肯定；在国内电视台向CNN报送的英语新闻排行榜上，我台采用量17篇，居于首位。多项第一，来之不易，这是我们善于创新、敢于争先的结果，是我们全台上下同心协力、埋头苦干的结果。

三是高清化进程稳步推进。继2009年实现卫视高标清同播之后，2010年底，数千人次昼夜兼程，艰苦演练，卫视、文艺网络化高标清双播频道先后开播；国内第一个采用高清网络化制播技术的新闻演播室——350高清新闻演播室正式启用；6个高标清同播系统如期完成，真正意义上的全台高清网络化制播流程得以实现，标志着北京电视台在全国高标清同播技术领域走在了最前列。此外，《每日文娱播报》实现了高标清直播，新老台址之间实现了节目光缆传输连接。掌握新技术，使用新设备，搭建新平台，技术进步为提升我台内容生产和传播品质提供了坚实保障。

四是内部管理不断规范。2010年，我们与时俱进，推进制度建设，全年修订、完善或新出台制度44项，包括“会议制度”、“经费支出审批权限规定”、“园区安全管理规定”、“危机事件应急处置办法”、“新闻发布会管理办法”、“播音主持作品专家奖”评选办法、“优秀节目评奖办法”等等；我们启动“定岗、定编、定员”工作，构建新的人力资源管理模式，迈出第一步；我们拓宽用人思路，尝试用台管企聘的方式引进优秀人才；我们加强人才储备，与7所高校建立了台校合作关系；加强教育培训，举办台级层面各类培训达400余期，参加人数近两万人次；举办了新员工岗前培训班；首次组织了摄像岗位的全员培训；组织开展了制片人岗位能力培训和制片人岗位能力测试，近400人次参加，增强对核心骨干人才的选拔、培养力度；我们加强安全工作，强化制度落实，拉网式全面排查了安全隐患，确保了安全稳定。

五是党建工作进一步加强。全台深入

开展创先争优和“党员作风建设年”活动，各类创先争优活动达37项；发展新党员31人，全台党员人数达1269人；加强理论武装，台党委开展中心组专题学习26次；深入开展“三项学习教育活动”，重点加强对年轻员工和一线员工政治素质、业务素质的培养；加强干部人才队伍建设，完善出台了中层干部选拔任用、岗位考核等方面的工作程序和工作制度；根据工作需要，对38名中层干部进行了岗位调整，退出现职一批，提拔任用一批，交流轮岗一批，其中有14名同志跨部门任职，迈开了中层干部轮岗交流的第一步；着眼作风建设，组织开展了“加强台风建设，预防职务犯罪”主题教育活动；严格党纪台规，切实抓好“小金库”、“假发票”专项治理工作，进一步营造了风清气正的发展环境。

六是员工心气提振。职工是电视台的主人。2010年，我们召开了两次职工代表大会、6场职工代表座谈会、一场老干部座谈会，认真听取广大职工的意见、建议，台党委专门召开扩大会议，研究意见建议的具体落实；我们加强内网建设，有效交流沟通台内信息，各部门自主发布信息近5000条；汇编广大职工的优秀理论文章，集思、集智、集力，营造争做“严肃的传播者、理性的媒体人、博雅的文化人”的媒体氛围；加强派遣人员队伍建设，使符合条件者一样能够参加科组长、制片人竞聘；逐步提高派遣人员的工资、福利待遇；重视职工健康，在政策和财力允许的范围内，尽可能地改善员工的工作条件和医疗保障；开展青年岗位创新成果评选、公益宣传创意大赛、乒乓球羽毛球比赛等，激发员工活力；努力为群众办实事，帮扶困难职工。2010年，我们增进共识、凝聚人心、提振士气，全台上下初步形成一心向上、共谋发展、弥足珍贵的良好氛围。

2010年，我台节目、技术、管理等各领域，共获省部级以上奖项200余项。全年收视市场份额保持增长态势，北京地区市场份额达40.46%，位居北京地区首位，创8年来新高。在35城市市场份额排名中，北京卫视排名第五，其中新闻节目和影视剧在省级卫视激烈竞争中保持了明显优势。我台广告收入全年突破30亿元，总收入达36.36亿元。

2010年的成绩，值得所有BTV人骄傲、自豪。这些成绩，属于追求卓越、顽强拼搏的北京电视台全体员工。在这里，我代表台党委和台领导班子，向过去一年里为北京电视台发展作出贡献的所有采、编、播生产一线及职能管理部室的干部员工，向关心、支持我们工作的离退休老同志们，致以崇高的敬意，表示亲切的慰问和衷心的感谢！

同志们，回顾过去一年的工作，我们有以下的经验和体会：

一是坚持服从市委市政府领导，不折不扣贯彻落实上级要求。北京电视台是市委市政府重要的媒体机构，我们的发展须臾离不开市委市政府强有力的支持；我们的一切工作要坚定不移地按照上级要求完成，用优异的工作业绩回报党和政府的关心、厚爱和支持。

二是坚持内容为王，不遗余力地提升核心竞争力。媒介越融合，终端越多样，内容的价值也就越能体现出来。无论媒体如何竞合发展，我们都要始终保持内容生产的核心优势，锲而不舍地打造和增强BTV的核心竞争力。

三是坚持技术引领，参与竞争，迎接挑战。技术引领媒体革命。在“三网融合”加快推进、媒体科技快速发展、传统电视进入发展变革重要时期的当下，我们必须积极利用新技术提升传统媒体，大力发展新兴媒体，抢占战略竞争制高点。

四是坚持安全生产，牢牢捍卫事业发展的生命线。没有安全就谈不上发展。我们始终加强安全工作，确保内容安全、播出安全、园区安全，从而有力地保障工作的有效运行、事业的平稳发展。无论什么时候，我们都必须视安全为生命，抓安全不放松。

五是坚持创新驱动，探索可持续发展的方法和路径。创新是发展的助推器。我们工作中的新亮点、新进步，无一不是创新发展的结果。在国内外媒体竞争日益激烈的形势下，我们必须更加注重创新驱动，大力推动内容形式、方法手段、体制机制等的创新，促进事业可持续发展。

六是坚持依靠全台职工办台，爱护和激发 BTV 人的工作热情和积极性。北京电视台的发展需要各方面支持，但发展的内因在我们，我们是电视台的主人，台兴我荣，台衰我耻，要成为全台干部职工的共识。我们必须尊重干部职工的主体地位，充分发挥干部职工的主人翁精神，使 BTV 的发展永葆不竭的动力源泉。

同志们，过去的一年，我们取得了一些成绩，但面对首都建设中国特色世界城市的新要求，面对国内外媒体竞争的新形势，面对全台干部职工和广大受众的新期待，我们的核心竞争力和影响力还需要进一步提升；产业结构单一、可持续发展人才保障不足等诸多问题需要抓紧解决；内容生产机制、选人用人机制、经营管理机制、激励约束机制需要创新完善，制度建设和内部管理需要不断加强；执行力需要大力提升。我们必须保持清醒头脑，认清差距，正视不足，在今后的工作中切实加以解决。

第二部分　关于 2011 年工作安排

当前，北京电视台的发展面临着重要的历史机遇。党的十七届五中全会明确提出，要“推动文化产业成为国民经济支柱性产业”，这是国家纲领性文件中对文化产业发展作出的最新表述；国家“三网融合”的宏观战略，为传统媒体拓展新的传播渠道提供了政策面和技术面的支持；转变发展方式，给传媒文化业带来了新的契机；北京瞄准高端、建设世界城市的现实需求，为北京电视台整体竞争实力提升提出了新的目标高度；市委十届八次全会关于“发展文化生产力，首都文化创意产业发展要走在全国前列”的精神，为 BTV 提出了新的站位要求；全市宣传部长会议提出要“打造中国特色社会主义先进文化之都，大力实施人文北京行动计划”，也给我们提出了明确任务。我们要跟上时代发展的潮流，迎合首都发展的节拍，直面电视媒体的竞争，把握机遇，励精图治，办好北京电视台的事情。

去年年末，经过台党委认真、审慎研究，我们确定未来 3 年我台的奋斗目标和发展思路是：2011 年是改革调整年，我们将以北京卫视为重点，带动各频道创新发展，在改革调整中塑造亮点，凸显特色；2012 年是发力见效年，我台的各项改革举措得到深化实施，内容生产质量更加提高，调整的成效进一步显现；2013 年是稳定提高年，我台内容生产格局进入到一个把握主动、持续发展的良性轨道上来。

着眼 3 年发展目标，思考今年工作任务，2011 年全台工作的指导思想是：在科学发展观指导下，认真贯彻落实党的十七届五中全会和市委十届八次全会精神，紧紧围绕市委市政府中心工作，以科学发展为主题，解放和促进电视生产力；以内容生产为核心，提升 BTV 品牌影响力；以技术进步为引领，增强事业产业发展驱动力；以人才队伍建设为支撑，壮大竞争软实力；以规范管理为重点，提高制度执行力；以党的建设为保障，凝聚团队战斗力，努力把北京电视台建设成为与首都地位相适应的电视台。

2011 年工作的主要任务是：

一、以科学发展为主题，明确发展目标，强化发展手段，打牢发展基础

要以未来 3 年发展思路为基础，研究制定我台“十二五”时期发展规划。按照十七届五中全会精神要求，结合国家“十二五”规划、北京市“十二五”规划和北京文化创意产业发展五年规划（2011—2015 年），根据传媒业竞争特点和发展趋势，认真研究、着力谋划北京电视台发展的新思路、新举措，制订包括内容、技术、新媒体、干部、人才规划等在内的北京电视台发展战略规划。

要以技术研发应用为引领，继续推动电视高清化和新媒体工作。按照“整体规划、分步实施、重点推出、稳步推进”的工作原则，继续做好高标清同播电视技术系统二期项目的各项工作。完成公共·新闻频道高标清同播系统的安装调试工作，力争实现公共·新闻频道的高标清同播；稳步推进体育频道高标清同播系统的建设。同时，要在筹建北京网络广播电视台上取得实质性进展，推动电视、网络和手机视频融合发展，积极开展包括网络视频、IPTV、手机电视等在内的新媒体业务。

要以机制改革为重点，实现事业产业并重发展。要推进事业产业管理职能“两分开”，逐步理顺产业经营关系；要进一步优化广告资源配置，最大限度地实现 BTV 的品牌收益，使北京卫视成为广告创收新的增长点；要盘点优势内容资源及潜在的优质资产，打造以内容为核心竞争力的产业价值链，积极拓展动漫、影视剧、版权交易、新媒体、电视购物、BTV 自有品牌的大型活动等新的营收渠道，努力改变过度依赖广告创收的单一赢利模式，以事业支持产业，以产业反哺事业。

二、以内容生产为核心，强化新闻立台，提升北京电视台传播影响力

要以北京卫视为改革试验田，探索推进内容生产和机制改革创新，提升北京卫视在全国的影响力。在北京卫视积极、稳妥地开展内容生产创新和机制改革试点，保持新闻节目在全国的领先地位；要大胆探索，不断改进，提高卫视各档节目质量，提升北京卫视在全国卫视的综合排名和品牌影响，让“天涯共此时”覆盖天涯。

要整合全台频道资源，形成适应传媒领域发展变革、符合北京电视台发展需要的内容生产格局。深化新闻节目中心和公共频道节目中心的全方位整合，把公共·新闻频道打造成为北京地区本土新闻信息权威发布平台；立足于青少频道，深化青少年节目中心和海外节目中心的整合，吸收青少节目和外宣节目资源，打造北京地区国际时尚、具有现代都市色彩的专业频道；将现有的纪实高清频道改造为高端、专业，有品位、有影响力的纪录片展示平台。在此过程中，进一步深化和拓展各频道定位，创新节目形态，加强节目编排，着力提升各频道节目品质，提升各频道核心竞争力，增强与受众的粘合度。

要抓好纪念中国共产党成立 90 周年、辛亥革命 100 周年重大题材，凸显北京电视台品牌力、传播力。要策划生产好《国风》、《笔墨》、《辛亥·北京》、《少年中国》等大型专题片；各节目中心要按已批复的预算，精心策划、实施特别节目和重大活动。

三、以“三项安全”为抓手，夯实发展根基

安全是电视媒体的生命。安全工作，人人有责。全台干部职工务必从思想上绷紧安全这根弦，从全台事业发展大局的高度看待安全工作，以高度的主人翁精神做好安全工作。

要增强喉舌意识和首都意识，确保节目内容安全。严格政治纪律和宣传纪律，确保广播影视各项法律法规和管理规定落实到位；坚决执行三级审片制等节目审查制度，杜绝虚假新闻、失实报道和有偿新闻。

要严格岗位责任和流程管理，确保播出安全。严格按照各项播出流程和岗位要求，落实到位，责任到人，一刻不能放松，一点不能含糊，确保安全播出的机制化、常态化运行。

要强化制度落实，确保园区安全。认真执行《北京电视台园区安全管理规定》，对违规者，坚决按制度办事，决不姑息迁就。相关职能部门要尽职尽责，精细管理；要加强督促检查，定期开展安全隐患排查，抓好安全培训，提高应对突发事件的能力。

四、以培养事业发展带头人和核心人才为目的，加强干部队伍建设

我们要在干部队伍建设上下更大的力气，严格按照《党政领导干部选拔任用工作条例》开展干部工作，坚持“德才兼备、以德为先”标准，要用是否有利于北京电视台发展的眼光看人论事，选好、配强全台中层干部；要深化干部人事制度改革，坚持民主公开、群众公认的原则，逐步全面推行中层干部竞争上岗工作；要积极稳妥地推进中层干部选拔任用、轮岗交流、考核等工作，加强对退出现职中层干部的管理和服务；要扎实推进中层后备干部队伍建设，建立《北京电视台中层后备干部管理规定》等工作制度，开展科学有效的选拔培养工作，为全台事业可持续发展提供干部人才保障。

五、以提升能力素质为核心，加强人才队伍建设

我台“三定”工作已迈出第一步。虽然完成“三定”工作目标还有很长的路要走，但我们要坚定不移搞下去，下决心理顺我们的人力资源管理模式，把落后的、死板的、僵化的东西剔除掉，调动起人的活力，大力培养复合型人才；我们要想方设法，让每一名员工感受到多元化的职业发展前景，增强职业荣誉感。

2011 年，我们在人才队伍建设方面要做 5 件事：一是要在一线生产部门试行“首席制”，建立首席编辑、首席记者、首席主持人、首席制作、首席摄像等人才团队，给予相应的待遇和荣誉，鼓励优秀人才在专业上脱颖而出；二是要评选表彰北京电视台年度杰出员工和部门，对体现 BTV 职业追求、品行风貌、创新精神的先进员工和部门，进行表彰奖励，在全台上下形成崇尚发展的文化氛围；三是要在符合政策、有可持续财务支付能力前提下，逐步提高全台干部职工的物质待遇水平，让大家享受到在北京电视台工作的尊严和快乐；四是要积极稳妥、实事求是地解决派遣人员实际问题，在保证派遣人员待遇水平稳定增长的同时，提高派遣人员的社会保障水平，将派遣人员工资发放由“两卡”合为“一卡”，实行统一计税、统一缴纳社会保险金，维护派遣制员工的权益。五是要分批分期地组织制片人、编辑记者、技术人员和管理人员等一线业务骨干境内外培训，切实加大核心岗位骨干人才的培训力度。

六、以提升党的建设科学化水平为目标，为我台可持续发展提供坚强的政治保障

党建工作绝不能放松。要进一步落实各

中心、部、室主要负责人“一岗双责”，加强基层党建工作；要根据创先争优活动实施方案的总体安排，结合我台重点工作，继续深入开展创先争优活动和“三项学习教育活动”、“杜绝虚假报道专项教育活动”，提高全台从业人员的思想政治素质；要加强教育和预防工作，搞好廉政建设和台风建设，营造干净、和谐、健康的发展氛围；要切实发挥工会在实行民主管理、推进台务公开工作中的作用，继续组织开好职工代表座谈会等；要关心困难职工生活，积极开展送温暖民心工程和“扶贫济困春风行动”；要完善服务，进一步发挥老同志积极作用；要加大党务公开、台务公开，广开言路，从善如流，让全台干部职工参与各项重大决策，发挥好干部职工在北京电视台事业发展中的主人翁作用。

2011 年是我台 3 年发展的调整之年、开局之年。2011 年的调整工作，直接关乎 2012“全面发力年”、2013“平稳发展年”的成与败。做好 2011 年工作，我们要妥善处理好以下 5 个关系：

第一，坚持发展第一要务，妥善处理好调整与发展的关系。调整是手段，发展是目的。为了目标的实现、任务的完成，我们必须对不适应生产力的生产关系进行调整。2011 年，我们将按计划、有步骤、有重点地对内容生产格局进行深化调整，在调整中显亮点，以调整促发展。调整要围绕内容生产，服务于内容生产，特别要把握好调整的时机、节奏、力度，既不能缩手缩脚，也不能激进冒进。

第二，兼顾公平与效率，妥善处理好全局与局部的关系。公平是事业存在的基础，效率是事业发展的保证。兼顾公平与效率，是我们这个时代、这个社会发展的要求，也是媒体机构成长壮大必须处理好的一个重要关系。在这个问题上，全台各个岗位的同志尤其是各级领导干部，一定要理性地来认识和看待，讲一点儿胸怀和境界，多一些宽容和换位思考，不埋怨，不争斗，不计较，不气馁，不折腾。

第三，促进工作融合，妥善处理好分工与协作的关系。电视作品是集体智慧的结晶，一档节目、一个活动、一个频道，都需要多工种、多部门协作。媒体生产要求团队的高度默契，工作的高度融合。节目、技术、职能部门之间，各个部门内部，既要职责明晰，又需要协作配合；既要讲究个人创意，更要交流信息，协作配合。单打独斗成不了大事，团结协作才能出生产力、出干部。

第四，建设和谐文化，妥善处理好内外部、上下级、干群之间的人际关系。文化是一个组织的软实力。作为一个传媒文化单位，和谐的组织文化是北京电视台创造新业绩的内在动力。我们崇尚约之以法、和之以仁的文化精神，在加强制度管理的同时，将着力构建和谐的内部文化，营造我台与外部环境之间良好的公共关系，营造上下级之间、干群之间良好的人际关系。和谐的从业环境，是人尽其才的条件；和谐的人际关系，是快乐工作的基础。

第五，坚持“两手抓”，妥善处理好业务工作与政治工作的关系。我们要充分认识思想政治工作凝聚人、振奋人、鼓舞人、引导人的重要作用，让思想政治工作为业务工作保驾护航；我们要在发展中把握改革的力度、广度和深度，让广大干部员工既成为改革发展的主体，又成为改革成果的获益者。

同志们，让我们在市委宣传部和北京广播电视台的领导和支持下，敢于变革，勇于创新，不惧艰险，克服困难，发扬奋发图强、争创一流的精神，为把北京电视台建设成为与首都地位相适应的电视台而努力奋斗！

把握调整机遇　推动融合发展

——对北京广电发展新路径的初步思考

北京电视台党委书记、台长　王晓东

近年来，随着传媒业发展内外部环境发生的深刻变化，突破、调整、变革成为关键词，在创新发展的大背景下寻找相对稳定的发展路径，是关系每一个传媒主体生存和发展的紧迫课题。对于北京广电来说，经历10年改革发展之后，2010年再次在内容生产、技术搭建、体制机制等方面进行了新的调整，怎样因势利导、继续发展，需要我们与时俱进，认真思考。

一、准确判断和应对当前传媒发展面临的总体形势

目前影响传媒业发展格局的主要有四个特征：一是互联网迅速崛起，占据传媒领域发展趋势的重要话语权，不但互联网的普及率、覆盖率、信息潜在访问率呈现出无法比拟的几何级增长态势，而且互联网所展现的即时性、互动性、微观化带动了其他媒体的变革，正在推动一场传播方式的革命；二是受众的消费观念发生根本性变化，由被动变为主动、单向变为双向，对传媒内容的支配权显著增强，伴随着技术条件的改进，初步实现了从读、听、看向选、评、用的转变；三是对传媒产品内容的创意要求进一步加大，文化创意产业作为战略性新兴产业的容量扩张迅速，传媒产业也将保持快速增长、放宽准入、加剧竞争的态势；四是传媒与资本的联姻逐渐成为常态，资本市场加速进入传媒业，为传媒的自身发展增添了更加复杂的市场变数，催促传媒机构调整发展姿态和运营模式，突破传统的体制机制束缚，形成新的战略思维。

面对传媒发展的诸多新形势、新任务、新环境，北京广电怎样继承几十年来的发展优势和发展成果？怎样深入推进文化体制改革各项工作？怎样进一步发挥宣传阵地、舆论喉舌以及党和人民的桥梁纽带作用？怎样生产推出更多符合社会需求的文化产品？怎样突破瓶颈提高自身的发展能力？这是我们的出路选择问题。笔者以为，关键在于实现资源的整合，推动媒介的融合，深化各个主体之间的竞合发展。

二、推动整合、融合、竞合是实现强势发展的必由之路

近10多年来，尤其是进入新世纪以来，社会大生产格局下的专业化分工在优势上逐渐发挥到了极致，一些与专业化分工相关的矛盾问题也开始呈现出来，迫切需要人们转变发展思路。此时，整合、融合、竞合在推动生产关系调整优化、促进生产力进一步发展中的作用开始得到发挥，合作成为这个时代引人入胜的新的主旋律。

我们看到，在世界范围内，通过战争实现对资源的掠夺已经被绝大多数人摒弃，国与国之间、尤其是大国之间合作的深度和广度，决定了全球发展的潜力。以跨国企业为代表的生产主体如何在国与国之间协调其产业链的布局，成为整合发展、融合发展、竞合发展的重要标志。各国的政治家和学者把探讨发展的重点问题更多地聚焦到了全球这个范畴上来。在中国，联动发展、协调发展成为人们关注的热点，传统的省域、地域、县域在发展话题上占据的地位越来越小，而省域之间、地域之间、县域之间的交通等基础设施建设，为各地的进一步发展搭建起了桥梁。在国家层面，“两横三纵”的城市化战略格局成为描绘未来发展的雏形，以长三角、珠三角、环渤海三大经济圈为主的区域性整体引领着中国城市化发展从大中城市规模扩张、小城市夹缝生存的粗放格局转向了城市与城市之间产业平衡布局、资源统筹利用的整合发展之路。

从传媒领域内部来看，一个融合了所谓传统媒体和新媒体发展模式的超大规模、全媒体产业链时代正在到来。横向上，传媒产业规模的扩大，使同一种类媒体机构之间的竞争迅速加剧，规模较小的机构必然会逐渐丧失优势资源而苟延残喘，而规模较大的机构也面临进一步做大做强的考验，这就催生了横向的资源重组整合；纵向上，一方面，大型传媒集团对优势资源的扩张性运用和对不同受众的全面争夺，促使不同传媒机构纷纷进军周边产业，以此壮大自身规模和实力，另一方面，品牌创造的需要，也推动内容资源、渠道资源的集中整合利用，具有强势自主品牌的全媒体产业集团应运而生。于是，从内容创意，到生产制作，到播出传输，再到多种渠道，终端销售分发，跨媒体扩张、运营，这条跨越多种媒体的完整产业链建立起来，并被逐步装备到一些有实力的传媒机构，成为他们参与媒介竞争的王牌。

在欧美发达国家，我们注意到，传播资源的配置权越来越集中到一些有效率的、有优势的强势传媒集团手中，如新闻集团、时代华纳、维亚康姆等国际传媒集团，通过不断的整合、收购、兼并，实现了大资本、大融合。周边的小规模传媒机构，要么被淘汰出局，要么整体加入。直到今天，这些大型传媒集团依然保持着持续扩张势头，成为传媒发展的重要风向标。

从2009年以来，上海、湖南、四川、辽宁等地省级广电媒体以推进制播分离改革为契机，开始了一系列大规模的资源整合工作，相继成立了上海广播电视台和上海东方传媒集团、湖南广播电视台和芒果传媒、四川广播电视台、辽宁广播电视台等，在所在地主管部门的支持下，推动本地广电资源较为完整的整合，为融合发展提供了平台。其中，上海、湖南等地还组建了规模庞大、特色鲜明的市场主体，为下一步整体的品牌推出和市场竞争创造了条件。目前，这些起步较早的地区广电机构发展十分迅速，呈现出了明显的强势增长态势，整合、融合、竞合的优势正在得到逐步展现。

2010年5月31日，北京市委、市政府决定，由原北京北广传媒集团、北京人民广播电台、北京电视台整合组建北京广播电视台。这一决策的制定，正是站在推进广电传媒实现新发展的角度，发挥融合、整合、竞合对于解放生产力、调整和优化生产关系的积极作用，体现了党和政府做大做强北京广电事业产业的决心。

三、充分利用自身优势，推动北京广电融合发展

北京广播电视台的成立，为北京广电的融合发展提供了一个完整的发展平台。我们应该看到，目前，北京广电尚不具备突出的整体发展优势。首先，事业产业的发展规模还不够大，尽管业务种类较为完整，但表现出分布散、效益低的特点；其次，品牌影响力还不够大，近年来推出的富有竞争力的内容产品和产业渠道比较有限，综合实力还不够强；再次，融合发展的起步较晚，一些方面已经被抢占先机，在短期内实现超越的可能性不大；最后，北京广电各单位长期各自为战、封闭运行，市场运营能力较低，缺乏市场竞争的应对经验。这些，是我们需要不断加以克服和改善的课题。

当然，我们也要看到自身的优势。一方面，北京广电具有地处首都的天然优势，与广电生产、经营、消费密切相关的文化资源、人才资源、信息资源十分丰富，有高素质的受众优势和独特的政治、政策优势，具有与首都地位相称的无形资产；另一方面，经过数十年的发展，北京广播电视台目前所属的各家专业机构都具备了一定的发展基础和资源，包括极具优势的节目资源、技术资源、平台资源、传输资源等，形成了一定的社会美誉度和市场认知度，也积累起了一流的硬件社会和人才资源。我们要坚定信心，取长补短，把融合发展这篇大文章做好。

作为一个成立不久的机构，摆在北京广播电视台面前最迫切的问题，是统一思想、达成共识，并在此基础上加快资源整合和工作融合，形成推动北京广电发展的整体合力。总体来说，一是要立足实际，扎实、稳步、有效地通过整体资源的有效循环和集成，在资源配置上形成重点突破；二是要充分利用北京地区各种媒体的重点影响和优势地位，充分考虑多种媒体整合传播的应用，充分考虑内容生产与传播网络的关系，通过跨媒体内容经营提高内容生产的价值；三是要强化面向市场竞争的战略定位，优化在产业链各环节的资源配置；四是要明确对现有产业资源逐步进行增值性开发和市场化开发，逐步放弃单纯的资源转移赢利模式，坚决面向市场拓展自主创新业务。

笔者认为，目前，应该在保持循序渐进、稳步改革的基础上，重点在以下五个方面形成工作思路，寻求实现整合发展、融合发展、竞合发展的突破口：

*1. 在保持传统媒体核心竞争优势的基础上，以内容资源为核心进行跨媒体复制与扩张。*传统媒体要谋求广告增量，提高广告价值，从基于广播频率、电视频道的广告销售，到配合内容扩展的互联网、手机等新媒体广告经营、户外电视广告经营等，以内容资源为核心，通过多种传输渠道，扩大传播效果，寻找新的创收增长点。

*2. 积极开展包括高清互动、网络广播电视、手机电视、便携式电视等在内的新媒体运营。*一方面，在渠道上，利用北京网络广播电视台成立的契机，充分引入市场机制，打造产业竞争和市场主体，按现代企业制度进行运作，逐步形成面向全国互动电视、手机电视、互联网电视的整体产业格局；另一方面，在内容上，利用内容生产资源，开展数字付费电视和高清节目内容制作，提供市场化优质节目资源，为进入国际音视频节目交换市场、与国际

广电制作机构对接进行积极探索。

3. 实现新旧媒体融合发展。利用传统广播、电视等媒体的内容生产优势，延伸其产业链，开展多媒体领域的市场化经营，开展内容集成、服务集成两项核心业务集成，拓展节目交易、品牌活动、衍生产品等新的经营领域。

4. 逐步推动实现内部内容资源的有机整合，构建完整的产业链。尝试对影视剧生产、图书、音像、报刊等内容资源进行调整重组，既要大力推进“1 + 1 >2”式的单纯业务整合，又要在此基础上拓展以追求内容增值利润为代表的多方面有机整合，在整合中创新经营模式，拓宽经营增收渠道，实现内部资源的合理利用和统筹调配。与此同时，通过有效的探索，形成北京广播电视台内部重大内容资源协调利用的制度化通道，逐步提升跨媒体制作经营能力，打造完整的产业价值链体系。

5. 加强统一领导和内部合作，提升整体品牌效应。融合的目的是要促进发展目标的一致性、整体性，因此，要坚持统一规划，不断提升北京广播电视台内部运营管理工作的协调度，鼓励内容与内容、内容与渠道、渠道与渠道，以及其他所属经营性机构之间开展基于实现整体目标的合作，形成统一的品牌效应，打好组合拳，逐步实现共有、共享、共荣的目标。

我们要通过若干年的融合发展，使北京广播电视台成为传媒主营业务突出、传统业务和新媒体业务相辅相成、规模经济显著和市场竞争力较强的综合性传媒产业集团。待条件成熟时，进行战略性融资与收购，吸引社会资本注入，做大做强主营业务，通过资本投入和业务战略的落实，迅速扩大北京广播电视台产业运作规模，提高利润水平，在相关产业占据市场先机，最终打造成为一个有全国影响力和国际竞争力的大型文化传媒产业集团。

确立经营节目理念　提升传播市场价值

北京电视台党委副书记、总编辑　赵多佳

在当今中国，电视媒体具有非常鲜明的二元属性：一方面，它是意识形态传播的重要渠道，担负着宣传党和政府主张、促进经济发展、维护社会稳定的基本使命，这体现了其事业属性；另一方面，在市场经济环境下，电视媒体具备了面向市场支撑自身发展、推动资源增值的外部条件和内在需求，体现了一定的产业属性。当然，这二者之间又具有无可分割的关联性，事业属性为产业化发展提供了可靠的政策保障和制度支持，反过来，产业渠道的开拓有利于在市场竞争格局中提升舆论宣传的质量和效益。

近年呈现出来的电视媒体之间日益加剧的竞争格局，归根结底是因为随着传媒发展规模的扩大和渠道的多样化，受众从单向的被动接受者角色逐渐向拥有主导权的消费者角色转变，催生电视媒体的内容生产市场化意识迅速提高。我们看到，面对互联网和其他新媒体渠道的全面普及，在复杂的传媒发展态势下，积极参与市场竞争，把更多内容产品的产、供、购、销、播过程放到市场平台上来思考、布局和检验，不但能够推动整个电视业的持续繁荣，而且也能有效促进每一家电视媒体进一步推陈出新，取得新的发展成绩。因此，我们要在确保正确舆论导向的前提下，不断解放思想，积极改革创新，更加深入地适应市场需求，调整我们的理念和实践，形成更富竞争力的一流节目产品。

一、培养成熟的市场意识，确立经营节目理念

经营节目是相对于传统的节目生产理念而言的。自从上世纪50年代新中国电视事业起步以来，电视媒体的发展经历了二三十年作为报纸、广播补充的视觉化宣传品阶段，逐步成为自成一格、面向大众的主流文化载体。电视的内容创作也从具有明确教育引导目的的“办节目”转变为批量化、多元化的“生产节目”。在理念上，“办节目”所对应的是与政治宣传要求的无缝对接，以顺利完成宣传任务作为几乎唯一的衡量评价标准；“生产节目”所对应的则是不断拓展内容的规模和涉及的领域，建立符合电视传播规律的内容体系，丰富荧屏呈现的手段，强化多维度的传播效果。我们所说的“经营节目”，是在继续宣传党的方针政策、进一步丰富节目内容的基础上，面向市场、面向受众、面向需求，强化对资源的开发利用和对市场经济规律的适应性，开辟内容制作、整合、分流、销售的新渠道，以传播为主导，真正把电视节目当作一种特殊属性的文化产品，使其在市场中实现和提升社会价值、经济价值、文化价值。

从电视节目的产销关系上看，可以大致分为自产自销、自产外销、以销定产三个阶段（如图1所示），这三个阶段的依次过渡，即不断追求以销定产模式的实现和完善，体现了对经营节目理念的坚持和运用。为此，对于内容生产来说，我们可以大致从5个方面确立经营节目理念的特点。

一是在内容创作上，注重对原有节目资源的多次使用和分类整合。改变对节目资源单次使用、单次开发、单次加工的粗放观念，重视资源储备，优化储备、查询、调用程序，加大对自身节目资源和其他各种渠道媒介资源的整体运用力度，为增强节目资源的利用效率、拓展资源的增值开发空间打下基础，稳步提高节目资源循环使用的比重和频率。

二是在受众意识上，从以节目吸引受众向为受众生产节目转变。要牢固树立产品观念、品质观念、服务观念，把观众喜爱不喜爱、满意不满意作为节目生产评价的基本标准，在受众中探索建立预先评估、过程评估、事后评估的工作体系，找准符合观众健康收视口味的着力点，通过电视节目传播平台，发挥满足受众精神文化生活的作用。同时，面对多元化的文化产品需求，要强化分众意识，依靠专业机构，重点从性别、年龄、职业、性格等方面进行受众心理和品位研究，突出个性化的生产服务，增强节目内容的针对性和感染力。

三是在品牌塑造上，强化节目品牌的规模化和整体性。在对单一的节目进行品牌和影响力打造的基础上，建立相对统一的品牌化渠道，由点、到线、到面，连成品牌网络，防止不同频道或不同节目的各自为战、分散发展，逐步形成具有电视媒体鲜明自身特色的节目整体品牌形象，并形成由大品牌带动个别项目、推动整体繁荣的良性发展格局。

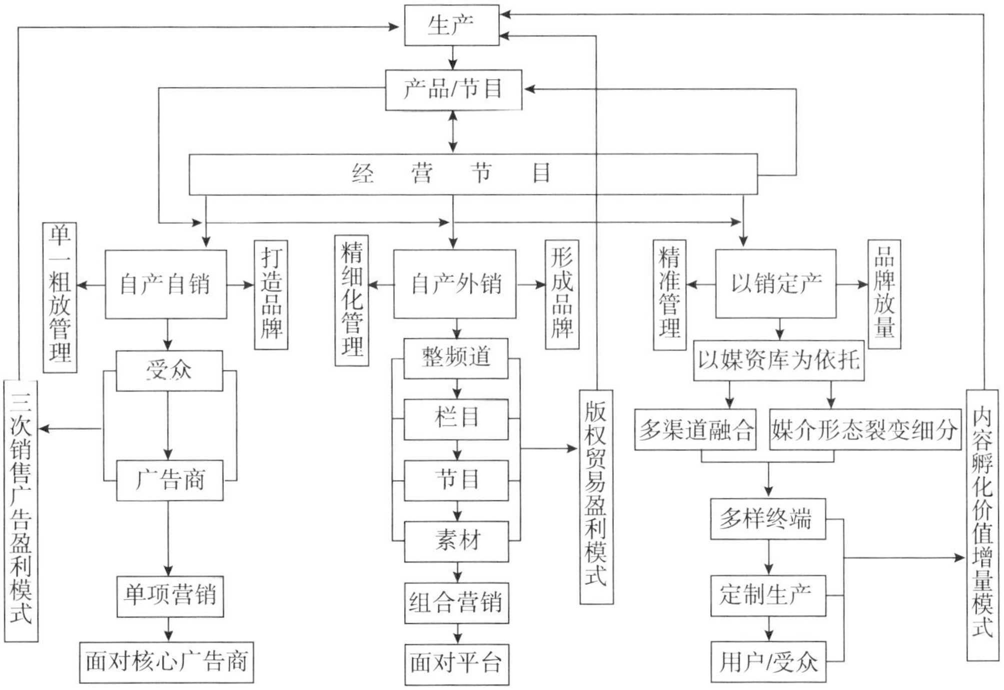

图1 电视节目生产经营架构

四是在营销模式上，改变对单一广告资源的依赖，形成多元化盈利格局。突破广告客户、广告发布平台、广告开发潜力的瓶颈，挖掘产品增量空间，使节目本身成为电视媒体收入的主要渠道之一，搭建起“广告+版权+资源交易+付费电视+战略投资”的多样化盈利模式。

五是在管理制度上，强调向管理要效益，提升管理服务的科学化水平。要在制度上形成以市场为导向、以受众为基础的管理理念，克服传统平均化、资历化收益分配机制的弊端，在内容生产部门和人员中建立健全科学合理的奖优罚劣制度，旗帜鲜明地鼓励在节目生产过程中实现综合效益和多元价值，培养面向市场的优秀节目创作队伍和经营管理队伍，进一步掌握电视媒体发展的主动权。

二、国内外电视媒体对经营节目理念的探索实践

西方主要国家电视媒体和专业制作机构受到其发展的外围市场环境影响，在市场化方面起步较早，经历了多方面的内外部竞争，基本形成了比较成熟的生产经营机制。在美国，NBC、CBS、ABC 等主要电视网及其附属电视台在面向受众进行节目的生产、编排、购销方面已经具备了标准化的流程，电视网向观众发起征集素材和电视创意的活动，每年都会有数千个创意入围，而每个电视网每年都要花费 1 亿美元左右，用来购买没有写出脚本的创意、没能拍摄的脚本、被别人拒绝播放的电视节目等，以鼓励创意的持续产生。即使电视节目制作出来，也要专门组织一部分观众进行观赏试验。调查者再组成一个小组，对受测观众所提出的问题和意见进行加工、提炼和整理，一旦发现问题，马上进行修改，甚至不得不完全放弃创意和制成的试验片。受众对节目取舍的发言权很大。英国和法国的主要电视机构，对收视数据的统计分析工作从判断总体收视情况的定性分析转向了精准化的定量分析。周一与周四同时段的受众兴趣有什么不同，8 点档节目的受众继续收看 9 点档节目的概率有多大，某一档栏目的多个小阶段对受众的情绪调动会有什么不同影响等微观研究，成为电视机构进行频道定位和节目编排的重要依据。在节目版权经营方面，日本探索了动画电视的多样化投资运营模式，电视台或电视网参与到节目制作委员会中，在享受播放权、著作权、评奖权的同时，为电视动画提供免费播放时段或制作费，通过周边收益来填补广告收益上的空缺。这些探索，都体现了转变发展观念、拓宽产业化渠道、积极适应多元竞争的尝试。

近年来，国内电视机构、特别是省级电视台在发展理念上有了很大的突破，不但在形式上走出了隔绝市场的自我发展模式，而且在内容上、经营上开辟了新的路径。湖南广电从上世纪 90 年代以来，经历了以竞争型选人用人格局为代表的机制整合、以品牌建设为重点的资源整合、以对新媒体的延伸融合为根本的体制整合三个阶段，形成了一个基本的产业链，初步具备了以节目产品产业化推动盈利增值的条件。以湖南卫视为例，其产业链已经涵盖了版权交易、影视创作、战略投资等方面（如图2）。上海广播电视台台长黎瑞刚指出：“中国媒体面临的最大挑战是资源整合。”他强调，资源不仅仅只是一些固定资产，更是品牌、版权、发行网、人才以及技术等，对于处在转型期的中国传媒，对内

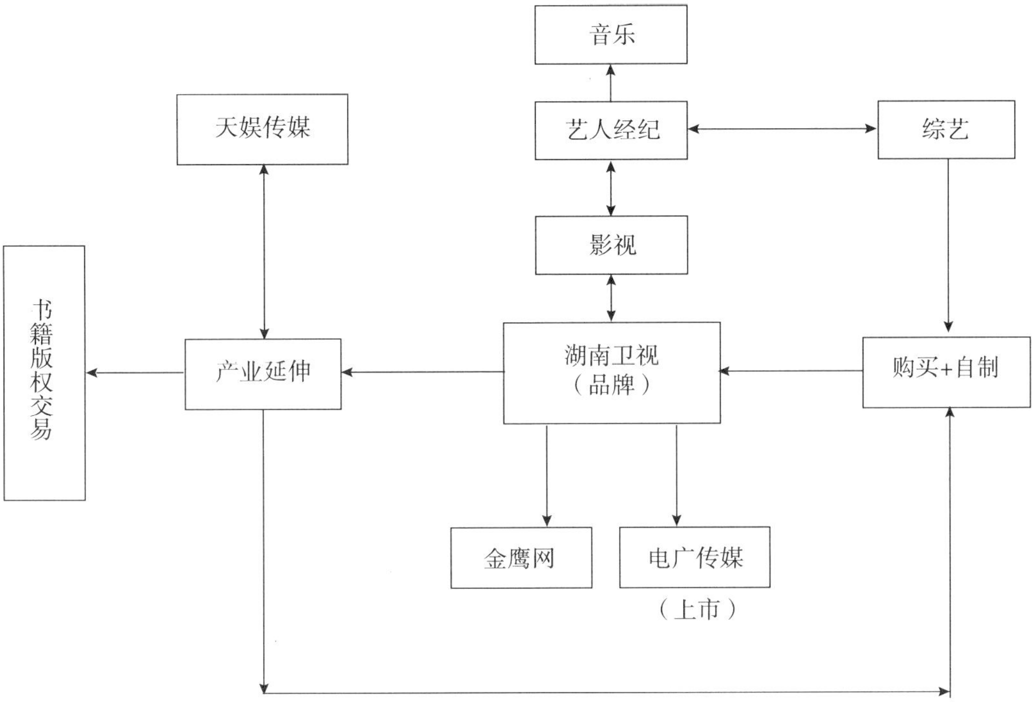

图 2　湖南卫视产业链图

应该以市场为驱动力对行政性传媒结构进行化合；对外以市场为驱动力对相关性传媒资源进行吸纳。这也体现出强烈的市场化意识。此外，江苏、浙江、辽宁等地电视机构也在鼓励受众参与、加强节目编排、优化经营结构等方面积累了新鲜的经验。

三、对北京电视台以经营节目提升发展水平的初步思考

北京电视台经过 30 多年的改革发展，已经初步搭建起了一套有序的内部运行机制，为确保内容生产、经营管理、服务保障等工作的顺利开展发挥了积极的作用。但是，在节目生产方面，我们感受到日益激烈的媒介竞争带来的巨大压力和挑战。从总体上看，我们存在着一些必须着力加以破解的束缚，主要包括：一是节目生产能力不够突出，体现较高文化水准的优秀节目比较匮乏，市场关注度不高；二是品牌影响力较弱，我台形象的社会认知度还有待提高；三是受众覆盖面有限，特别是上星频道的市场广度还需要进一步拓展，部分频道定位不够准确；四是节目生产管理机制不够规范灵活，缺乏调动生产人员积极性的工作措施和保障制度；五是收入来源单一，严重依赖广告投放，尚未建立多元化经营渠道。对于这些问题，我们要坚持经营节目的大理念，统筹谋划，逐步加以解决。目前应该重点推进以下 7 项工作：

1. 加强内容生产资源的有机整合，建立责任主体明确的管理结构。目前，我们已经初步实现了对新闻节目中心和公共频道节目中心、海外节目中心和青少年节目中心的资源整合，形成了 10 套领导班子（包括 12 个节目中心）对应 10 个频道的格局，使频道层面的管理责任基本上得到清晰化界定。下一步，将重点加强频道之间、频道与保障部门之间以及栏目层面的整合调整，推动资源之间的跨部门利用和

开发，形成完整、顺畅、开放、和谐的内容生产运行机制。

2. 强化分众意识，进一步明确各个频道的受众定位。深入推进北京卫视机制改革试点工作，开展面向全国市场和全国观众的创新节目尝试，确保全国收视份额每年上一个新台阶。继续积极促进卡酷动画频道市场化探索，挖掘动漫产业及其延伸产业的发展潜力，扩大其在外省市的影响力。同时，对各专业频道和纪实高清频道进行分众化定位和差异化考核，强化目标受众与实际受众、目标客户与实际盈利的切合度。

3. 优化节目编排，提升与观众需求的联动效应，确立市场化方向。要牢固树立受众意识，对重点人群的收视需求进行不间断、深层次研究分析，建立与受众喜好度、关注度密切相关的灵活性节目编排机制，强化与市场变化的联动，提升对节目编排的把控能力。

4. 建立健全内容生产管理制度体系，激发广大从业人员的创造活力。制定或修订有关内容生产的规章制度，在节目审查、目标责任考核、栏目优胜劣汰、制片人管理、表彰奖励等重点难点问题上探索一些新的工作方式，尽快初步建立集科学化、制度化、规范化、连续性、完整性、可操作性于一体的内容生产管理制度体系。

5. 加强对节目效益的深入分析和多方位评估，提高节目生产经营情况反馈的及时性和准确性。对于自办节目，要建立健全标准化的考核体系，包括策划方案评估、经费投入测算、节目制作过程监管、播出和销售情况评价、奖励惩罚等环节；对于外购节目，要加强预先评估、成品评估、购买价值评估、投入产出评估，并注重对评估结果的运用，使其成为调整节目生产经营决策的基本依据。

6. 积极推进节目产品的多样化营销，提升新兴资源的增值开发能力。要在进一步保持和提升广告经营水平的基础上，强化对品牌节目推广营销途径的研究，主动实施走出去战略，加强与有关制作商、供应商、承销商的对接和沟通，密切上下游关系，将营销成果作为节目生产制作团队的重要考核指标之一，注重版权保护和开发，使其逐步成为北京电视台经营创收的主渠道之一，并利用这一平台，推动形成外向型的BTV节目品牌。同时，要充分利用高清纪实频道、网络广播电视台等新兴资源，着眼微观，着眼长远，加大资源使用效率和多面化开发能力，把节目经营这篇大文章做好。

7. 切实加强节目生产经营队伍建设，营造创新发展的浓厚氛围。一方面，我们要进一步加强现有干部人才队伍的培养和建设，提高内容生产团队的研发能力、创新能力、服务能力，在保存量的同时拓展节目的增量提升空间；另一方面，要想方设法建立一支既懂节目、又懂经营的工作团队，挖掘和培养他们的信息反馈能力、节目评估能力、市场营销能力、战略投资能力，成为实现BTV节目经营目标最前端的实践者，成为能够善于同国内外同行、同市场打交道的一流传媒经营者。

总之，我们要通过扎实的工作，进一步推广经营节目的工作理念，提升内容生产能力，积极适应传播渠道、传播模式、经营手段等传播市场的各种变革，努力打造成为中国具有重要影响力、北方地区最强势的电视产品供应商和电视节目生产加工营销基地。

深入学习贯彻十七届五中全会精神 努力开创北京电视台科学发展的新局面

——在学习贯彻十七届五中全会精神党员干部大会上的讲话

（2010 年 11 月 22 日）

北京电视台党委副书记　窦晓东

同志们：

深入学习贯彻党的十七届五中全会精神，是当前和今后一个时期全党第一位的政治任务。十七届五中全会闭幕后，台党委对学习贯彻全会精神作出了及时部署，王晓东、赵多佳同志也多次对做好全会精神的学习宣传贯彻工作提出了明确要求。目前，全台都在认真组织落实，特别是结合推进当前工作、谋划未来发展，提出了一些新的目标、思路和措施，总的来看，初步效果是好的。今天，台党委决定召开这个会议，紧密结合我台工作实际，对学习贯彻五中全会精神进行再动员、再部署，这对于进一步把全台党员干部的思想和行动统一到全会精神上来，努力开创我台科学发展的新局面，向市委、市政府和全市人民交上一份满意的答卷，是十分重要和必要的。

下面，按照台党委决定，我讲三个方面的内容：

一、深刻认识当前面临的形势和任务，切实增强学习贯彻五中全会精神的自觉性和坚定性

五中全会明确指出，我国发展仍处于可以大有作为的重要战略机遇期，既面临难得的历史机遇，也面对诸多可以预见和难以预见的风险挑战。这个判断不仅切合我国经济社会发展的实际，也非常切合当前我台改革发展的实际。

1. 从我台面临的历史机遇看，不是少了，而是更多了。

有人说，电视媒体的生命还有 5 年，我台一些干部职工也有类似观点。其实冷静思考，电视媒体特别是我台面临的历史机遇，不是少了，而是更多了。第一，市委高度重视、大力支持，为我台加快改革发展提供了坚强保障。市委对我台工作和事业发展高度重视，仅今年以来，市委领导、市委宣传部领导就多次听取我台工作汇报，对我台新闻宣传、内容生产、经营管理和班子建设等作出重要批示，对北京网络广播电视台建设、卫视改革、内容生产格局调整、干部调整工作等，都给予了亲切指导和大力支持。第二，文化在首都加快经济发展方式转变中的地位和作用更加突出，为我台改革发展提供了广阔空间。2006—2009 年，北京市文化创意产业增加值占地区生产总值的比重，已经从 10.3% 提高到了 12.3%，年均增速达

21.9%，高于同期GDP增速7.5个百分点。文化创意产业持续快速发展，文化消费的增长空间更加广阔，对相关产业的带动作用愈发明显，这些都为我台带来了新的发展机遇。第三，首都各方面资源优势显著，能够为我台事业发展提供有力支撑。我们不仅有来自中央部委、全国乃至全世界的信息渠道，有包括高清技术、新媒体技术在内的技术装备条件和生产应用环境，还有源源不断的优秀人才供给。特别是北京广播电视台的成立，为整合资源、打通产业链，提供了有利的条件。第四，在干部职工共同努力下，我台事业发展取得了良好成绩，也为今后的发展打下了难得的基础。同时，我们在内容生产、品牌塑造、创新驱动、产业发展等方面，都还有很大的提升空间、发展潜力。

2. 从我台面临的风险挑战看，不是小了，而是更大了。

说我台发展面临难得的历史机遇，并不是说我们前进的路上没有风险挑战。随着新技术的广泛应用，随着社会主义市场经济的深入发展，我们面临的风险挑战不是小了，而是更大了。一方面，以互联网为代表的新媒体异军突起，改变了媒介生态。截至今年6月底，我国网民规模已达4.2亿人，其中手机网民达到了2.77亿人，新媒体与传统媒体在受众市场和广告市场中的竞争日趋激烈。在新的形势面前，电视媒体纷纷寻求新的应对和发展之道。去年12月28日，中国网络电视台正式开播，今年央视又陆续获得了3G手机视听牌照、互联网电视牌照，加上此前获得的IPTV牌照，几乎具备了开展全部新媒体业务的准入证。上海、安徽、江苏、湖南、浙江、四川、辽宁等省级广播电视机构，也纷纷行动，或组建网络电视台，或提速新媒体视频业务的发展，或加快资源整合、推进制播分离。另一方面，在电视媒体内部，一轮又一轮的竞争大家都能感觉到。中央电视台凭借自己独特的资源优势坐稳第一地位，当然，人家也没有止步不前，频道制的改革、各种新的探索还在持续。省级电视台之间的竞争可以说已经到了一个白热化的状态，大家都绞尽脑汁在新产品、新渠道、新人才、新体制上下工夫，可以说，我台的发展正经历一个从领先到紧迫的转变。

3. 从我台改革发展的任务看，不是轻了，而是更重了。

面对机遇和挑战并存的重要战略机遇期，我们如何学习贯彻落实五中全会要求，扬长避短，化危为机，做好转变发展方式这篇大文章，把我台事业推向前进，任务比以往更重了。近一段时间，在市委宣传部的大力支持下，台党委经过认真研究，决定以提升影响力为核心，在北京卫视开展内容生产机制改革试点工作，分别对新闻节目中心和公共频道节目中心、海外节目中心和青少年节目中心进行了资源整合，加快了北京网络广播电视台的筹建步伐，对高清纪实频道的内容生产提出了新的方向。当然，还有与内容生产改革相配套的一系列技术系统变革和管理服务改革，也都在逐步推开。台党委对未来3年的发展定出了基调：2011年是改革调整年，要瞄准最前沿做大量的生产方式、体制机制、经营管理等方面的改革工作，并抓出亮点；2012年是发力见效年，初步收获改革的成果，并且对依然不符合改革目标的领域进行新的调整；2013年是稳定提高年，从这一年起进入到一个相对平稳的快速发展期。这是台党委深入学习贯彻五中全会精神，立足于加快我台发展方式转变，思考我台“十二五”时期发展的目标要求和主要任务，经过统筹考虑提出来的。改革的目标，就是要形成充满活力、富有效率的生产运行机制，把北京电视台打造成为党和政府放心、人民群众喜爱、符合时代要求的第一流传播平台。我来台工作时间不长，目前还在学习、了解的过程中，作为党委副书记，我觉得有责任为一线工作的同志们做好服务，为我台改革发展做好思想政治工作。前些日子，我和党办的同志分别同卫视节目中心、新闻节目中心等部门的干部职工代表进行了几次座谈，听取大家对改革发展的意见建议。在座谈中，我深切感受到，广大干部职工对台党委的决策是支持和拥护的，是盼望我台改革发展取得新进展、新突破的，是愿意在改革发展中承担使命、勇于奉献的。这是我台加快改革发展的力量所在、希望所在！

二、深入学习贯彻五中全会精神，全面加强和改进我台党的建设

做好中国的事情，关键在党。推动我台的改革发展，同样关键在党。我们党的建设的历史经验，最根本的一条，就是党的建设必须按照党的政治路线来进行，围绕党的中心任务来展开，朝着党的建设总目标来加强。当前，对于我台来讲，加强党的建设，就是要围绕五中全会关于“十二五”发展的主题、主线，“四个更加注重”、“五个坚持”的重要部署，充分发挥党的领导核心作用，加强党的执政能力建设和先进性建设，不断提高党领导发展的能力和水平。

1. 切实加强台党委班子建设，不断提高谋全局、抓大事的能力和水平。

党委是实施党的领导、加强党的建设的主体，也是承接党的各方面建设的组织载体。台党委要按照总揽全局、协调各方的要求，集中精力抓好大事，支持各方独立负责、步调一致地开展工作。

一是要不断提高谋全局、抓大事的能力和水平。要按照五中全会要求，“准确把握发展趋势，科学谋划发展蓝图，努力创新发展模式，加强对发展的统筹协调，切实提高发展质量”。党委成员和台领导班子成员，不仅要抓好自身分管的工作，做到有思路、有办法、有效果，更要带头思考和谋划事关我台改革发展的全局性、战略性问题，能够和善于为台党委科学决策、为我台科学发展，提出真知灼见，增强工作合力。

二是要切实担负起管党的政治责任。党委成员和台领导班子成员，都要坚持党要管党、从严治党，用足够的精力和时间抓党的建设，履行好管党治党的职责。做好这方面的工作，一方面要严肃党的纪律，对党员干部严格要求、严格教育、严格管理、严格监督，另一方面要率先垂范，模范遵守党的纪律，带头执行党委决定，政治上高站位、工作上高标准、作风上高要求，只有这样，“管”才有底气、才能服众。

2. 不断深化干部管理制度改革，大力加强干部队伍建设。

不断深化干部管理制度改革，形成充满活力的选人用人机制，是培养造就高素质干部队伍的关键，也是五中全会对于创新和完善干部选拔任用机制、健全考核评价制度所明确要求的。

一是要准确把握干部管理制度改革的重要原则。首先，要坚持党管干部原则，这一点必须始终坚定不移。党管干部的本质规定，是对干部的使用和干部用权的全过程进行控制。深化干部管理制度改革，指的是在坚持党管干部原则的前提下，积极探索党管干部的方式方法。其次，要坚持德才兼备、以德为先，既重能力、更重品行。大家都知道一句话：有德有才是正品，有德无才是次品，无德无才是废品，无德有才是危险品。危险品是不能用的。

二是要创新干部选任和考核机制。明年适当的时候，党委将坚持民主公开、群众公认的原则，推行干部竞争上岗。具备条件的都可以报名，鼓励优秀人才脱颖而出。今后，台党委还会按照市委新出台的“一报告两评议”规定，在每年全台思想政治工作会议上，向同志们报告当年干部选拔任用工作情况，并在一定范围内接受对台党委干部选拔任用工作和新选拔任用领导干部的民主评议。在扩大民主的同时，还要正确处理民主与科学的关系，更多地依靠制度确保科学。要认真贯彻市委关于干部考核评价的意见和办法，加强干部考核，奖优、罚懒、罚庸。目前，党办正在修订完善我台中层干部考核办法，新的办法要把按照科学发展观要求履行职责的实际成效，作为考核的基本内容和评价的基本依据，适当扩大参加干部推荐和民主测评的人员范围，准备经党委研究通过后从明年起施行。

三是要在后备干部队伍建设上下工夫。台党委考虑，俟条件和时机成熟，要通过一定的推荐、考评程序，确定一批有培养潜力的后备干部，重点加强对他们的培养，给他们提供学习培训、挂职锻炼等各种平台，让他们有施展才华的舞台。特别是在诸如卫视改革、内容生产格局调整、网络广播电视台建设等重大改革过程中，尝试大胆启用优秀科级干部、核心人才，积累经验后再向面上推开。

3. 大力加强党支部和党员队伍建设，深入开展创先争优活动。

目前，我台有46个党支部、1个党总支，党员总数1264名。充分发挥好党支部的战斗堡垒作用和广大党员的先锋模范作用，对于推动我台改革发展至关重要。

一是要大力加强党支部的工作。今年，由于内容生产格局调整和干部调整工作，党支部（总支）换届选举没有进行，明年要抓紧把这项工作做好。目前一些没有书记或书记岗位变动的支部，支部委员要切实负起责任，抓好支部的工作。各支部都要坚持围绕中心、服务大局、拓宽领域、强化功能，激励和团结党员、群众为我台改革发展共同奋斗。要切实按照五中全会要求，不断增强群众工作本领，扎实做好联系群众、宣传群众、组织群众、服务群众、团结群众的工作，真正站在党员、群众的立场上想问题、做工作。

二是要切实发挥好广大党员的作用。谈起某个党员，我们首先就会提到这个党员的党性强不强。党性，就是党的阶级性，《中国共产党章程》说得很清楚，中国共产党是中国工人阶级的先锋队，是中国人民和中华民族的先锋队，是中国特色社会主义事业的领导核心。作为党员，就要当好先锋，就要充分发挥推动科学发展、促进社会和谐的先锋模范作用。要按照五中全会要求，“发扬党的优良传统，增强党的意识、宗旨意识、执政意识、大局意识、责任意识，保持良好精神状态，高度负责、甘于奉献，为党和人民事业不懈奋斗”。

三是要深入开展创先争优活动。关于创先争优活动，要求有很多。但是，到底创什么先、争什么优？我认为，用一句话来概括，就是要创科学发展之先，争岗位奉献之优。对于党支部来说，就是要把党员、干部、职工的智慧和力量凝聚到台党委决策部署上来，体现到推动部门工作和我台改革发展上来；对于广大党员来说，就是要立足本职、乐于奉献，比一比谁愿干、谁能干、谁干得好。要在创先争优活动中，把那些能够推动科学发展的党支部挑选出来，把那些能够创新奉献、带动身边人干事创业的党员推选出来，形成榜样的力量。

4. 加大工作力度，把人才队伍建设推向新高度。

目前，我台有3700多人的职工队伍，但人才队伍建设中的问题日益突出，一些人才未尽其才，一些人才得而复失。要按照五中全会要求，坚持党管人才原则，坚持服务发展、人才优先、以用为本、创新机制、高端引领、整体开发的指导方针，进一步加强人才队伍建设。

一是要大手笔、大力度地培养人才。人人都有成才的渴望，这是我们加强人才培养的重要基础。要适应干部职工的成才愿望和我台人才需求实际，加大人才培养力度。今年，我们刚刚举办了制片人培训班，大家反映效果很好。明年，我们要进一步加大力度，舍得投入，组织举办由制片人、编辑记者、技术人员和管理人员参加的境内外培训班。同时，要通过考试考察等程序，把有谋事之策、干事之才、成事之力的优秀人才挑选出来并用到合适的地方，使他们在实践岗位上锻炼成长。

二是要建立完善人才工作机制。目前，我台正在进行人力资源“三定”工作，就是想从基础做起，把我们的人才准入体系、选用体系、薪酬福利体系逐步搭建起来，形成一套优秀人才鉴别、人才内部流动、考核晋升淘汰的工作机制，让有才能的人舍不得走，没能力的人留不下来。党委也考虑在核心人才的培养使用上，探索建立一些新的激励机制和约束机制。比如，对主持人，要加大培养上的投入、宣传推广上的投入，同时，以协议书的形式，对其履行义务加以必要约束。

三是要营造促进优秀人才脱颖而出的良好环境。目前，我台正在研究制订关于对在社会评比中获奖人员的配套奖励办法，准备对获得国家级奖项的人员给予重奖。在其他方面，也在研究制订一些新的表彰奖励办法。这样做的目的，就是要树立尊重劳动、尊重知识、尊重创造、尊重人才的鲜明导向，激励更多的干部职工成为我台改革发展的有用人才。

5. 坚持惩防并举、预防为主，深入推进反腐倡廉建设。

越是改革发展，反腐倡廉建设越要同步加强。今年，我台的收入和支出都在30亿元左右，资金流动量相当大，其中存在的廉政风险也是很大的。不加强反腐倡廉建设，就很难保证不出问题。

一是要进一步加强教育，使人不想腐

败。关于加强教育，我们每年都有具体的安排，在此我不想讲太多的大道理。只提醒同志们一点，与社会平均水平比，我们每个人的收入并不低，最为关键的是，即使贪污受贿100万、1000万甚至1个亿，也不过一日三餐。事发前担惊受怕、坐卧不安，事发后可就是“一堵高墙，两个世界”！希望同志们明白，违法犯罪不值！在改革发展面前，要有进取心；在金钱利益面前，一定要有平常心。

二是要加大惩治腐败的力度，使人不敢腐败。在这里，我代表台党委郑重告诉大家，台党委坚持依法办台、干净办事，无论是什么人、什么原因，只要触犯法律和制度，没有任何人可以担保，台党委一定秉公办事，违反制度的，按规定严肃处理；触犯法律的，坚决配合司法机关依法调查处理。

6. 大力加强制度建设，推动形成靠制度管人办事的良好风气。

制度建设带有长期性、根本性，是确保各项工作顺利推进的重要保证。要把加强制度建设贯穿各项工作的始终，给予高度重视。

一是要抓紧建立完善制度。没有建立起来的制度，要抓紧建立；不适应新形势的制度，要尽快修订完善。目前，我们正在开展内容生产制度和干部工作相关制度的梳理修订等，明年还要对各项规章制度进行全面梳理和修订完善。要通过细化制度规定、明确相关罚则，使干部职工清楚什么可以为、什么不能为、违反了制度要受到什么处罚，做到有章可循。

二是要着力提高制度的执行力。全台干部职工都要强化按制度办事的意识。台党委完善落实相关制度，不是要把大家管死，而是要为大家开展工作创造更好的条件，从一定意义上讲是对干部职工的关心和爱护。希望同志们都能够自觉地学习制度、落实制度。制度面前无一例外，台党委一定会严肃查处有章不循、有令不行、有禁不止的行为。

7. 切实做好工会、共青团的工作，动员和依靠职工推动我台科学发展。

工会是党联系职工群众的桥梁和纽带，要按照五中全会要求，进一步加强对职工的教育，提倡修身律己、尊老爱幼、勤勉做事、平实做人，强化职业操守，支持创新创业，鼓励劳动致富，发扬团队精神。要着力帮助职工提高对党委决策的认识，使党委决策变成职工的自觉行动。同时，工会作为职工利益的重要代表，要切实维护职工合法权益，协助党委构建和谐的劳动关系。

共青团是党领导的先进青年的群众组织，要立足于我台改革发展实际，加强对团员的教育管理，努力为党输送新鲜血液，为我台事业发展培养青年建设人才，确保团的助手作用得到充分发挥。

8. 以高度负责精神，认真细致地做好老干部工作。

前一段时间，老干办组织召开了离退休干部座谈会，我参加后深有感触。老干部为我台发展作出了重要贡献，退休后仍然在关注着我台发展。他们非常支持台党委的决定，认为抓卫视改革抓到了点儿上，抓台风建设抓住了症结所在，并且对台里有关工作提出了很好的意见、建议。我感到很难得，也很振奋。座谈会结束后，台党委专门听取了有关情况汇报，并对进一步做好老干部工作提出了明确要求。目前，老干办整理了老干部们提出的意见建议，正在逐一研究解决办法，近期还要向台党委汇报。今后，老干办每半年还要组织召开一次老干部座谈会，通报我台有关工作情况，听取意见、建议，并及时认真地进行处理和反馈。

三、全面加强党办、人事和纪检监察部门队伍建设，为学习贯彻五中全会精神、加强党的建设提供有力支撑

组织、人事和纪检监察干部是管党员的党员、管干部的干部，其工作做得怎么样，对学习贯彻五中全会精神、推动我台科学发展起着重要作用。

1. 大力加强党办干部队伍建设，更好地推进组织和干部工作。

党办担负着选干部、配班子、建队伍的重要职责，要认真按照台党委要求，坚持在学习贯彻五中全会精神上领先一步，深刻认识和掌握“十二五”规划建议的主要内容，明确五中全会提出的新要求，主动了解大局、准确把握大局，不断增强工作的前瞻性和科学性。要坚持服务科学发展，把功夫下在察实情、出实招、办实事上，不仅做好选干部、建组织、提方案的工作，更要协助党委建立制度、完善制度、落实制度，着力研究解决组织和干部工作的重点难点问题。要带头创先争优，打造模范部门、过硬队伍，开拓创新、扎实工作、公道正派，努力赢得广大党员干部的理解和支持。

2. 大力加强人事干部队伍建设，更好地落实“党管人才”的要求。

人事部和人事干部担负着聚才、育才、选才、用才的重任。在生产力诸要素中，人既是第一要素，又不同于其他要素。人既是生产要素的承载者，又是各种要素的驾驭者。因此，人事人才工作，不能把人看成单纯的生产要素，而要坚持以人为本的科学发展观，努力做到“审事度人”，促进我台事业与人的协调发展。人事干部要有加强学习、提高素质的紧迫感，根据五中全会要求和我台改革发展的实际需要，认真研究人事人才工作的特点和规律，运用现代人才开发与管理的理论和方法，正确地认识人才，广泛地发现人才，科学地评价人才，准确地选拔人才，提高选人用人的效率和水平。

3. 大力加强纪检监察干部队伍建设，更好地保障和促进我台科学发展。

纪检监审办在学习贯彻五中全会精神、促进我台科学发展方面，肩负着重要的监督保障作用。要切实履行职责，加强对学习贯彻五中全会精神的监督检查，确保中央政令畅通。推进反腐倡廉建设，组织好“加强台风建设、预防职务犯罪”主题教育活动，严格权力运行制约和监督，加大查办违纪违法案件工作力度。纪检监察干部要认真学习贯彻党纪国法和各项制度，敢于碰硬、勇于纠风、善于执纪，努力营造风清气正的办台环境。

同志们，我代表台党委所讲的这些内容，是对全台党员干部讲的，但首先是对党员领导干部讲的。最后，我再强调一点，学习贯彻五中全会精神、推动我台科学发展，关键在干、在落实，还是邓小平同志讲过的那句话：“不干，半点儿马克思主义也没有”！愿以此与同志们共勉。

谢谢大家！

英国电视节目的创新机制给我们的启发

北京电视台副总编辑 张 强

2010年5月14日到6月2日，北京电视台和原北广集团一行23人，在英国学习了21天，行程达1万多公里，走访了20多家传媒及节目制作机构并接受了深入的专家授课和交流，授课时间达到90多小时。这次的英国学习安排可谓专业对口，实用性强，强度高，密度大，覆盖面广。

这次学习收获很大。英国是全世界电视节目创新的源头，通过对其创新机制的深入了解和学习，我们看到了自身的差距和改进的方向；英国电视节目也是国内湖南卫视等节目创新的源头，通过对湖南卫视等和英国有关电视节目结构合作模式的了解，给予我们很大的启发；通过学习，我们和对方弗瑞曼陀、ITV等专业电视节目公司建立了密切的联系，已经就一些具体节目形态的合作进行了深入的探讨，有可能在不远的将来就能产生实质性的合作成果。

一、英国电视节目的创新机制

这次学习最大的收获是英国电视节目公司的创新机制给我们的启发。

英国是世界上最大的电视节目创新的源头。英国在全球电视节目市场上占有45%的份额。BBC年收入为46亿英镑，相当于460亿元人民币。其电视节目90%为本土原创。英国拥有世界上最大的电视节目制作专业公司弗瑞曼陀，其年营业额达10亿英镑，相当于100亿元人民币。世界著名的电视节目“偶像”，就被湖南卫视引进，成就了中国的“超级女声”；最近闹得沸沸扬扬的“非诚勿扰”也是模仿弗瑞曼陀的一档相亲节目；东方卫视的“舞林大会”等节目也是引进该公司的节目版权。最近东方卫视即将播出的“中国达人”也是引进该公司的“英国达人”。

在英国学习期间，我们一直在思考和探究一个问题，为什么英国电视节目有如此强大的创新能力？

我们了解到，BBC每年投入5000万英镑作为人才培训和研发费用。相当于每年投入5亿元人民币用于节目的创新和人才的培养。

弗瑞曼陀每年用于新节目研发的资金数字我们不得而知，但我们知道一个数据，弗瑞曼陀每年新节目的淘汰率高达85%。就是说，弗瑞曼陀每年投资研发的100个电视节目中，有85个将会被淘汰。由此我们可以想象，弗瑞曼陀在新节目研发上投资有多大。弗瑞曼陀作为全世界最大的电视节目公司，其创新机制给我们的启发最大。该公司鼓励员工进行节目创新，除了在新节目研发上舍得投入重金外，还给予新节目研发人员物质和精神的重大奖励。由此形成了弗瑞曼陀公司极其重视创新的创作氛围。只要有好的想法，所有的人都有创新机会。一旦创新节目成功，创意人即能得到物质和精神的极大激励。

弗瑞曼陀公司给我们另一个重要的启发就是对观众和收视规律的深入研究和极端重视。

弗瑞曼陀每年都有大量的创新节目，但衡量这些节目的标准是什么呢？什么样的节目能进入市场，而什么样的节目要淘汰呢？弗瑞曼陀采取的衡量标准是观众。弗瑞曼陀有一整套用观众测试电视节目的方式和方法。问卷式、面谈式等等，还采取了医学的手段，在请观众看样片时，给观众戴上测试仪器，看观众在观赏过程中的心跳、脉搏等数据变化，以确定电视节目对观众的影响力。弗瑞曼陀的高管也告诉我们，观众测试也有不准确的时候，很多时候，一个大家都说好的节目不一定成功；而真理往往在少数精英人才手里。当然，这样的精英人才一定是深谙观众收看心理和传播规律的专家。

我认为弗瑞曼陀这种在新节目研发上舍得投入，而在节目投入市场前又十分谨慎的做法很值得我们借鉴。这符合市场经济的商业规律。我们看到，在工业界，一个商品要投放市场是必须进行严格的各种测试和实验及市场调查的。

二、节目引进和广告招商捆绑的经营模式

到英国弗瑞曼陀公司，我们另一个突出的感受是我们来晚了。

湖南卫视是弗瑞曼陀的座上客，每年都要来几次，他们已经有了多年深入的合作关系。东方卫视也经常派人来洽谈合作，近期的江苏卫视、浙江卫视都纷纷派人前往弗瑞曼陀洽谈合作。据我们所知，好像北京电视台是第一次派人前往弗瑞曼陀拜访。

的确，我们的研发部也存有大量的海外电视节目，也应该是一种借鉴学习的机会，但我们要说的是，湖南卫视和弗瑞曼陀之间的合作不仅是一种节目内容借鉴的合作，而是一种商业模式。

湖南卫视不仅引进弗瑞曼陀的节目，而且利用弗瑞曼陀的节目的影响力，为湖南卫视引进广告。这是一种节目和广告紧密捆绑经营的模式。我们知道，购买弗瑞曼陀一个大型活动的电视节目的版权可能高达一个季度300万元人民币左右，而且弗瑞曼陀公司可能还要在广告收入中分成。由于弗瑞曼陀的节目具备世界影响力，其节目在许多国家都有成功地播出，因而具备品牌价值。一般来说，只要购买弗瑞曼陀的品牌电视节目，那就很容易找到给该节目冠名和随片广告的客户，尤其是外资广告客户。就是说，引进弗瑞曼陀公司的节目的版权费是由客户买单的，这既能给电视台带来一个高水平的创新节目，而且能给电视台带来许多增量客户。而且弗瑞曼陀的合作模式是不仅卖节目模式，这种模式体现为详细的节目模板，甚至细到分镜头，而且派专家提供详细指导，以确保节目制作水平。所以说，这种引进节目模式不仅仅能够带来创新节目形态，还能培养人才、带来大量知名品牌客户，真正是一箭三雕、一石三鸟的商业模式，难怪湖南卫视会如此热衷于频繁拜访弗瑞曼陀。

湖南卫视以前几乎所有的创新电视节目都是这样开发出来的，其中大部分来自于弗瑞曼陀。甚至我们可以这样说，湖南卫视的节目品质的提升，创新机制的形成，人才队伍的培育和广告创收的大量增加，和弗瑞曼陀这样的海外节目公司的合作有非常直接的关系。

湖南卫视每年有1000万元用于新节目研发，有好创意和想法的人都有创新节目的机会。通过这种新节目研发，湖南卫视储存了大量新节目和新团队，使湖南卫视成为中国卫视当中创新机制最为完善的电视台。我们认为，这是湖南卫视成功的关键。

拜访弗瑞曼陀和ITV的另一个感受是虽然我们来晚了，但我们还来得及。

弗瑞曼陀和ITV创新能力非常强大，每年都会产生大量的优秀节目。此次英国之行，弗瑞曼陀和ITV给我们推荐了20多个可能适合中国国情的优秀电视节目形态。如果我们能够引进这些节目并将其进行本土化改造，我们也能像湖南卫视那样进行节目引进和广告招商的捆绑式操作。这可能是北京电视台尤其是北京卫视未来创新节目的重要路径。通过这种方式，我们不仅能站在巨人的肩上，获得较高的起点，而且通过这种模式，我们能迅速借用外力培养我们的人才，同时还能借此增加我们的广告收入。

概　况

卫视节目中心工作概况

卫视节目中心

2010年，对于北京电视台卫视节目中心而言是极具挑战的一年。前9个月，卫视节目中心本着北京卫视频道“文化品位，大家风范”的整体定位，制作和播出了大量的日常节目和特别节目，取得了较好的工作成绩。9月29日，北京电视台党委对北京卫视节目中心主任职务进行调整，徐滔同志担任卫视节目中心主任。为了配合台里提出的“2011年为调整之年；2012年为发力之年”的总体规划，卫视中心对人员管理和节目形态等进行了调整，为北京卫视2011年的发展谋篇布局。

一、坚持整体定位　应对竞争压力

坚持文化品位，应对收视冲击。2010年度“世界杯”期间，卫视节目中心专题节目部所属各档栏目的收视都受到了挑战。在这种情况下，晚间文化通档依然坚持“文化品位，大家风范”的定位，更多地从维护北京卫视频道整体形象的层面出发，拒绝社会部分节目低俗化和泛娱乐化的倾向。不但稳住了多档节目的收视率，许多栏目还受到市属部门及其他机构的表彰。

节目呈现细节不断创新。《档案》和《天下收藏》是北京卫视晚间文化通档的重点栏目。2010年这两档节目在一些细节呈现方面，进行了多种尝试，并取得了很好的成效。例如：《档案》在某些再现场景，进行了大量翔实的3D视觉呈现；《天下收藏》在竞猜环节加入“现场观众惩罚环节”等内容，都极大地提升了节目的趣味性和美誉度。

制作特别节目，提升社会关注度。继2009年推出“电影首映礼模式”后，又策划、制作、播出了符合北京卫视定位的电影首映式活动，不但完成了电影《苏乞儿》和《大兵小将》首映礼、《2010黄陵大祭祖》、《2010贝因美母爱总动员真情盛典》、《2010“金话筒奖”颁奖典礼》、大型专题片《人民大会堂》首播新闻发布会等大型活动的系列宣传推广活动，还通过电影首映礼宣传推广活动邀请民间武林高手、35个城市热心影迷来京参与首映礼活动，形成了活动的有效传播，搭建了包括拉萨、乌鲁木齐等在内的全国35个北京卫视重点收视城市的宣传推广平台。

在地坛图书节上，与台内各频道精诚合作，隆重推出“北京卫视主题日”，引人入胜的互动内容，独具创意的方式，使本次推广活动被组委会授予“最佳创意奖”和“最佳组织奖”。

借助纪录片播出，提升频道品牌形象。2010年9月，卫视节目中心借助卫视节目中心策划、制作的大型纪录片《人民大会堂》新闻发布会，组织了“北京卫视96168观众社区点映活动”，邀请了30名不同年龄、行业的热心观众亲临人民大会堂现场，和人民大会堂当年的建设者、建设地原址老住户一起参观了雄伟的人民大会堂，并现场观看了纪录片第二集《神圣殿堂》的放映。此次活动拉近了卫视频道和北京热心观众之间的距离，进一步宣传了北京卫视频道的品牌形象。其后，《人民大会堂》于国庆期间在北京卫视频道播出，取得了优异的收视成绩和较大的社会反响。

二、调整内部结构　进行优化组合

调整科室机构，优化人员组合。2010年9月底，卫视节目中心首先对原有科室建制进行了全面的改革，使之能够适应改版后的卫视节目中心运行需要。取消了二级部，将科室的职能升级，裁减了中间管理层次，形成了由中心主任直接管理科室的扁平化管理格局，提高了办事效率和反应能力。

推进卫视改版，建立“栏目带”理念。在对大量的国内外各个类型的节目调研和分析的基础上，北京卫视2011年的改版思路确立，即明确提出五大栏目带的理念。

北京卫视将全天时段划分为早间、上午、午间、傍晚、晚间和夜间六大板块。在全天布局中，每个板块都承担着不同的功能和价值。例如：早间板块中，《法治进行时》精编版、《养生堂》精编版、《北京您早》、《身边》的组合将强化服务概念，强调有用的生活，同时带动早间剧场；傍晚的《养生堂》、《北京新闻》、《新闻联播》、《看气象》则在《北京新闻》的基础上形成超强、超高栏目带，以此带动后面的《红星剧场》；晚间板块由新创立的《BTV秀场》和改版成为日播栏目的《档案》构成，使其成为北京卫视节目中心的“核心力量”，打造北京卫视频道2011年的收视核心亮点。

完成卫视新版频道包装，推出“北京卫视　天涯共此时”的宣传语。北京卫视节目中心对于2011年频道的包装体系进行了全面更新。以宣传片体系、系列LOGO和ID演绎、标准的声音识别系统等举措，锁定北京卫视气质，强化观众认知，和栏目带一起打造北京卫视的金字招牌。

推进改版步骤，策划跨年活动。在2010年最后的3个月中，北京卫视加快了改版的步伐，用两周完成了卫视节目中心人员的调配重组；12天完成了1000平方米演播室的建设；连续数周聘请各类型专家对于卫视节目中心工作人员进行理论培训；建立新的例会传达和学习模式；建立数据采集、数据分析、节目研发、节目监查和后期考核的流程……特别是在2010年12月31日晚间举办的“跨年灯光秀”——利用高科技手段，以BTV楼体为载体，以全新的形式获得了社会极高的关注，强化了BTV的整体形象。

新闻节目中心工作概况

新闻节目中心

2010年，北京电视台新闻节目中心坚持正确舆论导向，不断提升新闻报道的吸引力和感染力，圆满完成了各项重大宣传报道任务。

准确、规范、及时完成北京市及全国“两会”报道。北京市“两会”和全国“两会”是人民政治生活中的大事，具有特殊意义。北京电视台新闻节目中心上下高度重视，精心策划，周密安排，圆满完成了“两会”的各项宣传报道任务，程序报道客观准确、规范及时；配合报道精彩、生动、信息量大。尤其是在全国政协十一届三次会议新闻发布会上，新闻中心记者杨洋被大会第一个点名提问，大会副秘书长、发言人赵启正也就杨洋提出的民生问题进行了详细的回答。能在全国“两会”上第一个提问，这在北京电视台历史上是第一次。此后，记者赵文涓、樊煜又先后两次在会上提问，在全国“两会”这样的重大场合，发出了BTV自己的声音，彰显了北京电视台的实力，得到了市人大、市政协、市委宣传部和台领导的肯定和好评，展现出BTV人良好的职业素养和崭新的精神面貌。

配合市委市政府中心工作完成主题宣传报道任务。新闻节目中心积极配合市委市政府的中心工作，先后开辟了《创先争优　加强基层党组织建设》、《加快转变首都经济发展方式　建设人文北京　科技北京　绿色北京》、《学习落实科学发展观　建设人文北京　科技北京　绿色北京》、《人文北京——可爱的北京人》等专栏，完成一个又一个主题宣传报道任务，营造出良好的舆论氛围。

出色完成世博会宣传密集期报道任务。上海世博会盛大开幕，“北京周”活动精彩纷呈。以新闻节目中心为主体的世博会报道工作组，在世博园内搭建演播室，开办《世博直通车》和大型直播节目《魅力首都　闪耀世博》，以15天播出节目时长30小时，每天超过120分钟的电视节目制作播出，完成了北京台历史上最大规模时事类事件异地报道任务。

创作《中国节　中华情》特别节目，弘扬传统节日文化。完成年度经典文化访谈《中国节　中华情》（共6个系列、20集，300分钟）的制作播出。通过对文化大家的访谈，解读节日起源和历代礼俗，领悟传统文化精神内核；制作播出《春节文化论坛》，引导公众文明过节，为建设人文北京营造良好的舆论氛围。《中国节　中华情》在卫视黄金时间播出的前4个系列平均收视率达到2.45%，最高单集达到4.15%；观众反馈热烈，宣传部领导、学术界也给予了较高的评价。

组织策划并实施西南抗旱、玉树抗

震、嫦娥二号等特别报道。坚持大事不缺位、大事不失语的报道宗旨，抓住全国性的重大事件，组织策划并精心制作特别报道。比如，在今春西南大旱和玉树地震期间，先后推出《西南抗旱第一线》和《玉树抗震进行时》专栏，记者分赴灾区第一时间发回报道。再如，国庆前夕“嫦娥二号”探月卫星发射，北京电视台新闻中心作为历次航天工程、探月工程报道中最核心的地方媒体，本次更是以更大的规模和更具创新的报道方式投入“嫦娥二号”的报道中，周密策划，精心制作，涌现出了一大批好稿件。这些特别报道让北京电视台在全国性重大新闻事件中发出了自己的声音，让北京电视台的品牌影响更加深入人心。

策划并制作完成北京援建什邡特别节目，什邡记者站圆满完成宣传任务。创作完成6集大型纪录片《和你在一起》，展现北京援建什邡的历史性成就。从立项到播出，这部6集120分钟纪录片，摄制组历时5个月，前后赴什邡考察、拍摄3次，近90天，积累影像素材200多个小时。同时，各档新闻栏目推出《京什携手 共建家园》特别报道，展现北京援建的骄人业绩，讴歌援建者的无私奉献。

2010年10月15日，北京电视台最后一批什邡驻站记者返京，什邡记者站圆满完成宣传任务。在什邡奋战600多个日日夜夜期间，不间断地报道了重新崛起的新什邡，以及发生在北京援建者身上的一个个感人故事，在首都人民和什邡人民之间搭起了友爱的桥梁，多次得到北京市委、市政府领导的表扬。

认真学习领会十七届五中全会公报精神，积极做好十七届五中全会的宣传报道。新闻节目中心紧贴中央和北京市委精神，科学推进“十一五”成就报道，要求“宏观有概括、微观有情节、叙述有诗意、理论有理解、思路有提炼”。《回眸“十一五” 展望“十二五”》系列报道于10月15日在《北京新闻》开始播出后，按照北京市委的宣传要求，先后播出了“延续奥运辉煌 迈向崭新篇章”、“中关村五年实现新跨越”等多篇成就报道，系统回顾了北京“十一五”期间在经济发展、交通建设、科技创新、体育发展等方面所取得的成就，翔实的报道、鲜活的例子取得了良好的宣传效果。

创作大型演播室访谈节目《人文之都》。完成6集大型演播室互动访谈节目《人文之都——人文北京建设大家谈》的制作播出。该节目创作历时6个月，十易其稿，节目组与40多位专家、学者、官员及广大市民深入沟通、交流，整合理念，丰富创新思路。除采用传统演播室节目表现手法以外，节目还大胆尝试了一些新技术、新手段，采用多点触摸屏完善互动环节、流程控制、后期编辑手段多样性等。播出后受到市委宣传部领导好评，还获得了同类节目中的较高收视率。根据台研发部的收视分析，《人文之都》的收视人群集中在高学历、高收入的高端受众。

完成新闻演播室改造及高清化制播网络改造。协同技术部门，持续推进新闻演播室改造项目和新闻高清化制播网络改造项目，完成相关技术应用培训，实现演播室和网络化新闻制播系统的实际应用。

文艺节目中心工作概况

文艺节目中心

2010年，北京电视台文艺节目中心“以深层次的综艺内容打造北京电视台的文艺前沿看点，以新形态的文娱形式提升北京人的文化生活品质”为工作目标，充分发挥主观能动性，稳步提升文艺节目质量，扩大频道影响力，取得了较好成绩。

一、着力办好重大节日晚会

《2010年北京电视台·新浪网首届网络互动春节联欢晚会》，于2月6日（小年夜）率先在北京卫视拉开春晚狂欢大幕，并连续7天在黄金时段由三大平台同步播出。作为全球华人第一台三网融合、三屏合一的晚会，凭借草根精神和快乐元素获得了观众的广泛关注和好评，同时也得到业界同仁和学术界专家的认可。在2010年3月中国电视艺术家协会主办的“全国省级电视台春节晚会及春节特别节目评优活动”中，《2010年北京电视台·新浪网首届网络互动春节联欢晚会》获最佳作品奖（一等奖）、创新作品奖两项大奖。在2010年6月举行的“盛视2010——全国首届春晚评选”活动中，荣膺“综合奖一等奖”。

《2010北京电视台春节联欢晚会》于2010年2月14日（大年初一）19:40在北京卫视首播。晚会以“虎跃中华，花开盛世”为主题，以新的北京风貌、北京精神、北京性格为特色，打造新形象，抒发新情怀，放射出北京后奥运的时代光芒，表达出北京在新中国60周年大庆之后的盛世情怀。整台晚会气势恢宏，时尚大气，舞美、灯光、服装、造型处处匠心独具，强烈的视觉冲击力、超大画面和亦真亦幻的变幻无穷的色彩与图案，时而气势磅礴，时而热烈奔放，时而幽雅清新，构筑起新北京国际大都会特有的辉煌节日盛景，呈现出“剧院式春晚”的独特魅力。在2010年3月中国电视艺术家协会主办的“全国省级电视台春节晚会及春节特别节目评优活动”中，这台晚会获最佳作品奖。

《天涯共此时——2010BTV网络中秋晚会》以“团圆、和谐、亲情、友谊、爱家、爱国”为主题，以月圆人圆、亲情友情、家和国兴为主线，以三网融合背景下的多种制播手段，着力打造《月上紫禁城》、《月圆青春梦》、《月洒万家情》3台晚会，9月20日至22日连续3天在BTV北京、BTV文艺晚间黄金时段播出，同时在搜狐、新浪、腾讯三大门户网站和优酷、土豆、酷6三家专业视频网站播出，充分表达中华儿女欢庆团圆、祝福祖国的美好情怀，彰显了中华优秀文化强大的感召力、凝聚力、生命力。

二、举办群众性文化活动

2010年春节前夕，文艺节目中心和公共节目中心联手推出了《欢欢喜喜过大年——春节百姓家庭DV才艺大赛》。这次大赛以“年文化”为主题，以DV的形式为载体，通过才艺表演，展示百姓家庭过年时的“爱”与“乐”。为凸显北京春节的传统民俗习惯，参赛家庭在着装、家庭布置、才艺表演方面都强调了“年”的元素。活动内容形态多样，除了歌舞、乐器、相声、小品等常规才艺表演之外，节目组在才艺发掘和选择方面还着重突出了具有浓郁地方特色的才艺，比如京剧、评剧等地方曲艺，京绣、剪纸、变脸、皮影戏等非物质文化遗产以及抖空竹、吹葫芦丝、传统武术等技术技能的表演。“低门槛、亲民众、贴近生活”的特点，令本次大赛吸引了首都市民的广泛关注。

《“我的北京 我的家”北京2010群众文化年启动仪式暨百姓家庭才艺大赛开幕晚会》，从内容到形式都紧紧围绕“2010北京文化年”的主题。参与晚会的演员以百姓家庭为主，其中既有老北京“相声父子”自编自演的相声段子，又有老少同台的“西游乐队”。观众不仅能听到用生活日用品演奏的优美旋律，还能欣赏到首钢工人乐队组合以美声演唱、电声配乐的形式全新演绎的《我爱你中国》，充分体现了广大百姓“我幸福 我参与 我快乐”的群众文化特点。

三、热情推出多场爱心公益主题晚会

2010年，文艺节目中心录制了多场爱心公益主题晚会，凸显“人文北京”的城市定位。

由北京电视台、北京市总工会、北京市温暖基金会联手打造的《暖——2010爱心互助大型义演晚会》于2010年2月3日晚在北京工人体育馆隆重举行。这台以“暖”命名和贯穿的晚会紧扣“温暖大城”的理念，场上、场下、场内、场外融为一体，处处涌动着爱心互助的“暖”意。整场演出分为“温暖，是一盏不灭的灯”、“温暖，是一双相握的手”、“温暖，是梦想开始的地方”、“温暖2010，我的爱”四个篇章，以爱心团送温暖的温暖特刊为形式，以温暖故事公益短片为主线，将爱心、互助展现得淋漓尽致。全部主持人、演员都是公益出场，所有的观众都是“爱心大使”，公益故事的主人公、爱心家庭、爱心企业的代表也来到现场，深深打动了在场的每一个人。晚会于2月19日（农历正月初六）晚19:40在北京卫视频道播出。

受青海省人民政府的邀请，由北京电视台与青海电视台共同举办的《第三届青海国际水与生命音乐之旅——2010世界防治荒漠化和干旱日主题音乐会》于6月23日在黄河发源地青海省贵德县圆满闭幕，并于当晚20:30在青海卫视进行了现场直播。此类活动在2008年、2009年成功举办过两次，2010年的晚会延续了前两届的风格，邀请世界各国以及国内音乐演唱家、演奏家共同出演，由北京电视台和青海电视台主持人联袂主持。晚会紧紧围绕水与生命、人与自然、赞颂河流、尊重文明的主题，同时融入“玉树抗震救灾”元素，玉树籍藏族歌手的现场演唱感人肺腑，表达了青海各族人民对党和全国人民的感恩之情以及重建家园的信心和决心。

2010年7月28日晚8点，由青海电视台与北京电视台共同举办的《玉树不倒 感恩祖国》文艺晚会在北京电视台1000平方米演播室举行，青海电视台对晚会进行了同步直播。整台晚会以“感恩”为主题，旨在表达青海各族人民对党中央、国务院给予玉树灾区亲切关怀和全国各族人民对玉树抗震救灾、恢复重建给予无私援助的感激之情。来自青海玉树的演员们为观众奉献了一个个精彩纷呈、感人至深的节目。玉树的孩子们为消防、武警、地震救援队、志愿者、捐助者代表献上了金色的哈达。独具特色的节目，浸透真情的感恩环节，伴随着主持人的深情讲述，充分表达出玉树灾区人民血浓于水的感恩之心和重建美好家园的坚定信心。

11月21日晚，《献出你的爱——百姓爱心故事颁奖晚会》在北京电视台大剧院隆重举行。两次为素昧平生女孩捐献骨髓的法官厉莉、用爱心与包容帮助艾滋病患者的地坛医院护士长王克荣、环保小卫士张海高云等10位“百姓爱心明星”登台亮相，接受闪亮的奖杯和观众的掌声。整场晚会围绕“爱心北京”的主题，以“百姓爱心明星”颁奖为主线，通过主题单元的形式将获奖的百姓爱心故事原汁原味地搬上舞台，为观众打开了一幕幕真实的爱心画卷。晚会的原创节目全部取材于百姓故事，部分服装道具也由热心百姓提供。真实生动的场景，感人至深的剧情，原汁原味的精彩演绎，收获了观众感动的泪水，也收获了一次又一次真挚的笑声和热烈的掌声。晚会于12月5日21:35分在北京卫视频道播出。

《善行天下——第三届首都慈善晚会》，以2010年首都慈善公益事业取得的成绩和涌现出的感人故事为主线，由主持人串讲引出首都市民感人至深的慈善故事。在突出表彰慈善公益领域先进个人、集体的同时，以温情庄重、宁静祥和的表现方式，引领观众进行一次神圣的洗涤心灵之旅。为彰显政府对社会的高度责任感与人文关怀，晚会将内容设置为“三加一”两大部分。“三”是三个颁奖项目，分别为善行天下项目奖、善行天下个人奖、善行天下企业奖。“一”是北京对什邡援建工作的成果汇报，采取由点及面的表现形式，现场采访援建工作中表现突出的个人，并由受援建的个体讲述感人的故事。在晚会中，郭金龙市长为10家积极投身慈善事业的首都企业颁发了“商界彩虹心”荣誉牌匾。他代表市委、市政府向获奖单位和个人、向为慈善公益事业做出奉献牺牲的人们表示崇高敬意，向所有关心支持慈善公益事业的首都市民表示感谢，并对本次晚会给予高度肯定。他说：“今天这场活动很好，很有意义，所有的节目是这样的感人。”晚会于12月12日21:35分在北京卫视频道播出。

四、精心策划大型文化活动

在徽班进京220周年之际和我国京剧申报世界非物质文化遗产之时，“国粹生香——2010北京京剧票友段位评授季”再次吹响了海内外京剧票友的集结号。2010年10月1日至3日，来自北京和祖国各地的京剧票友齐聚京城，参加2010京剧票友段位评授季的“入段赛”，轮番登台演唱了自己的拿手好戏。12月初，王金璐、梅葆玖、谭元寿、李维康、孙毓敏、叶少兰、赵葆秀、李长春、张学津和耿其昌等京剧艺术家及多位非遗传承人和文化艺术界名人齐聚北京电视台，参与《国粹生香》5场电视授段赛和授段大典。本次“国粹生香——2010北京京剧票友段位评授季”分入段和升段两个部分，来自国内外的票友共400余人报名参加了段位评授，其中80%的选手获得了申报段位。

北京电视台、东方卫视和天津电视台联手打造的《欢乐世博——京津沪笑林盛典》在2010年国庆节期间与广大观众见面。该节目本着南北文化交流、融合与发展的创作思路，将北方曲艺中的相声、小品、快书与南方的海派清口、滑稽戏等曲艺形式完美地呈现在同一个舞台上。北京台带来的《打进匪窟》、《低碳生活》、《智力测验》，天津台带来的《八大吉祥》、《大双簧》，上海台带来的滑稽戏保留剧目《三毛学生意》融合了上海话和普通话，剧场效果极佳。

由北京市委宣传部、国家大剧院、北京广播电影电视局、北京广播电视台等单位联合主办的《2010漫步经典音乐会》在国家大剧院圆满落下帷幕。从2010年7月10日至17日，都柏林爱乐乐团、北京交响乐团、国家大剧院音乐厅管弦乐团3个中外名团为首都观众连续奉献了6场风格迥异的“漫步经典”音乐会，北京电视台高清频道、北京人民广播电台音乐频道、多家门户网站、京城12块户外大屏幕等媒体对音乐会进行了现场直播，让首都观众在炎炎夏日体验到经典艺术的永恒魅力。

由国家人防办、北京市人民政府共同主办，北京市民防局、北京市委宣传部协办，北京电视台、北京市歌剧舞剧院共同承办的“人民防空之歌”庆祝新中国人民防空创立60周年大型文艺晚会于2010年10月26日晚在京西宾馆成功举办。整台晚会大气磅礴、感人至深，以历史的脉络、人民的视角将人民防空工作者的奉献精神贯穿始终，通过“使命的交响”、“奉献的旋律”、“和平的乐章”3个篇章，共同奏响一曲60年之久的人民防空之歌。由少年儿童合唱《永远的蓝天》进行首尾呼应的人防联唱，来自东南西北的戏曲演员用京剧、昆曲、黄梅戏、越剧共唱人防等主题鲜明的大型节目，与大屏幕中大量的人防史料视频今昔配合，将人防60年的变化全景呈现；著名朗诵艺术家瞿弦和与表演艺术家宋春丽朗诵的诗歌《人防颂》，气势宏大地表现了人民防空60年中领导关怀、全民建设、创新发展等主题；著名影视演员肖雄、侯勇、温玉娟、胡亚捷身着人防迷彩服朗诵的诗歌《特殊的事业》，更是将人防人几十年默默耕耘、不问回报的精神进行了高度呈现和热情赞颂。整场晚会让参加第六次全国人民防空会议的代表们沉浸在一次又一次的感动和激昂中。“人民防空之歌”庆祝新中国人民防空创立60周年大型文艺晚会时长90分钟，于11月1日22:30分在卫视频道播出。

五、积极开展“三下乡”活动

由北京市委宣传部、河北省委宣传部、张家口市委市政府主办，北京电视台承办的《饮水思源　相约沽源——第十四届“京张心连心”大型文艺演出》，于2010年7月26日上午9点在张家口市沽源县闪电湖畔圆满举行。上万名观众与来自北京、河北以及张家口市委市政府各级领导和来宾在草原上欢聚一堂，共同观看了演出。本届《京张心连心》的演出主题为“饮水思源　相约沽源”，旨在展示沽源深厚的人文底蕴和坝上草原的无穷魅力。在节目构成上综合考虑“草原”、“水源”、“绿色”、“感恩”等关键词，特别围绕着“水源”和“绿色”两个词，展开了情感互动。首次搭建360度圆形舞台，舞台设计以“北京与草原”为创意出发点，将天坛圜丘坛的造型与草原风光巧妙结合。特别策划的“共享源头水”动情点，强化了“饮水思源　相约沽源”的演出主题。台上台下的互动，更是突出了“心连心”的特色。河北省委宣传部、北京市委宣传部、张家口市委市政府的领导高度称赞这次演出主题鲜明、感情真挚、节目精彩，是一次非常成功的“心连心”活动。

8月26日晚，《碧水润京华——纪念密云水库建成50周年主题晚会》在北京电视台大剧院成功录制。晚会以“碧水润京华”为主题，以一个“情”字贯穿始终，融合了视频短片、现场访谈、歌舞、小品、大型情境配乐朗诵5种呈现形式，全方位展示密云水库建成50年来的建设成就，讴歌水务工作者和密云人民的奉献精神，热情展望密云未来的美好前景，唤起全市人民珍惜水资源、保护环境的环保意识。中央政治局委员、北京市委书记刘淇，北京市委副书记、市长郭金龙出席了晚会，与水库的建设者们共同庆祝密云水库建成50周年。中央有关部门和北京市领导周英、蒋旭光、胡和平、蔡赴朝、吉林、李士祥、牛有成、夏占义也一同观看了晚会。

六、重点推出系列特别节目

春节期间，文艺频道打破晚间黄金时段常态编排，统筹规划特别节目。大年三十和初一晚19:35，安排了以相声小品等语言类节目为主要内容、时长共8个小时的《群星献艺拜大年》（上下集）；正月初三、初四晚21:25采取“70＋50”的编排方式，安排播出以相声、魔术、戏曲、歌舞等为内容、时长70分钟的《绝活儿之家贺新春》（上下集）；《每日文娱播报》春节特别节目《回望十年》（专题片）和《天天影视圈》春节特别节目《影视喜福会》（专题节目）联动播出，满足了观众的不同观赏要求。

在清明节、劳动节、儿童节、端午节、建军节、七夕节、中秋节期间，文艺频道都推出了契合节日主题的系列特别节目。清明节时，《百姓秀场》推出特别节目《感动清明》，从阅图开始，“按图索骥”探寻古代中国在清明时节的传统文化习俗，并从今天的生活中寻找古代文化的遗存。除了呈现唱春歌、蹴鞠、拔河、武术、炒茶等清明传统习俗，节目还请来了民俗专家现场追根溯源，讲解清明节、寒食节、上巳节的文化习俗。《天天影视圈》推出《影视学堂话清明》，围绕影视和清明两大主题，通过设立“影视学堂”，以顽童和专家问答的形式，生动活泼地讲授踏青、放风筝、禁火等习俗背后的故事。《最佳现场》邀请《百家讲坛》历史讲师纪连海和著名主持人阿龙做客，和观众们一起述说传统佳节，重温清明记忆。《艺苑新视角》清明特别节目《趣谈清明》，围绕“清明节”和“寒食节”寻找故事。

端午节时，《影视风云路》端午特别节目《凤求凰闹端午》别出心裁，以“凤求凰”为主线，抓住端午节之“诗人节、体育节、女儿节、卫生节”四大传统文化内涵次第展开，通过轻松愉悦的形式表现“凤与凰和谐共舞、爱与浪漫温馨相融”的主题。《笑动百乐汇》为观众奉献3期文化气息浓郁的端午特别节目，围绕“酒”、“粽”、“情”的主题畅谈端午佳节饮食文化，为观众奉献一道充满美酒、粽子与真情的文化盛宴。《每日文娱播报》推出4期端午特别节目《端午一家亲》，将演艺界大家庭进行了趣味盘点。每期分别以演艺界中的夫妻、父子、母女为主人公，展示他们不同的生活状态、演艺故事和幕后趣闻。《艺苑新视角》以对口评书的形式，生动演绎端午节的故事传说。“第二届北京端午文化节”开幕式“端阳文化之夜”文艺晚会以《家国情怀》、《生若夏花》、《激越精神》3个篇章，与人们一同回味荡气回肠的端阳文化。

七夕节推出“以爱为名　点亮浪漫七夕之夜”系列节目。文艺频道在8月16日七夕节当天打通晚间首播时段，从晚6点到12点推出一系列特别节目，与观众朋友一起共话七夕佳节，分享浪漫的爱情故事。《笑动百乐汇》栏目精编了一批爱情主题的喜剧小品，推出一期“七夕特辑”，欢庆“中国情人节”。《音乐风云榜》用甜蜜的情歌和资讯凸显七夕的爱情主题，在歌曲选择上以表现“恋爱”主题为原则。《百姓秀场》请来了刚刚步入婚姻殿堂的郑海霞、徐庆华夫妇，在充满幸福气息的七夕夜，夫妻二人与大家同品七夕巧果，分享浪漫的“一世球缘”。《天天影视圈》推出“以爱为名，点亮浪漫七夕”专题节目，挑选了演艺圈中7对各具特色的夫妻情侣作为代表人物，聆听演艺圈里耐人寻味的爱情宣言。《最佳现场》七夕特别节目“我们相爱的时刻”，集合数位不同年代的嘉宾，畅谈属于自己的爱情经历，回忆甜蜜的表白时刻。《快乐今宵》特别奉献“电影爱情故事”，为七夕的浪漫之夜画上温馨的句号。

中秋节推出“情动花好月圆夜”系列节目。《影视风云路》中秋特别节目《人长久爱中秋》独具匠心地将日常节目中“风云独播剧”的板块放大，以“嫦娥与后羿角色选拔”这种轻松浪漫的形式切入，上演了一场别开生面的中秋独播剧“花好月圆——嫦娥与后羿”。《每日文娱播报》特别策划了4期中秋系列节目《我们俩》，从手足、知己、搭档、师徒4种关系的角度，挖掘演艺界“两个人”之间的温情故事。《笑动百乐汇》推出3期中秋特别节目——《“笑动中秋”之花好月圆》。3期节目均以“情景表演+相声段子”的方式呈现，主持人龚宁携手天津著名“哈哈笑艺术团体”的青年新锐裘英俊、于丹一起演绎三版“花好月圆”的小故事。《音乐风云榜》在中秋期间为观众带来3期气氛轻松的特别节目，歌手卓文萱、弦子以及主播柳岩，三大美女“宅急送”将中秋大礼送到幸运观众家中，并与观众大玩互动，共度中秋佳节。《最佳现场》以中秋亲情大团圆为主题，特别策划了两期特别节目，为观众讲述明星们和他们的女儿之间鲜为人知的故事。《快乐今宵》栏目将于9月23日21:25分推出时长70分钟的特别节目《月满金秋》，将《月上紫禁城》、《月圆青春梦》、《月洒万家情》3台网络中秋晚会的幕后花絮与精彩节目穿插播出。

国庆期间，文艺频道精心策划了多档国庆特别节目。节目主打“七天七通档”概念，从10月1日至7日，每天下午3点到午夜时段，好戏连连，奏响国庆欢歌，为祖国祝福。

第一档：每天15:00播出晚会精编档，时长90分钟。第二档：每天16:30播出青春歌舞档《花样年华》歌舞大赛，时长70分钟。第三档：每天18:00，《笑动百乐汇》国庆特辑“相声行里的夫妻故事”，让相声行家、模范伉俪，真情上演夫妻剧场，快乐讲述幽默人生，每期时长25分钟。第四档：每天18:30，《音乐风云榜》以“环亚五地IN乐搜索”为主题，邀明星走访北京、香港、台北、首尔和东京，每期时长25分钟。第五档：每天19:00，《每日文娱播报》“大人大艺”系列小专题，节目通过对近百位相关人士的采访，揭开人艺50多年来长盛不衰的秘密，探讨新时代背景下人艺的机遇与挑战，共8期，每期时长27分钟。第六档：每天21∶25播出晚间黄金档。其中既有《星夜故事秀》“花式人生”带观众畅游世界，人艺“四大金刚”聚首《神州音话》上演精彩剧情，也有两代歌王现身《百姓秀场》歌唱祖国，更有北京、天津、上海联袂打造的《欢乐世博——京津沪笑林盛典》，可谓群英荟萃。第七档：每天22∶40，青年演员杨幂、董璇、马苏、王一楠等明星现身《最佳现场》“剧组生存手册”系列节目，为观众朋友讲述演艺圈的片场故事，每期时长25分钟。

科教节目中心工作概况

科教节目中心

2010年，北京电视台科教节目中心坚持以创新促发展、以发展塑品牌，坚决贯彻“导向正确、收视强劲”的方针策略，将“点亮智慧人生”作为整个频道的核心理念，以“点亮”为关键词，把“智慧”与“人生”贯穿于全天节目，突出体现“大教育”的理念，并根据这一理念，将各类型节目整合划分为科学、教育、法治、健康、人文等5方面内容，实现了收视率与美誉度的双升。

科教频道2009年平均收视率为2.32%，2010年达到2.67%，上升幅度为24%；2009年收视份额为5.93%，2010年收视份额达到6.06%，上升幅度2%。2010年科教频道已有32周位列北京地区收视份额第三位，3周位列第二位。在研发部的收视统计中，2010年科教频道有42周平均收视率除影视剧中心以外位列北京电视台所有频道第一位，并一直在北京地区所有频道平均收视率排名的前50名中占有栏目数量最多，达到12～14个，在国庆节这一周，科教频道突破性地占据了北京地区收视前50名中的17个名额，牢牢保住了第一方阵的优势地位。

一、精研业务，精细管理，保证节目生产高质、高效

科教节目中心把编排作为建设频道品牌的核心工作，在2009年形成的6个时段的基础上，2010年继续强化“大时段”的概念，重点打造3个时段：午间法治时段、傍晚健康养生时段、晚间8点故事汇时段。

午间法治时段3档栏目《现场说法》、《法治进行时》、《大家说法》都位于同时段第一的位置。《法治进行时》已经连续4年进入全国所有电视台所有频道所有新闻专题栏目大排行的前3名，对于一档午间非上星频道播出的栏目而言，业绩骄人。

傍晚健康养生时段在2009年基础上继续打造非黄金时段的《科学实验室》、《养生堂》和《健康北京》3档栏目，基本上占据了北京地区的前三甲。健康时段从每天的17∶25分播出持续到18∶35分，包括3个栏目：讲解日常生活科学知识的《科学实验室》；介绍中国传统养生文化、实用养生方法的《养生堂》；帮助大家到医院诊治疾病、求医问药的《健康北京》。

晚间人文时段是各频道比拼的黄金时段。北京电视台晚上8点钟的《非常故事汇》在各个频道电视剧和大型综艺节目的挤压下，依然位于北京地区前5名，进一步提升了节目的影响力和品质。

8点非常故事汇，大致统一以“非常”冠名，以故事贯穿，同时每天有不同的主题：

周一《非常网络》，讲述网络事件，热点事件。例如邀请科学家欧阳自远解析网上流传的UFO照片之谜，收视率达到2.33%。

周二《非常说名》，讲述文化名人、历史人物故事。如邀请周恩来总理的警卫员纪东，与大家分享总理最后的故事，收视率3.07%。

周三《非常接触》，大众读书栏目，如王晨霞细说女人病，收视率达到4.09%。

周四《非常夫妻》，讲述婚姻、爱情、家庭故事。例如邀请热播剧《老牛家的战争》主演张洪杰携妻子温振荣，讲述“老牛家”的家长里短，收视率3.72%。

周五《非常父母》，讲述父爱如山、母爱如水的真情故事。其中“曹操和他的洋娃娃”一期节目收视率达3.38%。

周六《非常向上》，弘扬尊师重教的美德，树立良好的教师楷模。其中张怡宁讲述与教练李隼的故事一期，收视率达到4.11%；“开学了”系列节目，单期最高收视率达到2.84%。

周日《警法目录》，带领观众走近执行尖峰任务的警界精英，聆听他们讲述精彩警务人生，辨析罪案形态，学习安全防范知识。“不翼而飞的房产”一期，讲述老两口住了50多年的房子，却被亲生儿子偷偷卖掉，导致老两口露宿街头，收视率达到3.59%。

建设频道品牌的手段是包装。2010年科教频道推出频道主题曲“点亮智慧人生”，由杨坤演唱，连续3周位列中国歌曲排行榜冠军位置，使科教频道的形象和气质更加鲜明。频道还统一了12档节目的演播室，设立了专门的演播室团队，保证了录制水平。

在管理层面上，科教频道最突出的特点就是高效的执行力。这种执行力体现在中心层面对栏目的管理和调控，以及栏目本身的管理和调控上：在中心层面，制定了从中心主任、副主任到栏目制片人、编辑、记者的各个岗位职责；栏目层面，各个节目中心都建立了针对节目选题申报，岗位分类及职责，工作量化绩效考核标准，节目制作流程管理制度等配套体系，保证用环节规范生产，用制度保障落实。

二、坚守科教定位，策划多个特别节目

2009年底，北京市委宣传部转发《中宣部关于摄制第四批爱国主义教育示范基地电视系列专题片的函》，并批示，由北京市委宣传部支付制作经费，由北京电视台科教频道负责摄制2010年《爱我中华》全国爱国主义教育基地系列专题片：《香山双清别墅》、《首都博物馆》、《八宝山革命公墓》，节目时长为每集9分15秒。该专题片完成后受到市委宣传部的充分肯定和表扬。

科教频道制作的10集文献性系列专题片《江山如画》，以音像形式记录了新中国成立60年来美术事业的发展进程，形象直观地展现了几代美术家在艰难曲折中的不懈探索追求，以及他们用心血绘就的壮美画卷，受到了中宣部《新闻阅评》的表扬。

2010年8月30日、31日和9月1日，科教频道《八点故事汇》以《开学了》为主题，推出了特别策划的系列节目“后天开学了”、“明天开学了”、“今天开学了”。节目播出后社会反响强烈，同时《开学了》系列节目还受到中宣部《新闻阅评》、北京市广播局《收听收看报告》表扬。

科教频道承接了首都文明办拍摄“做文明有礼北京人”系列宣传片的任务，该宣传片目前正在北京电视台各个频道滚动播放，受到了市委宣传部和文明办的表扬。

科教频道制作的《科技北京在行动》，从科技引擎、呵护健康、食品与农业、人居环境、数字化生存、中关村沃土、创新之都7个方面展现祖国日新月异的蓬勃发展，受到中宣部新闻局阅评员表扬。

影视剧中心工作概况

影视剧中心

2010年，北京电视台影视剧中心通过科学化管理和扎实有效的工作，进一步提升了“红星”、“黄金”两大影视剧场的收视份额。其中，红星剧场在继2009年实现收视翻番之后，继续保持强劲上升势头，2010年收视率增长20%，达到了5.6%，成为继黄金剧场之后，北京卫视平均收视超过5%的强势平台。

在剧场收视走强的同时，不少优秀电视剧显现了突出的收视亮点，出现了全面开花的良好局面。截至10月，红星剧场已经有3部剧收视超过8%；8部收视超过5%。其中，《媳妇的美好时代》平均收视率达到10.9%，一举刷新了2009年《潜伏》创造的“最高剧平均”、“最高单日”、“最高单集”、“最高开播”等4项收视纪录。

在全国35城市范围内，北京卫视红星剧场2010年表现不俗，其中《牟氏庄园》、《媳妇的美好时代》、《杜拉拉升职记》、《黎明之前》等作品在全国省级卫视晚间收视排名第一。

随着“红星”、“黄金”等剧场影响力的逐年提升，广告收入增长很快。其中，红星剧场2009年创收1亿多元，2010年达到了3亿多元。2010年，影视剧中心全年广告收入超过7.5亿元，比2009年增长20%。

一、大戏战略升温，平台价值凸现

从2009年开始，北京卫视主打“文化制高点、大戏看北京”的品牌战略。2010年，影视剧将推广的重点从对单剧的宣传转变为红星剧场和BTV影视剧整体平台品牌的塑造，重拳出击，连续打响了《铁齿铜牙纪晓岚4》、《苍穹之昴》、《媳妇的美好时代》、《手机》、《红楼梦》等几大战役，通过独具特色的首播庆典、开创性的大型观众互动活动、贴近性体验式的话题营销、覆盖全国的推广网络，扩大了播出剧目的社会影响力。其中，卫视大剧首播庆典已经形成了BTV的重要内容产品品牌，对大幅提升观众的收视关注度和引导观众的观剧体验起到了重要的作用。

二、热点作品频现，获奖精品连连

由于红星剧场整体影响力的不断提升，众多年度重头作品频繁登陆这个剧场。《红楼梦》、《媳妇的美好时代》、《杜拉拉升职记》、《婚姻保卫战》、《黎明之前》等剧在红星剧场播出后，引起了强烈的社会反响。由媒体和网友发起的与剧目相关的"婚姻秘籍""职场宝典""婆媳关系""中华传统经典"等众多话题广泛传播，使"北京卫视""红星剧场"等品牌形象得到强化，品牌价值不断升华。

三、从创作源头抓起，精心培育优秀作品

2010年1月至10月，主管购片主任开足马力，全面搜集和筛选全国范围内的电视剧创作题材和作品，其中，初审样片336部、剧本90部，初审量超过2009年同期的20%。同时，还通过举办"BTV影视年会"、"全国编剧座谈会"等活动，组织80余家顶级制作公司，30余名国内首席编剧共话电视剧创作，有10多位顶级编剧自荐了20余部优秀作品题材。

在抓创作源头的同时，影视剧中心还做到了全流程精心培育，推重头大戏出炉。2010年，加大力度紧密跟踪2009年已预购的剧目，如《媳妇的美好时代》、《铁梨花》、《金婚风雨情》等，保证这些剧目优质播出，取得广泛的社会影响力。

四、提高审评人员素质，改进播出编排

2010年，影视剧中心外聘剧本审评专家从2人拓展到5人，共复审剧本80部，超过2009年同期23部。这些具有丰富影视剧创作和市场经验的专家对初步意向性剧本进行了多角度的综合评价，为中心提供了重要决策参考。

通过一年来的运转，电视剧成片和剧本的观众测试模式和运作已经进入常规化运转。2010年，针对20个重点电视剧项目、13个重点剧本进行了观众测试，同时，展开4场座谈会式的观众专项调查，一次大范围电话问卷式观众调查，对有争议的观众收视行为和结果进行了点对点的交流，获取了大量有价值的观众意见。

为了提升电视剧的播出效果，影视剧中心特别注意了播出编排手段的多样化。一是做好晚间黄金档剧目的差异化编排和布局。2010年，在多个编排周期里，通过题材和观众人群差异化的编排手段，形成卫视、影视剧场收视率双高；通过多部同类剧目连播的方式，降低观众流失，阶段性整体提升炫剧场（战争类连续排播）和黄金剧场（家庭情感类连续排播）的收视率。二是做好暑期全天编排。针对暑期年轻观众和学生群体增多，2010年暑期，在卫视下午时段推出了"英雄季"和"青春季"两大类作品连播，收视提升幅度达到30%以上，效果显著。

五、注重剧宣推广，拓展全国市场

开好剧目发布会。2010年，联合制作公司共召开40场重点剧目新闻发布会，组织原创稿件900余篇。举行了《媳妇的美好时代》、《红楼中国梦》等4场卫视大剧首播庆典，扩大了剧目的影响力和传播力。初步建立了"全国平面媒体合作联盟"，通过外埠都市报和杂志全面覆盖35城市，拓展北京卫视的全国市场。建立了

"网络媒体战略联盟"，与门户、交互、视频、自媒体等四大类型网站顺畅合作。建立起了完善的电视剧分级推广制度，对单个电视剧传播进行科学化、规范化管理，保证宣传效果的可持续性。建立了BTV舆情监测体系，每日监测100余家媒体，实时反应，加强公关危机的预警和处理能力。

财经节目中心工作概况

财经节目中心

2010年，北京电视台财经节目中心从栏目的创新与变革入手，提升节目品质，积极应对激烈的收视竞争，取得了显著的效果。

一、改版创新重点栏目

《首都经济报道》出镜记者增添节目亮点。自2005年改版至今，《首都经济报道》节目形态和主持人已显老化，缺乏新意。为给节目增加亮点，消除观众的审美疲劳，2010年以来，《首都经济报道》增加了"记者调查"板块，出镜记者到演播室和主持人直接交流，近距离地展示调查原貌，缩减了节目与观众的距离，同时也提高了记者的能力。经过一年的培养，该栏目已经拥有了一支出色的记者队伍。记者素质的提高又对栏目的发展起到了反哺的作用，很多出镜记者都拥有了忠实的观众，进一步提高了节目收视率。

《天下财经》"百姓炒股秀"开辟证券节目新样态。2010年以来，《天下财经》晚间版改版创新，由行情总结与预测为主改变成一档融汇知识性、故事性、趣味性于一体的"百姓投资秀"，力求展现普通人在炒股投资中的故事和命运，体现了"想股民之所想，竭诚为股民服务"的节目宗旨。经过3个多月的探索和尝试，节目逐渐摸索出一些规律，挖掘了一批表达能力强、确有一招鲜的草根炒股明星，逐步成为普通投资者交流经验与心得的平台，受到了越来越多观众的认可。到目前为止，晚间版《天下财经》平均收视率已经达到0.71%，比改版前提升了13%。

《经济法眼》信源、策划、执行三管齐下抓收视。这一年，财经频道收视上升最快的栏目当属《经济法眼》，栏目平均收视率达到1.36%，比去年同期(0.93%)高46%，单期最高收视超过3.2%。栏目收视率大幅提升主要原因有三：第一，主管领导带队，狠抓热点话题、热点事件的跟踪、报道，节目的时效性和影响力大大提高。2010年，栏目对侯耀文的遗产纠纷案和李磊灭门案等重点报道进行了提前策划、精心准备，使这几个节目不但取得了高收视，而且奠定了《经济法眼》在法制节目中应有的地位。第二，严抓案源。为了提高节目的可视性，栏目要求记者在报选题时，对选题进行仔细分析，对报道结构进行规划，使记者能去粗取精，抓住好的案件，并在报道中不断强调悬念的设置，使节目具有悬疑性。第三，演播室的点评增加节目的深度和广度。在演播室中，法官、律师、心理专家、社会学者、经济人士、媒体名嘴对案件进行总结、点评，跳出案件之外，就现象分析本质，增加了节目的深度和广度，使观众不仅看了案件，还能看到案件发生的社会、经济以及人文背景上的根源，从而拉近观众与案件故事的距离。此外，演播室角色定位进一步清晰化，主持人穿针引线，媒体嘉宾旁征博引，专业嘉宾阐述独家观点，以增加节目的深度。

二、研发测试新生节目

推出《成长在北京》，完善频道栏目架构。2010年5月30日，《成长在北京》移至财经频道，并在节目形态上进行了创新，成为一档全新的财经励志类节目。该节目由北京市发改委与北京电视台联合制作，节目旨在“为成长性企业寻找资本，为资本寻找优秀产品”，是一个以投融资为核心，以创业者感人故事及企业揭秘为形式的节目。该节目在财经频道的开播，丰富了财经频道的节目类型，进一步完善了财经频道的栏目构架。

试播《夺宝奇兵》，配置新节目。一直以来，财经频道在栏目构成上缺少财经益智类、竞买类、假日娱乐类节目。2010年下半年，频道开始着手创新与频道定位和形象相匹配的新财富类节目。9月22至25日，借中秋小长假之际，频道试播了一档以演播室为主的大型财经类互动真人秀节目——《夺宝奇兵》，5集平均收视率为0.56%，单期最高收视达0.79%。节目的专业性、趣味性得到了观众的认可。

三、编排创新拉动收视

随着节目编排的重要性日趋显现，财经节目中心及时对频道定位、受众特性、栏目特色进行分析，不断调整编排策略、尝试新的编排方案，力图将节目、时段与观众无缝对接，最大限度地发挥编排对收视的拉动作用。

设计收视冲高周。为了在收视淡季拉动频道收视，2010年8月23日至29日，财经频道实施收视冲高周编排策略。冲高周期间首播节目平均收视率较前一周提升5%；收视份额较前一周增长了15%；在北京地区排名第9位，较前一周提升了5位；在台内排名第6位，提升了2位。

长假特殊编排。2010年元旦、春节、清明、五一、中秋及十一等长假期间，财经频道均实行了特殊编排：打通上午、下午及晚间时段的栏目界限，停播不符合假日特点的日常节目，通档播出《首都经济报道》、《城市》、《经济法眼》、《超级访问》等假日特别节目，取得了良好的收视效果。元旦期间频道平均收视率为1.11%；春节期间平均收视率为1.02%；清明小长假期间，特别编排收视再次提升，达到1.26%；五一期间，频道平均收视率达到1.35%，创下假日特别编排的收视新高；端午期间，财经频道平均收视率达到1.1%，成为北京电视台众多频道中收视率提升最多的频道。

四、大型活动扩大影响

2010年，财经频道坚持“季季有亮点”的理念，以大型活动提升频道的社会影响力，进而拉动节目的收视和创收。

《点击年关键·2010第一季》点击中国经济半年报。2010年年初，市委书记刘淇对财经频道的大型季播节目《点击年关键》作了表扬：“关键是开动了脑筋，挖掘了内涵，用心去做节目，就有了好效果。”2010年7月26日至8月1日，《点击年关键·2010第一季》借中国经济半年报之机再度出击，以顶尖的嘉宾阵容、热议的焦点话题、全新的传播模式、年轻的编导队伍，解读2010年以来的全球经济迷局，探析中国经济发展脉搏。经过两年的积累，《点击年关键》节目受众从高端逐渐向大众化发展，培育了一批忠实观众，影响力逐渐扩大，竞争力不断增强。

《我为车狂》成功举办“2010年北京国际车展”大型直播。4月23日至5月2日，财经频道策划制作了大型电视直播节目《我为车狂》，全程直播“2010年北京国际汽车展览会”。在每天近6小时共10天的直播节目中，共采制并播出新闻近200条，邀请了50多位汽车厂商、汽车专家、汽车资深评论员、汽车模特、电影明星等嘉宾做客演播室，举办了10多场现场观众互动活动。通过此次车展，财经频道的社会影响力和业界权威性得到了进一步巩固和提升。

《中国经济新春论坛》打造“中国经济论坛”第一品牌。2010年2月2日，BTV财经频道和北京大学经济学院联合主办的“2010中国经济新春论坛”在北京大学拉开帷幕。在为期一天的“新春第一论坛”上，国内经济领域的政府官员、高端学者、企业领袖聚集一堂，对涉及宏观经济、货币政策、财政政策、低碳经济、楼市和股市等时下热点话题展开了热烈的讨论。由于参与此次论坛的都是经济领域的相关政府官员、学界先锋和业界精英，可谓集一时之盛，代表了财经领域的权威话语。

直播“王府井国际品牌节”。2010年9月12日，“第一届北京王府井国际品牌节”开幕。财经频道以《首都经济报道》为主力，对开幕式进行了现场直播。9月14日，持续追踪报道了《“图”说新东城》主题论坛。

体育节目中心工作概况

体育节目中心

2010年是体育大年，年初的温哥华冬奥会和亚洲足球冠军杯赛、年中的南非世界杯、年底的广州亚运会，中间还穿插首届“鸟巢欢乐冰雪季”、第二届“海洋沙滩狂欢节”以及第二届“BTV杯斯诺克北京挑战赛”，高潮迭起、精彩纷呈。北京电视台体育节目中心出色地完成了体育赛事的宣传报道任务，为活跃北京市民的精神文化生活作出了贡献。

一、平日收视稳步增长，重大赛事成功应对

截至2010年底，体育频道实现全年安全播出8760小时，完成赛事1120场、2185小时。至10月17日，名牌栏目《天天体育》的平均收视率达1.28%，《足球100分》平均收视1.19%，分别比去年提高51%和34%。《快乐健身一箩筐》晚间首播档今年的平均收视率也达到了0.52%。

《天天体育》、《足球100分》和《快乐健身一箩筐》3个常态节目收视率都有不同程度的提升。《天天体育》的收视率已经是央视同时段新闻节目的3倍；《足球100分》的收视率也全面超过央视同时段的《天下足球》；《快乐健身一箩筐》改版后的收视率是年初的240%。

除去世界杯一个月，截至10月17日，体育频道（07：00～24：00）平均收视率为0.41%，打平了中央电视台体育频道同期收视（中央电视台为0.41%）。历年的体育频道收视份额只有央视的50%～60%，之前又要面对央视独家拥有温哥华冬奥会、羽毛球汤尤杯、世界乒乓球锦标赛、中国之队足球赛、篮球世界锦标赛等精品赛事的转播权这样的不利情况，能够实现如此的收视佳绩，意义重大，彻底改变了多年以来北京电视台体育频道和央视体育频道4:6的收视比值。

历时16天的广州亚运会期间，体育频道7～24点收视率为0.52%，超过考核值（0.32%）0.2个百分点，提升幅度63%；全天市场份额2.61%，超过考核值（1.63%）0.98个百分点，提升幅度60%；共直播了13762小时比赛，比赛收视均值0.41%。

赛事是体育频道播出的主要内容，2010年体育频道完成了体育频道全年的赛事转播工作，其中包括世界杯、亚冠、中超、英超、NBA、CBA、澳网、温网、排球世锦赛等重大赛事，圆满完成了中超、亚冠、CBA、BTV杯斯诺克、乒超、场地自行车、围棋、北京春季长跑节、北京市运动会开幕式、国安－巴萨、国安－伯明翰、山地纵走等赛事转播的信号制作工作，还出色完成了武搏会、亚运会的公共信号制作工作。

二、固定的大型活动，增值的自创品牌

体育节目中心2010年成功举办了自主品牌的“鸟巢欢乐冰雪季”、“海洋沙滩狂欢节”、“BTV杯国际斯诺克北京挑战赛”等赛事及大型活动。

首届“鸟巢欢乐冰雪季”。2009年年底至2010年，首届“鸟巢欢乐冰雪季”在因为北京奥运会而成为举世瞩目的地标性场馆——国家体育场举行。冰雪季活动历时两个月，体育节目中心派出近百人的报道团队，在转传部、台办通讯科的大力支持下，制作总长超过150小时的节目，其中包括每周末及节假日进行的3小时以上的现场直播达到16次。为全力打造国内首个户外冰雪闯关娱乐节目《步步为赢·赢在鸟巢》，倡导大众健身理念，从2009年12月26日到2010年2月19日，每周六、日午间时段播放了15期90分钟常规版节目，每周一到周四还播放了30期精华版节目，创造了较高的收视率。

第二届“海洋沙滩狂欢节”。2010年的夏天，第二届海洋沙滩节的举办，标志着海洋沙滩节已从奥运会后的一项大型活动变身为一项独立的高端品牌运动休闲项目。除了固定的直播节目，BTV海洋沙滩狂欢节报道组还在世界杯跨度内完成了海洋沙滩狂欢节新闻节目的制作和传送。在保证日常直播节目的同时，报道组每天向《天天体育》和《体坛资讯》提供平均长度达5分钟的新闻素材。内容涉及世界杯动态、海洋沙滩狂欢节服务信息、突发事件、明星人物、趣闻趣事等方方面面。在整个海洋沙滩狂欢节期间，直播和新闻节目贯穿始终。在各方的配合下，体育报道小组完成了共计75次、51小时、3060分钟的现场直播。3个月的时间里，报道小组共回传220条、490分钟海洋沙滩狂欢节新闻专题节目，在体育新闻各档节目中取得良好的收视反响。同时，7场《千人比基尼大赛》节目的录制和播出，获得了良好的收视和社会反响，成为海洋沙滩狂欢节的又一大亮点。单场长达50分钟的比赛，不仅让转播团队获得了丰富的舞台转播报道经验，获得了良好的收视效果，同时也通过强强联合实现了大型节目的商业化运作。

不仅于此，海洋沙滩节也积极进行网络、手机与电视节目的多媒体整合。“美女博主海沙秀”、“手机彩信秀”、“BTV在线网络直播”……在丰富了节目和活动的同时，也为今后在“三屏合一”、“多栖”推广的道路上进行了尝试和探索。

第二届“BTV杯”国际斯诺克北京挑战赛。该赛事于2010年7月16日至25日在北京大学生体育馆举行。本届赛事播出时长相比去年每天增加了约2个小时。针对赛制安排，播出时段也与去年有所不同。今年共分为4个播出时段，分别是：下午14:30、晚间19:00、夜间23:00、第二日上午10:30。在7月19日至25日长达7天的时间里，北京电视台每天直播长达9个小时，晚间平均收视率达到1.0%，是平时的3倍。

除了收视率直观反映本届“BTV杯”的社会影响力之外，短信互动也从另外一个侧面反映出“BTV杯”斯诺克在广大电视观众心目中的分量。在10个比赛日中，每天平均短信量维持在400条左右，其中决赛日下午单场短信量高达552条，全天短信量突破800条。

《世界城市，北京时间》，奥运纪念世界瞩目。2010年8月8日，在北京奥运会成功举办两周年之际，体育频道推出了贯穿全天的大型直播节目《世界城市，北京时间》。在当天9点到22点30分超过13个小时的直播中，盘点后奥运时代北京这座城市的变化，纵观全球世界城市，如纽约、伦敦、东京的体育化生存状态，呈现2010年8月8日当天的体育大事件，如“全民健身、志愿服务大行动”、奥运城市发展论坛、国安－巴萨足球友谊赛等等，展现体育精神、体育运动给人类带来的改变和欢愉。在节目中，多层次、多角度、全方位地从衣、食、住、行、乐等几个方面细述世界城市中人与体育的关系以及体育在世界城市中的重要位置，总结出北京从这几个城市需要汲取的经验，呈现出北京争做世界城市在体育方面应有的追求。通过不同的主题进行架构，以小见大，在紧扣“走向世界城市”这一主题的前提下，突出节目的现场感、事件的行进感，营造期待感，同时兼顾故事性、趣味性。

三、赛会性编排，全方位报道

对于南非世界杯的报道，北京电视台体育频道实现了3个创新：一是大型赛事直播量创新纪录。本届世界杯体育节目中心派出12人的前方报道组，从南非多个城市的赛场发回第一手报道。后方为《步步为赢－赢在世界杯》大型直播节目的大本营，从6月11日开始直至7月11日比赛结束，每天从中午12:00到次日凌晨4:40全天直播量达到16小时40分钟。世界杯期间体育频道31天直播总量500小时以上，创下大型赛事直播总量的新纪录。

二是新媒体节目实现创新。《步步为赢－赢在世界杯》大型直播节目内容丰富，尤其在赛事转播之外，《足球100分特别节目》力推新媒体技术，以直播的方式，将电视、手机、网络三屏合一，充分发挥“三屏”的各自优势，为电视观众、网络用户和手机用户搭建一个看球、聊球、侃球的立体空间。三是栏目剧拓宽赛事报道模式。世界杯期间推出的32集栏目剧《哎哟，足球》对于电视体育节目是一次全新的探索和尝试，将文艺化的情景剧形式融入体育赛事转播和体育报道当中，利用世界杯这样的大赛契机，为体育频道尽可能地争取非专业体育迷的更大的观众群。正是这种创新的构思和形态，吸引了全国近20家省市级电视台体育频道加盟到联合播出这部栏目剧的阵营中来。

2010年，北京电视台体育节目中心出色地完成了广州亚运会的公共信号制作任务。根据与亚运会组委会的相关协议，北京电视台负责跆拳道、空手道、沙滩排球3个项目的公用信号转播。体育节目中心联手转传部、制作部、总工办等技术部门，选派奥运会BOB团队的主要成员，组建成阵容强大的亚运会转播团队，以科学化、系统化、规范化为原则，力求全面展示北京电视台的综合转播实力。两支团队都按照高标准、高效率、零失误的既定方针全面展开转播工作。跆拳道和空手道项目的转播团队制作公共信号共70小时，沙滩排球转播团队制作公共信号74小时。其良好的工作状态和敬业精神得到了GAB（广州亚运会转播有限公司）的好评。

生活节目中心工作概况

生活节目中心

2010年，北京电视台生活节目中心在“坚持、改变、创新、提升”的总体思路下，努力“打造城市生活服务频道第一品牌”，逐步向“都市化、时尚化、年轻化”转型，在同业竞争不断升级的态势下，收视再创新高。

一、完成频道都市化、时尚化阶段性改造，收效明显

2010年初，生活频道就明确了“都市化、时尚化改造”的任务目标，即在保持频道现有市场地位不变的前提下，用2～3年完成都市化改造，在节目内容上“选题去负面、去市井化改造”；在节目呈现上进行“都市化、时尚化的全面质感升级”。

首先，频道以“生活是美丽的”为主旨，着力表现阳光、健康、时尚、慈善、环保等理念，完成整体视频包装。导视系统及形象宣传片等大量引用新媒体元素，强调界面感。各栏目使用统一的包装“封套”系统，角标、字幕等均有统一的格式，形成一个完整的CI，强化频道整体感，打造一本“全媒体的电视生活指南”。整合250平方米演播室，使用DLP大屏幕，景观统一打造，多个栏目共用，既节约成本，又提高了节目的整体品质。各栏目根据自身特点，在包装及节目元素等方面，呈现全面的都市化、时尚化气息。通过几方面的共同努力，取得了显著的成效。频道2010年前3个季度观众构成对比去年同期，34岁以下的观众总体比例提升了19.3%，频道在收视份额不下降的情况下，实现了年轻观众比重大幅度提升，高中和大学以上学历观众也有小幅度上升。

二、生活荧屏异彩纷呈，多个特别节目亮点不断

2010年，生活频道继续在晚间搭建“生活服务”和“情感服务”两大收视板块，保证了频道整体收视稳定提升。以生活服务板块启动晚间收视，《生活面对面》、《7日7频道》、《食全食美》承担启动收视的发动机；《大城小事》、《选择》、《生活广角》引领情感服务板块组团形成晚间第二收视高点，从而构筑晚间稳定的收视平台，特别是推出不同形式的特别节目，收视亮点不断。

在夯实日播节目的前提下，生活频道全年以各个节日节点，推出不同形式的特别节目，亮点不断。

1. 以各个节点为契机推出特别节目。

2010年元旦，以“相信生活 相信希望”为主题，在频道频宣时段高频次推出宣传短片，回顾往日真实故事并寄语新一年。2010年春节，以“时尚好生活 和谐中国节”为主题，推出动画“中国虎”系列包装，并以“中国节”为主题打造生活频道7天小春晚。五一推出《玩转北京》特别节目，从动感北京、多元北京、未来北京三个层次，聚焦都市生活，展现北京“世界城市”形象。世博会期间，派出7人特别报道小组，以现场直击、记者体验等不同种类的记录形式，带领观众近距离感受上海世博会。端午节期间以“粽香绵绵 家国团圆”为主题推出频道特别包装；《食全食美》特别节目“京郊农家私房菜”和《7日7频道》特别节目“京津双城记”取得了较好收视与社会影响。北京车展期间，与财经频道、广告部合作制播特别节目《车展大视野》。7月，推出“温暖七月”主题策划行动，倡导以“做人人都可以参与的公益事业”为主旨，共同打造公益月主题策划行动。暑期，推出“快乐一夏”主题策划行动，就时下热议的社会话题、新潮的消夏去处、最个性的异域文化、最清凉的家庭厨房等内容进行全方位、多角度的展现。中秋，推出特别节目《但愿情长久》，通过对饱含中秋元素的非物质文化遗产项目、中秋时令活动以及现代中秋节的新兴事物的诸点探访，展开对中秋佳节的溯源与解读。9月，推出季播节目《幸福》，由40多个小故事串联组成，将“幸福”的概念具体化、形象化。国庆，推出“幸福一生”主题策划行动，以盛大的幸福庆典为线索贯穿始终，每天邀请一到两对通过《选择》节目相识并走进婚姻殿堂的嘉宾来到幸福庆典的现场，讲述他们的情感历程。12月，与市总工会合作举办“北京力量”——2010首都职工职业技能大赛暨首都职工优秀创新成果颁奖典礼。

2. 《时尚大典》提升频道整体影响力。

继2009年成功举办《北京印·时尚大典》后，2010年时尚大典以“时尚改变生活”为主题，将时尚置于更广阔的社会文化背景中进行考量，精心设计覆盖时尚生活和时尚产业全局的4类21个大奖，除传统时装、美容、设计师、造型师、模特等内容外，还对创意、影视、建筑、艺术、慈善、环保、生活方式以及城市、商业、现代科技等诸多领域进行关照，对那些推动了社会进步、曾经真正改变了我们生活的人物、事件、产品、行为或观念，以“年度时尚之最”的方式，在颁奖盛典上进行了标举和表彰。盛典以炫酷时尚空间布置、流光溢彩舞台设计、隆重颁奖环节和精彩节目表演相交叉的形式呈现，时尚界、文艺界、商界的近500位名流、明星、精英人士来到现场，倾情奉献了一场集震撼视觉表达、文化精神评点、时尚魅力呈现、权威奖项颁布、未来趋势发布于一体的饕餮盛宴。

三、加快创新步伐，增强竞争能力

2010年生活节目中心从两条线展开创新，即业务创新和推广创新。在业务上，主要从以下几方面进行创新：

1. 推出全新节目《超级出租车》。

《超级出租车》突出形式创新，及“都市生活头条”的概念，旨在用全新的电视呈现，体现频道对都市感、时尚感、现代感的诠释。一辆穿梭于北京大街小巷的出租车，就是一个流动、开放的访谈演播室，在这个特别的空间里，有北京最具真实感和贴近性的众生群像描摹，其中生动的面孔和特色的话语将成为留存北京民生生活的情感符号。“以主流话题为基本，体现多重话语维度的语言魅力”，关注新闻事件、关心热点话题、关怀文化现象；从百姓关注的热点话题，衣食住行、生活常识到重要时事、政策法规，从医疗保健、教育考学到特殊年节、突发事件，只要是百姓关注的，形成广泛话题的，都是节目所关注的内容。《超级出租车》在事件或话题中寻找第二落点，从热议的话题中，凸显生活，凸显话题给百姓带来的真正的思考和价值。2010年《出租车》平均收视率1.34%，较去年同时段《生活秀》平均收视率提升24%。

2. 新创意打开新思路。

近几年，从《生活大调查》、《选择》到《超级出租车》，生活频道每年都推出了一档创新成功的栏目，而这些节目为频道的收视带来了增量。为了鼓励频道员工不断创新，拓展节目发展思路，开发新的节目形态，2010年5月底，生活频道面向频道和社会推出了新节目创意征集活动，并得到各方积极回应，共收集各类节目创意方案16个，内容涉及读书、时尚、健康饮食、旅游、购物、情感、公益等诸多方面，同时节目形态多样，有不少创意亮点，其中《生活无间报》已在2011年正式推出。

3. 加强业务学习促发展，完善节目品质勇创新。

为贯彻我台“深化改革　整合资源　加快发展”的部署精神，应对三网融合下新媒体环境所带来的机遇与挑战，生活节目中心大力倡导各栏目寻找新角度，树立新高度，勇于突破，敢于创新，完善品牌栏目品质。6月份生活节目中心举办了“常态节目收视提升”座谈会，中心领导班子及全体制片人列席会议，以分组讨论的形式，就节目现状、存在的问题及未来发展和改进的方向进行了深入的分析和讨论，总结出切实可行的办法，并强调要坚决执行频道2010年工作的八字方针“坚持、改变、创新、提升”。

4. 弘扬传统美德，关注老年群体，推出新栏目《咱爸咱妈的美好时代》。

10月16日重阳节当天，频道正式推出一档全新周播栏目《咱爸咱妈的美好时代》。《咱爸咱妈的美好时代》秉承生活频道一贯的贴近性与服务性，以真心和孝心为基本出发点，围绕老年人所想、所说、所爱、所喜、所难之事，为老年人提供一个前所未有的交流和展示的平台，旨在让爸妈的晚年生活更开心、更放心、更省心、更加丰富多彩。

青少年节目中心工作概况

青少年节目中心

2010年，北京电视台青少年节目中心在节目内容研发、大型活动、品牌营销等方面都取得了较好的成绩。

一、建电视读书平台，打造晚间黄金时间文化通档

2010年，青少频道在原周播读书节目《悦读汇》的基础上，从周一至周五晚黄金时段推出了大型日播文化访谈栏目《天天悦读汇》，节目内容形式进一步丰富，电视读书品牌进一步强化，取得了良好的社会反响。4月，在世界读书日之际，青少频道推出了大型文化访谈栏目《书香北京》，每周五晚黄金时间播出。该节目以更为高远的视角对话智者、品读书香，自此，青少频道晚间文化通档正式搭建完成。

两档读书栏目互为支撑、互为辅助，借助北京独有的出版资源优势，深度介入出版行业的相关领域，在出版业内已取得广泛认可。

二、推出“书香北京·文化盛典——21世纪10年影响中国图书榜”大型活动

本次大型文化活动由北京市委宣传部与北京电视台共同主办，由青少频道承办。这项首次由电视媒体主导的大型图书推选活动，不到两个月的时间就吸引了百余位文化名流以及数十万网民和手机用户热情参与。活动推出期间，《人民日报》、《光明日报》、《北京日报》等主流媒体以大篇幅报道本次活动，市委宣传部领导也将本次活动列为“北京市全民读书月”的高潮之作，并给予充分肯定。本次活动策划起点高、立意远、形式新颖，青少频道打造此次大型文化活动已不仅以频道定位为着眼点，更以之彰显世界城市电视传媒的媒体责任及文化气质，力求将其打造成北京电视台的文化品牌活动。

三、打造《我们的节日》电视品牌，提升频道收视率

青少频道于2010年元旦起，推出《我们的节日》特别节目，分别在元旦、春节、五四青年节、暑假、中秋节及国庆节等节假日播出。该系列节目既注重了内容形式的创新，又关注不同假日期间电视受众收视习惯的变化，在内容展现、编排方式、宣传推广等方面进行了积极的探索，实现了较大的突破。

四、探索“三网融合”节目样态，与新媒体融合

在“三网融合”的背景下，青少频道十分重视研发并推出能够深度结合新媒体的节目样态及特别活动。春节期间，青少频道携手北京市网管办及北京人民广播电台，共同推出了“全球华人第五届新春祝福原创短信大赛”。暑假期间，频道资讯栏目《北京青年》还携手10余家国内知名网站，共同推出“北京青年拍客大赛”大型电视活动，短短数月就征集作品9456部，各网站活动专区点击率合计达数千万次，点击率过10万次的优秀作品有百部之多。

公共频道节目中心工作概况

公共频道节目中心

2010年，北京电视台公共频道播出4档日播栏目：交通专题节目《红绿灯》（含两档路况直播）、旅游专题节目《四海漫游》、故事讲述节目《故事汇》以及《这里是北京》的姊妹篇《北京故事》，每周一至周五晚黄金时段播出。5档周播栏目：精品文化节目《这里是北京》、孝亲养生节目《我的父亲母亲》、服务“三农”节目《京郊大地》、时尚通讯节目《手机江湖》以及戏曲专场节目《好戏周周看》，每周六、日晚黄金时段播出。5档政策性栏目：与东城区、西城区广电中心合办的《都市阳光》、与北京市工商局合办的《消费观察》、与北京市民防局及应急办合办的《平安生活》、与北京市文化局合办的《DV生活》以及与北京市环保局合办的《空气质量播报》。

一、收视共创新高

公共频道节目中心2010年前3季度的总平均收视率达到0.60%，较去年同期提升20%，是公共频道成立以来的最佳成绩。

《红绿灯》前3季度的平均收视率超过了1.0%，比去年全年0.76%的平均收视有了大幅提升。《红绿灯－早直播》前3季度的平均收视率为0.12%左右，比去年同期的0.08%有所提升，单日收视达到0.2%以上。下午直播的《红绿灯－平安行》前3季度的平均收视率为0.32%，最高日收视率达到0.87%，较去年同期有了大幅提高。

《四海漫游》作为一档1996年开播、具有14年历史的品牌旅游节目，立足北京辐射全国及世界各地，从当初简单的推介风景名胜到今天的文化视角和深度旅游概念，收视率连年攀升。2010年11月，《四海漫游》赴上海国际旅交会获全线丰收，达成多项合作意向；《150美金勇闯东南亚》节目线上、线下活动整体策划，配合联动，是一次可喜的全新尝试；元旦前夕持续到2月春节长假的特别节目《四海新春虎年大集》，分阶段为观众提供实用的旅游服务和具有文化含量的娱乐互动节目；《四海漫游——十一欢乐颂》将奇景、奇食、奇事、奇物以全新概念精编整合。由于该栏目坚持常态节目和节假日节目应时、应景、应季，平均收视达到 0.77%。

《故事汇》栏目是北京电视台第一个故事类节目，也是公共频道低成本投入的一档日播栏目。经过 4 年的摸索与发展，初步建立了全国的资源平台。栏目在 7 月进行改版，对节目结构及后期编辑进行调整。改版后的节目增强了对观众的贴近性，前 3 季度的平均收视率为 0.48%，改版后的 8、9 两个月平均收视率 0.54%。春节、十一期间特别策划了《我们的朋友》和《故事一箩筐》两档系列节目，快节奏、大信息量的叙事结构得到了观众的认可，收视率进一步提高。

《这里是北京》围绕“品质、收视、影响力、个性”4 个关键词展开一系列具体工作，做到既有专业水准，又有市场竞争力，争夺高端受众和普通百姓多层次收视资源。本年度进一步扩展了题材范围，并充分发挥高清的技术优势，前 3 季度卫视平均收视率达到 1.95%。

《我的父亲母亲》前 3 季度的平均收视达到 0.76%，比去年平均 0.59% 的收视有了大幅提高。其中占播出总量四分之一的 10 期特别节目，平均收视达到了 0.9%。

《手机江湖》前 3 季度的平均收视率高达 0.84%。作为一档晚 22:30 播出的非黄金档周播节目，凭借独特的节目内容和时尚的风格样式吸引了大批忠实的年轻观众。

《京郊大地》栏目 2010 年平均收视为 0.64%，与去年 0.51% 相比，提高了 25.5%。

二、节目日益成熟

2010 年，《手机江湖》在节目中尝试加入情景剧小品的元素，打造年轻人专属的手机专栏，最大限度发挥其个性、风趣、草根的节目特点，把真人秀概念植入节目当中，并利用“手机评测”环节，将手机人性化。十一期间，首度以系列情景短剧形式推出特别节目《手机夺宝集结号》，收到良好收视效果。

《北京故事》本年度与其主体栏目《这里是北京》摸索出了一个更好的合作互补的播出编排形式。2010 年的新春特辑即印证了姊妹篇联袂上映的高收视效应。当《这里是北京》因特殊原因停播而原有节目时效性又很强的时候，《北京故事》即利用自己得天独厚的日播优势，将《这里是北京》50 分钟的节目切分成 5 期系列片联播。在如此紧密的配合下，《北京故事》和《这里是北京》既分享了资源，又在收视上取得了共赢。

《京郊大地》本年度对栏目包装设计进行了大胆变革，由较为传统的专题栏目向时尚化、生活化专栏节目转化。板块更加清晰，包装更为现代。今年推出的“都市农庄”、“乡村超市”、“京郊全知道”等板块更是让乡村节目与时尚接轨，受到观众和业界的好评。

《我的父亲母亲》2010 年推出全新板块《家有妙招》，从民间征集自创的、有效的养生妙招，由专家点评，详解民间养生方法的高妙之处。观众出镜，现身说法，一经推出，即成为各期节目的收视亮点。两期《家有妙招》特别专辑收视率达到 1.36% 和 1.42%，创下年度板块收视率的最好成绩。

《红绿灯－路况直播》本年度对节目

内容和表现形式均进行了较大调整，以监控探头所提供的路况信息作为节目主线和载体，搭载、传播更多资讯、服务信息，并展开主题讨论，增加了“今日观察”等板块内容。

三、打造公共服务平台

2010年公共频道由重点节目组或科室牵头，集全频道之力，顺利完成下列特别节目的摄制播出任务：

2010年春节（大年初四），制作播出“美丽乡村－2009北京最美的乡村主题晚会”，以台内同类晚会最低投资取得卫视收视2.64%的佳绩，位列北京电视台卫视春节档晚会的第3名。晚会荣获中国广播电视协会首届2010年全国优秀春节文艺晚会综合类三等奖、中国电视艺术家协会2010年度全国春节文艺晚会优秀作品奖。

2月6日至26日，配合文艺频道联合主办“欢欢喜喜过大年－春节百姓家庭DV才艺大赛”，展播参赛作品，每天1集，每集15分钟。

2月14日至29日，《这里是北京》全方位完整记录了18区县36家庙会盛况，在一周之内摄制播出“第五届北京庙会、灯会、文化活动评选”节目，史无前例地完成了对京城庙会最全面、最丰富、最珍贵的一次拍摄。

4月24日至30日，顺利完成对北京国际车展为期7天，每天1小时节目《红绿灯“车宴盛典”》的直播任务。此外，公共频道车展直播组还积极与各参展企业联系，为广告部牵线搭桥，仅靠本频道节目一项就为广告部增加了车展经营收入近40万元。

6月30日至12月15日，由北京市文化局文化艺术活动中心和公共频道联合主办的“我的北京我的家——2010北京市群众文化年”系列活动之“2010百姓DV大赛”圆满完成。本次大赛共组织大小型宣传活动50余场（次），征集千余部百姓DV作品和片段，通过北京电视台公共频道《DV生活》展播300余部。

8月至9月间，推出“2010年度北京最美的乡村”大型系列展播节目，每集8分钟，共31集，在公共频道、北京卫视《北京您早》同步播出，并作为年度评选北京十大最美乡村的重要依据。

8月至10月，《四海漫游》与北京市旅游局合作，圆满完成2010年北京导游员电视大赛评选展播任务，每集4分钟，共29集。十一期间，“星光耀旅途－北京导游电视大赛颁奖晚会”在北京卫视和公共频道播出。

9月19日，与北京市旅游局合作，圆满完成《世界之城　美丽北京》“第十二届北京国际旅游节开幕式”的直播任务。

四、推出一系列特别节目

为提升特殊时期的收视效果，各主打栏目在频道统一调配和指导下，适时推出节庆节目或应景系列节目。

《红绿灯》作为一档时效性较强的新闻类栏目，每逢节假日都针对假日交通特点，增加有关道路管理措施、假日交通流量、出行安全提示等报道和信息。中秋和十一期间，特别推出了《红绿灯记事》、《文明交通大家谈》和《不该发生的事故》等特别节目。

《四海漫游》推出了“漫游春节三部曲”、“五一品晚春”、“暑期清凉一夏”、“十一欢乐颂”等系列特别节目，受到行业内外一致好评。

《故事汇》在春节、十一两个长假期

间策划了《我们的朋友》和《故事一箩筐》两档特别节目，每天一个主题，内含两到三个故事集中播出，以高潮迭起、悬念频生的大信息量叙事结构得到了观众的认可。

《这里是北京》在国际博物馆日、世界文化遗产日以及中国传统节日清明和端午节分别推出了相应的特别节目。本年度还积极与北京市档案馆、北京市纪检委、北京市区县政府宣传部合作，制作播出有关宣南文化、廉政文化、《古都一翼话西城》、《前门情思话古今》等特别专题节目，不仅扩展了节目资源，还取得了良好的社会反响。

《北京故事》相继推出了《明朝皇帝》、《慈禧一家亲》、《另类京郊游》、《养生攻略》、《清明特辑》、《文物背后的故事》、《刨根问底说北京》等多档系列节目，并开辟《历史上的今天》板块，制作播出了《康有为在京遗迹》、《鲁迅在京遗迹》等配合名人诞辰日的节目。此外，还有配合博物馆日、中国传统佳节、热门影视剧开播等契机的特别节目。

《京郊大地》本年度制作播出了新年特别节目《北京新民俗志》、春节特别节目《京郊味儿中国年》。还推出了“草莓季”、“樱桃季”、“鲜桃季”、“北京花季”、“有机蔬果”等贯穿全年农产品流通季的系列特别节目。

《我的父亲母亲》在元旦、春节以及父亲节、母亲节、重阳节等节日期间，提前策划，全新设置，制作播出10期特别专题节目。

《手机江湖》上半年推出的“小手机游世博”专题，受到阅评员好评。五一期间的“美女主播的新手机时代”特别节目受到年轻观众的热捧。十一期间又首度尝试真人秀现场竞赛的节目样式，推出了特别节目《手机夺宝集结号》，采用“三网融合”的播出方式，收到了良好效果。

《好戏周周看》栏目在春节期间推出两场节目即《评剧百年专题演唱会》及《评剧精品剧目展演展播》；五一期间推出《梨园丑角专场演出》；十一期间推出新派喜剧评戏《马本仓当官记》；重阳节期间推出《浓墨重彩话重阳》特别节目。

五、注重媒体联动

2010年，公共频道特别重视与平面媒体合作，利用其他宣传媒介为频道主打栏目和知名主持人进行宣传，扩大公共频道影响力。如《这里是北京》和《四海漫游》均出版了源于自身节目内容的系列丛书。《红绿灯》出版了专属于自身栏目的《红绿灯》杂志，并扩大其发行量，同时依靠车友会组织了各类公益活动，并邀请平面及网络媒体参与了报道，在扩大宣传方面效果显著。

各栏目还积极尝试与新媒体的互动与合作。《手机江湖》开始策划筹备手机与3G技术密切相关的节目板块和内容，力图在新媒体领域拓展节目产业链条。《四海漫游》在网易推出了四海漫游博客，并着手建立四海漫游节目数据库，为新媒体的发展做好积极准备工作。

动画节目中心工作概况

动画节目中心

2010年，北京电视台卡酷动画卫视围绕“播出平台”和“原创动画”两大重心，在节目收视、自主原创、品牌推广、业务拓展、内部建设等方面均取得了较好的业绩。

一、坚持舆论导向，确保全年播出零事故

北京卡酷动画卫视始终把全面提高未成年人的思想道德素质、促进未成年人身心健康发展作为频道的重要社会职责。在节目策划制作、宣传播出以及重大活动等方面为广大少年儿童努力构建动画专业卫视平台，打造“绿色收视”。由于卡酷健康的媒体形象，频道已连续4年荣获“国家广电总局全国少儿节目精品及动画精品评审优秀动画频道一等奖”。广电总局收听收看中心鉴于卡酷动画优秀的节目形态、健康的频道运营和稳固的品牌价值，在2010年8月专门撰文对卡酷动画卫视做了一次深入的分析与测评，肯定了卡酷动画卫视的成绩。

频道高度重视播出安全工作，严格审查播出节目，强化节目制作、播出队伍建设，确保了全年播出零事故。9月20日在台里相关部门的大力支持下，顺利完成了从苏州街老台到新台的播出切换工作。

二、优化编播策略，收视排名领跑全国少儿媒体

在把握正确舆论导向的前提下，北京卡酷动画卫视推行栏目竞标机制，打造具有鲜明卡酷原创风格的品牌栏目；实行购片收视率奖励政策，鼓励优秀国产动画片的创作播出；制定以节目编排创新为突破口，围绕优势资源做文章的策略，应对卫视收视竞争日趋激烈的形势。

2010年，频道设置了以《中国制造》、《酷片酷映》、《周末超级大连播》等8大剧场为支撑，以《十分开心》、《闪天下》、《七色光》3档自制栏目为亮点，以《动漫酷地带》和《漫话天下》等7档外购栏目为补充的节目架构。共购进动画片57部，2984集，47064分钟，比去年增长32.25%。创新的自办栏目和优秀的剧目资源为频道争取良好的收视奠定了基础。

编排、购片、栏目多方面突破原有模式，大胆求新求变，齐力实现了卡酷动画2010年领跑全国少儿收视的喜人佳绩。

2010年，共11个月收视率考核达标，频道收视升幅中有5个月在全台位居第一，且平均收视升幅稳居全台12个中心第一位。卡酷在北京地区收视排名共有19周进入前10位，排名稳定在8~9位，最高排名第7位。全国35城市平均占有份额0.68%，排名平均稳居前16位，第6周更以全国卫视35城市排名第8位的成绩，实现历史性突破。频道4~14岁年龄段收视排名稳定在全国前3位，超过包括江苏卫

视、安徽卫视、东方卫视等在内的多家省级地方卫视，收视率是同类少儿频道的3至5倍。

三、加大自主原创，提升品牌核心竞争力

卡酷坚持“原创为先，内容为王”，视原创为核心竞争力。2010年卡酷自主创作出品了《卡酷漫游记》、《我们小孩有力量》、《2010年BTV动画春晚》等原创精品，生产动画片440集，共5398分钟。其中，《我们小孩有力量》在第16届上海电视节上一举摘得白玉兰奖“最佳国产动画片创意奖”；《2010年北京电视台卡酷动画春晚》在“2010年度全国春节电视文艺晚会节目评选”中，荣获综合类一等奖以及视频特效奖、晚会撰稿奖，并获第25届金鹰奖优秀动画片奖。同时，卡酷与国内动画机构联合出品了《星游记》、《豌豆镇》等动画片及《熊猫总动员》、《劳拉的星星在中国》等动画电影；首度尝试的原创商业动画片《星系保卫战》已成功制作与发行，现已在全国20多家电视台播出。

2010年，启动制作大型动画系列片《中华五千年》，该项目预计总投资1800万元，是北京市文化创意产业专项资金支持项目。另有《2011BTV动画春晚》、《旷世奇侠》等8部原创动画正在筹备或已投入制作。

四、业务拓展，实现多元规模化增长

卡酷动画立足全国落地平台，向商标形象保护、版权经营、总代理、衍生品开发、玩具销售、动漫新媒体、儿童艺术培训等方面纵深开拓，实现产业多元化规模化增长。

1. 卡酷全卡通公司成功实现业务转型，搭建玩具全国总代理与全国销售网络。2010年，卡酷全卡通公司成功实现业务转型，坚持“渠道为王”，以全国总代理为核心搭建全国玩具销售网络。截至2010年底，已与130余家区域代理商达成合作，于全国一线城市建成卡酷全卡通旗舰店14家，卡酷全卡通特许零售店219家，卡酷全卡通网络旗舰店于8月底正式上线运营，形成“三店合一”，天地一体，线上线下高度互动的格局，实现7×24小时玩具零售网络终端。至此，覆盖全国的卡酷动漫衍生产业立体营销布局初见规模。

2. 卡酷七色光公司打造黄金品牌，拓展全新业务。七色光作为北京台20年黄金品牌，在国内外少儿艺术类比赛中屡获大奖。今年7月，艺术团童声合唱在维也纳金色大厅举行的第四届“至高荣耀”国际青少年音乐节上获得金奖特等奖，进一步提升了国际知名度。

目前，卡酷七色光在巩固儿童培训的基础上，正向品牌授权、儿童摄影、对外交流活动、明星经纪等业务积极开拓。根据市委宣传部及台领导的相关指示精神，现已开始筹备《精卫传奇》儿童剧，力争打造中国本土优质儿童文化品牌形象并向衍生产品进一步拓展。

五、提升公司业绩，资产跨越升级

2010年卡酷传媒本级公司期末总资产1.7亿元，净资产1.5亿元，全年营业收入7127万元，全年利润总额1864万元，净利润1402万元。卡酷传媒及子公司期末合并总资产2.7亿元，净资产2亿元，全年合并营业收入1.82亿元，合并利润总额2857万元，合并净利润2325万元。

对外宣传工作概况

海外节目中心

一、长城平台传递中国声音

长城平台北京电视台频道于2004年10月1日正式开播，到现在付费收看用户突破10万。目前长城平台已建成美国、亚洲、加拿大、欧洲、拉美、东南亚、澳大利亚7个平台，北京电视台频道在7平台上均有播出。

根据广电总局提出“内外有别，外外有别”的要求，长城平台荟萃北京电视台10个频道的精华，由海外节目中心进行重新编辑和包装后推出。节目内容涵盖新闻、资讯、文化、旅游、娱乐以及青年节目等多个类别，并参考海外观众的收视习惯进行编排。节目首播6.5小时，全天24小时无间断播出，全力满足海外观众多方面的收视要求。

2010年，长城平台作为北京对外宣传的重要窗口之一，很好地树立了首都和北京电视台的国际形象，创造了许多新亮点：

亮点之一：年初，中国电视长城平台小频道包正式进入美国有线网络所覆盖的酒店播出，此举对加快中文电视在美国酒店系统的普及、推进长城平台在美业务发展有着重要意义。小频道包由中国电视长城（美国）平台中5个收视较高的频道构成，其中包括中央电视台娱乐频道、中国电影频道、北京电视台、湖南卫视和凤凰卫视美洲台。目前，可覆盖美国境内98家酒店，预计共覆盖30万间客房。

亮点之二：每逢传统节日，为了协助BTV做好北京的对外宣传报道工作、扩大北京电视台的影响，国际频道在每年春节都播出《北京新春大联欢》、《年度北京流行音乐典礼赛》、《北京影视盛典》等。

亮点之三：2010年，世博会在中国上海举办。为了让海外观众通过我们的渠道了解相关情况，国际频道（长城平台北京电视台频道）与北京卫视并机直播《上海世博会北京周开幕式》；增加播出《世博直通车》特别报道；同步播出《红楼梦文化盛典》、《网络中秋晚会》、《海外华人音乐会》。春节期间增加播出《2010年北京电视台春节联欢晚会》、《北京电视台环球春晚》、《北京电视台网络春晚》及各中心春节特别节目。

这一年，海外节目中心完成整合编排45个栏目、2117个小时的节目在长城平台播出，每天首播节目6.5小时，另有45个日播或周播栏目24小时滚动播出。

二、其他外宣中文节目

长期以来，海外节目中心与凤凰卫视欧洲台、凤凰卫视美洲台、加拿大城市电视台、美国纽约中文卫视、美国斯克拉教育电视网合作密切，并向他们提供部分有北京电视台版权的精品节目，一方面满足不同地区的海外观众收看中文节目的需求，另一方面也是北京电视台外宣窗口的必要补充。现在，海外节目中心向加拿大城市台、纽约中文电视、美国斯克拉教育电视网、凤凰卫视提供6个周播栏目，累积437.16小时；向凤凰卫视美洲台、欧洲台提供《这里是北京》（40分钟）、《天下收藏》（40分钟）；向加拿大城市电视台提供《这里是北京》、《非常接触》（40分钟）、《天下收藏》、《非常夫妻》（40分钟）、《首都经济报道》（25分钟）；向美国纽约中文电视提供《这里是北京》、《食全食美》、《天下收藏》、《非常夫妻》、《非常接触》等栏目。

三、英语外送节目取得历史性突破

2010年，海外节目中心以建设“世界城市”的眼光，采集制作反映北京最新面貌的英语新闻，向CNN推荐播出，让世界了解北京的变化和发展。一年来有18条英语新闻在美国有线新闻网CNN《世界报道》栏目（World View）播出，播出量是2009年的3倍（2009年CNN播出北京电视台提供的新闻数量为6条）。

为了提升外宣节目的亲和力，增强文化认同感，海外中心着重从3方面下工夫：

在选题策划方面下工夫。由于英语新闻播出权掌握在CNN，其对政治立场、意识形态方面的新闻非常谨慎，对中国各电视台（特别是央视）提供的新闻采用很少，而涉及文化、历史、城市、人物、生活等方面的新闻采用率较高。抓住CNN这一选稿趋向，北京台注重策划鲜活的非政治性新闻选题，侧重于北京的发展变化，关注这座城市里人们的普通生活，这类新闻易于西方受众接受，潜移默化地扩大影响力。

不断提高传播技巧。在电视外宣的制作手法方面，坚持“以人的故事感染人，用心用情做外宣”的宗旨，仔细研究西方电视手法，包括镜头语言、阐释方法、论述层次、采访技巧等等，减少“宣传味”，增加趣味性，以符合西方观众的收视习惯和口味。

坚持“以我为主”的立场。对一些重大国际事件及时阐明中国的观点和立场，尽管由于意识形态的原因，此类新闻不一定会被CNN采用播出，但我们也精心制作，坚持在外宣中发出我们的声音，同时也为今后的发展做好铺垫。

宣传管理工作概况

总编室

2010年，北京电视台总编室以节目管理、编播安全、品牌宣传、媒资建设为重点，有序地完成了各项工作任务，较好地发挥了总编室在各部门协调、节目运转各环节衔接中的纽带作用。

一、进一步完善规章制度

2010年，总编室为了进一步加强宣传管理，狠抓了制度建设。这一年，制定或修订的规章制度共11项，包括：修订并印制了《总编室部门管理规章》（2010年版）；制订了《北京电视台编前会议事规则》；制订了《北京电视台非常规节目（活动）审批评估办法（试行）》；制订了《北京电视台栏目（节目）片尾字幕署名规定（试行）》；编纂了《北京电视台节目生产管理文件汇编》；颁布了《北京电视台节目音乐版权管理规定》（试行）；修订了《北京电视台节目作品著作权管理规定》、《北京电视台节目版权登记办法》、《关于加强节目版权发行管理的规定》、《北京电视台外购栏目管理规定》、《北京电视台外购素材版权管理办法》；制订了北京电视台媒资编目规范细则，编纂了《北京电视台媒资查询检索使用手册》；修订了《北京电视台出镜人员管理办法》；制定了《关于进一步加强非常规节目编播管理的规定》、《2011年春节期间晚会、特别节目安排及制作备播相关要求》；拟定了《北京电视台新闻发布会管理暂行办法》。

二、切实做好日常工作

2010年，总编室完成了大量的、具体的日常宣传管理工作，主要是：完成全年安全播出10万余小时、排除事故隐患20多起；完成13个频道全年编排节目总时长102200小时，除日常节目外，安排专题、晚会类节目和直播、转播等非常规节目近300档，体育赛事400余档；完成暑期、中秋节、建党90年、辛亥革命100年节目规划和2011年度节目规划；从9月份开始进行节目内容安全检查，对全年非常规节目进行评估；完成纪实高清频道安全播出5840小时，高清频道节目储备173小时；完成苏州桥台址库房3万余盘节目带移库工作；在台内网开设“监看意见”专区，每周出刊《监看意见》共18期，并在内网刊登，每季度汇总《阅评季报》；5月1日开始成立监评小组进行监看，至今出刊《监看报告》13期；负责世博会报道的组织协调工作，并在台内网开设“世博专区”；每月完成对新闻等节目中心主持人及嘉宾的形象设计工作，共约600人次；组织“三网融合背景下的新媒体发展与主持人自身发展”等主题培训；修订2010年外购栏目合同书，完成2010年16个外购栏目定价、签约工作；完成1~6月份全台所有节目录音作品版权信息登记、收集工作及1~6月份全台使用录音制品统计、测算工作；加强视频资料管理，对回收的60000余盘磁带进行分类、整理、审看、筛选。保留并上载媒资库资料3000余小时，备选上载资料2200余小时；举办全台制片人版权培训班，完成了广州博览会、北京文博会、深圳文博会参展内容的组织、协调等任务。

三、大力加强节目宣传

充分利用自身资源，积极调动台外资源，通过自制宣传片、召开新闻发布会、节目推介会、组织专题性报道等方式，努力做好北京电视台2010年春晚、网络春晚的宣传工作，截至10月底累计上播各类宣传片300余个。切实加强对元宵、清明、端午等传统节日的节目宣传，共计自制宣传片21个、播出58个。为了做好BTV网络中秋晚会的宣传，连续作了4期节目播出，并制作了BTV网络秋晚专辑。电视剧《红楼梦》的宣传报道是重头戏。为此专门制作了《红楼日记》系列12回、开幕盛典幕后探秘、首集播出专家评价等进行播出。

四、努力做好媒资工作

截至2010年10月底，媒资库共保存资料版节目和素材11.4万小时，播出格式版成品节目5.7万小时。加强对归档版节目的画面质量、版权信息、文稿信息的审核工作，截至10月底，累计审核14000多小时。总编室与技术设备管理部、总工办合作，完成了2009~2010年度媒资编目项目的验收工作。此项目共完成节目磁带数字化78800小时，编目完成89800小时的成品节目和素材。总编室还单独完成编目审核8000多小时。此外，总编室还为台内节目制作提供媒资库素材和成品节目查询、调用服务，累计调用和下载7300多小时，其中为京视传媒外销节目下载成品节目3600多小时，海外节目中心外宣节目下载1000多小时。

研究发展部工作概况

研究发展部

2010年，北京电视台研究发展部紧密围绕全台中心工作，不断完善各项业务职能；紧贴全台事业发展需求，不断拓展业务链条，完成了各项工作任务。

一、创建新媒体实验室，深入开展新媒体研究工作

架设新媒体虚拟展示平台，建成全国第一个新媒体实验室。在“三网融合”政策带动下，研发部迅速调整业务格局，于2010年4月，将年初建成的集电视节目测试、节目家庭模拟体验、现场观众调查、国内外节目模式搜索等多项功能的电视节目实验室，拓展增加了以新媒体技术研发应用、新媒体虚拟展示体验及新媒体节目形态开发为核心功能的全新业务平台，集合了未来北京网络广播电视台虚拟展示、IPTV集成播控平台展示、手机电视体验、3D电视、高清电视节目观摩等多种新业务功能，从而成为我国第一家新媒体实验室。

新媒体实验室搭建完成后，引起了各级领导高度关注。广电总局副局长赵实，市委常委、宣传部长、副市长蔡赴朝，副市长苟仲文，市政府副秘书长戴卫，市委宣传部副部长张淼，市委组织部常务副部长史绍洁，市广电局局长李春良等前来参观，在亲身体验新媒体功能的同时，对北京电视台新媒体业务的推进工作给予了高度评价。

全台节目中心、相关职能部门也多次以中心、部门形式，参观新媒体实验室，利用展示平台，交流、学习、掌握新媒体知识。目前，新媒体实验室已经成为全台推进新媒体战略重要实验测试平台和对外展示新媒体业务的重要窗口。

完成IPTV内容平台规划与设计。自2010年上半年开始，由研发部牵头，与相关技术部门共同努力，多方调研，完成了IPTV内容平台的基础规划和设计。

高度关注媒体环境，深入开展新媒体调研。立足于筹建北京网络广播电视台的实际需要，研发部组织了多层次、多领域、多渠道的密集调研，完成了实地考察、专家访问等一系列调研报告；完成了《“三网融合”背景下广电媒体“三屏联动”发展战略》、《北京网络广播电视台申请报告》等20余个研究性报告；组织和参加了各层次的研讨会及展会，深度整合信息；与各大院校及专业机构合作研究新媒体的评价标准，为新媒体建立盈利模式创立测量标准。

二、全面进行传媒环境监测和舆情监测，为北京卫视及各节目中心提供策略建议

全面监测传媒环境，对传媒业重大举措及其发展态势和价值进行解读、分析、评估。从2010年6月开始，对国内外传媒业界在产业、节目、营销等诸多方面的战略发展、重大举措、重大竞争策略等进行全面动态监测，每周提交编前会为全台中层干部提供最新的行业发展态势和研判意见，供台领导和中层干部决策参考。截至10月底已完成报告20期，总字数在25万字以上。该报告受到广泛好评和关注，成为内网点击率最高的报告之一，也是一些节目中心规定的部门员工每周必读报告。

为北京卫视提升工作提供支持。研发部在对北京卫视的覆盖、到达、收视竞争优劣、品牌、影响力进行全面深入研究的基础上，形成了“提升北京卫视的初步工作思路”工作方案；完成了北京卫视落地情况与优化覆盖调查，在最快时间提供了北京卫视在全国71城市以及35城市的覆盖、入户情况，为提高覆盖率保障收视率提供了可行性方案；实施对北京卫视全面收视监测，与专业机构合作，设计了北京卫视收视运行与预测模型，这项报告受到了卫视节目中心的高度重视。

创立重大项目舆情监测体系。为了更好地掌握重大活动、重大项目对BTV形象的正向或者负向影响，与专业机构共同合作，对三屏合一的网络春晚、创新性极强的环球春晚以及春节主晚会，从北京台形象的提升到受众对晚会内容的喜爱度进行全面舆情监测，并构建出较为完善的春节联欢晚会舆情指数体系，考察北京电视台整体形象的提升效果。

为提升竞争力，提出专项策略建议。2010年，针对节假日节目编排提出了暑期节目安排策略建议；针对南非世界杯提出了《世界杯的影响及我台应对策略》报告；针对网络互动春晚建立了立体化专项研究模式，完成了《BTV网络互动春晚调研分析报告》；与影视剧中心合作，完成了“全国及北京地区电视剧竞争力报告”，并提出编排方案。

完成系列收视分析报告，为全台整体编播提供支持。每周完成《北京电视台收视分析报告》，同时完成了《北京电视台全年收视分析报告》、《北京卫视35城市全年收视分析报告》，这些报告对全年北京市场和全国市场的总体收视容量、观众收视形态变化、流动趋势、市场竞争态势、北京电视台上半年总体竞争力与各类型节目、各时段竞争力进行了全面、翔实、深入的分析，内容涵盖整体市场各个侧面，为全台整体编播提供深度分析和调整建议。

三、实施全台全面品牌发展监测，发布系列品牌权威调查报告

在2008、2009年的品牌调查基础上，于2010年完成了《北京电视台主持人品牌影响力调查》、《北京电视台品牌影响力调查》、《北京卫视全国影响力调查》。这些调查系与国内顶尖专业机构合作，采取入户调查的方式，对北京电视台主持人品牌、频道品牌、大型活动品牌、重点栏目品牌每年进行两次追踪监测调查，并对全台所有频道和重点品牌节目做追踪性的评价，评估其品牌价值和品牌健康状况，并提出调整建议。

四、紧扣全台发展需要，深入推动课题研究工作

根据北京电视台事业、产业发展的主攻方向，研发部积极推动课题研究工作。2010年首次面向全台征集了国家广电总局部级社科研究项目，并积极推动课题入选。经专家严格评审和总局领导审定，北京电视台申报的《“三网融合”背景下电视媒体“三屏联动”发展战略》等3个研究项目全部入选，并获得总局社科研究基金支持。这是北京电视台第一次有这么多课题入选“部级社科研究项目”，有利于提升本台的研究水平以及在相关领域的影响力。

五、建立节目模式系统

在原有节目样态资料基础上，2010年，建立了相对完整的节目模式系统。系统包括按欧美、日韩、内地、港台等区域划分搜索，还包括按竞技、娱乐、真人秀、真实等节目类型搜索。目前，节目模式数量已经累计达到上千部（类），涵盖了国内外最新的节目模式，大大拓宽了各个节目中心节目创新视野。

六、加强节目研究和趋势分析

2010年，与国内外多家电视研究机构合作，累计订购了100余部电视节目样片，自行翻译、制作、刻录样带，向各个节目中心定期推介，为节目中心节目创新提供了借鉴。其中，影视、生活、青少、体育、公共等节目中心借鉴推介节目，与研发部共同策划，完成了适合节目中心受众特点的创新节目。

总工办工作概况

总工办

2010年，北京电视台总工办围绕“项目招标采购”和“技术规划管理”两个工作重点，团结进取，努力拼搏，圆满完成了各项任务。

（1）完成高清技术系统工程一期项目8大项、34小项目、52包的招投标工作，签订合同金额约5.4亿元。

（2）完成全台技术系统日常建设72个项目的招投标工作，签订合同金额3600万元。

（3）组织完成《北京电视台高清晰度电视技术系统工程项目（二期）实施方案》的编写及项目评估工作。申请项目预算资金5.25亿元，经过市发改委的技术方案评估和资金审核，已上报市政府，待审批。

（4）组织各技术部门按照ISO9000质量认证体系的标准，建立“北京电视台广播电视安全播出管理体系”。目前，7个技术部门的岗位责任、流程规范、应急预案等文件已编写完毕，现正在参照ISO9000标准体系的思想、规程，整理形成体系手册文件及37个管理控制程序文件。

（5）组织完成了技术系统相关计划、规范、标准的编制工作。组织完成了2010

年技术改造计划的制订，组织编制了《北京电视台技术发展规划纲要（2011—2015）》、《北京电视台高标清同播业务流程及相关规范（暂行）》、《北京电视台P2卡使用管理规定（试行）》、《播出磁带技术审查及规范》等文件。

（6）总工办自接管北京电视台新址工艺地线系统以后，对原有地线系统作了整体了解和研究，针对新台址出现的问题和不足，与设计、施工单位紧密配合，并与原工艺地线管理部门充分沟通，完成了播出区13和14层主播区、高标清同播区、综合楼制播网、技术设备管理部监录机房、部分编辑网等的工艺地线改造工作，取得了很好的效果，保证了我台播出、制作工作的正常进行。

（7）组织创办了《高清技术工程项目进展情况周报》，从2010年1月1日开始至10月底，共发行39期。该简报反映各项目组的工作进展情况以及遇到的困难与问题，提供了信息上传下达的平台，起到了促进高清技术工程建设和及时协调解决问题的作用。

（8）组织技术部门各类奖项的申报工作，包括国家广电总局电视节目技术质量奖“金帆奖”和科技创新奖、北京市广电局科技创新奖和电视节目技术质量奖“华彩杯”、新闻技术工作者联合会科技论文奖/成就奖/特别贡献奖/杰出人才奖、中国电影电视技术学会电视节目“声音制作优秀作品奖”等。

（9）完成了本年度北京电视台与中国直播卫星公司、中央发射台、无线局广视卫星公司、中国有线电视网络公司和北京鼎视公司的电视安全播出合作合同新订和续签工作，并督促合同的履行。在重要安全播出时期和重大节日前到中塔、地球站等相关单位检查执行情况，保障本台上星频道和地面无线电视频道的安全播出。

（10）全力支持北京市广播电视村村通工作。2010年参与完成了北京市4个远郊山区县的97个村的有线广播电视村村通覆盖工程，并完成了2011年度村村通广播方案、预算的审核工作。

（11）配合国家广电总局开展了广电系统安全评估方法的研究工作；配合北京市广电局，开展援助新疆广播电视的技术工作；配合本台人事部门完成了对全台新增编导及摄像人员的高清技术培训工作；圆满完成了北京市广电局科技委电视技术专业委员的秘书工作。

制作部工作概况

制作部

2010年，北京电视台制作部充分调动广大技术人员的工作积极性，团结协作、迎难而上，圆满完成了各项任务。

完成北京市“两会”报道技术保障工作。1月23日至1月30日，市人大、市政协会议分别在北京会议中心和北京五洲大酒店举行。制作部投入24套高清后期制作设备搭建了新闻后期制作机房，派出12人的技术团队全程参与了市“两会”报道的技术保障工作。这是北京电视台成功实现卫视高标清同播后首次使用全高清设备对市“两会”进行报道。在近10天的技术保障期间，技术人员圆满完成了100多项新闻条目（专题）和新闻包装条目的制作，包括8期“两会”专题报道、12期《小曹跑两会》节目。

完成高清5.1环绕立体声审看机房改造任务并已投入使用。制作部于1月30日完成了高清5.1环绕立体声审看机房的改造。新系统可对高清电视作品进行高质量审看及5.1环绕立体声监听，可以真实的再现电视作品的各个细节。在该审看机房改造完成之后，今年春节系列晚会、大型历史纪录片《北京》、《人民大会堂》、《绿色北京》等节目在该审看机房接受了台领导及有关专家的审看，达到了预期的目的。

完成驻什邡记者站高清采编设备搭建工作。2010年2月5日至2月7日，制作部派出技术人员携带高清技术设备前往什邡记者站进行设备的搭建工作，在各级领导的支持和指导、节目部门的大力配合下，圆满完成了驻什邡记者站高清采编设备搭建任务。

协助新疆电视台进行新闻直播准备工作。根据台领导指示，2月22日，制作部派新闻演播科领班张京铭和新闻中心的导播张威一起前往新疆，帮助新疆电视台新闻中心进行卫视新闻直播前的准备工作。经过20天的培训和演练，新疆电视台新闻中心已经基本上能够组织出两套直播班底，为新闻直播打下了基础。

完成全国“两会”报道技术保障工作。全国“两会”于3月3日开幕，3月14日闭幕。制作部承担了新闻节目的现场制作任务，根据新闻中心的要求，准备了一套非编、带字幕对编、配音、传送设备及两套对编供会议使用。在12天的会期里，共往台里传送了十余条全国人大会议的新闻，约36分钟的新闻内容。

完成《新台址落成专题片》5.1环绕立体声制作并顺利播出。3月31日，在新台址正式播出一周年之际，制作部录音科承接制作的5.1环绕立体声《北京电视台新址落成专题片》在纪实高清频道播出，为电视观众带来新的艺术享受。

完成2010年北京车展直播技术保障工作。2010年北京国际汽车展览会期间，财经频道《首都经济报道》和公共频道《红绿灯》，从4月23日至5月2日对车展进行每天6个小时的直播报道。制作部在现场搭建了6套sobey非线、两套对编、一台dvcpro，保证磁带的兼容，完成了60小时车展直播技术保障任务。

为世博会报道提供强有力的技术保障。世博会于5月1日至10月31日在上海举行，制作部负责北京电视台世博会报道后期制作任务，共派出了9位制作人员，搭建了10套对编、5套非线性单机、2套配音、2套格式转换，同时提供杀毒站点3个，配合编辑记者进行外来数据的导入；建立了3套节目包装工作站，满足报道工作对包装的需求。在整个转播期间，技术人员克服各种困难，共制作播出新闻252条，完成《世博直通车》、《海宝说世博》等专题片包装项目48个。

与海外节目中心合作完成天安门大屏幕节目制作任务。市领导决定重新在天安门广场设立大屏幕，5月1日开始点亮，并考虑长期保留。北京电视台负责制作《北京颂》和《劳动改变中国》两部宣传片，各20分钟。制作部与海外节目中心分别调遣最强力量，组成近30人的临时团队，通力合作，完成了这个项目。

完成BTV大剧院《红楼梦》技术保障工作。从5月4日正式装台到9日演出结束，为期6天的朝鲜国宝级歌剧《红楼梦》装台、排练和演出工作顺利结束，该剧是BTV大剧院2010年第一场商演，也是大剧院接待的第一个国外演出团体。整场演出共分为6场12幕，长达3个多小时，平均每几十秒便换一次背景，创下了舞台剧中的换景之最。制作部负责演出的前期配合装台、演出期间吊挂布景切换和后期配合拆台等工作，圆满完成了任务。

完成世界杯直播技术保障工作。从6月11日开幕至7月12日结束长达一个月的时间内，北京电视台连续进行32天世界杯赛事转播，制作部承担了直播的技术保障工作。为了更好地直播世界杯，制作部在1000平方米演播室增加了8讯道摄像机、3套VGA转高清信号转换器、2套在线图文包装系统、1台高清硬盘，出色地完成了任务。

举办《创意灵感与实现的技巧》电视包装研讨会。6月13日上午，制作部举办了主题为《创意灵感与实现的技巧》电视包装研讨会，有30多人参加。研讨会上，来自包装一线的技术骨干作为主讲人以图文并茂的方式，深入浅出的讲解了创意灵感与实现的技巧，阐述了创意的流程，并结合制作部PS大赛制作部标志设计以及2010年BTV春晚的黄晓明和陈道明宣传片的具体创意过程进行了具体的分析和讲解。

完成《玉树不倒　感恩中国》晚会直播技术保障工作。7月28日晚青海卫视向全国直播《玉树不倒　感恩祖国》大型晚会，北京市委刘淇、郭金龙、蔡赴朝等领导同志和青海省委书记强卫等同志亲临晚会现场，制作部负责技术保障的全体同志按节目流程认真操作，整台晚会取得圆满成功，这也是1000平方米演播室建成后首次进行大型晚会的直播工作。

完成纪念北京奥运会两周年特别节目大型直播技术保障工作。8月8日是北京奥运会开幕两周年的日子，北京电视台在1000平方米演播室进行了直播时长14个小时的大型节目《世界城市，北京时间——纪念北京奥运会两周年特别节目》的直播工作。制作部在演播室内安装了7讯道摄像机用于节目拍摄，将鸟巢、国际会议中心、朝阳公园长走活动现场、海洋沙滩节的信号引入演播室，通过网络与网友进行现场互动，安装了在线图文包装系统用于信息发布和虚拟场景设置，使用了现场扩音调音台给现场增加了浓郁的节目气氛。

在“2010中国影视数码剪辑大赛”中取得好成绩。“2010中国影视数码剪辑大赛”决赛于8月23日进行。制作部共组织了后期制作岗位上11位同志的19部作品申报参赛。结果，侯婷婷获得“2010中国影视数码剪辑大赛”优秀剪辑师奖；邓乐制作的《Audi A4L新登场》获得广告类一等奖以及广告类最佳制作、最佳视听效果两个单项奖；其他同志还获得了影视专题类、宣传片类和MV类优秀作品奖。北京电视台获得2010中国影视数码剪辑大赛“最佳组织奖”。

完成十一天安门大屏幕制作。历时3个月的前期策划、拍摄和后期制作，由制作部特技科负责制作的天安门大屏幕《灵动北京》、《国旗颂》、《国家大剧院国庆音乐会》等视频节目十一在天安门广场播出后取得了非常好的反响。为了适应天安门大屏幕8.4∶1的特殊画幅比例，全片采用REDONE高清数字摄影机拍摄。另外，使用苹果FCP剪辑工作站2套，三维工作站4台，动用了剪辑和特效制作员共10名，以保证项目的顺利完成。

在市广电局广播电视节目技术质量奖评比中取得好成绩。在2010年11月份的“北京广播电视奖—广播电视节目技术质量奖”评比活动中，制作部从各科精心制作的27个节目中挑选出13个作品参评。获得了6个一等奖、7个二等奖。

完成《做党性最强的组工干部演讲比赛》技术保障工作。11月11日，《做党性最强的组工干部演讲比赛》在北京电视台大剧院举行，市委组织部、宣传部以及台里的领导到现场观看了这场比赛。制作部使用2台硬盘播放器同时同步播放音乐，实现无缝切换；主备两张调音台进行录制工作，帮助组织部门精心挑选重要现场背景音乐，顺利完成演讲比赛录制任务，得到了各方面领导的肯定和表扬。

圆满完成广州亚运会转播技术保障工作。第16届亚运会于2010年11月12日至27日在广州举行。根据体育节目中心对报道的技术需求，制作部在前方配备了DVCPRO摄像机5套、收录用标清录像机4套、高清录像机2套、DVCPRO便携膝上编辑机2套、便携式提示器1套。亚运会转播前，制作部派出2名技术人员前往广州，在亚运城的国际广播电视中心（IBC）内，与广东电视台及上海电视台的人员一道，搭建了直播用收录系统、非线编辑系统。

圆满完成文艺频道高清播出技术保障工作。12月29日凌晨6时，北京电视台文艺频道正式开始高清播出。从11月开始，制作部就进行培训，为文艺频道所有栏目的制片人、编导及制作员详细讲解高标清同播规范、高清生产制播流程、传统设备上下变换等内容，并组织上机练习和操作考核。12月份，制作部多次召集由多个部门、协作公司及文艺中心各栏目负责人参加的高清演练计划协调会，保证了文艺高标清同播频道的顺利启用。

搭建高清新闻演播室为新闻节目保驾护航。12月29日早7点，全新搭建的BTV350高清新闻演播室暨新闻高清非线制播系统正式启用。创新的新闻演播室舞美布景，创新的新闻节目在线包装形式，将北京电视台的新闻节目制作播出提升到一个新的水平。BTV350高清新闻演播室自2010年9月开始搭建，包括视音频系统、灯光、舞美布景。经过3个月的紧张施工，完成了搭建工作。在开播仪式上，赵多佳总编辑指出，350高清新闻演播室暨新闻高清非线制播系统的正式启用，是北京电视台高清化技术改造的重要节点，标志着北京电视台新闻制作播出技术又迈上了一个新台阶。

播出部工作概况

播出部

（1）在保证13个频道安全播出的同时，圆满完成今年重要节假日和重大事件安全保障期的安全播出任务。

（2）健全了技术维修体系，坚持每周一下午技术科、维修科业务会议，周二上午科长例会上通报一周播出系统设备情况。

（3）加强了领导值班制度，确保安全播出；大北窑和苏州街两个播出中心，开通了值班专用电话。

（4）加强各项技术演练，在北京市广播电影电视局组织的2010年“安全生产月”活动中及各重要安全保障期前，大北窑和苏州街播出区的值班一线科室，分别以科为单位组织开展安全播出应急预案的演练活动，采用故障提问和实际操作的方式对每位值班员进行应急预案的温习和演练，不断提升值班员应对突发故障的处理能力。

（5）按照北京电视台“三定”工作的要求，制定和实施了播出一线上岗资格培训、考核计划，共分为3个阶段，已经完成6月至9月中旬的理论培训阶段，从9月中旬到11月，继续进行实际操作、规章制度单元的培训，12月进行上岗考核。

（6）召开了安全播出经验总结大会，及时总结上半年的工作情况，以务实的态度，认真总结安全播出经验，强化制度和流程管理，总结归纳事故原因和类型，找出规律和处置办法，继续做好下半年的安全播出工作。

（7）顺利完成4次季度大检修，利用凌晨节目结束后的时段，对播出系统进行全面维检。并利用此时间完成了7个频道切换矩阵的更换、卫视标清机房倒换等设备系统改造和更换工作。

（8）圆满完成了卡酷频道迁移大北窑新机房播出的任务。

（9）优质完成了皂君庙发射机的更新任务，确保了北京卫视节目模拟地面无线发射的安全播出。

转播传送部工作概况

转播传送部

2010年，转播传送部完成了一系列重大直播和转播任务。

鸟巢欢乐冰雪季的直播，是在北京最寒冷的季节、连续3个月的直播工作。接到转播任务后，转传部召集技术骨干多次实地考察转播场地，制定详细的转播方案。尤其是在春节期间，同志们放弃了休息，坚守在直播工作第一线，确保了直播工作的圆满完成。

1月22日至27日，北京市政协、人大会议在北京会议中心召开，北京电视台对“两会”进行多场录像和直播。尤其是两会开幕式的直播，政治责任十分重大。今年又是第一次采用高清直播，压力很大。转传部制定周密的转播技术方案，选派技术骨干，确保了“两会”直播的圆满完成。

4月21日至5月2日，北京国际汽车展在顺义新国展举办，财经频道、公共频道进行全程现场直播。经过与编播部门多次研究，与网通光缆、卫星公司多次交流，转传部制定了严密的转播方案：使用一辆8+2讯道高清转播车作为主演播区转播信号制作，一辆4讯道标清转播车转战于各个汽车展馆，以市电动力电为主、以发电车为辅提供用电保障，以网通光缆为主、以卫星车为辅传输信号。由于方案正确合理，确保了为期10多天、多档节目的直播取得圆满成功。

在上海世博会举办期间，北京电视台在上海搭建前期演播室直播世博会盛况。直播技术支持工作由转传部承担。为了确保直播的成功，转传部派出专人到上海勘察直播场地，根据场地情况和编播部门的要求精心设计转播方案，选派业务骨干出征上海，确保了世博会转播工作圆满完成。

2010年，是各种体育赛事转播任务频繁的一年，全年的中国足球超级联赛、中国足球甲级联赛、CBA篮球联赛、乒乓球联赛、亚冠足球比赛、BTV台球邀请赛、首届北京国际武搏大赛、门头沟首届徒步长走活动等等。这些转播或直播，转传部都顺利完成。尤其是第十六届广州亚运会，应广州亚运会转播有限公司的邀请，北京电视台承担了沙滩排球、空手道、跆拳道的转播公共信号制作任务。为了圆满完成转播工作，转传部对参与转播的设备进行了认真的维护与检修；对参与转播的技术人员，进行了专业业务能力的培训和组织纪律性的教育，尽全力确保了亚运会转播的圆满成功。

技术设备管理部工作概况

技术设备管理部

2010年，北京电视台技术设备管理部积极配合上海世博会宣传报道、高清频道建设、ISO9001安全播出体系管理等工作，圆满完成了各项工作任务。

一、监录工作

（1）2010年，监录科认真完成了对播出节目的实时监测工作，通过监测系统共监测并及时发现播出质量故障61次，时长35分45秒，通过采取措施排除了故障，避免发生更大的播出事故。

（2）对全台所有播出频道的主备路信号进行24小时实时录制，为保证播后节目质量信息查询、浏览和举证提供了重要的依据和保障。

（3）为总编室、研发部、广告部等相关业务部门提供所需的各频道播后素材，满足其收视率调查、节目研发、评奖等需求。

（4）积极配合网络部生产管理系统的建设，与其生产管理系统连接提供播后节目素材在线点播；充分利用收录的播后节目素材，为总编室阅评员提供便利，保障阅评员工作顺利进行。

二、技术质量管理

（1）完成高标清同播临时系统的验收测试，包括：播出系统改造项目、300平方米高清新闻演播室系统项目、高清摄录编设备采购项目、DVCPRO－HD格式高清录像机采购项目、新闻高清非编单机采购项目、非新闻高清非编单机采购项目、新闻包装高清改造项目、新闻后期系统集成项目、高清ENG摄像机配套的三脚架及电池采购项目、其他需要增加的设备采购项目、高清交管局演播室系统项目。

（2）完成转传部改造的8讯道转播车的测试验收工作、节目评奖评审工作、IPTV高标清编码器选型工作、总编室媒资编目项目测试验收工作、监控系统项目验收工作以及新媒体调研工作。

三、技术设备管理

（1）本年度办理专用设备入库凭证近万张，耗材及专用磁带近百张，结账合同近300个，入账总价值近5亿元，其中：设备价值4.2亿元，耗材价值0.8亿元，专用磁带价值400万元。

（2）配合高清网改造工程，做好高清设备的到货清点、设备数据录入、出库统计等工作。

（3）加强旧设备的升级维修，实现二次利用。搬入新大楼办公以后，各部门退回大量设备，设备科对这些设备进行了逐件的检验，对其中可用的电视机、打印机、传真机等近百台设备进行了清洁和维修，为台内节约了购置资金。

（4）加强专业设备维修、维护和保养。2010年，完成全台968台（件）设备的维修、维护保养，其中有索尼设备556台（件），松下设备98台（件），计算机桌面硬件设备138台（件），其他设备176台（件）。

（5）做好技术资料工作。参与了高清网络化改造的论证、评审等工作，涉及高标清同播播出总控系统、制播网络系统与动力改造项目等17个系统项目。参与了全台设备资源管理软件的调研、三网融合调研以及3D电视节目的拍摄等工作。

信息网络管理部工作概况

信息网络管理部

2010年，北京电视台信息网络管理部不仅要维护好原有信息网络，还要完成生产网的11个高清项目建设和改造，完成办公网的近30个项目的建设。虽然工作繁重，但经过全体同志的共同努力，圆满地完成了各项任务。

一、抓管理，建立一支高素质的技术团队

网管部是一支年轻的队伍，70%以上的人是80后，他们思想活跃，富有创造精神。根据年轻人的特点，部门充分发挥党支部的作用，从思想政治工作入手，采取党建带动团建，党团工作互动的方式，组织多种形式的学习活动，提高他们的政治意识、责任意识。

提高员工的业务素质也是部门工作的重点。对于年轻同志，一方面，部门领导在工作中大胆放手，敢于给他们压担子；另一方面，组织了10多场理论培训，提高他们的管理和业务能力。其中有两名员工已经进入到了部里的科级干部后备队伍。在台领导和人事部门的大力支持和协助下，网管部已经率先实行了对一般派遣人员的“四级”定级管理，把岗位管理、职责管理、技术管理落到实处，逐步建成了一支有战斗力的团队。

二、抓安全，保障各系统安全平稳运行

网管部负责的工作范围大，维护的系统多。在生产网方面维护的网络有新闻网、普通编辑网、深度编辑网、综合编辑网、高清avid编辑网、宣传片编辑网、包装网、演播共享网、体育网、主干系统、媒体资产系统、总编室系统、收录系统、老台制作网等700多台服务器，1000多台站点的维护；在办公网方面维护的系统有总编室磁带库系统、人事部阳光工程系统、计财部财务系统、广告部广告管理系统、新华社新闻接收系统、财经行情接收系统、新闻舆情系统、医务室医疗管理系统、老台一卡通系统、内网信息平台、BTV在线官方网站及信息发布平台、第八区网站等近20个系统的上百台服务器和2500余台终端电脑。

保障所有系统的安全运行是网管部的第一要务，部里为每个岗位的维护人员制定了详细的岗位职责，明确了操作流程和应急预案，采取了严密的防病毒、防攻击措施，安排24小时机房值班，科长、主任每天重点时段带班，部门领导要求网管部的每一个员工都要牢固树立“有问题，找网管”的服务意识，及时解决所有问题。在人员紧、任务重的情况下，全部门员工经过不懈努力，确保了所有系统的安全平稳运行。

三、抓建设，推进高新技术的应用

2010年网管部建设项目较多，其中有高清建设及改造项目11个、新台标清新闻网搬迁至老台、郊区县媒资系统中9个区县平台的安装调试工作、内网网站改版、BTV在线网站改版、IPTV集成播控北京分平台建设、广告和财务系统的建设、节目生产管理系统的建设、邮件系统的建设等等。在繁重任务面前，全部员工尽职尽责，加班加点，团结协作，按时完成了任务。

与此同时，部门还积极采用最新技术，参与新媒体的竞争。例如，网管部主导开发了自助杀毒系统、值班信息发布系统、南戴河休疗网上报名系统、P2卡安全防护软件、新闻舆情系统等已投入使用。网管部还利用网络技术为台里的多个节目部门提供视音频文件的上下载服务，共计约300GB，节约了大量卫星传输费用，并充分利用了网络带宽资源。

动力部工作概况

动力部

2010年，北京电视台动力部认真执行各项规章制度，实现了全台动力设备的安全正常运行和部门各项工作的顺利开展。

一、实现动力设备全年安全正常运行

做好全年动力设备安全稳定运行是动力部的首要工作目标。为此，动力部严格落实岗位责任制、各项规章制度和操作规程，加强职工的技能培训工作，不断提高职工应急故障处理能力，做好重要时期的安全保障工作。经过全体职工的辛勤工作和不懈努力，动力部全年较好地完成了新中心办公区、苏州街办公区制电气、空调、电梯设备的安全稳定运行，为安全播出创造了良好的条件。

二、完成新中心高清配套改造工程

动力部根据各高清机房对供配电、温度的不同需求，认真组织人员进行现场勘察、制订解决方案、进行设备选型、监督施工过程、进行验收等，用最短的时间保质保量地完成了改造工程。对制作、播出等12个机房的空调进行了安装改造，加装大金分体空调机组7套。完成了综合业务楼制播机房配电增容改造工作，共敷设800余米电缆、安装6面配电柜、改造改接15面配电柜，为高清制播网设备的调试、运行提供了电力保障。

三、开展节能减排工作

通过一年的尝试和创新，动力部的节

能减排工作已初见成效。

新台址地下停车场和部分设备机房24小时照明，面积大，耗电多，经过市场调研和产品测试，确定用一款节能日光灯代替原36瓦日光灯，在亮度基本保持不变的情况下可节电50%。2010年12月开始更换1000余支节能灯管，一年节电约18万度，节省电费12万元。

针对新中心地下车库新风机组冬季表冷器、消防、空调及生活水管易冻裂跑水的问题，动力部组织人员于2010年12月进行了改造，将新风机组送风方式改为内循环方式，解决了新风机组表冷器冻裂跑水的问题。

2010年5月，动力部在不影响办公区正常照明度的情况下对苏州街办公区楼道公共照明灯进行了调整，对206支节能灯、385根日光灯进行了断电处理。在未投入费用的情况下，此项措施预计每年可节电16万度。

四、做好职工的技能培训和考核工作

随着电视台新中心的启用，新设备、新技术的使用越来越多，技术含量也不断提升。为使职工正确使用设备，避免错误操作，动力部定期请设备厂家的技术人员或行业培训站的老师对职工进行技能培训，使他们的技能不断提高。定期对职工进行专业技术考核，提高职工学习专业知识的自觉性。

思想政治工作概况

党委办公室

2010年，北京电视台党委紧紧围绕事业发展各项重点工作，扎实推进党的思想建设、组织建设、作风建设、制度建设和反腐倡廉建设，为北京电视台改革发展提供了坚强的思想、组织和政治保证。

一、大力加强理论武装，进一步提升干部职工的思想政治素质

台党委坚持把思想理论建设放在首位，理论学习中心组开展学习活动26次，内容包括世界城市建设、人力资源管理与“三定”工作、《党员领导干部廉洁从政若干准则》、广播电视宣传管理重点工作、新技术对电视媒体的机遇与挑战、《保密法》专题、“十二五”时期的新形势与新任务等，其中，17次学习活动参与人员扩大到各部门负责人和科级干部。

切实加强对中央精神和重大理论问题的学习，先后组织全台干部职工深入学习了胡锦涛总书记在中共中央政治局第二十二次集体学习时的重要讲话精神和党的十七届五中全会精神，为中层干部配发了《理论热点面对面2010》、《划清“四个重大界限”学习读本》等学习材料，为各党支部订阅了《人民日报》、《北京日报》等党报党刊。全台中层以上干部均参加了领导干部在线学习，按要求完成了规定学时。

不断增强理论学习与业务工作的融合度，在南非世界杯足球赛期间，台党委中心组成员和相关部门主任前往体育节目中心南非世界杯演播室，现场观摩调研；在上海世博会期间，台党委分两批组织43名中层干部参观了上海世博会中国馆和部分主题馆，考察了浙江横店影视城的文化创意产业发展情况。相关部门负责人和外出考察回国的同志第一次走上讲台，畅谈了学习考察体会。

继续深入开展“三项学习教育活动”，着力提升年轻员工和一线员工政治素质、业务素质，选派16名同志参加了年轻编辑记者深入基层现场采访培训班，组织12名编辑、记者参加了北京市“三项学习教育活动”办公室在延安举办的学习考察活动。

二、深入开展创先争优和作风建设年活动，进一步加强党组织和党员队伍建设

认真组织开展了创先争优活动和党员作风建设年活动，台党委坚持民主集中制原则，不断提高履职能力和水平，全年召开党委（扩大）会43次，对全台“三重一大”事务和党建工作的237项议题进行研究讨论，做出了高清技术系统项目、推进北京卫视改革和部分内容生产部门资源整合、干部工作和重要奖励事项等重大决策。党委会落实督办事项40件，截至年底相关部门已完成36件，占全部督办事项的90%。加强领导干部作风建设，继续开展台领导接待日活动，累计开展6轮群众来访接待；台领导班子成员多次就部门重点工作、办公场地需要、新建演播系统等深入一线调查研究，帮助解决实际问题。

台党委加强对创先争优和作风建设年活动的组织推动，先后通过党员和党支部民主推荐的方式，推选产生了北京市宣传系统优秀共产党员、北京市思想政治工作优秀单位和北京市优秀思想政治工作者的候选单位或候选人；组织全台2121名干部职工参加北京市“群众心目中的好党员”公众投票活动；组织观看了电影《复兴之路》、电视专题片《为你而歌（第八部）》、电影《第一书记》、百姓爱心故事颁奖晚会等，累计举办相关活动37项，近6000人次参加。召开庆祝中国共产党成立89周年暨先进表彰大会，表彰了14个先进党支部、121名优秀共产党员和29名优秀党务工作者，并分两批组织受到表彰的先进个人前往上海、横店等地进行学习考察。组织党员、群众参与“共产党员献爱心”活动和扶贫济困春风行动，全台1507名党员、群众参加，累计捐款达16.9万元。

全台46个党支部（党总支）通过支部民主生活会、组织生活会、专题学习讨论会、业务研讨会、特色党日活动、对口共建公益活动、献爱心捐款活动、知识竞赛、部门宣传栏等形式，组织了大量富有意义的活动。例如，新闻节目中心要闻采访部党支部组织“浩气长存小岗行”活动，走进安徽省凤阳县小岗村，亲身感受沈浩的感人事迹；体育节目中心党支部开展“用爱灌溉希望”活动，邀请四川省北川中学12名孤儿来京参观学习；办公室党支部走进国旗护卫队驻地，开展爱国主义和奉献精神教育活动；转播传送部党支部组织“保护环境，节能减排”活动，树立低碳环保的生活理念；制作部党支部开展“创新思维　优化管理”体验式管理培训活动，等等。这些活动，进一步增强了党支部的凝聚力、战斗力，广大共产党员的表率作用得到了较好发挥。

三、不断加强基层基础工作，进一步营造和谐进取的发展环境

全年制定或修订全台性工作制度44

件，包括《北京电视台会议制度（试行）》、《北京电视台园区安全管理规定（试行）》、《北京电视台关于社会兼职聘员的管理规定》、《北京电视台中层干部考核工作规定（试行）》、《北京电视台工作人员年度考核办法（试行）》、《北京电视台副科级以上干部及重要岗位人员离京外出请销假管理办法》等综合性管理制度以及一批专业性工作制度，启动了节目生产制度体系和干部工作制度体系的修订完善工作。严格落实工作制度，严肃查处和纠正违反规定的行为，进一步提升了制度的执行力。

加强党建工作考核体系建设，制定了《北京电视台党支部工作考核办法（试行）》，明确了12项考核内容。经考核，2010年全台党支部工作均达标，其中，22个党支部考核结果为优秀。党员发展公示制和票决制得到有效落实，全台新发展党员31人，预备党员转正22人，参加市直机关工委党校培训的入党积极分子26人，入台人员转入党组织关系39人，转出22人，党员总数达到1269人，党员队伍稳定发展。

深入开展宣传教育，办好党委宣传栏和其他宣传载体，党委宣传栏出刊19期；充分利用内网党建视频开展电化教育，上传“三项学习教育活动”专题讲座等视频资料35套；全年新增音像资料39套，累计借阅22次；与市委讲师团宣讲家网站合作，为干部职工提供免费网络视频账号；组织广大干部职工参加了“百姓爱心故事”、“身边好人”评选活动和“共铸诚信”征文大赛。加强台内典型群体、典型事迹的宣传力度，分别组织制作了党建教育专题片《凝聚在党旗下——北京电视台新闻节目中心要闻部党支部“党员开讲”纪实》、《团队给予我力量——记北京电视台优秀党务工作者郭斐》，先后对《点击年关键》节目组、北京电视中心一期工程管理人员、《江山如画》节目组、资产清理工作小组、新闻节目中心进行表彰，营造了学习宣传先进的良好氛围。

四、积极推进干部人才队伍建设，进一步提升干部人才工作的科学化水平

进一步加强干部队伍建设，根据市委、市政府和市委宣传部的安排，台领导班子成员职务调整6人次；经北京广播电视台党委和北京电视台党委批准，累计调整中层干部38人次，其中，调入本单位1人，提拔任用9人，因任职上一级岗位免去中层职务3人，轮岗交流14人，退出现职10人，调离本单位1人。进一步明确了台管干部的调整工作程序，制定了《北京电视台干部选拔任用工作流程图》，细化民主测评、组织考察、会议讨论、公示、谈话、离任审计等操作办法。制定并实施了中层干部考核工作规定（试行），探索中层干部考核工作的新模式。按照上级要求，组织全体中层干部认真学习贯彻干部选拔任用工作“四项监督制度”。做好干部日常管理工作，分别对百余名中层干部进行了年度收入申报、大事报告；对2009年度考核未达标的两名中层干部实施了为期半年的诫勉，经过整改，均通过考核予以解除诫勉。

高度重视人才队伍建设，全面启动“三定”工作，设立了相应领导机构和工作机构，组织培训活动，在各中心、部、室分别提交部门工作说明书、内设机构工作说明书和岗位说明书的基础上，与北京双高人才服务中心合作开展深入调研、谈话工作，形成组织运营诊断报告，为“定岗、定编、定员”打下基础。与北京大学、清华大学、中国人民大学、北京航空航天大学、中央财经大学、北京邮电大学、中国传媒大学7所高校开展“校台合作”，共建学生实习基地，举行了隆重的签约仪式。积极研究解决特殊人才引进问题，按照台管企聘的方式，引进包冉同志为北京网络广播电视台筹备组项目负责人之一，为特殊人才引进积累了经验。从各方面入手，改善派遣人员的工作条件和福利待遇，调整了职能和技术部门一般派遣人员的效益工资，为派遣人员发放节日慰问礼品、增加合同工资，更换派遣人员工作证，提供补充医疗保险、工作就餐卡和健康体检，允许派遣人员办理记者证、竞聘科组长（制片人）等，在一定程度上缓解了派遣人员的身份和待遇问题。

积极组织开展干部人才培训活动，与有关办学机构合作，举办中层以上干部管理能力境外培训班和骨干人才境外培训班各1期，共有12名中层干部和业务骨干参加培训。先后推荐中层干部参加上级组织的有关业务能力培训活动70人次。加强对制片人岗位能力的培训，组织185名制片人参加制片人岗位能力培训和测试。组织12期、318人参加的高清摄像技术培训班，组织176名新入台员工进行为期4天的脱产式入台教育，全年累计组织各类专题培训活动400余期，参加培训人数达到近2万人次。

五、深入开展反腐倡廉建设，进一步加强对干部职工的教育管理

认真落实中央纪委五次全会和市纪委六次全会精神，通过《纪检监察审计简报》、纪检展板、网上视频等途径，开展党风廉政建设宣传教育活动。开展对年度党风廉政建设和反腐败工作主要内容的分解和督办，层层签订了党风廉政建设责任书。台领导班子和各部门领导干部分别召开了以“贯彻落实《党员领导干部廉洁从政若干准则》，切实加强领导干部作风建设”为主题的民主生活会。继续巩固廉政风险防范管理工作成果，开展了“小金库”、假发票治理等工作。

组织开展“加强台风建设，预防职务犯罪”主题教育活动，分5批、组织350余人参观市反腐倡廉法制教育基地，并通过加强教育培训、制度建设、检查监督等，积极查找和解决影响全台工作的不正之风，进一步营造了风清气正、和谐进取的办台环境。

加强对重大项目、重要栏目、重点活动资金使用的监督检查，完善对招投标、采购等工作的审计程序，对193项招投标项目进行监督，涉及金额6亿多元，为台节省资金279万余元。对14名离任中层干部开展经济责任审计。制定实施《北京电视台大型节目资金支出专项审计实施办法（试行）》、《北京电视台内部审计工作规定（试行）》和《北京电视台内部审计工作实施细则（试行）》，推动了审计工作规范化。

六、全面加强精神文明建设，进一步树立主流媒体的良好形象

与昌平区兴寿镇续签城乡文明共建协议，继续开展交流走访和节日慰问活动。继续深化与什邡市宣传文化单位的对口合作，接待什邡电视台第二批12名业务骨干来台进行为期一个月的交流培训活动；我台援建的什邡市BTV双盛小学正式落成投入使用，顺利完成对口支援什邡的有关工作。

积极履行社会责任，广泛开展多种形式的交流合作活动，与我台所在的朝阳区有关部门和建外街道办事处建立合作关系。青海玉树地震发生后，我台 4111 名干部职工慷慨解囊，捐款 501746 元。

加强我台形象建设，开展“做文明有礼的北京人”主题活动，明确每月 16 日为“BTV 低碳环保日”。认真做好各类社会职务和社会奖励的推荐工作，先后推荐北京市妇女儿童工作先进集体和先进个人、第 24 届“北京市五四奖章”候选人、北京市优秀共产党员典型人选、北京市优秀青年知识分子人选、北京市思想政治工作优秀单位和北京市优秀思想政治工作者、第三批“人才京郊行”人选、北京市“三项学习教育活动”先进集体和先进个人、北京市青年联合会第十届委员会委员人选等各类奖项或职务。

七、不断提高工会、共青团、老干部工作的服务水平

进一步加强工会组织在台务公开、服务群众方面的作用，先后组织召开 6 场职工代表座谈会，召开两次职工代表大会，表决通过机动车管理及驾驶员交通违法处理规定、园区管理规定等议案；就食堂伙食质量组织职工进行两次问卷调查，参与食堂采购招标工作，提高工会组织对关系职工切身利益问题的关注；为丰富职工文化生活，先后组织职工新春大联欢、职工乒乓球团体赛、网球选拔赛、羽毛球团体赛等活动，为职工办理观影卡、公园游园卡等；多次向上海世博会、南非世界杯、广州亚运会、两会报道和节假日加班加点的一线岗位员工送去慰问品，举办女职工表彰活动，向困难职工发放“扶贫济困春风行动”补助金，开展职工健康讲座。

共青团活动突出实践特色，北京电视台主持人爱心团分别在上海和北京举行大型世博儿童剧《海宝》、喜剧《蚁族的幸福生活》公益演出活动。在团组织和团员青年中积极开展创先争优活动和推优入党活动，加强青年职工思想政治工作。先后开展“学雷锋、献爱心”主题团日活动、“青春、成长、奋进”主题阅读活动、团内“五四”表彰活动、“波力精品杯”网球精英赛、“健康阅读，引领人生”主题阅读活动、北京玉树什邡三地共建活动、超龄团员离团纪念活动、文化科技卫生三下乡主题实践活动、青年读书座谈会、青年交友俱乐部等活动。

召开老干部工作座谈会，听取离退休职工意见建议，研究提出了进一步加强老干部工作的有关措施；组织老同志新春团拜会、走访慰问等工作，为离退休职工提供了固定的活动场所和资金。创办的离退休职工交流刊物《金色岁月》已出版 4 期。还分别组织春游秋游活动、合唱团活动、离退休女职工“三八”节采摘活动、垂钓俱乐部活动、摄影书画活动、老年象棋友谊赛、“低碳环保健康生活”特色党日活动等。

八、思想政治工作队伍建设进一步推进

党委办公室、人事部、工会、监察审计办公室、老干部工作办公室等思想政治工作专职部门加强队伍建设，努力提高工作的科学化、规范化水平，强化对专职思想政治工作者的教育培训，为思想政治工作的有序开展创造条件。同时，兼职思想政治工作者队伍规模进一步壮大，涌现出了一批得到广大干部职工认可的优秀思想政治工作者。

办公室工作概况

办公室

2010年，北京电视台办公室坚持围绕中心，服务大局，积极统筹协调全台各部门重要工作，在做好日常工作的基础上，不断开拓创新，提升管理与服务水平，充分发挥参谋助手作用，较好地完成了全年各项工作任务。

一、立足服务，强化管理，打牢基础，服务和管理水平迈上新的台阶

办公室重点强化规范意识、责任意识和形象意识，科学严谨地规范各项工作，追求高效，并且在管理中体现服务。

1. 全台公文实现统一规范管理。办公室平均每月处理各类公文3000多件，工作人员采取计算机录入、初核、呈报和分发的方式进行公文处理，对文件传阅、会签工作进行条块化管理，由专人负责台领导的签批文件，大大提高了文件流转效率，起到了服务全台的作用。办公室撰写了大量请示、报告、通知、回函、感谢信等公文，确保文件上传下达通畅；精心做好文书资料的收集、整理、归档、立卷，确保资料齐全、目录清楚、装订规范、保管有序，体现了管理的精细化。

2. 会议承办细致、高效。办公室全年承办台长办公会、专题会等全台性会议达50余次，认真收集会议议题，记录整理会议内容，及时印发会议纪要，会议组织精益求精，有效地服务于全台各项工作。

3. 公务接待进一步规范和完善。全年接待工作呈现出访团多、规格高、批次密的特点。办公室统一协调、运转有序，重大活动形成办公室牵头、相关部门配合的工作机制。全年共接待境内外参访团249批、3597人次，平均每个工作日接待一个团组，圆满完成了21个国家广播电视中高层管理研修班来台参观调研、香港大学生来台实习及春晚、环球春晚、抗旱救灾等重大活动的接待任务。

4. 公关外事全面做好服务和管理工作。全年共办理因公出访50批，195人次，认真贯彻落实上级压缩出访规模的精神，加大了对出访人员的行前教育力度，印发《出国（境）人员须知》等资料，举办了外事联络员培训，讲解最新的外事规定和因公出访办事流程。顺利完成邀请境外嘉宾，设备、节目等进出口报关工作的各种手续；制作了精美实用且带有北京电视台特色的台用纪念品、台历和贺卡。全台公关外事工作充分体现了为一线服务的特点。

5. 法律事务工作为发展保驾护航。2010年10月，台党委决定将法顾委隶属关系划归办公室之后，法顾委在注重服务的同时，严格程序、加强管理、认真把关。全年非格式化合同审核总数已超200份，比去年增长约20%，格式化合同约700余份。

6. 通讯保障服务上水平。办公室与相

关部门密切配合，出色完成了上海世博会、广州亚运会、鸟巢冰雪季等通讯技术保障；全面做好日常话务、通讯维护等工作；96168栏目热线积极配合全台大型晚会及活动，为栏目做好服务，系统成功迁移新址，成为观众与我台沟通的重要渠道；BTV短信平台为全台各部门提供消息群发服务，做到零差错、无延误。

7. 医务工作服务职工送温暖。医务室较好地完成了全年日常诊疗、职工体检、预防保健、计划生育管理等医疗工作，为全台职工的健康提供保证。通过深入调研选择体检机构，为职工开设体检专场，专车接送，为离退休老干部开办VIP体检专场，实行网络、电话预约体检时间，举办后续健康教育讲座。此外，与北京肿瘤医院合作，为全台45岁以上职工进行胃癌普查；与防疫站合作，为职工进行季节性流感疫苗接种，周到贴心的服务得到广大职工的好评。

二、拓展职能，开拓思路，力求创新，工作中呈现新的亮点

1. 改版内网。在台领导的高度重视和相关部门的大力配合下，办公室牵头改版内网，2010年2月1日改版后的内网正式上线，全年发布了来自38个部门的4269条信息，为全台干部职工了解台庆提供了便捷通道，充分发挥了信息发布、业务交流、工作融合、学习研究和业绩展示5个平台的作用。

2. 出版《北京电视台发展研究文集》。根据台长办公会要求，办公室收集汇总了全台职工发表在内网以及各类刊物的文章，组织人员审校编辑，最后由台领导对稿件质量进行终审把关，完成了近30万字的《北京电视台发展研究文集》（2010年上卷）的内部出版工作。这是本台首次向全台职工征稿、荟萃广大职工智慧而出版的研究文集，倡导从业人员争做“严肃的传播者、理性的媒体人、博雅的文化人”，有力营造了学习型组织的氛围。

3. 采编信息。办公室将原来仅有的《北京电视》简报，增加为每天提供的《互联网新闻看点》、每周编辑的《北京电视》简报和台领导一周工作安排、按月整理的《每月台情》、每季度印发的《督办工作季报》和信息专报等。遇到重要工作和紧急事件时，及时向上级领导报送信息。2010年，办公室被评为“宣传系统信息报送先进单位”。

4. 完善制度。办公室进一步加强了制度建设，出台了《狠抓工作落实的办法》、《会议制度》、《关于损害北京电视台合法权益和社会形象突发事件的应急处置办法》等；按时按质完成全台性重要公文、总结、规划、各种报告等各类重要材料近20万字；确定了BTV低碳环保日每月一个主题的公益宣传活动；在加强制度建设的同时，针对全台重点工作进行督办，强化执行力，认真完成督办工作。

三、开展文化建设，打造和谐团队，维护窗口形象

为弘扬团队文化，增强凝聚力，办公室组织职工开展了一系列活动，进一步加强部门内部管理，提高办事效率，维护办公室良好的对外服务窗口形象。党支部组织党员和积极分子参观天安门国旗班，支部活动获得2010年度全台特色党日活动一等奖；走访市委宣传部办公室、市广电局办公室、北京电台办公室，积极学习上级机关和兄弟媒体先进的管理经验；参与全台羽毛球比赛，获全台团体第三名；开办健康知识讲座，为职工发送健康提示短信；办公室通讯科以优质的话务服务荣获2010年度北京电视台“巾帼文明岗”优秀集体称号；办公室医务室认真组织开展全台计生工作，荣获“2010年度建外地区人口计生工作先进集体”称号。同时，为了营造积极健康、和谐友爱的团队文化，党支部倡议成立学习培训小组、关爱员工小组和文体活动小组，打破科组界限，分别设兼职义务组长和志愿组员承担相应职责，凝聚全员力量，快乐工作，共同打造一个文明和谐共进的办公室。

监察审计办公室工作概况

监察审计办公室

一、认真落实党风廉政建设责任制

2010年初，监审办研究制定了《北京电视台2010年党风廉政建设和反腐败工作主要任务及分工》，对全台的党风廉政工作进行了安排部署，明确了分管领导、主办部门和牵头部门。此外，继续强化了党风廉政建设责任书签订工作，在4月初的全台思想政治工作会上，台长王晓东与台领导班子其他成员、各位台领导与分管部门一把手都签订了党风廉政建设责任书。

二、抓好宣传教育工作

为进一步加强全台干部队伍作风建设，切实转变台风，有效预防职务犯罪，自11月开始，在全台组织开展了为期3个月的“加强台风建设，预防职务犯罪”主题教育活动。期间，开展了教育培训，邀请有关专家来台讲课、组织党员开展党纪条规知识测试、在台内播放警示教育宣教片、参观展览等。活动结束后，台领导、部门和企业主要负责人、科长（制片人）、重要岗位人员分级签订了岗位管理责任书。

《中国共产党党员领导干部廉洁从政若干准则》发布后，台里下发了学习通知，对“廉政准则”学习活动做出安排。同时，还为台领导和中层干部购买了“廉政准则”相关书籍，购买了“廉政准则”专题讲座光盘，并上传到台局域网，便于大家学习。

三、进一步建立健全制度

制定下发了《北京电视台大型节目资金支出专项审计实施办法（试行）》、《北京电视台内部审计工作规定（试行）》及《北京电视台内部审计工作实施细则（试行）》，进一步强化了内部审计工作，有利于规范节目资金的使用。

四、切实抓好“小金库”专项治理工作

成立了以王晓东同志为组长的“小金库”专项治理工作领导小组，制定下发了《北京电视台2010年“小金库”专项治理工作实施方案》，对“小金库”专项治理工作的范围和内容、方法和步骤作了具体部署。

自9月6日开始，全台39个中心、部、室严格按照相关规定的治理内容和要求，扎实开展“回头看”工作。各中心、部、室针对“小金库”专项治理工作中发现的问题、存在的风险点，结合廉政风险防范管理工作，认真组织自查。23家台属企业共抽调76人，对照市纪委文件中“小金库”表现的几种形式进行了认真的检查，在规定的时间，向台监审办上报了检查报告。为保证“小金库”举报渠道的畅通，将“小金库”举报受理部门设在台监察审计办公室，并公布了联系电话和联系人。

五、积极参与各项招投标监督工作

截至年底，共参与各项招投标监督工作100多项，涉及基建、技术设备和物资采购等多个方面，涉及金额6.2亿多元。针对招投标活动监督过程中发现的问题，我们及时向有关领导进行汇报，并提出了工作建议。

六、认真做好内部审计工作

根据《北京电视台大型节目资金支出专项审计实施办法（试行）》相关规定，对“2010年春节联欢晚会”的资金支出情况进行审计，对存在的问题和不足进行客观剖析，并有针对性地提出改进建议。同时，注意将上次审计时所提建议的整改情况一并进行后续审计。通过各方努力，有效地改进了工作。

《北京电视台大型节目资金支出专项审计实施办法（试行）》下发后，对资金支出达到规定金额的大型节目实行初步审核和备案登记制度，有效地规范了大型节目资金支出备案和拨款程序，强化了财务及节目部门的监督意识，也为日后大型节目审计提前做了准备。

对台内各项工程开展审计。一是继续对电视中心工程财务收支情况定期进行审计，审查相关财务资料、对工程付款的审批环节进行详细的审核，定期出具审计报告，实事求是地指出存在的问题，有针对性地提出改进建议。二是对南戴河黄金海岸培训中心改扩建工程实行跟踪审计。该工程于2010年6月竣工，通过工程结算审核实现核减金额292万元。

工会工作概况

工　会

2010年，北京电视台工会紧紧围绕全台工作重点开展工作，完成了各项任务。

一、维护干部职工的知情权、参与权与监督权

1月，组织召开3次职工代表座谈会，有37个部门、67位职工代表参加。会后把135条建议上报台党委，并根据台党委要求，把建议分类分发给相关部门。

召开两次职工代表大会，表决通过《北京电视台机动车管理及驾驶员交通违法处理规定》、《北京电视台园区安全规定（试行）》、《北京电视台职工住房补贴实施办法》。

此外，还换届选举了新一届女职工委员会。

二、做好各类评优工作

完成2010年北京市先进工作者的推

选工作。通过资格审查、大会演讲、职工代表表决、候选人公示等形式，推举出马国颖同志为北京市先进工作者，青少年节目中心为北京市“三八”红旗集体、刘文燕同志为北京市“三八”红旗手。

“三八”节期间，在全台范围内评选出40名“北京电视台优秀女职工”并制作宣传栏进行表彰。

组织40名本年度先进工作者赴海南休疗。建立了全台省部级劳模电子档案，并为其办理了互助服务卡。与团委合作组织全台青年职工进行岗位技术创新竞赛。

三、组织多种形式的职工文体活动

（1）主办全台职工新春大联欢。在策划各环节时尽量突出部门，淡化个人，充分体现BTV精神和BTV文化。整个联欢成了各部门展示风采的舞台，有400人参与了演出。

（2）6月，举办了全台2010年职工乒乓球团体赛，300人参加，声势超过以往。

（3）“三八”节期间，以部门为单位组织女职工开展采摘活动。

四、切实为职工办实事，办好事

（1）慰问一线编辑记者。全国和北京市“两会”期间看望驻会记者并送去慰问品；世博会期间送去轻便耐用的运动鞋；海沙节期间送去实用的防紫外线雨伞和防暑饮料；暑期送茶慰问一线职工。

（2）鼓励职工业余时间锻炼身体，两次按人均100元向部门发放健身场地费，共计35万元。

（3）2010年两节期间，向31名特困职工发放10余万元补助金，走访慰问62名患病职工，送出大礼包及营养品100余份。

（4）解决了14名本台职工子女入学海淀实验学校。

（5）针对职工体检中发现的问题，与台办公室联合组织疾病预防与健康知识讲座。

人事部工作概况

人事部

2010年，北京电视台人事部紧紧围绕党委提出的“加强人才队伍建设，引进、培养、使用核心人才”的目标开展工作，并圆满完成任务。

一、抓好“三定”工作

为深化人事制度改革，创建符合本台特点的人力资源管理体系，重点抓了“三定”工作。

（1）制订方案。在反复论证、调研的基础上，制定并下发了《北京电视台“三定”工作方案》，并组织召开了“三定”工作动员会，王晓东台长做了题为《统一思想、坚定信心、锲而不舍，构建人力资源管理新格局》的报告，拉开了“三定”工作的序幕。

（2）强化培训。在台内网开辟了“三

定学习园地”，并组织了“工作分析及职能描述”培训班，邀请人力资源和社会保障部劳动工资研究所马小丽研究员进行了“部门工作说明书及岗位说明书编制指导培训”的专题讲座，全台37个部门主管“三定”工作的副主任及具体工作人员共计164人参加了此次培训。

（3）选好咨询公司。通过对人力资源服务机构的考察，撰写了详尽的对比分析报告，并经台长办公会确定北京双高志远咨询有限公司作为本台“三定”工作第一阶段的合作咨询单位，并签订了“岗位设置、岗位说明书编制与定员流程”工作的《项目合同书》。

（4）摸清情况，打好工作基础。10月12日，咨询公司进驻本台开始工作，对全台34个部门正职、若干副职及科组长（制片人）共计155人次进行访谈，下发调查问卷700余份，对全台人力资源情况进行诊断。

二、顺应事业发展需求，完善人员管理规章制度

（1）2010年初制定了《北京电视台从业人员管理手册》的补充规定，并在调研的基础上，撰写了本台使用临时人员情况的调研报告和《北京电视台临时使用人员管理暂行办法（试行）》。

（2）完善台科级干部的规范管理工作，研究制定了《北京电视台制片人管理条例（讨论稿）》，出台了《北京电视台副科级以上干部及重要岗位人员离京请销假办法》。

（3）为保障我台外埠派遣女职工生育福利待遇，制定了《派遣外埠户口女职工生育费用报销审核办法》。

三、实事求是、服务一线，合理配置人员

（1）创新人员引进与培养模式，与北京7所高校签约共建实习基地。为广泛培养、吸纳优秀人才，及早发掘有潜质的电视从业人员，建设并不断完善北京电视台人才储备库，采取“台校合作”的新型模式，与北京大学、清华大学、中国人民大学等7所国内一流学府签约共建实习基地。目前中国人民大学、中央财经大学首批实习学生已经在本台计财部岗位上实习锻炼。

（2）创新高素质、专业化、复合型人才引进形式。在引进北京网络广播电视台筹备组负责人包冉同志的过程中，采取由台直接与其签订劳动合同的形式，开设档案集体账户，并签订协议工资、竞业协议与保密协议，完成了人员引进的所有工作。通过此次成功引进，探索出了一套引进专业化、高素质、复合型管理人才的工作程序，为将来顺利引进、使用、留住此类人才打下了基础。

（3）采取多种招聘形式，满足一线用人需求。根据各用人部门工作性质不同，采取直接进入校园、登招聘信息、由派遣公司推荐等办法，分别为播出部、信息网络管理部、技术设备管理部、保卫部、台办公室等部门补充了人员195名。

四、加强管理，完善薪酬管理体制

（1）完成工资总额控制，保证职工收入，提高职工待遇。在保障职工收入平稳推进的基础上，完成了工资总额控制的目标。同时按职工福利小组的要求，提出了职工福利待遇标准调整的建议方案，在保证职工货币形式的工资收入平稳的前提下，在福利待遇方面进行适度的提高。

（2）分类考核，做好绩效工资的控制和分配。在2009年考核与分配办法的基础上，对全台部门进行了分类考核及分配。按月完成3000万元左右的人员薪酬网上填报与发放工作，对分配中出现的问题协调处理，保证职工效益工资的准时、准确到账。

（3）完善派遣制员工的管理措施和福利标准。2010年参与解决了派遣员工的工作就餐、健康体检、通讯补助、补充医疗保险等待遇；将工资中的专项补贴标准由2元调为180元；提高了防暑降温费标准；出台了外埠户口女职工生育费用报销审核办法；调整和提高了职能技术后勤部门派遣人员岗位工资水平；统一了春节、十一等节日的职工慰问标准，这些项目的实施，增强了派遣职工的归属感。

五、开展多种形式的培训工作

（1）开展对制片人岗位能力的讲座、培训和考核测试。6月上旬，组织开展了制片人岗位能力讲座培训和考核测试，邀请人力资源专家甘斌讲授了《高效执行力》的课程，培训结束后，在场的184名制片人参加了岗位能力测试；同时为掌握制片人的培训需求，设计组织了制片人培训方面的《问卷调查》。最后，根据岗位能力测试结果和问卷调查的汇总情况，撰写了《制片人岗位能力测试结果与问卷调查的分析报告》。

为进一步提高栏目制片人的业务水平和管理能力，培养和打造一支精于策划、勇于创新、善于管理的制片人队伍，11月1日至10日举办了3期制片人岗位能力培训班，对185名栏目制片人进行3天的集中培训。

（2）举办了新聘用员工岗前培训班。人事部于3月30日至4月2日举办了新聘用员工岗前培训班，对全台各部门176名派遣人员进行了脱产的业务知识和规章制度的主题教育和培训。为保证培训效果和质量，台人事部在培训结束后采取闭卷考试的形式，对全体受训人员进行了培训效果的考核测试，并对考核结果进行了汇总分析。

（3）组织业务骨干境外培训。5月中旬，起草制定了《业务骨干赴英国境外培训实施方案》，并根据选拔标准和审批程序，从节目、技术部门共选派了10名科级干部（制片人）参加了为期三周的境外培训。

（4）首次实现了摄像岗位的全员培训。7月至9月，全台318名摄像岗位人员分12期参加了高清摄像岗位培训，取得了良好的培训效果。

计财部工作概况

计财部

2010年，北京电视台计财部在做好日常工作的同时，重点抓了以下工作。

一、制定和完善各项财务管理制度，不断加强财务管理

2010年，计财部陆续制定和完善了一系列适应北京电视台实际情况的管理制度，如《北京电视台会议费管理办法》、《北京电视台经费支出审批权限的规定（试行）》、《北京电视台关于策划费等四项费用的管理细则》、《北京电视台关于高标清同播电视项目建设资金的使用规定》、《北京电视台关于支付专家报酬的管理规定（试行）》等。通过制度建设，切实加强了国有资产管理，提高了各项资产使用效益和防范风险。

二、推进预算管理体系建设，严控成本支出

为合理高效利用资金，提高资金使用效益，实现国有资产保值增值的目标，建立了系统的预算管理制度，量入为出，做到科学制定预算，严格执行预算，客观考评预算，在工作中以预算为依据，严格执行国家和台内各项财经政策，严控成本费用支出，完善预算调整程序，维护预算的刚性。对于必需的预算外支出查找原因，单独记录，真实核算，建立健全各种账目、报表，并做好预算执行的分析、评价工作，从而推进了预算监督和预算考评体系的建设。同时注重在工作中查找管理上的各种风险点，并制定详细的防控措施，促使全台财务管理水平不断提高。

三、加强资金管理，加强财务监督，增收节支

1. 利用财务信息资源，对各类财务数据的分析、预测、评价、对比，注重建立各种财务分析模型，关注新的增收节支点。通过对利息收入的分析和银行政策的挖掘，开展了银行通知存款的业务，设立了周密的工作程序，在保证台里各项业务正常运转的情况下，将全台暂时闲置资金充分利用周转起来，以增加利息收入。在广告收入方面，按频道、中心、栏目等归集财务数据，为投入产出分析提供依据。

2. 通过对各种预算历史数据的详细分析，在控制费用上下工夫。按照台领导对节目预算管理的要求，对节目经费预算的核定逐步细化。2010 年，对效益工资、劳务费、餐费、交通费按照比例进行核定，并且规范了拍摄费、策划费、演出费、资料费 4 项费用的管理。按照市财政局、市审计局的要求，严格执行压缩因公出国费、公务接待费、车辆运行费 3 项费用，有效地控制了支出。为加强财务监督，提升节目经费使用效率，规范节目经费使用管理，计财部拟订了节目经费使用管理问卷调研表，了解节目中心节目经费使用的现状以及需求。以上种种措施的实行，使全台在增收节支工作和提高经济效益方面取得明显成效。

四、建立优质财务信息系统，推进财务资源的科学管理与应用

2010 年，计财部进行了财务信息系统改造，新的软件系统在保证基本会计核算职能的基础上，很多方面都有创新，如加强预算概念及相关网络建设，引入合同管理模块，重视对货币资金的管理，加强内控，防范财务风险；加强资产模块管理，加强成本核算概念，实现网上报销模式，与多部门实现技术接口，等等。

五、健全财务关系网络，建设高水平财务队伍

1. 健全财务关系网络。与上级单位如市财政局、市广电局、市税务局等建立了良好的沟通和工作平台，遇事多请示、常汇报，争取更多的政策支持和资金扶持，为全台电视事业发展创造更好的财务外部环境。与兄弟台之间多沟通多交流，探讨新形势下的电视财务管理模式，互相学习，取长补短。

2. 培养高水平的财务会计专业人才，建设一支具有团队协作意识，专业技能强，综合素质高的财务专业人才队伍。计财部积极创造条件组织全体员工进行业务学习，掌握新的财务专业知识，提高会计核算与管理能力，培养更优秀的财务管理人才。

六、做好各类审计统计工作

1. 申请高清专用账户，做好项目检查和审计。经市政府批准，北京电视台实施高清电视技术系统建设，为此市发改委、市财政局给予资金支持，一期项目资金54972万元。2009年12月到位资金3.5亿元，2010年5月到位1.7亿元。按照市财政局和发改委的要求，北京电视台向市广电局、市财政局申请了专用账户。6月，接受市广电局高清项目监督检查，出台了北京电视台高清项目资金使用规定；8月，接受市广电局委托中审时代会计师事务所的审计，对审计中提出的问题，计财部邀请了审计人员到台给予业务指导。

2. 完成假发票的自查工作。根据北京市财政局、审计局、税务局、市纪委等部门的统一部署，计财部对2008年以来的原始发票进行了检查，特别是对政府资助的项目支出中的原始票据，进行了重点检查。2008年至今政府资助收入41笔，金额106411.66万元，自查发票4859张。按照北京国地税鉴别真伪发票的要求，计财部购买了40倍的放大镜以及紫光灯等用具，按照鉴别真伪发票的4种方法进行认真逐一排查。时间紧，任务重，大家在保证日常工作的同时，加班加点完成了此项工作。通过认真自查，北京电视台未发现假发票情况。

3. 配合市广电局完成影视统计大检查工作。市广电局根据国家广电总局的要求，结合广播影视的统计状况，对所属单位进行广播影视统计大检查，本台上报的统计报表统计数据准确及时，没有缺报、漏报现象。

行政部工作概况

行政部

2010年，北京电视台行政部认真做好服务保障工作，圆满完成了各项任务。

1. 进一步做好就餐服务保障工作。为确保伙食质量和职工的切身利益，增加了职工伙食补助费，并在较短的时间里完成了近4000张餐卡的宏冲变更工作。完成了对编外及外单位就餐人员收取伙食管理费的工作，经统计收取管理费人员共计2500人。为使全台职工能及时全面了解食堂各餐厅服务功能及提供的食品种类，加强人性化管理，将每周的菜谱发布在台局域网上，供全台职工选择消费。为提高餐饮服务公司的服务水平，食堂监管办公室与台工会全年对餐饮公司进行了4次服务质量测评，发放统计表600张，职工提出合理化建议二十余条，制定和落实改进措施三十余条，职工满意率为74.5%。在完成日常膳食工作之外，配合各部室、中心完成了如春晚、朝鲜红楼梦歌舞剧、网络电视中秋晚会等各种大型活动二十余次、约 2.5 万人的就餐服务保障工作。

2. 加大交通安全管理力度。对交通违法车辆按部门逐一进行曝光，按期将交管部门发来的交通违法告知书下发给各部门，对有交通违法行为的驾驶员进行教育，令其写出书面检查。为把好车辆维修第一关，车管科专人负责准确判断故障原因，有针对性地进行维修，保障车辆安全出行。坚持机动车保养制度，按行驶公里严格实行车辆强制保养，对租退回来的车辆有专人负责进行严格查验，发现问题及时做恢复性修理，全年维修保养车辆 1865 次，确保了车辆的安全行驶。

3. 做好苏州街原台址修缮物业管理工作。解决了厂洼西街 6 号院职工宿舍楼顶的保温和防水问题，完成了小南庄职工宿舍电梯更换、厂洼小区无障碍通道等多项改造工程。为改善办公环境，在完成日常修缮工作的同时，对苏州街一线部门办公区进行了装修，更换了设备。

4. 加强新台物业监管资产管理。为营造良好的工作环境，重点监督检查了办公楼区域内外绿植养护、节日和大型会议的花卉租摆工作，北京电视台荣获“花园式绿化单位”、北京市爱卫会“红旗单位”光荣称号。加强能源管理，采取各种措施节约能源，全年节电约 60 万元。

5. 完善房屋管理工作。按照全台搬家计划和全台办公用房有偿使用的相关规定，累计调整办公用房和库房约 3000 平方米，购买新家具约 5000 件，支付货款约 200 万元，改善了职工办公环境。按照工作部署，在全台基本完成《北京电视台办公用房有偿使用暂行办法》和台属公司办公用房收费工作，全年累计收费 180 万元。为解决职工住房问题，起草的《北京电视台职工住房补贴办法》已获市房改办批准。做好全台职工住宅物业费、供暖费货币化的工作，累计发放物业费、供暖费 1900 多万元。

6. 加强总务管理。合理利用资源，对会议室使用后的擦手巾统一送台洗衣房进行清洗、消毒循环使用，实现了低碳节约。开发设计了适合信息网络管理部使用的装杀毒 U 盘小信封，大大节约办公成本。加强了对老台三幸美洁公司的管理，按照合同签署的内容和标准，不定期进行巡检和监督，确保服务质量。

7. 规范综合办公室工作。进一步强化部门呈报文件程序，严格按照制度履行手续，保证了今年 200 余件公文质量及运转。不断完善基础管理工作，以“件”为单位整理归档 2000 年以前存档的文件、批示，方便快捷查找，提高工作效率。积极配合台三定、办公自动化管理工作，圆满完成部门各种预算、资金往来、能源统计等各项工作。加强信息的反馈工作，及时搜集工作中的新动态、新进展和新经验，不断做好各项信息宣传工作。

保卫部工作概况

保卫部

2010年，北京电视台保卫部紧紧围绕"确保园区安全"这一主线，落实各项安全管理制度，抓好内部建设，实现了全年无公物丢失、无火灾事故、无重大治安案件，为电视台的安全播出提供了有力保障。

一、严格落实安全制度，抓好安全防范工作

认真抓好冬季防火和"两节"、"两会"期间的安全保障工作，下发了做好冬季防火和"两节"、"两会"期间安全保卫工作及禁烟、禁爆的规定，加强了园区的安全管理，确保了大环境的安全。

调整了新的安全领导机构，明确了安全责任，制定了2010年安全生产及监管工作的文件。建立了责任制，实行台、部门、科组（栏目）三级安全责任网，签订了安全责任书。

强化日常安全管理工作，对会客、接待、治安、警卫、安检等工作认真部署。全年共接待外部会客人员近8万人，接待较大型参观来访11批次，接待省部级领导286人次，办理各类证件9368张（工作日平均会客量350人次），检查登记物品1.2万件，均未发生问题。

加强消防安全管理和防火教育、培训、演练及安全检查工作。内部建立了日、周、月巡查制度，进行了6次台级规模的安全大检查。对机房、演播室、通道、公共活动区、施工改造现场等部位进行不间断的巡查，及时发现不安全因素和隐患，督促整改。对职工分两批近千人进行了消防知识培训和灭火演练，给有关部门专题讲课7次，同时还做好了消防设备的维护保养工作，确保24小时处于良好状态。

二、周密部署、精心组织，认真抓好大型活动的安全保障工作

随着近几年各类活动的不断增加，保卫部进一步加强了对参与人员、设备、景片、道具等人员和物品的审查把关及安全检查工作。严格发放票证，严格演职人员、观众、装拆台的治安、防火管理。今年先后完成了春节晚会、环球春晚、网络春晚、北京国际喜剧节、抗旱赈灾义演、朝鲜歌剧红楼梦、玉树不倒感恩祖国、碧水润京华、王府井国际品牌节、第12届国际旅游节等43场各类大型演出活动的安保任务。全年共保障各类录像活动1360场、总人数157417人次的安全，未发生任何问题。

三、不断提高工作标准，深入贯彻服务全台的理念

明确内部工作标准，严格实行三个"必须"。每周对全台实行安全检查日，全体保卫干部必须到自己的责任区进行实地检查；检查情况必须有登记、有汇报、有措施；保卫值班期间，严格执行值班纪律，对出现的各类情况必须亲自到场处理。通过严格的内部纪律，明确的工作标准，使日常工作正常运转有了保障。

树立为全台部门、职工服务的意识。部门、职工申请制证、换证时，全天有人接待、有人负责。保卫部在内网上发布了相关证件的登记表格及办证流程，基本实现了职工来一次就能办理完相关手续。

四、做好驻台武警部队、物业保安队伍的管理工作

高度重视驻台武警中队和物业保安这两支队伍的业务水平和建设工作。每季度都给这两支队伍进行一次业务交流及授课，及时解决武警哨兵及物业保安在执勤中出现的问题，增强其责任意识，提高其验证、验物、安检、指挥车辆的业务水平。在一些重点核心岗位上，保卫部亲自把关选人，实地考核通过后允许上岗。通过科学合理地使用这两支队伍，达到了外围周边防控，内部重点严守。同时在生活上也积极关心他们，努力帮助他们解决一些实际困难，逢年过节组织慰问会餐等，使他们感受到电视台的温暖，更加安心地做好保卫工作。

基建办公室工作概况

基建办公室

2010年，北京电视台基建办公室创先争优，建章立制，在基建改造实施和电视中心“二期”工程前期方案论证等工作上，较好地完成了工作任务。

一、主要工作情况

（1）根据北京电视中心投入使用后实际情况和台领导关于完善电视中心使用功能的指示，在年内陆续完成主楼8层新闻演播室装修改造、新增主楼南侧和生活楼北侧门斗、地下室消防预作用系统改造、新增消防系统电伴热、多功能剧场舞台区环氧自流平铺涂和主楼外幕墙遮阳格栅加固等8项改造项目。

（2）由基建办牵头对苏州街台址拟将红绿兰宾馆改为媒资中心和办公楼空调系统改造项目进行了科学、全面的可行性调研和论证，并向台领导提交了相关报告。

（3）对北京电视中心二期工程展开方案论证和相关手续办理。

（4）配合电视中心工程审核部门进行工程结算，配合使用部门实施了工程维保工作，进一步完善、修订了部门考勤、固定资产、部门经费预算及车辆使用管理制度，重新完善了科室岗位责任制，并配合北京电视台“三定”工作完成了本部门管理岗位说明书文件制订。

二、抓基础管理，建章立制

为实现工作目标，在具体实施中采取了以下措施：一是对各项工程方案进行必要的现场勘测，依据设计、功能实现进行充分的论证，并提出工程投资预算。二是结合改造工程特点对安全风险因素仔细排查和摸底，在实施中有的放矢地进行控制。三是领导、党员始终坚守在第一线，党员带头在施工现场旁站值班，模范执行“三级”管理制度。四是继续执行已有的工程管理程序，使工程管理更加正规、有效。经过精心组织，周密安排各项改造工程，在不影响正常办公、播出使用的情况下，安全、按期、高质量地完成了任务，其中主楼8层新闻演播室改造、剧场舞台自流平施工和主楼遮阳栏改造3个项目分别比合同工期提前22天、12天和10天，受到了台领导的表扬。

广告经营管理概况

广告部

2010年，北京电视台广告部在坚持总体经营方针不变的前提下，适时调整了经营策略，将“保存量，争增量”作为广告经营的目标，将“科学发展、创新思维”作为工作思路，将“对外提升服务、对内加强管理”作为主要任务，全年广告创收达到30.5亿元，与2009年26亿元相比增长17.3%。

一、稳定价格体系和销售体系，广告创收“保存量”

存量是指北京电视台传统客户和每年相对稳定的投放量，这是广告收入的主体部分。为实现“保存量”这一目标，在广告经营中，一是稳定原有价格体系和销售体系。对众多广告客户而言，市场的稳定很重要。多年来，北京电视台通过改革摸索出的广告价格体系和销售体系早已被市场认可。2010年，在省级卫视广告市场激烈竞争的影响下，北京电视台没有通过大幅涨价来应对，而是进一步稳定了价格体系和销售体系，最大化地确保了客户的利益，达到了“双赢”。

二是抓大客户，签订全年协议。北京电视台传统客户和每年相对稳定的投放量，大部分来自4A公司代理的广告客户，这是构成北京电视台广告收入的主体部分，也是每年收入的支柱。因此，广告部特别重视与广告大客户的谈判，使它们不缩减预算，稳定全年广告投放量。同时，在与大客户谈判过程中，坚持原则和立场，在以诚信对待客户的同时，确保广告利益的最大化。

二、调整经营策略，广告创收“争增量”

所谓“争增量”，就是利用不断提升的市场份额或特殊广告项目获取新客户的广告预算，或是老客户的广告增量。2010年，广告部与各节目中心合作，初步探索出了一条节目与广告融合发展的新模式。

春晚品牌经营战略取得优异成绩。随着中国银行与北京电视台春晚的三度合作，广告部打响了春晚品牌经营战役。2010年，BTV在延续“BTV春晚”品牌的基础上，创新推出“四大春晚”：《BTV春晚》、《环球春晚》、《动画春晚》、《网络春晚》。面对四大春晚的品牌优势，广告部与项目组运用多种有效的营销方式，与重点客户进行洽谈，成功地将春晚资源转化成广告收入：中国银行冠名《BTV 春晚》、《网络春晚》，水井坊冠名《环球春晚》，都创造了可观的广告效益。

车展项目营销进行新探索。4 月 23 日至 5 月 2 日广告部与财经、生活、公共 3 个中心通力合作，完成了 2010 年北京车展特别报道项目，增收广告 300 万元，实现了特殊项目广告营销的新探索。

“世博商业卡”项目营销圆满成功。上海世博会期间，广告部和新闻中心合作的“世博商业卡”冠名世博会特别报道的项目取得了圆满的成功。这个项目的意义在于广告部与节目中心通力合作，在 34 小时之内完成了从签约到最后播出的整个过程，创造了较好的经济效益。

《红楼梦》项目创收创历史之最。作为 2010 年的重点项目，《红楼梦》在“以销定产”的思路下，设计了 4 个全新的广告产品：《一人一个红楼梦》、《解梦红楼》、电视剧特约播映、电视剧首映独家冠名。通过广告产品、节目内容与客户需求三方面的深度融合，通过广告部与影视节目中心、卫视节目中心的密切配合，这 4 个由《红楼梦》衍生出的广告产品在电视剧开播一个月前就全部顺利售出，与《红楼梦》正常硬板广告共同创收 6000 万元。同时，依托《红楼梦》的优势资源，北京电视台与中国银行深度合作，联名推出“中银红楼梦主题信用卡”，首次将优秀电视作品的文化价值附加在金融产品上，锁定了特定的消费者，实现了电视媒体与金融行业的深度合作。

三、重视安全播出，净化广告环境

广告部作为经营部门，不仅要为电视台创收，更要把“安全责任”牢记心间。广告部建立了严格的审片制度，确保广告内容导向正确；完善了广告监播制度，确保广告安全播出。多年来，北京电视台未出现过违法广告，尤其是在有重大事件发生的关键时刻，更能够保证首都荧屏的良好广告环境，为北京电视台打造“绿色收视率”作出了贡献。

经营管理部（集团）工作概况

经营管理部

2010 年，北京电视台经营管理部（集团）勇于面对市场竞争，克服各种困难，完成了各项工作任务，实现了预期经营目标。

一、加强企业经营、管理，努力提高经营业绩

目前，经营管理部（集团）直接管辖的 16 家全资或控股企业中，仅有 8 家处于正常经营状态。企业主营业务不一，产权关系与管理隶属关系交叉，增加了经营管理的复杂性和难度。2010 年，经营管理部（集团）要求各企业坚持以增收节支为中心，以提高经营业绩为目标，编制年度经营计划，明确经营任务。为确保各企业经营目标实现，经营管理部（集团）对企业实行了全面财务预算和经营目标责任制管理。

全面预算管理的基本内容是，企业编制年度财务预算，要按照“成本费用增长要小于经营收入增长幅度，人员工资福利费用增长要小于企业利润增长幅度；成本费用、人员工资福利费用与企业经营收入、利润的增减联动”的原则执行。在实施过程中，经营管理部（集团）坚持“两上、两下工作程序”，在与企业反复磋商、沟通的基础上，确定了2010年各企业年度财务预算和经营任务，为经营管理部完成总体经营目标，有效实施企业管理打下了基础。

2010年，经营管理部（集团）预计总体实现营业收入13978万元，其中成本6501万元，费用6853万元，上缴税金925万元，利润总额658万元（包括南戴河培训中心已代扣代缴台里的200万元）。利润总额与上年度相比较增加127万元，增幅为24%。

二、积极处理遗留问题，推进经营资源优化整合

两台合并后，经营管理部（集团）认真贯彻、执行台里“关停并转业务重叠、经营亏损企业，整合优化经营资源”的工作要求，先后关停并转企业13家。因遗留问题复杂，法规政策性强，处置难度大等原因，其中有8家企业未完成国有产权核销、司法纠纷解除和注销工商登记的工作。这是经营管理部（集团）近些年来的沉重包袱，也成为主要工作任务之一。经营管理部（集团）以对事业高度负责的态度，坚持依法办事、积极严谨工作的原则，在2010年工作中，努力推进了关停并转企业遗留问题的处理和资源整合工作。

（1）完成了北京嘉利华租赁公司关闭清算、资产评估、剩余资产分配方案确定等工作，现已进入收尾阶段，争取年内完成全部工作。

（2）北京全天电视购物公司变更股东的工作，已完成北京广播电影电视局、市国资委、工商局审核批准程序，进入具体手续办理阶段。

（3）北京京视广告公司关闭清算、资产评估工作已完成。广州分公司股权转让进入上报备案，然后在北京产权交易所进入挂牌交易阶段。上海分公司因财务账簿、凭证丢失，正在协商处理当中。

（4）参股企业北京维宝光盘公司股权转让工作正常进行。

（5）北京京视金广告公司和BMC正在关闭清算、资产评估处置过程中。

三、明确经营管理部职责，落实经营管理部与集团分立工作

为维护北京电视台出资人权益，保障国有资产保值增值，建立符合现代企业制度“决策层、监管层、经营层”分离的产业经营管理体制，经营管理部（集团）在原有方案论证基础上，进一步对“经营管理部部门职责、主要工作任务、领导职数、内设机构和岗位职责”做了具体明确，为尽快建立产业经营管理机构，加强电视产业规划、部署，促进企业经营发展做出了应有努力。

艺委会工作概况

艺委会

2010年，北京电视台艺委会继续认真做好各项评奖工作，虽然评奖数量不是最多的，但在大家的努力下仍然取得了好的成绩。

一、完成各项评奖工作

金话筒上报人选榜上有名。2010年金话筒奖的参评工作采取了与往年不同的做法，对各中心上报的人选进行初步筛选，然后再邀请专家评委从初选人选中评出最终上报人选，并通知他们按照评委意见对参选节目做出修改。经过金话筒奖评委会评选，北京电视台上报的3名主持人有两名获奖，另一名也进入了提名的行列，超额完成了台里保一争二的最初设想。

白玉兰奖实现零的突破。卡酷动画卫视自创动画片《我们小孩有力量》在上海电视节白玉兰奖的评选中，获得了最佳国产动画片创意奖，实现了北京电视台在白玉兰奖评选中零的突破。

组织全台参与社会各项评选活动。2010年，艺委会完成了全国及北京市几十项奖项的参评工作，即对中国新闻奖、中国电视金鹰奖、中国播音主持金话筒奖、中国科教影视协会国际“龙奖”和国内“科蕾”奖、全国电视美术灯光设计奖、北京新闻奖、北京市广播影视奖、北京中青年文艺工作者德艺双馨奖、中国电视艺术家协会举办的纪录片“山茶花奖”、中国（青海）世界山地纪录片节“玉昆仑”奖等的参评，以及参与了对全国电视剪接大赛、中视协全国优秀电视评论节目推举、中国视协“新农村电视艺术节”作品征集、全国优秀青少年节目、动画作品评析推介表彰、“上海世博之旅”优秀电视节目展播和推选、中国人口文化奖评选、中国家庭纪录片周活动DV家庭作品、中国西安国际民间影像节作品、中广协包装营销优秀作品创优评析、中国广播电视协会纪录片工作委员会主办的第四届“纪录·中国”创优评析、首都综合治理好新闻、全国优秀电视文化栏目暨大型特别节目推荐作品、“首届中国大学生电视节”作品评选、2009年度首都残疾人事业好新闻评选、抗灾救灾优秀电视作品总结推选、第八届中国金鹰电视艺术节电视艺术论文评选、中国广播电视协会电视制片全国十佳评选、中国交通电视节目创优评析、农村小康电视节目工程节目、第三届中国旅游电视艺术周优秀节目、第十届百家电视台优秀电视文艺节目展评、中视协《兰花奖》优秀电视戏曲节目评选、节目主持人优秀论文评选等活动的参评。

二、制订评奖文件

参与制订台内评奖管理办法。根据台领导关于要在台内开展节目评奖的指示精神，艺委会与人事部、总编室多次共同讨论研究，前后经历了几个月的时间，参考了大量的各类评奖文件，最终制订出了北京电视台的评奖管理办法，为2011年开始进行台内节目评奖做了充分的准备。

修订艺委会工作程序。根据领导指示修订了艺委会工作程序，为今后工作的规范化、标准化和效率提高提供了保障。

三、协助其他单位、部门做好评奖工作

2010年，艺委会协助新闻节目中心进行了内部评奖，帮助制作部进行了技术能手评比，参与了北京电台视频节目评选。

BTV在线网站概况

网络信息编辑室

2010年，北京电视台BTV在线网站圆满完成了各项工作任务，在台网互动、大型直播、内容整合、线下活动、新技术应用等方面有了新的突破。

一、加强网站建设，完成BTV在线网站升级改版工作

经过3个多月的紧张筹备，2010年1月25日，BTV在线进行了全面的系统升级和页面改版工作。此次改版呈现以下特点：（1）启用新的中文名称“BTV在线”，并设计了全新的网站VI标识，作为今后对外宣传的统一标识。（2）技术设备平台全面升级，增加论坛等互动功能。（3）全面推进台网互动工作模式，为电视栏目和主持人搭建了180个互动空间，通过图文、音视频、互动等多种方式，宣传推广栏目和主持人。（4）网站内容传播结构更加优化，以首页、电视频道、网站自办频道、栏目互动空间、主持人互动空间、网站论坛等进行传播与互动，内容传播形成良性循环，BTV在线成为一个集音视频、图文信息、论坛、播客、博客为一体的音视频多媒体网站。

改版后网站的自办频道包括：新闻、文艺娱乐、时尚生活、魅力北京、主持人、影视剧、纪录片等15个频道，突出网站的编辑思想，对电视节目进行精编整合。

二、加强内容策划和整合力度，制作网络专题

BTV在线负责全台12个节目中心电视节目的网络宣传和互动工作，除日常工作外，还要对台里的各种大型活动进行采访报道、专题制作、网络互动直播。

2010年，BTV在线对台里大型活动的网络宣传，做到了“一个都没有少”，从活动宣传预热、专题制作、网络互动直播到视频点播、论坛互动等，所有环节都有网络元素的注入，都有BTV在线提供网络支持。据统计，2010年BTV在线完成新闻、文艺、影视等各类网络专题111个，如网络中秋晚会、BTV杯国际斯诺克北京邀请赛、上海世博会、中华情中国节、时尚大典、大戏看北京等，这些专题扩大了大型活动和电视节目的影响力，是网站点击率较高的内容。

其中，在持续100多天的新版电视剧《红楼梦》的大型宣传报道中，BTV在线制作了《一人一个红楼梦》、《大家说红楼》等10个网络专题，形成强有力的宣传攻势。在新版电视剧《红楼梦》开播倒计时100天时，BTV在线请到电视剧演员上线跟网友们互动聊天。网站赋予这些演员独特的标识——【红】，比如“【红】小宝玉”，就是扮演小宝玉的于小彤本人在线发帖。网友们对能够近距离接触演员抱有极大的热情，论坛的热度始终不减，发帖量以每天上百条的速度迅速攀升为网站论坛的最高值。

三、积极推进台网互动，做好网络互动直播

台网互动工作是2010年的工作重点，BTV在线抓住台内大型活动的机会，主动与节目部门合作，利用网络优势，为节目提供服务。一年来，与卫视节目中心、文艺节目中心、影视剧中心、财经节目中心、体育节目中心、海外节目中心等，开展了频道地面推广活动异地直播、网络中秋晚会揭秘版摄制、北京国际车展互动直播、海洋沙滩狂欢节摄影大赛、第五届文博会现场直播等多种大型台网互动活动，还在论坛中为节目和活动开设子板块，如天天体育、天下财经、咱爸咱妈、春晚等，取得了良好的互动效果，扩大了节目和活动的影响力，多次得到节目部门的表扬。

其中，2010年2月14日BTV春晚直播，BTV在线网站的日访问量达到128万页、22万人，访问量较平时翻了一倍，网站全球排名从3万名，上升到当日的3199名，创BTV网站建站以来的最好纪录。

2010年，BTV在线对全台的大型活动共进行了60余场次网络互动视频直播，累计直播时长190小时。

四、采用先进视频编码技术，开办网站高清频道

在三网融合的大趋势下，互联网的新技术应用层出不穷。2010年BTV在线首先对视频编辑系统做了多次改进，视频质量大大提高；多次采用高标清同步直播，采用数字化的网络直播方式，为网民提供了方便；采用3G回传技术进行异地直播，拓展了直播领域；年底上线的微博技术，使网站的传播能力再次得到提升。

2010年初，BTV在线网站开办了网络视频高清频道——“纪录片”频道，整合宣传本台的优秀专题片、纪录片。视频编码方式采用了目前业界技术含量最高、代表最新技术水平的H264视频编码格式，使BTV在线视频质量达到了国内一流水准。

五、探索新媒体样态，搭建网络电视台架构

在三网融合的大趋势下，BTV在线积极学习、探索新媒体——网络电视台的样态，经过反复调研和论证，撰写并提交了新媒体平台初步建设方案，经过多次试验，完成了信息呈现样态的模型和对不同用户终端的通道测试，建成网络电视台演示平台模型。该模型整合了TV社区，开发了电脑桌面端MINI TV，建立了电视客户端（BTV频道），实现了双屏电视展示。

2010年5月14日，BTV在线带着“北京网络电视台实验室模型”，代表北京电视台参加了第六届深圳文博会。此次参展项目采用了以“BTV时间”为主题的参展方式，并结合网络互动形式进行展示，通过在现场的触摸屏操作，可以实时浏览北京电视台各频道的节目视频，分类点播视频内容。2010 年 11 月 18 日，新研发的网络电视台实时在线模型中的“视频微博”等部分产品再次在第六届文博会上亮相，“视频微博”的实时在线的操作，真正实现了互联网、电视、手机三频互动，成为今年文博会的新亮点。

不断对北京网络电视台构架进行深入探索，还完成了以下研究内容：一是多终端平台的应用，开发了基于网络电视、Ipad、Iphone、三星 enjoy 系统的视频客户端，实现了电视的直播、点播；二是开展了用户体验度以及 web2.0 技术的新应用；三是认真钻研内容的碎片化和有效聚合化，提高了工作效率，节约了大量人力物力。

BTV 在线搭建的“网络电视台实验模型”成为北京电视台新媒体实验室的重要组成部分。

老干部工作概况

老干部工作办公室

2010 年，北京电视台老干部工作办公室围绕“六个老有”开展丰富多彩的活动，为老年同志退休后老有所为、健康快乐地生活提供了周到的服务。

一、针对老同志特点，开展大型活动

10 月 15 日，老干办周密策划、精心组织了“京城一日游，重阳赏金秋”主题活动，140 余名离退休、内退老同志兴致勃勃地参观了中国航空博物馆，乘船游览了昆玉河，亲身感受了我国航空事业的蓬勃发展和“人文北京、科技北京、绿色北京”的魅力，为北京日新月异的变化感到由衷的欣慰和自豪。

1 月 29 日，全台 170 余名离退休职工和台领导在新台生活楼欢聚一堂，共庆虎年新春的来临。台领导向老同志们介绍了一年来的工作成就和新一年的工作展望，并向老同志赠送了新春礼品。

3 月中旬，老干办组织离退休女职工到京郊采摘草莓，庆祝“三八国际妇女节”。5 月中旬老干办按年龄段分批组织离退休、内退职工到京郊红螺寺春游。7 月和 9 月还组织了两次老同志集体钓鱼活动。

二、协同退休支部，做好思想政治工作

10 月 20 日，老干办组织召开了退休、内退职工党支部书记工作联席会议，就党支部如何围绕台党委的中心工作，结合自身实际开展支部活动进行了讨论。会议研究确定了今年组织特色党日活动的主题，并安排了党的十七届五中全会精神的自学工作。

10 月 28 日，老干办及退休职工党支部 100 余名党员来到 2010 年“北京市最美的乡村”北沟村，开展“低碳环保健康生活”特色党日活动，同时参观北京太阳帆科技开发公司，了解太阳能科技开发产品。参加主题活动的党员同志们积极响应老干办及 4 个退休职工党支部联合发出的关于“低碳生活，从我做起，从小事做起”的倡议，表示用实际行动做低碳环保、健康生活的表率。

11月2日，老干办组织20余名各党支部书记、支委及部分老同志代表参加北京电视台老干部工作座谈会，听取老同志对台老干部工作及电视台发展的建议。会后，老干办及时将老同志的意见和建议进行了认真梳理汇总，并向老同志反馈。

11月下旬，老干办组织退休、内退职工4个党支部的优秀党员赴天津参观。老党员们参观了杨柳青画社画舫和“石家大院”，浏览了市容市貌和苏联“基辅号”航空母舰，切身感受了天津改革开放日新月异的变化。

三、关心退休职工，提供周到服务

5月31日至6月4日，组织全体老同志进行体检，7月1日，邀请爱康国宾体检中心专家蒋晓菁为老同志们做了保健知识讲座，现场进行体检报告分析，并回答了大家的相关咨询。另外，及时通知全体老同志参加胃钡餐检查以及退休的女职工参加乳腺检查。

老干办全年慰问老同志近40人次。春节前夕，在台领导的带领下，老干办慰问了患重病的老同志和困难职工，并将“扶贫济困春风行”的补助款及时送到他们手中。“七一”庆祝建党89周年之际，党委办公室和老干部工作办公室的负责同志到台部分患病及有困难的退休党员家里走访慰问，送去台党委对老同志的关怀。

全年发放社保卡、出入证、劳保卡、“五一”及“十一”慰问卡、公积金卡、公园年票、体检报告、健康书籍等3000余件。

四、推进社团工作，开展文体活动

老年刊物《金色岁月》于6月和12月举办两次编撰工作座谈会，与会老同志对办刊思想、栏目设置及版式设计等提出了许多具体的建议。年内制作两期宣传展板，以图文并茂的形式展示了老同志良好的精神风貌。

7月9日，老干部合唱团恢复活动。合唱团聘请了优秀的授课老师，共有40余名老同志报名参加。合唱团制定了参加2011年全台职工春节大联欢的近期目标，并积极排练演出曲目。

金秋书画社的书法班继续上课，老同志第一期书法作品装裱，并刊登于《金色岁月》。初夏，金秋摄影书画社20余人来到雾灵山采风。秋日，金秋摄影书画社10余位会员来到北京画院，观摩了《大美寻源——黄胄艺术回顾展》。

垂钓俱乐部吸纳了新会员，现有会员近30名，按计划如期组织6次垂钓活动。

2010年，老干办组织老同志积极参加相关单位组织的活动。全年组织240余人次老同志参加市老记协举办的参观、采摘、垂钓等活动。在市老记者协会举办的第八届棋牌比赛中，北京电视台选手囊括冠亚军。此外，在参加国家广电总局老干局举办的“第六届全国老年象棋友谊赛”中，北京电视台选手获得优秀奖。

京视传媒有限责任公司概况

京视传媒有限责任公司

2010年，京视传媒有限责任公司确立了以版权运营为核心，新媒体、大剧院、电视剧多元经营为辅助的业务模式，基本实现了调整业务结构、明确主营业务的任务目标，到2010年底，公司收入3116万元，利润510万元。

一、调整产业

针对2009年电视剧收入所占比重过大、收入结构不稳定、经营风险增大的问题，公司意识到应调整业务结构，确立可控的及可持续发展的主营业务。2010年，在充分分析资源的基础上，公司明确了以电视节目版权经营为核心业务。一方面加大对版权业务的经营管理，包括制定清晰严格的绩效考核制度、预算管理制度，加大人力及宣传资源投入等；另一方面通过缩减电视剧、节目制作等业务部门规模，调整人员结构，在公司内实现优化资源配置，控制成本支出。截至10月底，公司节目版权经营收入（不含电视剧）已达2165万元，在公司总收入中的占比从2009年的27.4%增加到72.8%。

根据台内政策及相关工作要求，公司稳步推进新媒体和剧院、电视剧业务。除新媒体版权业务外，京视传媒下属控股手机电视公司实现收入267万元，剧院经营实现收入172.5万元，电视剧实现收入486万元。

二、重点打造节目版权主营业务

为了将版权经营打造成主营业务，公司从5个方面强化版权运营体系：一是构建了包括电视媒体、新媒体发行、音像、图书开发在内的全方位版权经营渠道；二是形成了覆盖国内24个省、市电视台和21家网站、海外6个国家和地区的发行网络；三是在公司内部形成了包括市场销售、市场研发、版权管理、售后服务的服务体系；四是在管理上形成包括预算管理、绩效考核、分区管理、价格管理、供货及售后管理在内的较为完善的管理体系；五是在宣传上形成以“北京电视台版权节目交易研讨会”为重点的推广体系，强化北京电视台版权节目品牌。

通过以上措施，版权经营业务尤其是传统媒体版权发行成为公司收入增长最快的业务。截至10月底，签约额达到2124万元，实现回款1774万元，比2009年增长约47.8%。

三、稳步推进新媒体业务

新媒体版权合作业务稳步向深度拓展，在提高版权价格的基础上形成了包括新浪、搜狐在内的24家合作伙伴，截至10月底，实现版权收入416万元。

积极开拓新的业务模式，与联想研究院建立合作关系，共同开发“三网融合”的多屏互动产品。

旗下流媒体手机电视公司积极参与北京电视台“三屏合一”节目创新，为8档节目或活动提供手机电视支持。包括为《红楼梦》专门开发 iPhone 手机电视客户端。积极推广手机电视客户业务，客户端下载量（包括 iPhone）已突破10万，综合浏览量400万以上。

四、尝试 BTV 大剧院运营

尝试开展 BTV 大剧院的商业运营。2010年上半年，共组织完成24场演出，包括朝鲜版歌剧《红楼梦》首次国内演出、法国舞剧《白雪公主》演出等，在较短时间内确立了 BTV 大剧院业内高规格的品牌地位。

公司以把 BTV 大剧院打造成北京文化新地标作为发展方向，先后撰写了十几个相关文案及办法，建立了剧院经营基本组织架构，与30多家演出单位、约百场次商业演出达成初步合作意向。

五、积极稳妥地开展电视剧业务

顺利完成了2009年投资电视剧《大生活》的发行收尾工作。同时，公司根据台里相关规定，按照审慎投资的原则开始电视剧新项目的立项工作。4月份，经台党委会严格审核后，公司投资收购电视剧《潜龙戏凤》的大陆地区版权，并负责发行；6月份，完成《潜龙戏凤》的发行准备工作，目前发行工作已进入卫视发行的最终确定阶段。

北京紫禁城影业有限责任公司概况

北京紫禁城影业有限责任公司

北京紫禁城影业有限责任公司成立于1997年，注册资本3200万元，是一家集影视策划、制作、营销为一体的大型专业影视制作公司。成立14年来，北京紫禁城影业公司的经营业绩一直稳居中国电影生产企业的前列，多部影片票房居当年年度票房冠亚军的地位，总票房超过10亿元，影片还行销到美国、日本、韩国等多个国家和香港、台湾地区。紫禁城影业公司经过多年的实践，已形成从策划、拍摄、宣传到影片发行及衍生产品的开拓等完整有效的一条龙运营机制，在同行业公司中取得了骄人业绩。

2010年，北京紫禁城影业公司的主要作品是：

电影《第一书记》。从2010年年初正式接受任务到拍摄完成并于7月1日首映，在短短几个月的时间里，高效高质地完成了艰巨任务，得到中央及市领导的肯定。这部电影的完成，得力于公司各部门的通力协作。影片北京地区票房900多万元，全国其他地区票房约600万元。北京地区还展开数字放映活动，已放映200余场。

电影《嘻游记》。这是一部与其他公司合作的影片，由紫禁城公司主要负责宣传发行。7月12日在全国上映，目前已基本完成销售。全国票房3100多万元。

电影《魔术外传》、《罪爱》。这两部

电影也是与其他公司合作，紫禁城公司主要参与投资，占 10% 比例。目前已完成，等待合适的时间上映。

电影《倩女幽魂》。这部电影投资较大，本公司也主要是参与投资，占 20% 比例。同时希望在发行宣传上能够积极参与。计划 2011 年四五月份上映。从目前得到的反馈来看，这部电影的前景较好。

电影《隐婚男女》。也属于合作拍摄，占 30% 比例。在影片后期制作中，影片的宣传工作由紫禁城公司主要负责。

电影《大闹天宫》。这是一部 3D 动画作品，属于国际合拍片。公司采取的是与其他公司共同拥有国内发行权的方式参与合作，同时也以 1% 的比例参与全球投资。目前影片在设计制作中。计划明年底完成。

数字电影《大路朝天》。这是一部描写农村基层干部的作品，在市广电局支持下，已经完成拍摄，目前在后期制作中。

电影《堵车》。也是一部与多家公司合作的影片，公司占 20% 比例，宣传发行由本公司负责。目前正在拍摄中。

电影《狼图腾》。这个项目战线比较长，2010 年主要工作是拍摄用狼的驯养以及剧本阶段的工作。

电视剧《牟氏庄园》。这部剧 2010 年上半年在北京卫视播出，收视情况良好。本剧的销售在今年已基本完成，主要销售款基本回笼。

电视剧《人是铁饭是钢》（原名《大厨》）。这部剧是与另外一家公司合作，各投入 50%。目前在送审阶段，同时开始各电视台的销售工作。本剧是一部不错的电视剧，目前反馈的情况很好。

电视剧《李春天的春天》。该剧已经完成，正在销售中。这是一部参与合作的作品，公司投入占 20% 比例，计划明年中在北京卫视播出。

典型经验

2010中国播音主持“金话筒奖”颁奖典礼成功举行

李丽君

“金话筒奖”是由中国广播电视协会主办的系统内播音主持专业唯一的全国性奖项。自2009年起，北京电视台连续3年与中国广播电视协会播音主持委员会一起承办“金话筒奖”颁奖典礼及系列活动。此次是北京电视台承办的第二届，立足突破以往的颁奖形式，打造一台具有历史感、文化感、高水准的颁奖典礼，北京台的领导也是首次决定启用与台外团队合作的方式引入新的思维和创意，更大化地整合资源。

此次颁奖典礼在以国家高度、国家水平、国家荣誉为中心诉求的基础上，将策划思路的核心线索定位为展现声音的力量及金话筒的分量，并将举办地选在了国家大剧院歌剧厅。国家大剧院坐落在祖国的心脏，首都的中心，毗邻天安门、人民大会堂与人民英雄纪念碑，最能体现至高无上的国家内涵与荣誉象征。本次颁奖典礼以金话筒奖在行业中至高无上的荣誉为情感核心，通过极具仪式感的颁奖环节与获奖嘉宾的真情故事，突出表现播音主持队伍用声音记录历史、用话筒传递力量的责任与使命。

本次颁奖典礼的舞美以传统的“中国式荣誉”为视觉形象的创作动机，以金色为主色调，配合通透简洁的灯光与造型，极力打造国际化的颁奖盛典。同时，颁奖典礼充分发挥国家大剧院歌剧厅强大的舞台功能，用超体量纵深结合开合落地大屏幕与双层台阶，制造深邃的视觉延伸，打造与金话筒浑然一体的、恢宏的荣誉圣殿。

颁奖环节是典礼中浓墨重彩的一笔，共有四大亮点。第一，获奖者穿越具有纵深感的“荣誉之路”，通过可开合式大屏幕走到台前；第二，颁奖典礼突出金话筒的分量，首次将金话筒奖杯置于比获奖人更高的位置，通过大型升降舞台机械将金话筒奖杯置于人们仰视的平台，大型合唱团环绕其后，在史诗般宏伟的音乐中，获奖者走上台阶领取奖项；第三，本次颁奖根据“曾经发生大事件之幕后人物”与“最新发生大事件之关联人物”两个标准，选择四个最具国家荣誉感、最具行业代表性的颁奖团体，即资深播音员团体、国庆女民兵团体、出租车司机团体、国际救援队团体，分别代表着播音主持行业的传承，青春飞扬的梦想，广大的听众、观众朋友以及突发性大事件中的英雄，为4组获奖者颁奖；第四，颁奖典礼还邀请行业代表与文化名人对本届获奖作品进行集体评点，突出表现金话筒奖的使命与荣誉。

节目内容方面，典礼既不失真情又兼具时尚，通篇以颁奖环节作为核心线索，贯穿切合主题的朗诵、歌舞，云集境内外知名艺人，强力打造中国播音主持行业一年一度的年度盛典。典礼根据4个奖项，分为4个篇章。第一篇章“金色的力量”，选取获奖作品/获奖者中2～3个典型范例，结合中国广播70周年，以2009年中国大事件为叙事核心，凸显主持人背后的社会与人民，体现其站在时代浪尖上用声音传递力量的重要作用。同时统领全局，突出贯穿典礼的“时代”主题。第二篇章“金色的梦想”，以电视人为对象，通过青春活力、极具创意的原创节目，浓重书写新生代电视人的梦想与成长。第三篇章“金色的感动”，以广播获奖人/作品为叙事对象，深情表达电台播音、主持人在荣誉面前对时代、人民的感恩之心。第四篇章“金色的荣誉”，根植于金话筒奖的责任感和荣誉感，体现播音员与主持人传递祖国的声音，倾听百姓反馈，传递民声，反映民生的重要职责，升华金话筒颁奖典礼的情感溯源。

本次颁奖典礼所邀请的艺人具有普遍的社会知名度、国际影响力，代表国家级水准与高度。除了内地谭晶、羽泉、汤灿、黄豆豆等知名艺人外，众多港台艺人也友情出场：成龙、林忆莲、齐秦、莫文蔚等，其中成龙和谭晶更是从亚运会的彩排现场乘飞机专程赶过来参加此次颁奖典礼。同时，典礼力邀国家最高水准创作团队，为典礼量身定做一首主题歌曲《有我》，由知名主持人与本届获奖者、提名者倾情演绎，强烈打造金话筒奖的重量与分量。别具一格的调度设计与恢宏盛大的场面、音乐，让观众耳目一新。

在各方的大力支持下，本届颁奖典礼贯彻执行了“三个国家”的策划意图，并最终实现了预期目的。

（1）为主持人行业重塑标杆——突出展现了主持人应有的榜样和风貌，用获奖主持人扎实的工作态度，深度的个人修养，重塑主持人为之追求的标杆。

（2）主持人行业的继承——这次颁奖典礼扩大了“金话筒奖”的影响力，提升了“金话筒奖”的含金量，为培养下一代优秀主持人起到积极作用，用荣誉和榜样的力量，号召更多的后起之秀，以超越前辈为目标而努力。

（3）人民生活、新闻事件成就了主持人——每个优秀的主持人背后都有着受众和事件的支撑。主持人的成功契机是社会事件的发生，是新闻事件给了主持人一个展现自我的舞台。

（4）主持人表达人民诉求——主持人不单单是国家的喉舌，更是人民声音的传递者。事件成就主持人，主持人成就有效的传播。

此次颁奖典礼在颁奖的形式和内容上做出了一些新的创意和尝试，也达到了预期的效果。但是在突出仪式感的同时兼顾内容的升华，产生掷地有声或发人深省的经典桥段还未能达到。这也将是未来突破的一个重要方向。

北京卫视推出《玉树抗震进行时》特别报道

赵 波

4月14日，青海玉树发生了7.1级大地震，牵动着全国人民的心，也激励着北京电视台新闻工作者奋不顾身投入到抗震救灾报道中。在地震发生一个小时内，北京电视台新闻节目中心迅速启动应急报道机制，各档新闻栏目及时发布党中央、国务院和市委市政府关于抗震救灾工作的重要指示，报道社会各界情系玉树、奉献爱心的自发行动。从4月15日开始，北京电视台先后派出三路记者，紧急赶赴青海抗震救灾第一线，各档栏目统一挂标推出《玉树抗震进行时》。截至4月21日，北京卫视各档新闻栏目共发稿160篇，全面展示党和政府积极组织抗震救灾、社会各界心系灾区、千里驰援的感人画面。北京电视台充分发挥媒体力量，凝聚社会力量，帮助灾区人民挺起脊梁、战胜灾害、重建家园。

一、快速反应，与时间赛跑，充分满足受众知情权

4月14日7时49分，青海玉树发生了7.1级地震；9时，北京电视台新闻节目中心紧急召开编务会，部署记者联系采访国家地震局、青海当地救援部门，了解受灾地区人员伤亡、财产损失情况，同时布置专门人员负责搜集震中地区的相关资料。

12时30分，《特别关注》在头条抢发了青海玉树发生强烈地震的消息，记者第一时间连线青海省玉树军分区司令员吴勇，报道了地震造成的损失以及相关救援进展情况。

18时，《新闻晚高峰》除播发地震最新消息外，还报道了胡锦涛、温家宝对青海玉树抗震救灾工作作出重要指示、回良玉赶赴地震灾区慰问受灾群众指导救灾工作的新闻，其后，记者现场抢发的国家紧急救援队和北京红十字会紧急奔赴灾区的“玉树救灾进行时”，将地震后北京市的救灾快速反应呈现给观众。在新闻资源有限的情况下，节目既有党中央国务院的声音，又有新闻现场、新闻背景，编排紧凑，重点突出，冲击力强。《新闻晚高峰》当天收视率达到2.48%，创下本月收视最高值，比平均收视率高出51%。

18时30分，《北京新闻》头条报道了市委常委会召开会议研究支援青海玉树地区抗震救灾工作，市委市政府紧急决定向灾区捐助1000万元和各类救灾物资，帮助灾区人民战胜灾害，重建家园，还报道了北京紧急启动救援行动。

当天的《晚间新闻报道》充分体现“梳理新闻、分析背景、提供观点”的节目定位，“晚间观察”板块聚焦青海玉树地震，邀请中国地震局地质研究所研究员高建国、中国地球物理学会专业委员会主任耿庆国两位地震专家走进演播室，就观众关心的地震相关问题进行解读，并且配发了北京市的最新救援行动，体现了BTV在重大事件、热点话题中的话语权与影响力。

二、前方记者深入灾区一线，克服高原反应等各种困难，及时发回最新报道，将北京电视台的新闻触角延伸到灾区

地震发生后，新闻节目中心迅速与中国国际救援队、市红十字会和北京医疗救援队等部门取得联系，派出三路记者随同救援队赶赴灾区，报道北京救援队在当地的救援情况。赴青海玉树抗震救灾报道难度大、困难多，高原反应强烈、气候恶劣、余震不断，还遇到用电通信等问题，但前方记者都一一克服，抗震救灾报道有条不紊进行。展现了 BTV 记者克服困难勤奋敬业的良好精神风貌和工作作风。

玉树位于青藏高原腹地，平均海拔 4000 米以上，最高点 6621 米。高原反应是此次报道的最大障碍。记者在驱车前往玉树途中即开始出现高原反应，而且随着海拔的升高，高原反应的感觉就越强烈。胸部灼痛，呼吸不畅，头部有被撕裂的感觉，食欲不振，再加上抢片紧张，经常顾不上吃饭。尽管如此，记者在报道中还是用意志力克服了高原反应带来的困难。

4 月 15 日上午，第一路记者刘旭、牛月华搭乘飞机，随同北京红十字会救援队飞往青海省玉树灾区；4 月 16 日早晨，刘旭、牛月华经过长途跋涉顺利到达青海玉树。地震造成玉树供电、通信全部中断。到记者抵达时，依旧没有完全恢复，记者刘旭和牛月华只能一趟又一趟地跟随 999 的急救车辆来“蹭”电，边拍摄急救过程边用电脑写稿编片。从 4 月 16 日开始，刘旭每天都通过电话连线和出镜报道等方式，为北京卫视各档新闻栏目提供北京红十字救援队在当地救援的最新消息。4 月 18 日播出的新闻特写《野战医院里难忘的一夜》，刘旭生动地报道了在玉树机场的野战医院里上演的一场惊心动魄而又感人至深的生命大营救。

第二路记者贾湧强、刘鹏于 4 月 15 日下午跟随北京市医疗救援队开赴青海西宁。在火车上恰逢一位孕妇临产，120 急救人员主动进行救援，随行记者立刻跟随采访。为了将新闻及时传回北京，贾湧强千方百计找到列车上的配电间，在只有 0.2 平方米的小配电间里，蹲了 6 个小时，才将稿件传回台里。16 日《晚间新闻报道》播发了贾湧强采制的《120 奔赴灾区列车上急救临产妇女》。17 日上午，贾湧强跟随北京医疗队连走了 3 家医院，因为强烈的高原反应，把早上吃的一点点东西都吐得干干净净，最后吐了半袋子黄黄的胆汁。尽管这样，他不仅在中午为《特别关注》做了一次连线，还为当天《新闻晚高峰》发来玉树地震救援的最新报道：《北京医疗队分赴两地积极展开医疗救援》，采访了青海省人民医院副院长、北京人民医院救援队队长以及 80 多岁的藏族伤员才桑珠老人。地震受伤的伤员大多是藏族同胞，思想很简单很质朴。家没了，亲人没了，他们会痛哭。对国家的帮助、政府的救助，他们会发自内心地感激，笑得又是那么真诚、灿烂。此情此景，也让记者们忘记了自己的不适。

第三路记者颜葵曾经参加过汶川抗震救灾的报道，在工作中她与国家救援队、武警部队、北京医疗队都建立了良好的关系。此次玉树地震时，她正和爱人、孩子一起在三亚休假，得知地震消息后，颜葵主动请缨前往灾区报道。她说，自己认识的救援队都已经到了玉树。就这样，颜葵撇下家人一个人来到西宁，坐了 14 个小时长途汽车，终于辗转到了玉树。在 4 月

16日的《晚间新闻报道》就发回了最新报道：42名伤员入住二炮536医院得到妥善安置。当地移动信号较差，通信不畅的问题也造成工作进度的延迟。尤其是回传素材时，记者经常得手拿笔记本到处转悠，希望找到一个信号好的位置和方向。记者颜葵使用的上网卡是中国移动的网，信号时断时续，18日一早抢拍的玉树民族学校重新开学的新闻眼看无法传回来，她想尽办法步行两个小时找到卫星车将新闻传了回来。当天《晚间新闻报道》播发了颜葵采制的《朗朗读书声回荡校园震后第一所学校今天复课》，鼓舞了当地人民抗震救灾的斗志，感动了电视机前的观众。

前方的记者就是这样，想尽一切办法、克服困难发回报道，因为他们时刻牢记新闻工作者的天职，牢记自己是BTV人！

三、后方团队密切配合，推出《玉树抗震进行时》，反映社会各界“驰援玉树，大爱无疆”的感人事迹

从4月15日开始，新闻节目中心各档栏目挂标推出《玉树抗震进行时》。新闻节目中心调动多路采访记者，奔赴北京各相关部门，报道北京各界紧急行动，千里驰援灾区。

仅4月15日，新闻节目中心就派出13路记者：第一路记者赶赴卫生部，报道卫生部组织的第一批地震救援医疗队赶赴抗震一线；第二路记者赶赴北京红十字血液中心，报道北京为地震灾区输送救命血；第三路记者赶赴大红门火车货运站，报道救援物资专列启程奔赴青海地震灾区；第四路记者赶赴首都国际机场，现场采访即将登机的北京红十字会蓝天志愿救援队；第五路记者赶赴民政局，报道北京救援物资紧急启运；第六路记者紧急连线刚到重灾区玉树县结古镇的中国国家救援队负责人，了解救援最新消息。此外，还有多路记者分赴国务院新闻办、120急救中心救援医疗队、西单无偿献血点等多处进行采访。

全体编辑、记者密切配合，团队作战。16日下午4点多，国新办举行新闻发布会，卫生部和中国地震局联合介绍抗震救灾医疗救治和卫生防疫方面的工作情况。记者在发布会现场拍摄后，赶紧打车回台，及时抢发6点播出的《新闻晚高峰》，在稍后的《晚间新闻报道》中，《新闻发言人》又进行了详细报道。

为表达全国各族人民对青海玉树地震遇难同胞的深切哀悼，4月21日全国举行哀悼活动。这一天，国旗因生命而降，生命因尊严而升。这一天，北京电视台停止播出所有娱乐类节目和广告。这一天，北京电视台新闻节目中心共派出了20组记者采访全国哀悼日活动。记者满怀悲痛，分头来到天安门、社区、乡村、公交站、校园、机关、厂矿、医院、武警军队驻地，记录下了首都各界干部群众举行的哀悼活动。在天安门广场，国旗为地震遇难同胞降半旗致哀，来自廊坊十二小学的400多名师生凌晨两点就从学校出发，最早一批来到广场；在东直门新中西里社区，居民自发用折纸花、叠纸鹤、写寄语的方式，为生者祈福、向逝者致哀；在朝阳区高碑店乡高碑店村，村民将胸前的菊花轻轻抛向通惠河；在北京大学，大学生打出了一条长长的横幅：“新家园，会有的！新校园，会有的！”

一直坚守在青海前线的3组记者在漫天飞舞的雪花中，报道了西宁市新宁广场、玉树地震灾区搜救现场、受灾居民安置点等地的哀悼活动。正在执行救援任务的部队官兵、公安民警、医疗人员等来自全国各地的救援队伍和当地受灾群众一起，向在地震中遇难的同胞表示深切的哀悼。在哀悼活动结束后，前方记者重点报道了救援人员继续投入救援工作中。在玉树结古镇的野战医院，悼念活动刚结束，医生们立刻对一名刚刚送来的待产孕妇进行急救。一位医生告诉记者，现在自己就想多多工作，来减轻受灾群众的痛苦。这一切都深深感动着前方记者。

4 月 21 日的《北京新闻》大篇幅报道了社会各界举行的哀悼活动，还报道了各界踊跃捐款、国新办举行新闻发布会介绍灾区基础设施修复等情况，同时配发了本台短评《灾难面前，我们在一起》，回顾了一批批捐款，一批批物资，一支支救援队驰援玉树，首都与玉树心手相连！短评最后点出："今天的哀悼，是为了对逝去亲人的追思；今天的哀悼，更是为了化悲痛为力量，铸就明天的坚强！"北京电视台对于全国哀悼日的报道，体现了国家对生命的尊重，体现了慎终追远的传统情怀，体现了媒体在大难面前的责任担当。

综合这几天我台抗震救灾的报道，各档新闻节目综合运用动态消息、电话连线、口播、专家访谈、新闻特写、短评、宣传片等各种手段，充分报道青海玉树地震最新进展以及社会各界的救援情况，突出以人为本、抢救生命、重建家园的主题，在重大事件面前 BTV 发出了自己的声音！

策划在前　勇于拼抢　报出特色

——北京电视台关于全国"两会"新闻报道的启示

孙湘源

2010 年全国"两会"自 3 月 3 日开幕，到 3 月 15 日闭幕，北京电视台新闻节目中心派出十多名编辑、记者上会，首次实现"两会"报道高清传输。北京卫视各档新闻栏目共发稿 130 多条，总时长达 200 多分钟。

综观北京卫视"两会"报道，呈现以下特点，为我们今后的"两会"报道留下启示。

一、策划在前，烘托气氛，做好"两会"预热报道

"两会"召开前，新闻节目中心围绕北京建设世界城市这个热点话题，精心策划系列报道。从 2 月 27 日起，《北京新闻》栏目播出《迎接全国"两会"建设世界城市》专栏，全面展现首都北京着眼建设世界城市，加快转变经济发展方式，全力推进"人文北京、科技北京、绿色北京"建设的举措与成果，为全国"两会"的开幕营造良好的舆论宣传氛围。2 月 27 日播出的第一集《延续"大政策"吹响"集结号"》，以家电下乡、汽车以旧换新等具体事例入手，体现政府应对金融危机，保持经济平稳较快增长。2 月 28 日播出的《让"首都微笑"更灿烂》借助经济学中的微笑曲线原理，阐释首都立足经济结构调整，大力发展战略性新兴产业，"优化一产、做强二产、做大三产"，让经济学中的微笑曲线向两端延伸，这样首都微笑才会更灿烂。

此外，《晚间新闻报道》“新闻发言人”板块从2月28日至3月3日连续4天对《国家中长期教育改革和发展规划纲要》进行了深入解读，主题分别聚焦教育改革问计于民、义务教育、高等教育和职业教育，其中义务教育突出“公平”，高等教育力推“改革”，职业教育强调“吸引力”。由于及时配合全国“两会”的教改话题，播出后引起广泛关注。

二、主动出击，拼抢新闻，记者提问实现重大突破

3月2日，全国政协十一届三次会议举行新闻发布会，这也是今年全国“两会”的首场新闻发布会，我台记者杨洋成为大会第一个被点名提问的记者，大会副秘书长、发言人赵启正详细回答了记者杨洋提出的民生问题。随着电视直播和海内外媒体的密集报道，BTV记者的声音广为传播。在“两会”这样的全国性重要会议的新闻发布会上，我台记者被第一个点名提问，这在北京电视台历史上是第一次。

这背后凝聚着我台“两会”报道组的集体智慧和辛勤汗水。“两会”召开前，我台报道组成员做足功课，认真准备多个备选提问，并事先与全国政协新闻局及时沟通，这才赢得了第一个被点名提问的机会。

3月6日，全国人大会议举行第一场专题记者会，我台记者赵文涓就收入分配问题向国家发改委主任张平提问。在提问中，赵文涓以温总理政府工作报告中提到的社会财富这个蛋糕为切入点，请发言人解读如何通过合理的收入分配制度把这个“蛋糕”分好。发改委主任张平详细地解读了温总理报告，并介绍了下一步改善收入分配制度的举措。

同日，北京代表团媒体开放日活动在人民大会堂举行，我台记者樊煜就加快转变经济发展方式向代表提问。

全国“两会”开幕仅5天，我台记者就在新闻发布会上实现了3次提问，在数百家中外媒体竞争中发出了BTV的声音，彰显了北京电视台的实力和影响力。

3月7日，我台又报道了外交部长杨洁篪答中外记者问的新闻发布会，记者在现场抓细节，突出了杨洁篪部长的妙语连珠、机智风趣，将新闻发布会报道做得生动活泼、妙趣横生。

三、程序报道准确、规范、及时，配合报道精彩、生动、信息量大

秉承严谨客观的精神，今年全国“两会”程序报道的基本要求是：导向安全，内容安全，技术安全，播出安全，时效为先，严谨规范。

3月5日上午，十一届全国人大三次会议开幕，中午《特别关注》栏目抢发了新闻特写“肩负重任，满怀豪情”，报道了代表们意气风发赴盛会，同时配发新闻“国际媒体高度关注中国两会”，及时报道了世界媒体对“两会”的瞩目。当天下午3点整，中共中央政治局常委、全国政协主席贾庆林参加了北京代表团的审议，审议结束已经是下午5点30分，上会人员各司其职、通力配合，成功抢发一小时后播出的《北京新闻》，圆满完成了当天的报道任务。

当天的《新闻晚高峰》播出《解读政府工作报告　民生问题是最大亮点》、《海外民生问题一席谈》等一组报道，特别是《海外民生问题一席谈》跳出了以往海外媒体对我国“两会”的一般性笼统介绍，通过驻外记者的发现和感受来反映国外民生问题，让观众在国内外民生问题对比中得到丰富的信息。随后配发的“两会”花絮《少数民族代表盛装展现民族风貌》、《漂亮女警着妆携犬巡逻》、《记者“长枪短炮”围堵》则轻松有趣，让严肃的时政新闻透露出些许人情味儿。

3月14日上午，人大三次会议闭幕。《特别关注》抢发的《十一届全国人大三次会议在京闭幕》以及《温总理答记者问》都是当天的收视热点。当天《北京新闻》播发的《全国“两会”胜利闭幕》全面概括总结了“两会”的会议议程以及所取得的成果。《北京新闻》和《特别关注》都是在3月14日这一天达到该周收视最高点，分别为8.99%和6.4%，可见观众对“两会”闭幕高度关注。

四、特别报道角度新颖，评论深入，积极引导公共议题

除了常规的程序报道外，北京卫视各档新闻栏目推出《“两会”特别报道》、《新闻发布》、《盘点来自“两会”的声音》、《倾听来自“两会”的权威声音》、《海外媒体热评中国“两会”》、《“两会”保障》以及演播室访谈等板块，将来自“两会”的声音进行整合，突出新闻性、评论性，对“两会”进行详尽、深入的报道。

比如《北京新闻》推出了《全国“两会”特别报道》专栏，其中3月4日播出了《委员热议“低碳经济”》，采访政协委员，探讨在加快经济发展方式转变的背景下，如何走出一条有特色的发展之路；3月9日播出了《中关村——创新中国的引擎》，以温总理报告中提出的全面推进创新型国家建设为切入点，采访多位全国人大代表，回顾中关村发展历程和经验，展示中关村像一匹加足马力的引擎，向着世界创新中心的目标迈进。

3月13日起，《北京新闻》又推出年度大型新闻行动《记者走一线》，5集系列报道以3月13日国务院批复中关村建设国家自主创新示范区一周年为切入点，集中反映中关村抢占战略性新兴产业制高点，以自主创新实现加快经济发展方式转变的主题，融合知识性和趣味性，让观众形象化感受中关村日新月异的变化。

《晚间新闻报道》充分发挥栏目深度报道的特色，邀请专家走进演播室，分析政府工作报告，详解报告中的民生亮点。栏目就“两会”热点还推出了专题报道《期待百姓住有所居　政协委员热议稳定房价》、《北京代表团开放日　记者追问热点话题》等，既满足了观众对民生话题的关注，又让“两会”精神深入人心。3月10日，国土资源部出台《关于加强房地产用地供应和监管有关问题的通知》（简称“国19条”），全方位加强土地市场监管。第二天，《晚间新闻报道》在“晚间观察”板块推出专家访谈，解读内容涉及政府如何遏制囤地、岁末年初房地产调控政策密集出台、未来房价走势等，将“国计”与“民生”问题紧密结合，在“两会”期间获得了收视与口碑的双赢。

此外，“两会”期间，我台加大了利用央视窗口宣传北京成就的工作力度，配合央视《新闻联播》先后播出了《北京对口援建什邡50项工程集中交付使用》《“两会”最前沿——促消费　拉内需　增强经济增长活力》、《转方式　调结构——北京：完善区域创新环境　科技引领经济转型》等新闻，成功达到了借助央视《新闻联播》平台宣传北京发展建设成就的效果，不仅树立了首都的品牌形象，还体现了北京电视台的影响力。

树立强势媒体形象　合理配置新闻资源

——《新闻发言人》获首届中国商务好新闻奖有感

赵　蕾　冯　旭　何　思

2010年6月24日，首届中国商务好新闻奖评选结果在京发布，北京电视台新闻节目中心评论部《新闻发言人》栏目的参评节目《商务部：正面回应贸易报复说　警惕贸易保护主义抬头》（2009年9月15日播出）获得该奖。评奖专家对该节目的评语是："在我国频遭双反调查和面临西方国家对人民币汇率进行施压、贸易摩擦不断的情况下，该片通过深入浅出的分析，展现了中方的立场和态度，体现了负责任的中国声音。"

以往，北京电视台对国内重大事件和权威声音的一手报道少、解读评论少，也鲜有栏目与国家各部委建立长期的合作关系。《新闻发言人》栏目的创建正是期待通过对重大政策发布的权威解读，确立北京电视台的强势话语权。栏目自2009年初开播以来，一直以专栏的形式在《晚间新闻报道》中播出，始终坚持以新闻发布会为依托，以新闻发言人、新闻观察员的独家专访为亮点，用调查性、观察性、评论性的方式关注当下有影响、事关改革的热点话题和重大政策发布。

既然以"权威、及时、话语精当"为诉求，与权威机构进行有效及时沟通自然成为栏目工作的第一重点。尽管身处首都，但在国家各部委看来，北京电视台依然是地方媒体，因此，拿到第一手信息、采访到权威发言人很难。我们至今还记得节目开播之初，制片人和记者为了争取在商务部的新闻发布会获得提问机会，在寒冬的商务部大门口苦等发言人3个小时的情景。而通过栏目组一年多的努力，我们用记者的敬业精神和高质量的节目证明：解读重大的国情资讯，北京台独到的观点拥有独到的影响力。在商务部领奖现场，商务部新闻发言人姚坚风趣地说："上次发布会你们关于绿豆价格的问题确实是出其不意，让我措手不及，我让市场运营司特意在发布会后做了绿豆的市场分析情况报告，（你们）促进我们改进了工作，对你们《新闻发言人》我印象深刻……"姚坚的话是对我们工作的很高评价，这种成就感甚至超过节目获奖本身。

作为一档直接与政府部门对话的栏目，《新闻发言人》力图在"上情下达"和"下情上达"中找到沟通、平衡的艺术，探寻出一条评论类新闻报道的新路径。新闻发言人制度本身让媒体除了听政府"说"以外，还有"问"的权利。在"说与问"之间则体现了媒体的担当。通过政府的"说"，将重大的宏观政策走向、突发事件状态呈现出来；而媒体的"问"则将公众欲知而未知的问题提出来，在解疑释惑反映情况的同时，搭建沟通政府与公众之间的桥梁。因此，每一场新闻发布会，我们的记者都会举手提问。从栏目角度讲，这关系到媒体形象的公信力和品质；同时也是一种公关的最有效的手段，因为一个精彩的提问会给人留下长时间的印象。一年多来，《新闻发言人》节目的记者出现在各大新闻发布会的现场，有同行称："《新闻发言人》的记者举手，发布会必有亮点。""亮点"之一是《新闻发言人》几乎每次都能得到提问机会并专访到部长级新闻发言人，这已经成为了栏目的独家优势。

"亮点"之二则是栏目组的女记者们，其职业化的形象和素质往往令人印象深刻，屡屡为北京电视台的记者形象加分。

获奖在给我们记者带来激励的同时，更让我们思考：如何利用新闻评论节目确立北京电视台的言论影响力？如何更好地配置新闻资源实现更好的评论效果？

一、合理利用《新闻发言人》已有资源与权威部门建立深度关系，实现新闻产品多元化

根据当天新闻发布的主题特点，编辑制作《新闻发言人》的同时，集中力量，就发布会上所涉及的相关内容分别以简讯、新闻调查、新闻特写、人物专访等方式在多档新闻栏目中进行新闻产品的360°开发；或在新闻事件发生之后，利用与各部委的合作关系对事件进行深度报道和解读，使资源利用最大化，实现新闻报道的速度、锐度、深度、温度，加强北京电视台新闻节目的思想性。这方面，《新闻发言人》已与《北京你早》、《新闻晚高峰》等栏目实现了较好的新闻评论 + 新闻调查 + 消息的合作方式，期待能够在采编人员的调配上更加合理，避免几个部门的记者同跑一场发布会，发同质化消息的局面。

此外，与具有优质新闻资源的部委、单位及个人建立官方长期合作关系，这是央视、东方卫视、深圳卫视已经取得良好效果的资源占用方式。无论是在信息的及时获取还是新闻评论员的培养方面，以台或中心的名义与对方签订战略合作协议都是打造强势新闻大台的有效途径。

二、以战略的眼光给予新闻评论节目更大的发展空间

从播出的效果和反馈信息来看，一档优秀的新闻评论节目，或是一条带有观点时评的新闻节目，给一个媒体带来的影响力是普通新闻资讯不能取代的。而目前类似《新闻发言人》、《晚间观察》这样的新闻评论节目常常只能根据当天的排版情况临时调整，既无法完全实现对新闻的深度时评，也常常因此而失去新闻提供方的信任度。要打造北京电视台首都强势媒体的形象更需言论立台，因此当予以新闻评论节目更大的发展空间和播出平台。

三、培养一支具有新闻评论气质及素养的新闻评论队伍

北京电视台的新闻评论队伍是随着新闻评论节目的发展趋势而起伏的。而一支优秀的新闻评论团队的建设不是一朝一夕之功，它需要时间及节目的磨砺，需要一个相对稳定的成长空间，厚积才能薄发。站在北京电视台新闻长远发展的视角来看，希望能给新闻评论的人才培养提供更有效的体制和机制，并营造良好的新闻评论创作思考的空间和氛围。

从“高堂讲义”到“润物无声”

——系列访谈节目《大家说清明》的创新价值

吴　群

伴随着中国社会的时代转型和现代人生活方式的转变，传统节日文化曾在一段时间内从人们的日常生活中逐渐淡出。

2007年12月，国家将除夕、清明、端午、中秋4个传统节日确定为法定假日，从社会主流价值的层面对中华民族古老的节日传统给予尊重、肯定与倡导。然而，由于传统文化的长期疏离及各种“洋节”的搅扰，传统节日虽然回归，但远未发挥出其应有的文化价值。在此背景下，媒体能否承担起历史使命，对社会大众如何认识、过好传统节日进行有效引导，成为一个严肃的文化课题。

传统节日文化特别节目《中国节　中华情》是由北京市委宣传部策划、安排，由北京电视台承办、制作的，将延续一年的主题式系列访谈节目，集知识性与趣味性于一体，试图以一种科学的态度和寓教于乐的方式探寻一条中华传统文化传承与创新的道路。

《大家说清明》为《中国节　中华情》的第二辑（第一辑为《大家说年》），于清明节前夕（3月29～31日）在北京卫视19：39黄金时间播出，平均收视率为3.11%，最高收视率达到了4.15%，在收视上整体超越了第一辑《大家说年》（平均收视率2.68%）。观众反响热烈，获得了良好的播出效果和社会效果。有一位李先生看过节目表示：今年他要让自己的孩子都回来过清明，一起怀念他们的爷爷奶奶，就像《大家说清明》节目里说的——“清明是生者与死者一起来过的一个年”。

一、从“浅层礼俗”到“生命哲学”

自2008年清明节正式成为国家法定假日以后，培养科学健康的清明节日文化成为一个重要文化事项。《大家说清明》旨在通过展示清明节的历史渊源与传统礼俗，挖掘其深厚的文化内涵与深层次的道德哲学，阐释清明节的文化价值与现代意义，倡导感恩先人、敬死乐生的传统美德，推动社会主义核心价值体系建设，增进文化认同、民族认同和国家认同。

第一集《气清景明》着重叙述清明的来历、民间掌故、文化渊源、习俗礼俗、纪念意义等，全景展示清明究竟是一个什么样的节日，着重强调清明节并非简单的“扫墓节”，而是一个源远流长、内涵丰厚的文化节日。

第二集《怀恩思远》叙述几千年来一代代中国人在清明节为已逝的亲人和先贤、先烈庄重地送上思念与敬意的这种神圣的生命交流仪式，并借此考察清明节所体现出的中国人传统价值观中的情感因子，倡导感恩敬祖、继往开来的主流价值观。

第三集《春风化人》叙述清明节重要

却常被忽视的传统内容：踏青游春，感悟生命。本集从清明游春这样一个特定的文化礼俗，表现中国人积极的生死观，从另一个角度探寻这个节日体现的文化情怀及东方哲学中对于生命意义的感悟。

三集内容相辅相成，对清明文化进行了详细的梳理，不仅从理性角度纵向理清了清明节从古至今的发展脉络，也从感性角度展现了清明节在中国人情感方面的不可替代性，阐明了过清明节的现代意义，系统回答了“为什么要过清明节、怎样过清明节”的问题。

二、润物无声的“大家者说”

清明节体现出的周而复始的辩证哲学观、怀恩思远的传统价值观以及贯穿整个节日的中国传统审美观，是弘扬精神文明的宝贵素材。怎样将这样一个充满追思和感恩、兼具诗意和古趣、散发着典雅气质的节日用先进现代的方式表现出来，在科学考证节日元素的同时又易被大众吸收接受，是这次节目的工作重点。

1. 文化传播的通俗化表达。

既具有自己识别标志的人文立场与文化内容，又具有通俗易懂、老少皆宜的节目面貌，努力做到文化传播的通俗化表达与全息化到达，是《大家说清明》的一大追求。《大家说清明》总结《大家说年》的经验，在节目形态上更突出“大家”二字。一方面嘉宾多选取在学术研究领域成大家者，增加了嘉宾人数，形成“百家争鸣”之势；另一方面积极探索说明性节目向“故事形态”的转化，将嘉宾的高堂讲义式的宣讲，转化为具有个人色彩的春风细雨似的诉说。故事化、细节化的叙述与嘉宾的精彩表现增强了节目信息的公信力和感染力，拉近了观众与大量文化信息的距离，达到了较好的传播效果。

2. 传统意象的现代化处理。

用现代视角解读传统文化，使节日中的传统意象生发出现代美感，打消现代观众与古典文化的审美隔阂，塑造现代观众对传统审美的趣味追求，是本辑节目的又一亮点。水墨设色、青山绿水、行楷章草、诗词歌赋、民俗风物，大量传统文化的审美元素，在经过现代舞美设计和电视手段包装之后，使整个节目显得诗意盎然，既展示了清明节的美学特征，也表现了传统中国的古典韵味。整个节目饱含了中国传统文化的基因，使得观众在不知不觉中体会到中华民族丰富绵长的文化传承和人文精神。

三、现代媒体的文化担当

节日文化系列节目《大家说清明》通过故事化的叙事方式，以当代视角观照传统文化，助力中国传统文化的优秀成分在当代社会产生积极的作用，为我国和谐社会建设提供了新的思路与视角，也对当代人的社会生活内容提出了新的文化要求。

传统节日是人类日常生活中的精华，保留了该民族文化中最具代表性的一面，我们可以从中找到共同的文化认同、精神归属、理想目标和价值原则。清明节就是中国古代和谐观念的鲜明体现，它强调人与自然的和谐，人与人的和谐。我们关注传统，着眼点却在当下，将清明节慎终追远、热爱自然、讴歌生命的文化内核在现世传承，有助于使今人的身份明晰，获得面向未来的力量。节日文化系列节目《大家说清明》是对实现这一目标的又一次努力与尝试。

在今天综艺娱乐越来越流行的媒体环境下，创作这样的节目，体现了北京电视台作为主流电视媒体的文化良心和使命感，体现了媒体在文化价值观塑造与输出方面的作为。

今日之中国，国力日强，国民自信心日盛，与此同时，国家尚需塑造一个与不断上升的国家地位相适应的全新的国家话语系统，国民尚需建立一个能被社会普遍认同和接受的精神领域。中华传统文化的渊薮是解决这些时代课题的重要资源。

由此思考出发，媒体应主动出击，在中华传统文化的传承、阐释、倡导上肩负更大的责任，博取更大的空间，施展更大的作为。

在《大家说年》、《大家说清明》系列节目的基础之上，“节日文化系列特别节目”《中国节　中华情》还将继续就端午、七夕、中秋、重阳策划制作相应的特别节目，并力求创新，在全年的北京电视荧屏上形成一道感人至深的文化盛宴。

文娱资讯报道的成功实践

——《每日文娱播报》创办经验

朱礼庆

《每日文娱播报》是北京电视台唯一一档文娱资讯节目，创办8年来，栏目品质不断提高，成为当今中国文化娱乐界最冷静的观察者和“娱乐价值发现者”，为观众奉献出了一道视听大餐。在北京地区能够收看到的全国数档同类节目中，收视率遥遥领先，广告收入2009年突破亿元大关，位居北京电视台第一名。

一、策划新闻

在《每日文娱播报》新闻报道实践中，策划新闻主要包括选题的深化与完善和选题拓展两个方面。

选题的深化与完善围绕已有新闻线索来展开。在策划和报道的实践工作中，大家总结出了以下策划规律。

一是第一思维否定法。面对一个新闻事件，最好的报道方式应该是经过多次探讨多次否定之后寻找的报道方式。在文化类资讯《京郊发现清末思想品德教材》中，记者否定了简单介绍这本清末教材特点的传统报道方式，而是把这本思想品德教材带到一个小学课堂，与现代思想品德教材对照进行报道，视觉化的对比很好地强化了报道的效果。

二是别样视角（切入点）。一个角度独特观点新颖的新闻报道，既是对观众尽职也是对电视人自己负责。有了别样的视角，找准一个新的切入点，给观众打开一个与众不同的独特的观望世事的窗口，不仅可以吸引住观众的注意力，同时也能树立起栏目的品牌。在《戛纳中国电影三大之夜》里，记者抛开聚焦明星的常态视角，从章子怡保镖的角度切入，反映保镖的飞扬跋扈和章子怡对中国媒体的态度。

三是矛盾的发现与放大。人有看热闹的天性，而新闻事件中的矛盾冲突往往能给现代人以看热闹的满足感。在电视新闻的报道中，我们可以充分利用观众的这种收视动机，努力发掘和“放大”新闻事件中的矛盾和冲突，通过对人物和事件矛盾和冲突的“放大”，增强节目的情节感和趣味性，在满足观众收视需求的同时形成收视期待。

选题拓展是对特别节目（重大活动）的策划和议程设置。作为一档文娱资讯类节目，文化娱乐类重大活动的报道是必不可少的环节。一方面可以弥补新闻资讯淡季报道选题不足的缺口；另一方面也可以通过重大活动的报道，提高节目的知名度和影响力，加强栏目的话语权。议程设置是指在一定时间内围绕某一社会热点问题进行连续的集团化式的集中报道，以形成特定的社会舆论焦点。从操作层面上讲，要善于预判和发掘文娱事件中的热点潜能，通过栏目自己独特的视点和与众不同的报道方式，把握社会热点炒作的提前量。在《百名明星电话泄露事件》的报道中，栏目策划了一系列针对事件的全方位报道。从明星反应的采录，到相关事件的回顾，到观众对事件的看法，再到事件本身发生发展结束的追踪报道。

二、放大新闻

《每日文娱播报》记者在实践中总结出了放大新闻的四条准则。

1. 细节放大。

细节放大是指用电视手段放大和强化被报道对象诸多细节中最有报道价值的部分，使这一细节更直观更明显地得以呈现。细节放大的手段主要有画面的突出表现（包括特写镜头、推拉镜头和对比镜头的运用等）、解说词的点拨、音响效果的安排以及画面提示符号（字幕、箭头、红圈等）的运用。通过细节放大，把观众最喜欢最想要看到的东西通过电视手段直接准确地呈现在观众面前，力求达到直接、鲜明、生动、谐趣和震撼的表现效果，让观众在不经意间获得尽量大的信息量。在对刘晓庆歌舞剧《金大班的最后一夜》的报道中，记者就抓住了刘晓庆表演中头套滑落的细节，用红箭头和音效进行放大，增强了可视性和趣味度。

2. 故事化报道。

故事化的报道方式是增强电视新闻趣味性和吸引力的重要途径之一。在对徐悲鸿《十二生肖图》拍卖的报道中，记者舍弃介绍拍品风格和价值的老套路，从徐老作品里生肖猴忧郁的眼神切入，为观众讲述了徐老一段凄美的爱情故事，感人至深。

3. 现场感的营造。

《每日文娱播报》现场感的营造不是现场声画的简单回放，而是选取最具代表性、最有信息量和最富吸引力的声画元素，对现场精华片段的浓缩和重构，用最保鲜的形式去整合包装，然后呈现给观众。

4. 独特观点的表达。

《每日文娱播报》节目平日播出之时，人们不是在赶着未完成的作业，就是忙着手头的家务活儿，或者是在匆忙行走中对街边或车载电视无意的一瞥。在这种注意力投入极少的情况下，最能让人们停下手头的活儿，抬起头来，对着电视认真观看的，是观点的碰撞和独特观点的呈现。需要强调的是，观点的表达不是简单的说教，也不是多方观点的堆砌，必须是在记者很好地把握事件本质，高屋建瓴、一览全局的基础上，有选择、有技巧地加以表现。在《口水出芙蓉》里，记者没有对网络名人“芙蓉姐姐”简单地否定或批判，而是用“芙蓉姐姐”自己语言中的矛盾，建构一个自恋、狂妄甚至荒唐的人物内心世界，让人啼笑皆非的同时发人深省。

三、几个关键词

《每日文娱播报》在长期的实践中形成了一些独特的报道方式和技巧。下面是常用的几个关键词。

1. 打包：组合报道—加深印象—减少信息损耗。

《每日文娱播报》的“打包”更多的是几个相关娱乐的并列组合，它们由某一文化动态、娱乐现象，或者一类气候、一种颜色串联在一起，而围绕某一主题多个侧面进行组合式报道的打包相对较少。

2. 链接：归纳与补足—增加信息量。

“链接”是指在对新闻事件的主体报道后面，加上相关事件的罗列和相关背景的交代与分析，通过新闻事件现象的积累达到探寻事物规律，丰富报道的角度，增加新闻资讯的深度和厚度。

3. 展示：满足受众感官延伸需求。

“展示”是资讯类节目中现场声画段落的事后呈现，与解说词和采访同期形成节目的有机构成。它是在节目时长有限而观众又无法到达现场的情况下，对现场有代表性的精彩声画片段有选择的重现。要求少而精，以起到四两拨千斤的效果。它能满足受众感官延伸的需求，增强节目的吸引力。

4. 人物对对碰：满足人们对冲突和交锋的期待。

“人物对对碰”是在新闻事件现场经调度形成事件相关当事人双方的语言交锋，通过交锋发掘事件发生的背景、原因，以及事件背后隐藏的矛盾冲突，再经后期编辑整理以形成或激烈尖锐、或风趣幽默、或捧腹搞笑的碰撞效果。“人物对对碰”要注意人物的重要性，不是有语言交锋就可以做成“对对碰”，还必须加快剪辑的节奏感和画面表现的夸张感，以实现卡通化的渲染效果。

水润京华

——纪念密云水库建成50周年文艺晚会

裴晓林

密云水库位于潮白河上游，司马台脚下，是亚洲最大的人工湖，于1958年动工，1960年9月修建完成。密云水库的出现，消除了该地区常年的水患，保证了京津地区的用水安全。

2010年9月1日，时值密云水库建成50周年，北京电视台举办了名为“碧水润京华”的主题晚会，以此纪念当年建设水库的人们，也以此倡导人们饮水思源、爱水护水。

密云水库的50载，被各种感情浸润着。这中间有20万建设大军的壮志豪情，有铁姑娘突击队的姐妹深情，有几代水务工作者默默耕耘数十载的传承之情，有科技工作者热爱故土的希望之情，还有水务工作者和密云人民的爱水之情，更有首都人民的感激之情。“情”字贯穿了密云水库的历史，“情”字也贯穿了“碧水润京华”这台晚会的始终。

水之源：建库的豪情 生活的感动

在静谧的密云水库，有一代代奉献出自己最美青春的人，正是他们铸就了半世纪的辉煌。晚会中的3段访谈，邀请到了不同阶段、不同领域为密云水库作出贡献的人们。

一张斑驳的照片上有10个女孩子，快门定格的年龄是21到17岁，穆桂英铁姑娘突击队，是当年建设密云水库时候的一面旗帜。一辆独轮小推车，一车双筐300斤，姑娘们用她们的纤纤玉指参与铸就了水库的大坝。

照片已经泛黄，记忆也蒙上了尘埃。当十姐妹被献花的姑娘们簇拥着出来的那一刻，全场观众把最热烈的掌声献给了她们。半世纪年华老去，当年的铁姑娘变成了现在的铁奶奶。在她们中间，有一位脖子上缠有纱布的奶奶格外引人注目，她刚在北京的一家医院做了透析。建设水库多多少少都在她们身上留下了痕迹，刺骨的寒风、三九天的冰河、沉重的石方损伤了她们的身体。

十姐妹的排序方式很特别，按体力和精神面貌来列大小。大姐王建华，早在建库前就已经闻名于当时的密云县，一年四季在地里忙活的她，身体最好，干活最棒。年纪排在倒数第二的，却是十姐妹中的老四，她接过话筒说：“当时因为个高，所以排到了第四。但是现在，牙齿都掉光了，可能就排不了老四了。”一句话逗乐了全场。

十姐妹中的老二张桂芝老人已经逝世，离开了她心爱的密云水库。王大姐代表她收下了晚会主办单位的一份心意：一副自动保暖的护膝。希望还能温暖她那被雪水浸坏的双膝。王大姐说道：“桂芝，我们的水库已经50岁了，你看到了吗？北京没有忘记十姐妹，我们大家都很想念你。”

十姐妹突击队是众多突击队的一个，王建华也是20万建设大军中的一员，平凡的她们，也就是一滴滴水珠，汇集成浩瀚辽阔的生命之源。紧接着表演的歌舞《小小水滴》，正诉说了她们，平凡、普通、无奇，但却有着汇集汪洋的壮举。

建设水库需要万丈豪情，但是守护水库却需要几十年的坚忍。一根普通的水文测量杆，陪伴密云水库几十年。暴雨肆虐，浅滩缓流，几十年起起伏伏的水面，由它记录了下来。联系了三代水文工作者，传承了几十年的爱水精神。

现年71岁的王养才是这根木杆的第一任主人，他孤身一人，在远离人烟之处测水30余载，他工作多年却只有8次春节回家团圆。他说，他只是一个爱水的人。

王养才老人坐着轮椅，被自己的徒弟、徒孙推上了舞台，当主持人向他问好的时候，连说话都困难的老人，试图迈出轮椅站立起来。他的胸前有一枚奖章，岁月已在上面留下了痕迹，“全国劳模”的字样就在这斑驳的奖章上铭刻着。

这是一个师徒三代的水务工作团队，王养才老人的徒弟田国生，是测量杆的第二任主人，他从师傅那里继承了测量杆，也继承了“全国劳模”的荣誉。提到下会站测出的水文资料，他打趣地说，有5米多高，两个姚明加起来还不够呢。

孩子是未来的希望，也是文化传承的对象和实践者。王养才老人的徒孙，“80后”的吴月，是测量杆现在的主人，这个“三代之家”的孩子，他传承着这个团队的精神，继续着这个队伍的故事，同时引入了现代的工具，使得现在的水务工作，融入了高科技的元素。

家，是一个温暖的词语。功成名就时、落魄失意时，家始终是人们的归宿。密云水库的湖底，曾经是许许多多人的家。晚会的几位老艺术家朗诵的《记忆之海》中，翻开50年前的日历，重现当时的情境。砸碎家中不能带走的财物，割掉没有长成的麦子，离开最富饶肥沃的土地，舍弃了祖祖辈辈生活的家园。

舍弃家园的人们，把密云水库当作他们的新家，不允许这里受到一点污染，不让一粒尘埃落入这盆清水。小小的赤眼蜂拯救了这里的人们，它让这些不愿用农药的人们，也尝到了丰收的甘甜。

一只用高倍摄影机放大800倍才能看清的小蜜蜂，挽救了几百万亩的农田。在这只小蜜蜂的后面，是一个同样柔弱的女子。在资金缺乏、环境恶劣的年代，她曾经和助手一晚上抓了一吨蛾子，她敏捷地撕开一只只昆虫的肚子，却来不及躲避从尾部喷出的液体。为了工作，女儿到了3岁还不认识妈妈，为了赤眼蜂，母亲病逝都没有回家。

史桂荣老师从幕后走到台前，年过半百的她看上去依然精神抖擞。说起赤眼蜂，说起密云的农业工作，她告诉主持人，这些对于她来说，意味着整个生命。丈夫去世的时候，她还在地里。下班的时候，没有人像往常一样打开家门，她这时候还不知道，那个陪伴她走过半生的人已经离她而去了。“进去的时候，身上都还是热的……”说到这个时候，史老师的声音哽咽了。

她说，为了事业，付出了半个家庭。57岁是退休、享福的年纪，但这位绿色使者却认为，她的热情还在田间地头，她舍不得这片生养她的土地。时光无声，山水作证。故乡儿女因为热恋故土而奉献，奉献终生亦无悔。史桂荣将青春和心血献给了这片土地，大地因为她的奉献而更加丰饶。

水之恩：幸福的反思　源头的反哺

小品《老人与水》中，年迈的爷爷，已经记不清家中的新成员。模糊的记忆，混乱的逻辑。倒掉剩下的半盏茶水，对于现代的人来说，平常至极。拿流动的水冲车，也只是日常的一件小事。但是这些被倒掉的、被忽视的水，却是老人家的心尖肉。

这水，是他们扔掉了刚建好的3间瓦房，喝凉水、啃窝头，光脚站在寒冰上，几十万人用小推车推出来的。这清澈的水里，有家乡，有青春，有一段艰苦奋斗的记忆，有一片无私为国的忠诚。水就像是他们精心呵护的婴儿，他们就是那痴心的父母，只希望孩子能健康快乐地成长。

我们走出很远，每次回头看着出发的地方，却发现，已经与原点相去甚远。反思，是不断纠正的过程。反思，也是不断自我认识的途径。对自己的行动抱有怀疑，对既成的事实持有不确定的态度，这是探求科学的精神。生活的时候，要看到未来，而看到未来的方式，可能是回头，反观过去，找到自己。

水之形：立体的舞台　绚丽的仪式

水，聪灵俊秀，亦狂放不羁，奔流于崇山峻岭之间，也蛰伏在浅滩水池内，无本无形，又能改变万物于顷刻之间。打造一个关于水的平台，向50年来水库一代一代的建设者致敬。要诉说水的温柔，回顾京城这一盆清新亮丽的饮水之源滋润人们心田的温暖。要表现水的磅礴，体现密云人民为保护京城水资源做出的牺牲和奉献。

晚会舞台采用前后两块屏幕作为背景，后面一块屏幕覆盖了整个舞台背景，上部向内弯曲，覆盖了部分舞台内顶。而在舞台的左、右两面，也有长方形的液晶屏幕排列，使得舞台形成了一个环幕，有很强的立体感。在环幕中呈现的，是太空中向外飞梭的星辰，自顾旋转的光彩绚丽图像，又或者是水波纹的画面。舞台得到延展，好似在太空中，又好像在虚幻里，抑或在水面上。强烈的纵深感和虚拟性是背景屏幕带给人们的第一直观印象。而在第二块屏幕前，是简单的一字形演唱台。一字形的演唱台，是水库大坝的象征，正如密云水库上的大坝一样，圈出一方净土，让一方人民能载歌载舞。

有立体感、延展度的舞台，简洁中透着磅礴大气。但水又是柔美的，清新、亮丽同样是它的特性。晚会舞台的主色，由象征湖水和森林的青绿构成，不仅描绘出一幅美丽的密云景象，同时也传递出生态、环保和低碳的信息。蓝色，是水的象征；而绿色，被人们赋予着自然与和平的意义。密云水库的安宁和明净，正是两种颜色的完美结合体。

婆娑的蓝绿灯光，配合着薄薄的烟雾，在如梦如幻中，展现美好的生态密云。写意虚无的花朵，逼真茂密的树林在两组屏幕上交替出现。生态的密云，世界的北京。

水之歌：冷色的舞台　暖色的记忆

开场，三滴水声后，林妙可童声清唱《家园好》，干净的声音，开启“碧水润京华”的大幕。音乐缓缓响起，渐行渐强。伴舞的孩子们，穿着白色的纱裙，正像天边的白云，轻轻流淌。孩子后面的姑娘们，湖蓝的罗裳，诗般的水袖，迈着绵延的碎步，就似那山间的流水，温柔抚摸着家乡的土地。地上慢慢散开的雾气缓缓升起，在这世外桃源般的地方，诉说美丽如画的密云水库。

“筑起 ·条爱的大坝，亮出一道爱的水闸。”晚会的主题曲《碧水润京华》诉说着对家乡的爱、对首都的爱、对水的热爱、对水库的珍爱。这些爱，汇集成了这一湾碧水；这些爱，滋润着京华大地；也正是这些爱，温暖着建库者、守库人的心。

《暖》表现的是年轻人对于大千世界的憧憬。不论是半世纪前建设水库的年轻人，还是为水库的水文工作奉献半生的老年人，或者是现在准备接过前辈手中大旗的继任者，他们都是这首歌描述的人。歌曲《绽放》里面的水珠，在最美的地方绽放，也绽放出最美的模样。滴水之恩自当涌泉相报。一曲温婉的《感谢》，缓缓诉说北京人受水之恩惠的谢意。

晶莹水滴，汇成江河湖海。问渠哪得清如许，为有源头活水来。饮水思源，爱水节水。一方水土的纯净，需要数代人的汗水，需要数代人的薪火相传。让希望似不灭的火炬，让快乐、积极、健康、阳光的情怀如闪烁的星辰，永远照耀前路。地球是人类永恒的家园，山水是人类温柔的母亲，让我们珍惜这芳草萋萋、繁花似锦，让我们守护这青天碧岛、清溪长河，让我们共建那绮丽如诗、清澈如水的美好未来！

导视类栏目的功能整合与提升

——浅析 BTV 文艺频道的《文艺导航》

宋 毅

《文艺导航》是北京电视台文艺节目中心开办的一个以宣传频道的重点节目、活动为主要内容的小栏目，全天滚动播出9次，每期9分钟。《文艺导航》采用原创性的采编手法，对频道各栏目的风格特色、近期热点、幕后花絮、背景信息等方面进行深入推介，通过点面结合的报道，让观众在有限的时间里充分了解文艺频道各栏目的最新动向；对于频道的特别节目和大型活动，更是凭借“近水楼台先得月”的资源优势，迅速灵活地进行全方位、多角度的全景式报道，深入展示其台前幕后的亮点，提升频道品牌活动的认知度和影响力。此外，《文艺导航》还通过整体打包，对频道所属各栏目及栏目主持人进行系统推广。例如，对栏目在一段时期内的某个主题进行整合推介、为每位主持人录制个人专题等，充分利用这个平台打造栏目和整个频道的品牌形象。为了更好地实现上述功能定位，《文艺导航》栏目在创办伊始确立了以下三大目标：一是横向目标——构建频道内部完整的电视节目服务平台，通过原创内容实现系统化、个性化的信息告知，提升所宣传节目在目标人群当中的熟知度和美誉度，加速内容升值。二是纵向目标——整合频道内部的生态系统，在视觉层面上解决因各个单一节目诉求不一致或要素缺失所导致的生态失衡问题，使之保持统一性和延续性，助推频道品牌。三是深度目标——强化观众的互动性体验过程，在版面规划和传播方式上形成有效的管理，达到与观众需求和时代变化保持同步的目的，激活频道在观众心理层面的期待视野。

在两年多的工作实践中，《文艺导航》在以下3个方面进行了积极的探索和有益的尝试。

一、升级服务意识，加速内容增值

中国人民大学舆论研究所曾在北京地区进行过一项“北京居民收看电视的基本情况和收视意愿”的大型抽样调查工作。当调查问及“吸引您选择某个电视频道或收看某个电视节目的主要因素是什么”时，问卷结果显示出：对于吸引观众非常重要的节目特质共有5个，它们依次为“节目内容重要”、“节目内容有意思”、“节目内容实用”、“节目形式新颖”和“播出时段合适”。可以说，正是这5点要素构成了观众对于一档电视节目的评判标准，而这个标准同时也成为《文艺导航》栏目的服务依据。

因为所要宣传的节目有着不同的内容和类型，从它们自身而言存在着不同的收视元素。本着“自采内容原创化，二度加工个性化”的原则，在对节目素材的整理过程中，《文艺导航》的记者紧紧围绕以上要素对文艺频道的各档节目所包含的收视元素进行了细致的分析、归纳工作。通过对这些元素进行要素排列，进而有选择性地取舍，以从中提炼出观众喜闻乐见的关键信息，经综合汇总之后在视听元素的配合下形成有针对性的推荐表述。这种方式既避免了浮皮潦草、走马观花的节目介绍，也兼顾了文艺频道多档风格各异的优良节目源，达到了在有限的节目时间内充分延展可利用的信息空间、以系统化地扩大节目价值总量的目的。在具体操作层面，《文艺导航》主要以3个方面作为实现横向目的的突破口：

1. 主题深入化，探寻幕后故事。一直以来，围绕所宣传节目进行幕后故事的多方开掘并以观众的视角把隐藏在这一过程中的新鲜花絮扩大化，成为栏目组致力的重要方向。值得一提的是，这种开掘在很多时候仅仅是凭借记者对于突发事件的随机捕捉，因此不可避免地会出现因采访记者的个人喜好产生误差的情况。为了减少这种几率发生的可能，就需要开展融栏目组集体智慧于一体的主题策划，通过深入的主题挖掘对所要采集的节目内容进行有意识的摄取，从而才能呈现出绝不雷同的角度。

比如，在针对《经典回眸》节目制作的怀念邓丽君专题时，《文艺导航》紧紧围绕节目请来的3位模仿邓丽君的嘉宾，让她们各自讲述对于邓丽君的服装、造型、声音3方面的感知，并配以现场观众对于这3位嘉宾模仿的点评，从而引导电视机前的观众多角度地体味邓丽君，达到关注《经典回眸》播出的目的。这种主题化的内容表达方式不仅在无形中增强了所要宣传节目的亲和力和吸引力，而且对所制作的导视类节目本身也起到了锦上添花的功效。

2. 叙事技巧化，营造悬念空间。故事的魅力在于“已知与未知之间、规则和变化之间、不可避免和难以预测之间”，“我们无法预知在这种对抗之中将会产生什么，什么因素将加入进来，结果会怎样，也不清楚在一个主人公身上，什么样的潜在素质将会被唤醒，通过他的对手的行动，他将被导向怎样的行为”。这种突出“过程之美”的叙事技巧在很多电视节目中发挥得淋漓尽致，正是它的不可知性带来了种种引人入胜的效果，也带给了观众审美的快感。导视类栏目虽然时间很短，不具备影视剧或者专题性节目对悬念设置进行铺垫的条件，但是一样可以充分利用这种叙事技巧对所要宣传节目进行要素重构，以唤起观众的好奇心。

在《文艺导航》记者的采访报道中，经常会遇到明星嘉宾临时光顾节目录制现场这种突发情形。在处理这类情况时，编导通常采用的办法是不做一览无遗的展示，而是通过“卖关子”的方式来进行“犹抱琵琶半遮面”的信息透露。比如在最近一期对于《神州音话》的节目推介中，针对该节目请来的嘉宾梁天，《文艺导航》不仅在主持人导语中以“小眼睛”、“喜剧演员”等关键词描述勾起了观众对即将出场明星的猜测，而且对于给梁天捧场的陈佩斯的出场段落也做了相应的“留白”处理。在节目推介时，侧重截取了陈佩斯的背影和脸部以外的非特征性镜头，并配以设问性质的解说词强调了这种悬念色彩。

爱玛·卡法勒诺斯认为，故事是由读者从情节中发现的信息建构。换句话说，这种因为信息的延宕造成的情节不完整，就会让观众对节目在认识上存在一个或多个的“叙述断点”，使得节目中展示的过程显得更加扑朔迷离，从而吸引观众对整个报道的脉络形成一种期待。在这种期待没有得到满足之前，观众始终处在一种既兴奋又焦急的收视状态中，他们就会一直关注节目的发展进程。另一方面，在观众按照《文艺导航》的推荐，观看完这段饱含悬念色彩的内容之后，会有意识主动地把这些人为制造的“叙述断点”按照时间和事件序列填补整齐，在脑海中恢复出整个过程的全貌。因此，这种延宕过程的结构会进一步地丰富观众的收看体验，也增使之前的期待获得更大的满足。

3. 风格特色化，提供评述观点。个体意识的觉醒把现代社会带入到了一个彰显自我、标榜个性的时代，一档电视节目要达到被观众关注和认可的目的，少不了对于自身风格的特色定位。对于导视类栏目来说，合理地引入评述手段不失为一种行之有效的方式。它既可以摆脱对于原有素材的依赖和限制，也能够通过新颖观点的表达确立自己在观众心目中的地位，以达到优化宣传效果、服务目标观众的任务。

在《文艺导航》栏目的采编过程中，这种评述表达细化成为两个方面：一是调动内部思维。回看电视内容的生产本身，都要经历对有价值信息的搜集、选择、创作和转换这一系列流程，可以说是一个以知识生产知识、以知识创新知识的过程。作为完成这一过程的主角，《文艺导航》栏目的编辑主动发挥自我能动性，通过发散思维用不拘一格的方式推出自己对于所推介节目的观点，并迅速在节目中得到最大限度的体现。从播出反映来看，这种带有鲜明风格的创意评论在一定程度上确实起到了吸引“眼球”的功用，让观众在整个观赏过程中保持深刻的印象。二是巧借外部资源。除了内部思维之外，评论的范围还可扩展到外部。比如在进行前期采访的过程中，有意识地邀请与所要评论话题相关的专家或是在观众中有影响力的主持人进行节目内容的推介评论，不仅能增加栏目的公信度和权威性，而且为栏目树立鲜明个性提供了进一步的保障。

二、整合生态系统，助推频道品牌

在当前业界竞争已呈白热化的形势下，品牌资产已经成为了电视频道的核心竞争力。从这个层面上讲，电视领域的竞争已不再停留于过去对于某一个节目品牌的比拼，而是对于由这些节目构成的子品牌形成的频道综合实力的较量。

然而，在以节目为中心的组织架构时代，虽然都是隶属于频道品牌下的单一生态实体，但每个节目却都是由不同的要素构成。由于节目个体的定位和其他一些变量因素所控，一般来说，节目与节目、节目与频道之间往往会出现诸如标准色不统一、风格不统一、制作方式不统一等情况，而正是这些不统一的要素在一定程度上构成了品牌形象离散的潜在因素。一旦它们之间发生互相抵触或损耗的情况，频道内部的生态平衡就会被打破，进而影响到整个生态系统的稳定发展，频道的整体性效益也会因此受到严重影响，甚至出现消解品牌形象的可能。

在实际运作中，这一问题的解决首先要树立起以频道品牌为核心的主品牌意识，因为“一个构思巧妙和管理完善的品牌结构是清晰的、协调的，它使品牌保持平衡，避免重心模糊、市场混乱和资金浪费”。与此同时，也要利用CIS战略的成果，合理使用导视类栏目的整合功能进行统一化处理。

正是基于此，在文艺频道的营销传播中，《文艺导航》作为一支重要的力量被纳入到了频道的整体包装管理体系中。栏目按照纵向目标的要求，不仅依据频道品牌的视觉识别元素和核心价值作为个体包装的设计元素和宗旨，而且通过对频道自身定位的准确界定，进而以全局意识来整合具体节目的推广和宣传工作，并依此发挥集成优势，把所推介的具体节目打包处理成与频道整体形象相符的注意力系统。以此来协调各个平行节目之间以及它们和频道品牌之间的关系，从而确保在品牌传播的过程中，每个生态实体在节目内容、风格样式以及包装设计上都向频道主品牌倾斜。

在实现这一整合营销的过程中，栏目组还根据不同的目标观众群的收视心理和收视习惯，结合科学、合理的编排手段来优化资源的组合和配置。在自身集成方面，栏目组以计划性为先导，对文艺频道着力打造的重点节目——每晚播出的黄金档进行提前编排，结合频道近期、中期、远期的节目播出信息，构筑了栏目统一的编排方案。而且根据频道举办的特别节目和重大活动等选题设立差异化编排方式，做到灵活机动地调整季度计划、月度计划以及周计划。

与此同时，在《文艺导航》播出的两年来，在频道编排体系当中采用了渗透式的播出策略。通过对非黄金时段的使用价值分析，合理配置了栏目的首播与重播比例，在每天达到了 9 次的播出频率。这一设置方式完成了在上午播出时能够预告下午或晚间的节目、在晚间播出时可以预告明日或近期节目的要求，使节目内容得以在不同时段广泛传播，从而实现了对各类收视人群的覆盖，提高了所载节目传播获选的或然率，在文艺频道的整体编排中凸显了 1 +1 >2 的规模效应。在栏目长期的整体助推下，文艺频道也逐步形成了自己的品牌聚合力——“对媒体产品发挥了‘扩散效应’，对媒体知名度和美誉度发挥了‘放大效应’，对受众的注意力和忠诚度发挥了‘磁场效应’，对资金、人才、合作发挥了‘吸纳效应’，对媒体可持续发展发挥了‘拓展效应’，对有形资产向无形资产的转化发挥了‘转换效应’”。

三、强化互动平台，激活观众期待

有道是：“知屋漏者在宇下，知政失者在草野，知经误者在诸子。”在电视节目传播的一系列过程中，必然要进行观众反馈意见的收纳。在著名传播学者麦克卢汉眼中，作为冷媒介的电视媒体，更是因为自身的低清晰度而需要观众的广泛参与度，从而构成电视节目视听经验的积极组成部分。从这个角度上说，观众的互动是必要而且必须的，而这也一直是《文艺导航》努力要实现的深度目标。

在进行推介工作的过程中，栏目组很重要的一部分就是要从时空片段中找出观众所需要的期待，而实现这一期待的最好办法就是调动观众进行主动体验。因为不可能把电视机前的每一位观众都请到演播室或者录制现场，所以这种体验需要综合运用电视手法进行“跨时空”传递，从而让更多的观众以身临其境的感觉体验电视节目录制的全过程。

但对于单向传播的电视媒体来说，这种体验过程传达得是否准确、是否精彩，并不能第一时间从观众的反馈意见中获得，加上这种反馈的存在方式往往是以分散、混沌的状态出现，这就造成了传播链条的断层。

为弥补这一缺项，电视媒体当下最紧要的任务就是启用各种沟通渠道、增强与观念的互联互动。在这方面，相比其他类型的节目，导视类栏目自身的桥梁功能具有先天的优势，而这一优势也将由此得到更为有力的提升。从现阶段电视行业面临的形势来讲，实现互动最有效的方法就是顺应三网融合的大趋势，参与新媒体联动平台的搭建，通过产品（电视节目）和消费者（观众）的关系发掘导视类栏目蕴含的潜在价值，使之成为整个频道的内容链接窗口。从这个角度上说，平面媒体、互联网络和广播都应该是导视类栏目联手的好伙伴。

对此，《文艺导航》栏目已做出规划，在下一阶段积极搭建新媒体合作的平台。借助这一平台充分了解观众如何解读文艺频道内容符号的详细过程，并通过它完善回答观众问题、采纳观众建议等手段，实现观众对于传播内容的全方位解读，从而完成真正意义上的反馈。之后，再合理运用这一结果，把观众的具体意见提供给各个节目生产和编排部门。只有完整贯穿了这一传播过程，才能体现出电视应有的互动效果。而这一方式，也会让观众有了真正参与的感觉，调动了他们的积极性，为进一步做好双向交流、增强宣传效果起到重要的作用。

正是在以上各方面的综合作用下，作为频道层级的一档导视类栏目，《文艺导航》通过对于整个频道即将播出的节目资源进行原创采编和二度加工，实现了内容的优化传播，促使观众有目的地去主动感知节目信息，增强了他们对于节目内容和品牌的记忆效果，提升了频道的有效到达率。然而，在如今数字化、网络化的技术洪流中，普通观众所能收看到的电视频道数量较之以往已呈翻倍增长的态势，由此产生的庞大的节目内容，更可以说是无所不有、无所不包。电视领域新的发展空间已经被打开，其进步的轨迹也正在被塑造和拓展。

伴随这一日益深入的行业主题，导视类栏目自身肩负的功能以及对频道所起的作用自然也需要与时俱进、应机而动。因此，在导视类栏目的功能整合与提升的过程中，《文艺导航》的践行之路任重而道远。

责任媒体　百姓情怀

——《解密社保卡》创作点滴

刘　薇

2010 年 6 月 28 日，非常网络播出了一期服务百姓的节目——《解密社保卡》，取得了 3.25% 的收视率。节目播出后，北京市人力资源和社会保障局宣传部的同志特意打来电话表达谢意。节目能够得到他们的认可，作为编导我也感到很欣慰。这期节目的主要表现形式是场外提出问题，专家现场解答。我们请来了市人保局副巡视员张大发等 4 位嘉宾，解答参保人员持卡就医过程中遇到的具体实际问题，让大家可以更加方便快捷地持卡就诊。

捕捉当下的热点人物和热点事件一直

是我们栏目坚守的定位，社保卡这个选题的发现缘于我们身边的人去医院看病遇到了使用的问题，并且在询问周边的同事时发现几乎很少有人能弄明白这个社保卡到底怎么使用。其实自从社保卡发放到北京市民手中以来，关于社保卡如何使用的问题一直是参保人员关注的焦点，也是人保局一直想努力解决的重点问题。从人保局给我们提供的信息来看，北京市已经有600多万人拿到了社保卡，每周有将近10万人在使用社保卡，而每天都有不计其数的人在不间断地拨打热线询问社保卡使用的相关问题。进入6月份，各大平面媒体也在争相报道社保卡使用的相关信息，社保卡俨然成为当时最热点的话题。这次我们也找准了时机，在老百姓正对社保卡一知半解的时候，播出了这样一期答疑解惑的节目，正符合老百姓迫切的需求。

了解到老百姓的需求，还要把老百姓的需求细节化和具体化，为此，我们走访了各大医院和社区，采访那儿的老百姓，了解他们真正关心的问题。从对几十个百姓的采访中我们挑选了一些最具代表性的问题，请现场嘉宾从实际应用的步骤到技巧、疑点和难点进行了深入浅出的解答。根据节目的分钟收视来分析，所有的来自老百姓的外采一线提问均拉动了收视，这说明外采所搜集的问题也是电视机前观众关心的问题。

作为媒体人，大家最关心的就是节目播出后，观众的反馈如何。因为在节目制作完之后，最终还得接受观众的检验。前几天，我在《非常网络》的留言板里看到了一位网友是这样评论这期节目的："不错，这期节目很实用，以后多做些这样的实用的节目，为老百姓服务。"这句话中实用两个字对我的触动很大，对于我们媒体人来说，服务百姓一直是我们传媒工作者应该肩负的责任。然而，在履行媒体责任，传播正确舆论导向的道路上，我们还有很长的路要走，但是有了这次的尝试，相信我们会做出更多更好的节目，为老百姓服务，真正做到"责任媒体，百姓情怀"。

大型艺术纪录片《江山如画》制作心得体会

刘　畅

大型艺术纪录片《江山如画》播出以后，获得了各方面的好评和广大观众的认可，也得到了台领导的鼓励和肯定。下面我谨就节目制作过程中的一些做法和心得体会做一简要介绍。

一、为什么要拍摄这样一部纪录片

在今天，电视仍然是其他媒体和机构无法比拟的拥有巨大的舆论辐射能力、强大的价值观塑造能力的媒体，从这个角度讲，我们人虽微，言却重，站在什么立场、用什么样的话语方式来影响社会，就不仅仅是个经营问题，更是个社会责任问题。作为有广泛社会影响力的大台，不断提升电视作品的人文品质，不断扩大优秀文化的社会影响力，是我们必须承担的社会责任。电视台是党和人民的喉舌，承担着人文北京的建设重任，如何积极发挥社会主义核心价值体系的引领作用，塑造城市人文品格、推动形成健康向上的社会文化氛围，是我们每个人都要思考的问题，我们科教频道更是责无旁贷。但是我们也深深认识到，作为新闻工作者，我们距离台领导要求的要成为“严肃的传播者、理性的媒体人、博雅的文化人”还有相当大的差距，我们在发展繁荣首都乃至全国的文化方面还有相当多的工作要做，我们的文化责任与社会责任还远未充分发挥。正是基于这样的认识，我们在台领导的部署下，开始策划拍摄《江山如画》这样一部大型纪录片，以新中国成立后各个时期的美术发展变迁为线索，把国家和民族艰苦奋斗的伟大历程、社会生活的巨大进步、在新时代里人的自我发展与完善，用艺术家的眼睛、艺术家的画笔，用他们对伟大时代和大好河山的图像记录一一表现出来。

一个民族，选择了什么样的文化，就选择了什么样的命运；创造了什么样的文化，就创造了自己怎样的历史与未来。伟大的民族，必然拥有灿烂的文化；强盛的国家，必然要有强大的文化来支撑。正像温家宝总理指出的那样，国家发展、民族振兴，不仅需要强大的经济力量，更需要强大的文化力量。文化是一个民族真正有力量的决定性因素，可以深刻影响一个国家发展的进程，改变一个民族的命运。作为时代的记录者、观察者，我们必须用极大的政治热情、极高的人文素养、极强的社会责任，来为社会主义文化大发展大繁荣尽心尽力。

二、我们的做法

一是在节目主题上坚持主流价值。新中国美术的发展和时代变迁息息相关，艺术家的命运和国家民族休戚与共。文运即国运。正确地反映60多年来的艺术发展，是正确反映国家民族历史命运的方法和手段。新中国成立以来，社会生活面貌发生了巨大变化，人的精神世界呈现出纷繁复杂的图景，国家和民族历经奋斗和曲折，走上了伟大复兴之路。对于这段历史，绘画作品无疑是最具说服力的见证。60年间的优秀画作记录着我们共和国成长的伟大历程，60年间涌现的大师巨匠是时代巨变的代言人。

二是在节目定位上坚持人文立场。美术作品最精微地反映了人的内在精神世界，也最形象地反映了山河大地、社会人生。伟大的艺术作品一定是具有永恒人文价值的，作品中所表现的波澜壮阔的时代、气吞山河的英雄、创造历史的人民，是这个永恒价值的具体承载者，缺少了人文品位，节目就缺少了最基本的内在精神，缺少了最基本的立足点。一部好的纪录片不仅仅是在制作上纯熟圆融、记录上客观真实、传播上“喜闻乐见”，更重要的是要有深刻的人文关怀。

三是在节目水准上坚持学术质量。一部文献纪录片的核心价值在于能否具有较高的历史真实性的学术水准。电视作为面向大众的媒体，可读性、消费性是其基本特点。作为严肃的电视作品，通俗和高雅应该并行不悖，简明和深刻应该兼而有之。为坚持节目的学术性，我们从一开始就注意吸收最权威的专家意见、最广泛的学术成果，并通过文本、拍摄化为最能被公众接受的电视语言。

四是在节目风格上坚持诗意表现。有图像的历史是有温度的。那些温度是人的温度、山河大地的温度、岁月四季的温度。用不朽的才华把这瞬间的温暖感受泼洒在画面上的人，是天空、大地和时代的骄子。我们力图循着画面上那些敏感心灵的足迹，再次走进历史，循着他们当年的目光，寻找曾经的感动。那可能是新中国成立时的第一声礼炮，是阳光下祖孙四代日出而作、日落而息的劳作生涯；也可能是夕阳余晖下华山莎罗坪的险峻线条，是三门峡工地上如潮的劳动大军；还可能是四合院葡萄架下蟋蟀的鸣叫，雁荡山谷里默默盛开的野花……我们不能把这些感动变成冰冷、平淡的叙述，把最感动人的东西变成一部账本。

五是在节目制作上坚持精细入微。半个多世纪的美术史中，有无数的人物、故事、作品、事件，如何精准地选择、真实地表现，必须有非常精到的文献功夫、非常细致的采访功夫、非常敏锐的演绎功夫。在制作过程中，我们翻阅了大量的文献，查找了大量的图像、影像资料，采访了近百位艺术家、历史见证人，有些现在已经去世，留下的影像已经成为最后的历史叙述。我们力图仔细放大大历史的小细节、大画面的小笔触，把不为人知的曲折故事讲述出来，把画面背后的底色呈现出来，把人物的悲欢离合传达出来，要将一幅幅杰作当作珍珠，将画家的人生历程当作串线，将细节作为闪烁的光点，编织出一幅璀璨的流动图画。

三、一些体会

经过8个月的艰苦努力，在摄制组全体同仁的共同努力下，节目成功播出，并获得了良好的社会反响，尤其在美术界、学术界更是反响巨大，评价甚高。总结经验，我们有以下体会：

一是台领导的高度重视是节目成功的坚强组织保证。

二是前瞻性的决策和投入是节目成功的物质保证。作为一个已经有重要影响和实力的电视台，如何进一步做大做强，必须有非常前瞻性的战略眼光。做一部高质量的文献纪录片，不仅仅是单纯的对收视率的考虑，更是文化立台的重要决策。台里决定投入制作这样一部片子，正是夯实电视台人文底蕴、夯实电视台发展基础的举措。

三是良好的制作团队是节目成功的专业保证。

四是敬业唯勤的工作态度是节目成功的质量保证。

做观众爱看的春节特别节目

——《法治进行时》春节特别节目《骗局揭秘》总结

李玉国

《骗局揭秘》是《法治进行时》栏目在2004年首次以小品剧的形式推出的特别节目，节目刚一亮相就立即得到了观众的喜爱和认可，曾获得“2004年观众最喜爱的春节特别节目”称号。2009年，《法治进行时》再度携手著名影视演员梁天，共同打造了全新的《骗局揭秘》。

2010年的春节荧屏，异彩纷呈，各地方台、各个频道都以晚会+精品电视剧+特别节目的编排吸引观众的眼球。在众多节目中，《法治进行时》制作的《骗局揭秘》脱颖而出，成为北京电视台自制的特别节目中收视率最高的节目，从大年三十到正月初六，7天平均收视率达到4.62%。片中不但揭露了大量的骗局，还邀请了50多位明星加盟演出，用寓教于乐的方式让大家轻松识破骗局。制作《骗局揭秘》今年已经是第4个年头了，那么，是什么原因让观众对它的热情仍不减当年呢?

一、真实是核心竞争力

千万别认为这是小品，其实它就发生在你身边。《骗局揭秘》的取材源于《法治进行时》栏目曾经播出过的真实案例，所涉及的骗术基本都是近年来排在诈骗案件发生率前15名的。而且很多骗局，观众在日常的节目中都曾经看到过，所以尽管经过艺术加工，观众对这些骗局存在的真实性并不怀疑。

二、关注焦点，发人深省

在2009年的1月到10月，在北京仅通过电话和手机短信发生的诈骗案件就有8700多起，老百姓上当受骗的金额总计高达2.7亿元，这是一个天文数字。全国最大的一起电信诈骗案件发生在2009年的10月21日，当时一位女事主一下就被骗走了1071万元。《骗局揭秘》用这些被骗事主刻骨铭心的声泪控诉，提示大家不要轻信骗子的花言巧语，教会大家如何识破骗子的伎俩，并告知大家在遇到类似骗局时，该如何处理，有很强的实际意义。

三、明星加盟，精彩演绎

《骗局揭秘》分为7集，共邀请了梁天、黄宏、蔡明、潘长江、李亚鹏、方子哥等50多位明星加盟出演，其中李菁饰演的“不吃亏”，虽然聪明，但还是被骗子用高科技手段骗走了6万元，郭达饰演的127岁的老骗子，演绎了一个以“解冻民族资产”为诱饵的金融诈骗案件。李亚鹏饰演的一位普通市民，在接到骗子电话时，用自己的聪明与才智，戏弄了骗子一把，让观众解了气，过了瘾。

四、创意新颖，设计独特

除了有这么多明星大腕鼎力加盟外，《骗局揭秘》还设计了一个由梁天、刘惠、关婷娜、来喜组成的骗子公司参与行骗的情节。使得故事更具连贯性，情节更加吸引人。

五、轻松诙谐，寓教于乐

《骗局揭秘》一改法治节目以往生硬和冰冷的面孔，用通俗易懂的语言，用轻松的喜剧包袱，将一个个真实的案例诠释出来，就是为了能够让观众更清楚地认清骗子的真实面目，防止上当受骗。《骗局揭秘》情节丝丝入理，不是剑拔弩张，故事环环相扣，喜剧效果更是层层递进。

今年，《法治进行时》栏目与导演梁天已经是第4次联手打造《骗局揭秘》了，这是一个强强联手的模式，在形式上突破了以往的舞台化的表演风格，全部用实景拍摄。虽然这样做增加了拍摄的难度和时间，但我们追求的就是这种真实感。总之，真实的案例，明星的演绎，喜剧的风格，清晰的提示，让《骗局揭秘》又一次获得了电视观众的喜爱。

用心、用情做对观众负责的好节目

伍 立

“《养生堂》紧紧抓住观众的收视需求，它的简单和实用促使电视对娱乐潮的反思，让电视的性格缺陷在某种程度上得以弥补。”这是第三届《综艺》年度节目奖对《养生堂》栏目的颁奖词。

《养生堂》栏目自2009年1月1日开播，目前共播出464期，单期收视率最高达4.86%，比去年同时段上升幅度接近700%。平均收视率在2009年达到了2.52%，创下了北京电视台傍晚非黄金时段的收视纪录，并且获得了中国广播电视协会颁发的创优健康栏目一等奖和第三届《综艺》年度节目奖。节目从开播到现在，《养生堂》栏目共请到了包括王琦、陈明、赵吉平、李军祥、白彦萍等在内的共计40余位中医养生专家作客节目，传授养生健康知识。

《养生堂》能够接连获奖、获得观众良好口碑与栏目的制作理念是密不可分的，那就是用心、用情做好节目。

一、用心

《养生堂》栏目自创办之日起，以倡导健康生活方式，传播科学养生知识为根本，认真塑造节目品质，严格把好选题关、嘉宾关、内容关。不追求猎奇，不寻求刺激。系统地、科学地向观众讲授养生健康的理念和知识。为了加强栏目的实用性，栏目做出了很多具体规定：

（1）加强对所选嘉宾的考察，严格准入制度。养生堂所选取的嘉宾主要来源于三个方面：第一，北京中医药大学的教授；第二，京城四大名医后人或传人；第三，专业医院、专业医疗保健协会的会员和专业医师。

在《养生堂》声名鹊起后，有熟人推荐，专家自荐，文化公司主动上门联系，对于这些，栏目严格按照自己的选人标准对嘉宾审核。对前来主讲的医疗专家，栏目的工作人员会事先在专业网站上搜索他的论文，保证其专业性，另外，还会要求他出示医师执业资格证。对于一些非正规途径所谓的“专家”，包括张悟本，因不符合栏目的嘉宾标准而被拒绝。

（2）在内容把关上，我们专门聘请了中国中医科学院的博士作为栏目主编，加强对节目内容的甄别和筛选。这一方法收效甚佳，能够从专业的角度摒弃伪科学。

（3）一年多来，栏目多次请中医专业人士定期对编导进行培训，以保证节目的专业水准和品质。

二、用情

《养生堂》的热线电话和台内网站的咨询量都是本台最多的栏目之一，它是观众对我们的信任，我们不能辜负他们的期望。《养生堂》从始至终都提出“把观众当父母”的口号，要求编导以为自己父母找养生之道、健康之术的精神做节目。

《养生堂》——“献给亲人的爱”，是我们坚定不移的追求。

因为是在给自己的亲人做节目，所以我们拒绝了许多养生畅销书作家做节目的要求，因为那些绝对的说法、卖大力丸式的吆喝固然能造成一时的轰动效应，提高栏目的收视，但它对观众和栏目造成的损害却是长期的，杀鸡取卵的事不能干。

因为是在给自己的亲人做节目，“传播养生之道”与“传授养生之术”就会有机结合，不至偏废。因此我们既推出了《中医这样看病》、《经典里的中医智慧》这样的文化经典解读，也有《百病从腿养》、《妙手能回春》这样实用性强的节目。

因为是在给自己的亲人做节目，“听得懂、学得会、做得到”就顺理成章成为我们制作节目的基本要求。

今后，《养生堂》将推出更加严格的选题审查制度，建立了由制片人、主编、副主编组成的4人选题审查小组，在选题的科学性、理论性、独特性、实用性上把好关。在养生节目日益火爆的形势下，我们在努力探索一条“既精准又精彩”的道路。

创新助推《经济法眼》快速成长

财经节目中心

2010年是《经济法眼》快速成长的一年。该栏目在2009年稳步发展的基础上，不断探索和创新，无论是在节目的形式和内容上，还是在报道突发事件的操作流程等诸多方面，都凭借创新精神，大胆尝试小心求证，最终取得佳绩。

一、引入法制评论员，演播室嘉宾点评引领中国法制节目新形式

以往的法制节目表达方式主要有两种，一种是播报类，另一种是故事类。《经济法眼》栏目在讲故事、设悬念、重细节的同时，还开创了“案件+嘉宾点评”的法制节目新形式。使案件不仅仅停留在法律层面，而是更多地去探寻犯罪心理、案件的社会影响等，使法律节目更具思想性，也更人性化。我们在每期节目讲述故事的同时，引入法制评论员的角色，把社会学、心理学等业内人士请到演播室，从心理、社会、经济等角度进行全面解读、深度分析，扩大了案件的外延，使法律教育更加普及化、大众化。

二、独创“特别节目”品牌，节日收视冰点变热点

节假日向来是电视剧、娱乐类、情感类节目的天下，作为财经频道的一档法制栏目，此前，这一时间段是《经济法眼》避之不及的“雷区”，正是因为黄金周对于专业频道而言是收视低谷，许多栏目宁可停播也不希望自己去“填坑”。如何“盘活”黄金周这块收视“盐碱地”？怎样将这一时间段的收视冰点变为收视热点？我们针对节假日的收视人群及其心理特点，独创一档特别节目——《法眼看××》系列，突破了法制节目的传统模式，将多种娱乐元素融进辩法、普法的过程中。2010年春节期间，《经济法眼》制作播出了特别节目《法眼看大片》，每期节目通过一部电影，洞悉其中的法律问题，明星、律师和心理专家现场互动，在欢乐中为百姓举案说法。“十一”黄金周期间，《法眼看明星》系列带领观众走近平日里光环闪耀的明星，从遗产、离婚、明星受骗及官司缠身4个方面，用法律的视角去解读明星们的恩怨是非，剖析其中法律意义的同时，挖掘其深刻的社会背景。演播室请到了“侯耀文遗产案”的主审法官孙丹玲、名嘴叮当、著名演员黄海冰、著名媒体评论人石述思、心理学者雷明以及其他法律专家，对这些明星的辛酸经历，各路嘉宾从心理和法律等多个层面进行分析、点评，在警醒后人的同时，更达到了普法的效果，让观众在节日期间轻松走近法律。

这些节目在播出后获得了社会影响力和收视率的双丰收，《法眼看明星》系列节目（7期）平均收视为1.74%，创下节日特别节目收视的空前高点。同时，《法眼看××》系列已成为该栏目的独创品牌，是《经济法眼》为假日里的观众奉献的一道当家菜。

三、节目内容紧跟热点，操作模式闻“题”而动

2010年，《经济法眼》在频道领导的战略部署下，狠抓时效性选题，不断改进和创新工作方式，力求在第一时间为观众呈现案件最新进展。2010年，该栏目对一系列热点案件进行了抢发和跟踪报道。如“侯耀文遗产案”开庭、查处“天上人间”“导演鄢颇被砍”、“纸老虎老板被杀”、“张学友订金门”、“大兴李磊灭门案”以及“超女王贝整容致死”等等，这些热点选题无一不收到了非常好的收视效果，同时也赢得了一定的社会影响力。

《经济法眼》在报道此类突发事件的过程中，不断探索和创新，同时也总结了一些经验和方法。首先是要有前瞻意识，提前策划采访内容和拍摄方案，对过程中可能遇到的各种问题均有紧急预案以应对突发状况；其次，使节目制作的各个环节形成联动机制，在记者及时反应、迅速出击的同时，节目主持人出现场录制串词，这不但省去了约嘉宾、录制演播室的环节，加快了播出速度，而且主持人现身事发现场，会带给观众更加震撼的视觉冲击；最后，整个栏目要打好“配合战术”，如编辑组对热点案件背景资料和相关链接的准备，主编对报道内容的把控、后期包装的技术支持等。除此之外，在节目内容的编排上采取提前“排兵布阵”的方式，如对侯耀文遗产案的报道，通过对案件争议焦点的提炼和对事实及双方观点的梳理，在第一时间向观众全景呈现了“侯门遗产案”的始末，提高了节目制作播出的效率。

四、栏目管理严格高效，小团队撑起大栏目

2010年，《经济法眼》栏目组在内部管理上也有一些创新的举措。首先，栏目实施人性化管理，做到人尽其才、物尽其用，实现了用最少的人员实现最高的劳效。《经济法眼》栏目2011年由一周5播变为一周7播（2010年10月即开始备播），而栏目现有的24人的团队，在台里的日播栏目中属于很小的规模。栏目充分发挥每个成员的能量，其中许多人身兼数职，提高了人均劳效。此外，栏目建立健全了各项规章制度，对节目的制作流程、人员管理等各方面都做了细致规定，同时明确了奖惩制度，做到各项工作责任到人、奖罚分明，使栏目运作更加流畅、规范。

2010年，在台领导和《经济法眼》全体人员的共同努力下，经过不断的创新和实践，《经济法眼》的收视有了跨越性提升，获得财经节目中心的收视亚军，全年平均收视率达到1.43%，不但超出频道年初设定的1.2%的收视指标，更是出色完成了频道第4季度1.41%的冲刺指标。《经济法眼》在创新中快速成长，2010年栏目收视率在2.0%以上的共有32期，并创下了许多收视亮点，尤其在“世界杯”期间，栏目收视不但没有受到“世界杯”的冲击，反而稳中有升，6月份收视全线飘红，月平均收视高达1.77%，为全年平均收视最高月，收视在2.0%以上的节目多达8期，其中《侯耀文遗产案开庭（下）》3.44%的收视率，更是创下《经济法眼》自开播以来的收视新高，同时本期节目也成为2010年财经节目中心的收视亮点和最高点。

2010年，《经济法眼》栏目不但赢得了观众的喜爱，同时也得到了业界的认可。在中国广播电视协会法制节目工作委员会2010年年会上，栏目主持人宁晓川荣获全国电视法制节目十佳主持人称号，同时《经济法眼》还获得了2009—2010年度全国电视法制节目十佳栏目提名奖，相当于节目奖项的二等奖，这个奖项来之不易，是栏目送评的《侯门疑案调解结案》与60家参评单位的246个参评节目角逐的战果。此外，栏目主持人李春玮还被本台选送参评“广电总局全国影视系统法制宣传教育先进个人”。这些奖项都是上级主管单位及业界对《经济法眼》栏目的肯定与鼓励。

汽车狂欢　媒体盛宴

——BTV财经频道超长直播打造“电视汽车博览会”

财经节目中心

4月23日，2010年北京国际汽车展览会正式拉开帷幕，北京电视台财经频道大型电视直播节目“我为车狂”也同时开播。至此，连续10天、全天6小时的大型车展直播在BTV财经大幕开启。

2009年我国汽车销量首次排名全球第一，全年总销量达到1364.48万辆，汽车产业的发展引起了社会的广泛关注。作为金融危机之后中国举办的第一场国际A级车展，此次车展规模空前。

作为此次车展的主办方之一，财经频道一改过去以简单的新闻报道为主的参与形式，全程参与到车展策划、筹备的过程中。早在2009年8月，财经节目中心就与车展主办方沟通，最终车展组委会把北京电视台确定为唯一电视合作伙伴，这也是电视媒体首次成为车展合作伙伴，由此开创了电视媒体正式参与举办车展的模式，成为媒体参与举办车展的领跑者。

通力协作，集团作战确保直播安全

此次车展直播的规模之大、关注度之高、直播时间之长，均为历年车展之最。为了做好车展直播工作，春节过后，台里多次召开协调会，在台领导的协调指挥下，财经、公共、生活节目中心负责节目制作，广告部负责招商，总工办协调转传、制作、网络、动力等技术部门进行技术保障，保卫处负责安保。一场全台各部门分工明确、共同协作的车展报道工作全面展开，各部门积极配合，确保直播顺利完成。

由于首次进行超长时间、超大规模的车展直播，为了应对可能出现的各种问题，财经节目中心提出要求：要求各栏目通力合作，举全频道之力做好车展直播；要求车展过程中各小组协同作战，营造出更多热点，扩大车展直播的影响力。

经过与主办方、场馆多次沟通，3月底，电视直播现场协调工作初步完成。4月18日，财经频道车展直播小组召开全体动员大会。会上对直播期间制片人、主编的值班情况和记者组、编辑组、摄像组的工作分配进行了详细安排和说明。4月20日，灯光设备到位；4月21日，车展现场450平方米的演播大厅搭建完工，转传、动力、网管等技术部门入驻直播驻地；4月22日上午，以《首都经济报道》为核心的节目制作队伍全部入驻国展。4月22日，财经频道车展直播小组会同我台各相关部门进行了全系统的直播演练，确保直播期间各项工作万无一失。

车展直播期间，除场馆保安外，保卫部还安排专门安保人员24小时值守直播区，并设立警戒区、缓冲区；此外，还设计了专用的直播区通行证，并与场馆对接使用其条形码，确保制作播出范围内避免人为干扰。

超大规模，零距离关注再现车展风云

为了实现与车展的零距离接触，财经频道以《首都经济报道》为主的直播团队在车展期间全部进驻新国展，在国展媒体区搭建了450平方米的演播大厅。在北京电视台新国展的直播区50平方米的机房里，配备了6台非编、4台对编、4台上网电脑、1台串联单电脑、2台打印机、1个配音机房，记者写稿、配音，主编审稿，记者编辑片子，制作包装做特技，制片人、主任审带子，就在这50平方米的地方完成。

车展期间，财经频道“我为车狂”直播分为早中晚三个时段，上午9:30～12:30，下午1:30～3:30及晚间18:57～19:47。其中上午9:30～12:30最为紧张忙碌，在车展第一天的报道中，上午拍摄、制作3～5分钟的新闻七八条，全部采用现场报道形式，实现了快速拍摄、快速编辑、快速播出，随后几天也都能保证每天上午七八条的新闻播出量。

下午1:30～3:30“我为车狂”继续关注车展新闻，并对上午拍摄的精彩内容进行了缩编，同时每天进行一场与现场观众的互动活动。

同时，财经频道晚间黄金时间的名牌栏目《首都经济报道》每天播出50分钟的精编集萃，《首都经济报道》对全天车展进行了50分钟的全景扫描，形成早、中、晚全天候的车展报道。

此次车展直播时间涵盖了车展主要展

出时段，内容集纳了最新资讯、新车发布、高端访谈、精彩花絮等。时间之长、内容含量之大，均开创了历届车展报道规模之最，让观众能够足不出户，看尽车展。

内容丰富，全方位打造“电视汽车博览会”

此次直播活动跨越时间长，容量大，要求对节目内容有提前规划和掌控。因此，财经频道直播小组提出：要对直播内容进行提前策划和精心准备，提前完成15小时的内容，主要包括五大系列：消费调查系列、人物专题系列、品牌故事系列、话题新闻系列以及编辑内容等。

车展期间，根据现场状况和互动活动进展，直播节目组及时创新报道形式，调整播出内容，精心设计了嘉宾访谈、现场采访、高端访问、互动活动等环节，内容丰富多样，力图全方位、多层次地呈现“电视汽车博览会”盛况。其中，主要内容包括：

新车发布直播：新车发布是车展最受关注的时刻，也是反映一个车展水平的重要标志。此次车展囊括了众多全球顶级奢侈品牌，而且其中不乏全球首发的重量级新车。“我为车狂”将选取最具代表性的新车现场发布活动等进行直播，开创新车发布报道的先河。

现场活动直播：在主演播室外搭建的互动活动区内，每天下午举行主题互动活动，互动主要内容有“体验沃尔沃XC60自动刹车系统”、“汽车彩绘”，还有娱乐性很强的“我要当车模”、“现场压气球”、“拉车大力王”、“谁是调头王”等等，充分调动现场观众的参与积极性。

高端访谈：车展期间，奔驰、沃尔沃等知名企业CEO第一时间走进车展演播室，接受记者面对面采访，共同探讨车市热点话题、解析知名企业的产业发展之路。

明星嘉宾：车展期间，来自于政府、学界、业界的几十名顶级大碗以及汽车厂商、汽车专家、资深评论员、演艺明星、著名车模也先后莅临演播室，与观众一起聊车展、谈感受。

良好反馈，车展直播效果初现

4月23日上午，北京市副市长苟仲文来到我台车展直播区，表扬我台为北京汽车工业和会展经济的发展做出的努力，并希望新闻媒体多支持北京汽车工业，多宣传、多支持新能源汽车。

车展开幕几天来，总编辑张晓，台党委副书记王云，副总编朱江、华艺等也纷纷来到车展直播现场看望编辑记者和工作人员。台领导对“我为车狂”车展直播的节目印象深刻，称赞出镜记者的表现，对财经频道直播团队的辛勤劳动提出表扬；并勉励大家再接再厉，制作更精彩的车展报道；希望财经频道今后对这类大型活动要主动出击，多做大型直播。

“我为车狂”也得到了参展商的好评。国际顶级车商CEO纷纷表示：财经频道此次直播，开创了车展报道的新形式。此外，直播还收到了观众的积极反馈，首天直播与卫视并机两个小时即收到观众短信达800多条，以后每天都有数百条观众短信以及网络跟帖。来自全国各地的观众对北京电视台财经频道这次超大规模、超长时间、超大强度的大型直播称赞不已，还有观众认为，北京正在建设国际城市，会展经济是国际城市的重要组成，应该让更多观众了解会展，希望今后多搞一些大型活动的大型直播，以满足广大电视观众的需求，这次北京电视台的大型直播就是一个有益的尝试。

通过此次车展，北京电视台以及财经频道的社会影响力和业界权威性得到了进一步巩固和提升。全天6小时高效有序的直播、良好的记者出镜效果、充满朝气的采编队伍，以及现场450平方米的非常醒目的红色直播间都很好地宣传了北京电视台以及财经频道的形象，发出了我们在重大社会事件中的独特声音。正如朱江副总编所指示："北京台要做大台，要获得国内外的影响力，一个重要的方面，就是要在重要活动、重要事件、重要场合，不缺位不失语，要有报道地位，要有话语权。"

同时，通过此次直播，财经频道的直播能力和大型活动举办能力大大提高，也从真正意义上锻炼了队伍。直播期间，全体直播工作人员集中住宿，早上5点起床，6点吃饭，7点半之前从驻地赶到新国展，一呆就是一整天，直到晚上8点《首都经济报道》栏目直播完成后才能返回驻地，回到驻地后还要总结当天直播经验教训、研究调整选题，睡觉时往往是12点以后了。在直播的这几天里，财经频道所有参与人员都经历着高强度的紧张工作。虽然面临巨大的压力，但整个团队表现出的是朝气蓬勃、奋发向上的敬业精神以及团结协作的团队意识。每天大家互相比的是谁做的报道最多、最好，谁今天出镜表现最自然。编辑们的神速采编、出镜记者的出色表现、后期制作团队高超的业务水平，共同确保了此次直播的顺利进行。

"最权威的高端访谈，最及时的新车发布，最直观的消费调查，最轻松的互动活动"，财经频道的全程直播使本次车展突破时空限制，成为场馆+电视的立体车展，成为一次真正意义上的"汽车电视博览会"。

4月23日粉墨登场的国际车展，不仅是汽车的天下，也成为展示财经频道直播能力和团队协作的舞台，成为财经频道乃至北京电视台承担相应的社会责任、经济责任、文化责任的题中之意。

关键时刻 关键声音

——浅析BTV财经频道《点击年关键》大型电视论坛探索之路

财经节目中心

财经频道的大型财经电视论坛《点击年关键》历经两个年度，累计推出了6季共43集，播出总时长达3300分钟，两年间有近200位著名经济学家、明星企业家、财经评论人、知名学者做客《点击年关键》，在中国经济和世界经济的每一个关键时点，纵论财经天下事，为公众破解经济生活领域的谜团。

作为财经频道重点打造的品牌节目，两年间财经频道在创新之路上上下求索，经过两年的实战，《点击年关键》已经成为BTV财经极具影响力的品牌节目，尤其在高收入、高学历、高职位三高人群中收获了良好的美誉度，正在“影响有影响力的人”，树立起了北京电视台在财经领域的一面旗帜。

2010 年 1 月 22 日，中央政治局委员、中共北京市委书记刘淇同志对《点击年关键》系列节目提出表扬：“关键是开动了脑筋，挖掘了内涵，用心去做节目，就有了好效果。”《点击年关键》不仅得到了领导的肯定，同时也收获了业界的好评，在 2010 年第十九届北京新闻奖的评选中，《点击年关键》选送的《急速升温　解读 09 楼市新现象》荣获一等奖。

回望《点击年关键》两年间走过的历程，这不得不让我们想起 2008 年岁末，那个让全世界都无法忘记的多事之秋，也就是在这一次全球金融危机大爆发之时，大型财经电视论坛《点击年关键》孕育而生；经过短短一周的筹备，连续 10 天、每天 2 小时的大型直播财经评论节目重磅推出，财经界专家学者、政府官员走进演播室，为惶惑中的公众解读危机中的世界，研判中国经济的走势。节目播出后，旋即受到业界的高度关注以及观众的喜爱和认可。

于是，原本作为 2008 年岁末特别推出的《点击年关键》，在 2009 年得以固化和延展，将其打造成财经频道品牌产品的大思路由此诞生，即按季播出，在每个季度之末盘点国内外财经大事，解读最具时效的经济政策。

梳理两年多来《点击年关键》的创作过程，如何让高端财经无障碍地进入寻常百姓家？如何找到大财经之影响力和收视率的相交点？挖内涵、求创新、苦坚守是我们在探索之路中寻找出的 3 个关键要素。

一、节目策划挖内涵

所谓内涵就是节目的灵魂和核心，同时思想高度决定了节目高度。要想做影响力，就得有高度，高度决定影响力。对电视传播而言，“高度”指的是节目指导思想、节目理念所处的位置和位势，所以在策划之初，《点击年关键》的创作团队就在着力寻求高度，寻找出节目的核心就是要“卡准经济的点，摸准北京的脉”。

在华尔街危机爆发后，重量级的财经媒体都在及时跟进，但有些媒体过分渲染了危机，使恐慌情绪加速蔓延。此时，作为北京的专业电视财经媒体，北京电视台财经频道把《点击年关键》的策划基调确定为“客观理性解读，提振公众信心”。为此在 2008 年岁末特稿中，我们特别制作了一期节目《北京机会》，邀请发改委、旅游局、工业促进局等相关政府部门解读危机影响，寻找发展途径。到了 2009 年、2010 年，随着北京市中心工作的变化，《点击年关键》策划了一系列节目：《文化创意产业　未来经济软实力》、《就业创业机会在哪里》、《活力北京　产业蓝图》、《西南北京　绿色转身》等都充分展现了北京市区域经济、热门产业的发展现状和趋势，合上了北京市中心工作的节拍。

二、节目制作求创新

在 2009 年初《点击年关键》决定按季度播出时，遭遇到了不少电视策划人的质疑，因为在北京，顶级的财经专家资源已被中央台所垄断，作为大型的财经论坛，没有顶级专家，何谈权威何谈高端，影响力又从何而来。但是我们坚信，依靠差异化的竞争依然能够赢得成功，依靠不断的创新一定能够在高端财经节目上拓展自己的领地。

所以《点击年关键》的创作团队在每一季策划时都会制定出提升目标，邀请专业的调查公司进行样态解析，细节分解，从而寻找到新的突破点和创新点。而正是每一次创新的叠加，使每一季播出都实现了不同点位上的突破和提升。

1. 传播方式的创新。

传统的高端财经访谈节目，多是专家学者的单向传播，也就是谈话者关系的构成是单一的，而《点击年关键》则把谈话者设置成了多元的角色，在论坛的现场，由主持人、主嘉宾、观察员和观众构成了新的多维度立体交叉互动空间，随着新技术的发展，《点击年关键》的现场又增加了视频连线嘉宾和网友微博互动环节，在这个层级丰富的谈话场中，交流是多重的，互动是多方的，传播是打破了空间限制的，从而最大限度地激发了在这个论坛中每一个话语操控者的表达欲望，于是激辩、质疑、交锋层出不穷，这无疑形成了谈话节目最期待的亮点。

2. 话题设置的创新。

一直以来，高端财经节目面临着口碑与市场的脱节，如何将错综复杂的经济形势、深奥玄妙的政经关系让普通电视观众看得懂、愿意看，成为制约高端财经节目的瓶颈。

为突破瓶颈，《点击年关键》在话题设置上进行了大胆创新。在标题的设置、话题的切入、谈话的进程中，都力图“从低端问题切入，在中端段位展开，做高端研判总结”，坚持把宏观议题具体化、抽象问题故事化、高端话题通俗化，尝试了将高端财经向低端受众的延展。

比如，国家财政收入是一个极为专业的财经问题，但从它能透视出经济基本面，解读经济走向。这样的问题要如何谈，怎么谈？最终我们把话题的连接点确定为《家庭小账本　国家大财政》，从家庭记账户、账客的小账本收支变化作为切入点，连接到国家财政政策的调整和分配。由此对“财政收入”这一抽象话题，做出了详尽而直观的解读，既体现了节目的高端品位，又不失生动形象。当初这个被认为最枯燥难解的话题，居然成就了最高的收视成绩，演绎了高端财经高举低打的翻身仗。

3. 嘉宾资源的创新。

顶级的嘉宾资源始终是高端财经论坛权威性的保证。《点击年关键》在嘉宾选择上确立了权威性与个性并重的原则，只有那些观点新锐、与众不同、能够深入浅出答疑解惑的重量级嘉宾才能被纳入嘉宾库。到目前为止，《点击年关键》先后邀请了近 200 位重量级专家学者、政府官员、企业家、媒体评论人参与节目，也在不断根据节目需求淘汰和更新嘉宾队伍，通过身份多样化的嘉宾组合，实现了多元观点的精彩碰撞。

邀请到权威的嘉宾只是第一步，如何让这些专家学者在我们的话语平台上展现出他们与众不同的个性，这就需要大量研读嘉宾背景，通过现场精心设计的谈话环节、互动环节充分展现并放大他们的个性，让他们在这个“财经秀场”上找到主人的感觉。例如：著名经济学家樊纲在节目现场，感受到现场观众互动的热情，马上变被动为主动，主动发起现场调查，并当场解读这些调查结果背后的经济原理。联想集团董事局主席柳传志，是企业界的明星人物，他作为企业家的领军风范已被大家所熟知。但在《点击年关键》的舞台上，节目组给了他一个意外的惊喜，让他在不知情的情况下，见到了他非常欣赏的

《明朝那些事》的作者当年明月，老柳欣喜地与其畅谈人生感悟，在这个过程中，观众看到了一个66岁老人褪去企业家的光环后最本真可爱的一面。

通过对嘉宾资源的创新使用，《点击年关键》这个“财经论坛”渐渐向“电视秀场”迈进，呈现出了不同于其他访谈节目的特质，让嘉宾们的个性得以充分释放，不仅影响力在高端人群中扩展，收视率也在稳步提升。国家统计局总经济师姚景源在做客《点击年关键》后说：“我做过很多期宏观经济的节目，但你们的节目设计得好，让我表达得非常清楚透彻，只要我有时间，还会再来。”正是对嘉宾资源的创新使用，让节目积累了越来越多的专家资源，为再次出发不断蓄积力量。

三、节目理念苦坚守

现如今收视率是衡量所有电视节目的重要指标，在现有的节目评价体系下，定位于高端的财经评论节目从诞生之日起就承受着收视率指标和大财经定位的双重挤压。如何把高端话题做成大众口味？如何把财经热点做深做透？如何让权威性和收视率兼得？

这是一个痛苦而漫长的探索过程，在这个过程中需要对理念的坚守与忍耐。2008年末《点击年关键》以0.92%的收视成绩开场，低于同时段原有节目的收视率，在收视杠杆的重压下，我们没有放弃，而是在2009年把《点击年关键》加以固化和延展，2009年第一季度收视率与原时段相比下降了11%，但观众的忠诚度却逆势提升了2%，影响力的作用开始彰显；到了2009年第二季度，平均收视率比第一季度提升了67%，收视份额提升了75%，影响力的积淀终于带来了收视率的提升和跨越。

虽然高端财经节目在收视率上无法与娱乐节目相比较，但其权威性、美誉度和社会影响力同样能够创造出可观的品牌价值。眼下全球经济依然在探索中前行，《点击年关键》也将在探索中继续寻求创新之路，在关键的时刻，继续发出关键的声音，成为北京观众不可不看的关键节目。

步步为赢

——赢在世界杯之足球一百分特别节目

潘　青

《步步为赢——赢在世界杯之足球一百分特别节目》是2010年世界杯期间北京电视台体育频道倾力打造的一档三屏合一的新媒体节目，该节目通过先进的技术手段将电视屏幕、电脑屏幕和手机屏幕有机融合，发挥各自载体的优势，高端的新媒体视频节目通过在不同播出渠道播放产生了比以往更大的节目效应。无论是技术层面还是内容层面，该节目开风气之先，极具个性魅力，在北京电视台整体节目的不断创新过程中具有里程碑式的意义。

从6月11日到7月12日，《步步为

赢——赢在世界杯之足球一百分特别节目》一共制作播出29期，根据频道编排的需要分为60分钟版、40分钟版和90分钟版3种版本，总节目时长为2080分钟，百余位影视界和体育界的嘉宾被请进BTV的演播室参与话题辩论，近千位普通观众通过互联网全程参与节目直播，200余位网友与演播室嘉宾实时连线，分享观点。

本届世界杯的这档新媒体节目，其最大特色就是实现了32位网友与电视台演播室的实时对接，这一终极效果首先依托于新媒体技术手段的使用。借助网络专线和VPDN两种通道，视频网友与本台的网络系统顺利连接，信号通过本台网络再被接入演播室，最终实现了网络观点在电视屏幕上实时无障碍的呈现。

将网络视频即时引入电视直播节目，如同捅破了一张窗户纸，使电视节目的直播形态发生了质的飞跃。在今后的日常节目中，随着技术手段的逐步稳定和不断升级，个体网民的视频信号完全可以通过3G的WCDMA卡（公共上网卡）和VPDN卡（只与BTV连接）以及固定宽带从各自家中的电脑传输到电视台的演播室。这种信号传输手段目前被国内国际的少数新锐媒体逐步采用（比如BBC、东方卫视等），而在直播节目中同时涵盖如此多的网友（32位）则使世界杯的这档新媒体节目在网络观点的大流量高互动效果方面居于绝对的领先地位。

从节目本身的内容层面探讨，世界杯期间的这档新媒体节目首次实现了多媒介、全媒体、立体交互式传播的特点，同样有很多值得探讨的地方。

第一，新媒体节目是真正的“多”媒体。“三屏合一”的概念包括电视、电脑和手机，其中更细化的参与单元为：

电视：现场主持人，现场嘉宾，现场观众，南非前方实时对播。

电脑：网友实时视频，微博，博客，论坛，专区，聊天室等。

手机：在线观看，短信等。

从该节目的主打板块“全民辩论会”可以看出，每天由最新的焦点新闻事件出发产生辩论话题，在直播过程中，32位网民可以通过视频即时通讯工具和演播室主持人、嘉宾及现场观众直接辩论，这也是该节目最独到最创新最与众不同的特色。手机用户除了可以在线观看，还可以通过发短信的方式参与意见。在节目进行过程中，同时在网络上进行实时互动调查，正反方支持率实时更新，论坛同步看法、微博看法的呈现等，将对辩题的讨论真正变成全民参与的形态，将传统的人机对话演变成人人对话，最大化地实现观众参与节目的制作和互动。

第二，传统媒体和网络媒体的关系被重新解读，不再是你死我活，有我没你，而是双生共赢，唇齿相依。网络媒体走过了早年的幼稚期，成为冉冉上升的新兴力量；电视媒体则需要放下身段，重新思考和定位。为了生存，大家都需要在竞争中寻找自己的全新位置。

第三，传统的媒体人角色因为新技术手段的采用开始向媒介人的方向转换，未来的电视台更加趋向于一个汇总各路声音的平台，只有完成从“媒体”到“媒介”的转型，传媒机构才能够真正保持自己的独立性。

第四，传统传输模式受到挑战，原有的“我说你听”变成“我说你说大家说”；从传统的专家观点盖棺定论，演变成门槛更低参与度更广的大众观点展现。

第五，充分开启符合三屏合一的线上线下宣传活动和主题活动。

第六，需要创造和诞生新的节目形态来适应新媒体技术在电视节目中的应用；新媒体技术的推陈出新，给电视从业人员带来了全新的挑战，在学习新技术的同时创造能最大限度发挥其优势的新节目，是每一个媒体人面临的新课题。

根据新浪网的实时调查，无论是专题首页流量，还是手机用户的参与，以及视频的直播和点播量，均取得了较为满意的效果。

截至7月13日，新浪网《步步为赢·赢在世界杯》专题首页累计PV达到2211986，其中6月12日单日超过10万，每日PV均值76275（以上数据均不包括专题内新闻点击量）。

截至7月13日，手机新浪网《赢在世界杯》专题首页累计PV达2513290，其中6月14日、20日、21日、30日的单日PV均超过10万。每日PV均值86665。

节目在新浪网的同步直播平均每期观看人数19065人，累计观看达到552871人次。

世界杯微博的粉丝数也在短短的4周增长到35803人，并且还在以每天千位的数量级增长。发布微博466篇，最高的转发和评论的数量甚至分别达到了将近300次。

新媒体节目在一个月的时间里避俗趋新，不同凡响，迅速卷起旋风般的影响力和凝聚力。

通过世界杯的实践，新媒体节目的技术环节和节目形态日趋成熟，“三屏合一”绝不仅仅是电视节目在3个不同载体上的呈现，而是1+1+1>3，将传统媒体的文化优势和新媒体的技术优势通过双向沟通让受众深度体验参与的乐趣，这恐怕是新媒体节目最大的震撼效应。通过2010年世界杯的体验和实践，所取得的成果超过预期，我们期待能在今后的节目中，总结经验，挖掘潜力，不断创新节目形态以适应新媒体节目的技术发展，为广大电视观众制作出更多更好的体育节目。

中国时尚权威发布

——2010中国时尚大典圆满落幕

徐　薇

2010中国时尚大典于12月22日在国贸三期隆重举行，来自演艺、时尚、商业等社会文化领域的近500位嘉宾出席了颁奖盛典。12月27日，活动实况于19∶40在北京卫视播出后，获得了2.96%的收视率，在北京电视台当天播出的同时段节目中排名第二，全国同时段收视排名第五(0.77)。与当周各大型活动的收视率相比，排名最高。能有这样的成绩，是和台各级领导的大力支持分不开的。该项目自

2010年3月在台编委会正式立项以来，前后历经近10个月的筹备和打磨，可说精心历练而成。在这一过程中，台各级领导对这一项目给予了高度重视，多次亲自过问项目的进展和细节，在多个关键环节上给予指点和帮助，才保证了中国时尚大典的顺利、圆满举行。

作为北京电视台继2009时尚大典之后，第二次成功举办的大型长线项目，2010中国时尚大典无疑更具覆盖力、影响力，与去年相比，在效果、规模、阵容和品质上不仅取得了长足的进步，在操作方式、执行方式上也多有创新，有许多可圈可点之处，无论在操作模式还是执行细节上都为日后运作时尚大典积累了丰富的经验，也为北京电视台操作类似大型项目提供了借鉴。

一、操作模式——与时尚传媒集团强强联手，通力合作，优势互补，整合优质资源，彰显平台影响力

2010中国时尚大典与业界最具影响力的时尚传媒集团共同主办，这也是今年时尚大典最大的不同之处。双方自去年3月份开始接触，后在双方领导的推动和支持下，正式建组，共同投资，共同策划，既分工又合作，在最后的颁奖盛典上，两大强势媒体围绕时尚人物、时尚事件、时尚产品、时尚精神共同对2010年的中国时尚做出权威发布——这种集合优质资源的运作方式，不仅使得活动在整体规模及品质上都有明显提升，两大强势媒体的联合本身也成为新闻事件，受到多家媒体的关注。两家媒体的合作，有效提升了北京电视台在时尚领域的话语权和影响力，作为首都台，以这种方式有效助力北京“世界城市”建设，自身国际化程度也得到进一步提高。在操作层面，两家联合也取得了1+1大于2的效果，这一点尤其体现在嘉宾延请、宣传推广、现场效果等环节。双方各有所长，互相取长补短，令活动效果发挥到最大化。

二、内容设计——丰富饱满、不落俗套，以多元化、国际化特色打造品牌影响力

2010中国时尚大典以“时尚改变生活”为主题，精心设计覆盖时尚生活和时尚工业全局的21项大奖，从时尚的角度，点评、梳理年度社会文化生活，标举和表彰真正推动了社会进步、改变了社会生活的时尚人物、时尚产品、时尚事件以及时尚精神。这部分内容构成了时尚大典的主体内容，颁奖盛典即围绕一系列奖项展开。“定义时尚新概念，树立时尚新标准”，这是时尚大典区别于其他时尚活动的差异性所在：一是时尚的视野得以扩大，不仅有专业时尚的内容，更有生活时尚的内容。二是精神时尚的内容得以强调，这在奖项本身和得奖人的诠释中都得到充分体现。

为增加时尚大典的生动性和可看性，时尚大典在一系列的颁奖环节之外，还设计了与主题相关的表演性内容，穿插在颁奖过程中，主要有：国际钢琴巨星郎朗与年轻艺术家路冰源的跨界合作、著名美术大师叶锦添名为“洐变”的服装秀、18位明星变身模特的主题服装秀，新媒体艺术家丰江舟以视频形式发布的未来流行趋势等。

不同于通常的综艺晚会，时尚大典的这些节目部分不是孤立存在，而是沿着时尚的主题，与颁奖的Talk Show环节一脉相承，二者在内容和形式上互为呼应，互为补充，令整个晚会内容丰富饱满又不失节奏感，具可看性的同时又不失文化品质。

整体而言，2010中国时尚大典的内容设计基本做到了言之有物，和视觉语言一起，维持了整个时尚大典高端大气的调性，塑造了北京电视台的时尚气质和口碑。

三、嘉宾阵容——华丽耀眼、明星云集，集中彰显平台影响力

嘉宾阵容是衡量一个活动成功与否的重要标准之一。2010时尚大典的明星嘉宾无论在数量和分量上均较2009年有所提升，张艺谋、马未都、海岩、叶锦添、徐静蕾、张靓颖、黄晓明、胡军、海清、吴秀波、周冬雨、窦骁等近百位名人明星出席颁奖盛典。

时尚大典对嘉宾的号召力首先借助平台影响力和吸引力：北京电视台+时尚传媒集团、电视媒体+平面媒体、大众媒体+专业媒体、主流媒体+市场媒体、大众影响力+业界影响力、卫视频道黄金时段120分钟隆重播出+16本时尚杂志40页精彩放送……平台联手的强大资源无疑对明星嘉宾具有强大的吸引力和拉动力，二者不仅仅是简单相加，两家联手最后营造出来的是1+1大于2的效果，令2010时尚大典显现出得天独厚的平台吸引力。

四、活动形态——体现专业水准，打造时尚大典国际品质

对主办方来说，场地往往能够首先彰显一个活动的规格、品质、创意。2010中国时尚大典选择在北京最新的时尚地标国贸三期群贤厅举行，是主办双方在多个备选场地之间经过无数次比较、考察、谈判之后的选择，事实证明，国贸三期物有所值。活动当晚，众多嘉宾不仅对“京城第一高楼”有一种新鲜感和初体验，雍容气派、尊贵周到的现场氛围，也令时尚大典以至北京电视台高端大气的风格和品位深入人心，在某种程度上也提升了时尚大典的品牌影响力。

2010中国时尚大典在场地选择上有别于去年，在现场形态上也区别于去年在剧院排座的方式，以时尚晚宴的方式呈现。不仅对菜品酒水精心设计，就餐氛围也多有营造，令嘉宾在京城的时尚新地标里体验一种宾至如归的尊享感受，应该说，这种晚宴的方式比剧场更易打造活动在现场观众中的口碑。

五、宣传推广——全媒体联动，应用新技术，扩大活动社会影响力，提升品牌影响力

全媒体盛宴。本次时尚大典以“全媒体盛宴”为宣传总领，双方调集优势资源，联动了包括电视、网络、报纸、杂志、广播、手机3G、地铁隧道传媒、楼宇广告在内的多媒体渠道，共有近百家媒体参与了大典各项进展的报道。大典宣传工作以全媒体之声势，有计划、有节奏地稳步推进，广泛提升了时尚大典品牌的影响力。

整个大典宣传期，以发布会为起点，预热启动，时尚大典隆重登场。大典邀请了超过60家媒体集中报道时尚大典的揭幕，并着重推出本年度大典的核心理念，向外传达两大集团的强强联手。发布会后，发起网络互动，全媒体跟进，亮点揭秘。整个网络互动过程中，大典联动了搜狐、新浪、腾讯3家主流门户网站，开通网友提名通道，扩大奖项在网民心中的认知度和影响力。为持续关注热度，安排明星探班，通过电视、网络、平面、广播，从多个角度报道大典进程，逐层揭秘，将大众的关注热度逐步推向顶峰。除此之外，各种户外、楼宇广告宣传方式也加入其中，全媒体之势让人们无论在何种媒介渠道均能获取大典的相关动态消息。

12 月 22 日大典盛大举办，同时全媒体盛宴开启。当日有近百家的媒体出席并参与报道，涵盖全部媒体渠道，时尚大典品牌价值尽显。

微博互动拉动收视。微博是 2010 年最值得称道的网络应用，它互动性强，传播效率高。因此大典宣传组格外重视对于微博的使用，从网络提名阶段开始，大典微博便承载了主要的互动功能。针对大典非直播的情况，宣传组制定了完备的方案，确保既能在录制当天将亮点信息传递出去，又能在播出当日取得良好的宣传效果。最后整个直播过程节奏紧凑，关注度颇高，受到了来自网友和新浪微博等多方称赞，达到了预期的效果，微博转发和回帖数喜人。晚会播出当日，为拉动收视，宣传组特别在微博上进行了有奖收视有奖互动活动，按照晚会的进程，向网友提出问题，得到了网友的积极响应，收到了非常好的效果，为大典的宣传工作做了一个完美的收尾。

六、执行团队——训练有素，专业高效，团结配合，能打硬仗

纲举目张，分工协作。电视从来就是一个团队合作的工作，这一点在时尚大典的执行过程中体现得更加明显，分工合作较之栏目组更加庞杂。时尚大典前期即成立了奖项、评审、艺人统筹、服装、宣传推广、制片等专项工作组，在大组之内需要把各项工作细化，建立各分项工作组执行具体工作，主办双方依照对等原则分别投入人力负责相关工作，分工协作，各项工作才得以有序推进。后期又组建晚会组，灯光、舞美、音频、现场导演、撰稿等分工更加专业，保证前期工作的有效输出。实践证明，时尚大典取得目前的成绩，和每一个参与其中的人的努力密不可分，这是一个专业负责、吃苦耐劳、团结战斗的集体，虽然整体团队偏年轻，从经验和能力上来说并不是最强大，但整个活动做下来相信每个人都得到历练，感到成长，大家一起发力，共同给力，塑造了最后的时尚大典，队伍也得到了锻炼，这或可是收视率、影响力、口碑之外，时尚大典的另一个重要收获。

团结配合，追求完美。和每一个大型项目一样，在操作过程中，毕竟不同媒体，在很多问题上都有各自的立场，总体而言，无论我方内部还是主办双方各团队，在合作过程中还是非常团结的，虽然不可避免地遇到过各种龃龉、困难和分歧，但大家的初衷都是希望把时尚大典做好，真的打造成“业界奥斯卡”。在共同的目标下，全体工作人员以大局为重，不计小我利害，始终保持团结、配合的大立场，才保证了时尚大典最后的成功。

用我们的思想同化劳模的状态

——总结系列节目《小七访劳模》

欧阳莎琳

2010年4月22、23、26、27日，《7日7频道》策划并播出了《小七访劳模》系列节目。这是个命题作文，一是配合市总工会宣传劳模，二是为栏目今后持续推出系列化节目趟趟路。说到趟路，不得不说一下节目制作的大背景：栏目正在努力进行都市化改造，都市化探索之路有成绩，也有曲折。在整个栏目的转型之路上，“小七”青春、活泼、亮丽的形象，无疑是贴合都市化路线的一个元素。因而，当接到拍摄劳模这样一个命题的时候，我们首先想到的是：用“小七”的形式。

首先解释一下，最近栏目一直较为固定的一个板块“小七体验”。“小七”是个主持专业毕业的年轻女孩，不是很漂亮，也不是很时尚，但是看上去很舒服，就像是一个好学、又很青春阳光的邻家女孩，有亲和力，有求知欲。而“小七体验”也是为她量身打造的一个小板块。这个板块的任务是把一些拍摄较难，也较不讨好的选题让小七用现场体验或寻找的方式表现，突出事件内部的故事性和外围的服务性。取材也很广泛，如《胡萝卜怎么做，孩子才爱吃》、《小七带您逛房展：淘×××钱以下，五环之内的房子》、《寻访北京城濒临灭绝的小吃》、《小七带您逛北京：胡同之最》、《小七帮您找物超所值的酒店：北京一夜》等等。

做劳模，按说和小七的风格不搭界。但是，针对前者不是有观众耳熟能详、喜闻乐见的《小丫跑两会》吗？那我们就来个《小七访劳模》吧。小七的作用设计为：一边与劳模交流，一边串场整个节目，既不能影响劳模在片中的形象展示，又能用她的靓丽鲜活引出劳模平常生活的另一面。这样做合适吗？合适！为什么？两点理由：

第一，老路走不通。如果按照节目通常的路子——讲故事，那无疑只有两条路可选：劳模访谈，或是劳模讲述劳模自己的故事。

先说“劳模访谈”，收视率的预期不用动脑都能想到，一定是费力不讨好的。首先，劳模既不是明星，也不是众所周知的名人，大部分只是普普通通的劳动工作者，对于讲究“第一秒就要被吸引”的观众来说，谁有心思听一个普通人讲述自己平凡而琐碎的工作和生活呢？即便是其中穿插了工作、生活状态，也设计了现场和情节，恐怕也很难做成一期吸引人的访谈节目。要知道一期成功的访谈节目需要具备的要素是十分苛刻的，要么是明星名人，要么有一个本身就精彩绝伦的天然好故事，要么被访者的状态好到字字掷地有声，句句连贯有内容。这几点，在基本上没有上过镜的劳模身上显然是不具备的。所以，就算是有精彩的访谈，绝妙的访问者与被访者的交锋，恐怕也很难有观众愿意看“文艺片”。再说前述后者“让劳模讲述自己的故事”，这恐怕更不靠谱。除了流水账，可能毫无细节可言。

第二，新路有亮点。小七是热情的符号，节目呈现出的状态通常以鲜明、夸张、快节奏为主；而劳模在大家的印象里是“谨慎”的代表，“高、大、全”的定位。所以，利用人物形象和定位的反差，把小七的时尚风格和劳模高、大、全的形象拉近，或许是一种值得的尝试。

播出效果证明，路子走对了。一共4期节目，平均收视率1.7%。虽然绝对值不高，但是收视率的曲线却都不错。基本都处于平稳的直线状态，能够稳住观众。这种收视表现应该说算是完成了收视率的任务。

当然，光靠合适的形式还不够，还要有一个恰当的呈现方式。而这就需要记者找到人物的可用性，能够放大的细节和可设计的事件及桥段。4期节目中，有两期节目设计很成功，但收视率一般：《小七访劳模之全能书记》、《小七访劳模之片警王川的一天》；一期有设计，但是不成功的片子《小七访劳模之星级月嫂》；还有一期设计不是很成功，但是收视率最好的《小七访劳模之走近汉王》（收视率2.19%）。四位劳模分别是：村支书、片警、月嫂和汉王科技公司的老总。

讲好普通人物的故事，首先要做的就是设置悬念，吸引大家看下去，而不是让观众一看到劳模两个字就换台。而悬念，就要靠记者提纯人物特点，放大细节来设计。例如，《小七访劳模之全能书记》这一期，村支书的出场解说词是：“他有时是一个修理工，有时是一个调解员，有时又是一名救护人员，他到底是谁呢?”接下来是被誉为全能书记的主人公出场。出场的形式是：他带小七去一家婆媳矛盾尖锐的居民家里走访。而《小七访劳模之片警王川的一天》这一期当中片警的出场则用悬念、惊悚的电影叙事的方式，靠特写镜头和音响、音效及特技渲染了一个“有人偷盗开锁”的情境。为什么这么设计？因为这位片警最拿手的就是对各种锁的特点都了如指掌，甚至帮居民设计了一种防盗功能超好的简易锁。在《小七访劳模之走近汉王》节目中，汉王老总的出场则选择了“人未到，成就先行”的方式，首先展示了手写输入板、动画绘画板、汉王电纸书等等，因为这位老总所在的公司、所有的设计都和我们的“数码生活”息息相关。不夸张地说，我们的很多“数码生活”都来自汉王的创造。也许正是因为和生活贴近的比较紧密，同时还具有部分解密的功能，所以节目收视率是4期片子中最好的。

但是仔细观察，这些设计都是记者的事后编织，也就是根据现有的食材，争取做出最好的菜，这其实不是设计的最好方式，但是却是记者的迫不得已。因为所有的劳模都很忙，没有一位劳模能给我们哪怕是几分钟的前期沟通时间，4期节目全都是到了现场便开机，现聊现拍。这也是我们原计划拍摄7期，最终只成型了4期的主要原因之一。

还有，劳模很“劳模”，不苟言笑，不多说一句话。所以，你能想象到的任何轻松娱乐的设计元素，都没法呈现。这对于平常哈拉惯了的小七和记者们也颇为不适应。所以，对于片中小七的角色设计，记者秉承的观点是：“如果他是太阳，我们就是地球；如果他是环岛，我们就是车流；一切绕着他转。”好在我们可以用我们的思想去同化劳模的状态。

通过4期节目，其实我们看到的不足远比优点更多，这也是困扰我们和之后需要总结检讨的。因为缺乏前期的功课，所以所有的设计都只能靠上网搜资料，然后闭门造车，再加上现场的“灵机一动”来完成。最终的结果就是形式远远大于内容，一些设计甚至沦为“噱头”，或者是十分的设计，最终只呈现五分。

另外，还有一个最大的缺点就是小七的定位不够丰满。小七的定位是“求知”，而不是“无知”，但是，因为缺乏丰富的生活经验和对劳模的不够了解，小七和劳模的沟通显然有些不在一个平台上，因而问话时也就露了怯，比如面对劳模的讲述，半懂不懂的小七只能用“真的吗”来接话。

配合宣传　也能叫好又叫座

祖冲亚

生活频道《生活实验室》栏目2010年6月27日播出了一期以垃圾分类为主题的节目，这期节目是为了配合北京市一项重点工作——垃圾分类处理而做的，主题应该说是个冷门选题，但是当期收视却达到了2.9%。如何把一个配合宣传的冷门题做出高收视，有一些心得与大家分享。

5月底，部领导布置了一个选题——垃圾分类。垃圾分类这个题目，听起来实在枯燥无味，既找不到刺激的新闻点，又不是老百姓心目中的热点话题。如何将这类先天不足的选题既做得“叫好”，体现出较高的科学文化内涵，得到政府部门的好评；又可以使节目“叫座”，符合大众收视心理，赢得较高收视率，确实是一个很难解决的问题。通过对市文明办、市政管委以及相关专家的走访，经过深思熟虑，终于找到了契合点。

一、以健康为契合点

现如今全民关注健康，关注养生。养生节目在全国开办得如火如荼。有鉴于此，在剖析垃圾分类这个选题的时候就有了一个明确的方向——那就是要找到垃圾和健康的关系。通过走访专家，我们了解到，垃圾焚烧会产生二恶英。二恶英是公众熟知的一级致癌物，而北京就建有垃圾焚烧厂。那么北京的垃圾焚烧厂会不会产生二恶英从而伤害到市民的健康呢？这肯定是百姓关注的内容。站在观众的视角，从关心百姓健康的角度将垃圾焚烧是否会产生二恶英的问题在节目中提出来，就会赢得观众的青睐。而北京市也希望通过节目向民众宣传垃圾焚烧在北京已达到了安全的烟气排放标准，不会对市民的健康造成危害。因此，这块内容的报道消除了观众的恐慌心理，初步实现了节目叫好与叫座的契合点。

二、惊悚悬念开头

就像写文章讲究“虎头凤尾”一样，这期节目也有一个惊悚的悬念做开头，这个悬念的开头长达3分钟。从收视曲线图上可以看出，在这里收视有一个明显的陡升。对我们来说，一期节目30分钟，每分每秒都寸秒寸金，每分每秒都应做到信息的有效传播。而一整期节目的开头更是重头戏，开头的时长给什么样的内容，可谓是重中之重。虽然这3分多钟我们没有直接切入主题，谈垃圾分类的相关知识点，但是这些旁敲侧击的巨大悬念足可以吊起观众的胃口，使观众饶有兴趣地继续收看节目。预告的悬念设置是这样的："究竟我们自古至今都在做一件什么样的事情，做得不好的话，可以让我们致癌，可做得好的话，可以让我们每月净赚600元钱。"这就吊起了观众的胃口。大家会觉得这究竟是一件什么不可思议的事情呢。接下来就是花了3分多钟的时间渲染一个悬念。分别用关键词"得病"、"致命"和"毁灭"来引出垃圾分类这个概念。节目介绍说："这件从古至今做不好的事情可以让人得很严重的病，可以要了人的命，足以让地球毁灭。"这样就会让观众觉得这件事和自己息息相关，接着有兴趣看下去。

三、偷拍暗访方式的新运用

在传播方式上，这期节目还运用了观众喜欢的方式——偷拍暗访。当然在这期节目中，我们要正面宣传政府所倡导的垃圾分类深入人心，所以用的偷拍也是一个"貌似偷拍"，就是一种传播手段。节目的这个小环节叫做《明察暗访》，就是用明察和暗访相结合的方式来烘托垃圾分类，将这一主题深入人心。明察就是明着采访居委会的主任，问她垃圾分类是否能够做到小区人人都分类。暗访就是把机器架起来偷拍老百姓是不是真的像居委会主任说的那样，能够做到扔垃圾的时候自觉分类。你向民众靠拢，站在他的立场上看问题，就会赢得观众的信任，再运用观众喜欢的偷拍方式，所以观众自然就留下了。

节目播出后，受到了市文明办、市容委有关领导和专家的好评，也得到较高的收视率。总结起来，我认为一期节目能否得到观众的关注，收视率是否高，取决于节目本身的传播方式是否能够为大众接受。即便是看起来冷门的配合宣传题材，只要能找到观众感兴趣的契合点，就会得到较好的收视，从而做到叫好又叫座。

从"3·18"的收视率说开去

童　阳

《食全食美》2010年3月4日这期节目播出后，收视稳中有升，达到3.18%，平均提升1.56%，综观全天收视情况以及当天所做的菜品，作为当期编导，我也试图分析个中原因。

一、收视曲线稳定上扬

收视曲线平稳，而且呈现逐步上扬的趋势，在收视的前3分钟内迅速提升，入点高扬，这就为余下时间的节目曲线打好基础。而且在整期30分钟的时间里，收视表中显示始终稳定，没有大起大落，这就表明观众始终带有期待感在收看节目。

二、节目内容贴近观众

《您点菜大厨做》有很强的互动性。顾名思义，大厨做的菜是由观众点出来的，但挖掘的是菜品背后原料的故事，嘉宾为什么点这个菜的故事，可以是观众难忘的一个菜，感兴趣的菜，也可以是观众点给家人的一个菜，还可以是观众对原料不了解，不知道如何烹制，大厨教你烹制等等，目的在于增强与观众的互动性。

《您点菜大厨做》这一环节，在外景点菜的过程中，进行了街采，大家普遍对于河粉的新吃法比较感兴趣，所以集大众所好，选择了以河粉为原料的菜。

干炒牛河属于具有南方特色的菜，广东一带比较普遍，在电影《满汉全席》里也有很出彩的叙述，其高超的烹饪技法，曾让不少业余爱好者不敢轻易尝试。但这不影响越来越多的北方人对干炒牛河这道菜的兴趣度。那么，在制作的过程中，如何泡制干河粉？如何炒制河粉不粘锅？这也是在采访过程观众普遍关注的问题，如果把这些大众普遍关注的问题运用到节目中去，就能够抓住观众求知的心理。

另外，如何去除腰子的腥臊味？怎样做腰花？这也是在烹调过程中比较受关注的问题，那么把腰花与河粉放在一起，既解决了往常我们吃干炒牛河遭遇到的原料老化、口味单一的问题，同时也很好地解决了腰花的腥臊味问题，让菜品“新”起来，让观众“惊”起来，可以说“河粉炒腰花”这道菜很好地满足了以上的兴趣点。

还有，我们不得不考虑，越来越多的北方人对于具有特色的地方菜充满着“欲学”的愿望，大家想足不出户就了解特色菜的巧妙做法，丰富自己的烹饪技巧。

在我看来，一档美食节目承载着解构菜品制作过程的责任，讲解清晰，去繁就简，让观众轻松认知，足矣！打开电视寻找美味的制作方法，让节目内容与观众互动，投观众所好，解决大众切实问题，服务于百姓餐桌，这也是节目收视稳固的基石。

私家菜环节的可看性。私家菜环节邀请美食爱好者走入演播室制作自己的拿手菜，由于选择嘉宾属于热心观众，这样就很容易与收看节目的观众构成“贴心零距离”，加入百姓参与，调动观众收看的欲望——原来普通人也可以走进荧屏，也可以成为“明星”。

嘉宾选择的菜为香皮饼，无需赘言，要在皮上下工夫，具体到是哪种皮，肉皮还是面皮，这本身就设置了悬念。这道菜是根据香河肉饼的制作方法改良而来，挖掘到了嘉宾制作这道菜时候用的心思，有着自己的特色。

北方人本身就对于面食很有兴趣，但是单一的肉馅、肉馅加菜、纯菜馅的吃法已经不新鲜，而且包制的方法也是大同小异。那么，如何抓住观众？引起关注度？

这道香皮饼就解决了这一问题，首先，从馅料上来说，这个饼纯用肉皮来制作，平时肉皮都是拿来做肉皮冻，不然就是扔掉不要，很可惜，入馅非常少，这就满足了观众的“猎奇”心理。

其次，解决肉皮入馅首要的是“发腻”的问题，嘉宾有自己很好的一套处理方法，这都是经过嘉宾反复实践，才可以传授给观众的自己的窍门，也让受众学到了在自己的制作方法中学不到的点子，把菜做得既“废物取巧”又可以“推陈出新”，丰富了节目的内容。

热线互动环节的务实性。热线互动很好解决了观众在厨房中遇到的小难题或者提供了烹调技法中想要学到的方法。从收视曲线中不难看出，在短平快的制作手段上，两分钟的时间里，解决观众三个问题，一句话点透问题的关键。

一招鲜的时令性。短小精悍的一招鲜——蜜汁柚子皮，属于小零点，易学易做，适合春季食用，而且针对于香皮饼发干、吃多较腻这一情况，合理的配搭这个内容的一招鲜，也从实际出发考虑问题，解决了观众的疑问。

三、包装形式悬念为重

在“您点菜大厨做”以及“私家菜”的关键环节上，适时打断，插入递进式预告，设置悬念，调节做菜节奏，提出菜品观看重点，吸引观众同时也让观众看出层次感。

总之，一档节目出现高收视，偶然中存在必然的因素，势必每个环节都要做细，在环环紧扣的情况下，找准突破口，以满足观众的喜好为出发点，做出“实惠”的节目才是成功的真谛。

品牌节目的“三字经”

李　欣

“三”是一个很有意思的数字。纵观古今，我国的很多理论思想都和“三”有关。老子的道德经第 42 章讲到过“道生一，一生二，二生三，三生万物”。今天我们就以三为题，聊聊电视节目创作中的“九个三”。

一、抓住“三只机”

首先是“机遇”。

在当下这个机遇比比皆是的时代，电视工作者需要具备一定的感悟能力，进而发现并把握机遇。品牌栏目的诞生，大都是应机遇而生。例如《这里是北京》栏目，借“人文奥运”之东风诞生；借“人文北京”之理念成长；借“打造国际城市”之机遇发展。把握好这 3 个节点并适时做出反应，是一档栏目向品牌化迈进的必然方向。再如，城市交通的高速发展造就了交通新闻类栏目《红绿灯》；和谐社会中人们对亲情、温情的侧重为《我的父亲母亲》提供了成长的土壤；手机时代的到来以及手机所引发的社会话题使服务类节目《手机江湖》搭上了时代的快车，收视率节节攀升。

编导抓住机遇，片子就会好；制片人抓住机遇，栏目就会好；以此类推，主任抓住机遇，频道必然会强大起来。因此，所有的电视人与其闭门造车，不如走出去寻找机遇。

其次是“激情”。

电视台是一个创意、创造、创作单位，我们中大部分人是创作者，有人甚至自诩“艺术家”。但我们不妨反省自己的创作经历是否带有创作者的激情？

《这里是北京》栏目有一个“潜规则”：编导在形成文案初稿后，先要读给各个年龄段的家人听，如果自己的家人都不感兴趣，那赢得高收视率的可能性就微乎其微了。此稿注定被扼杀在摇篮里。

编导要对自己提出一个要求：今天的你，要与昨天不同。这种不同并非创作风格上的改变，而是视角的不停变换。我们的编导曾经就一个选题写出 3 种不同角度的文案，在不同的时期播出，都赢得了高收视。所以我们常说：选题只有那么多，就看你到底怎么说。

最后是“机制”。

我们要求编导抓住机遇，要有创作激情，那作为制片人就应该给大家创建良好的机制。“机制”是“机遇”与“激情”的保障，它最大的作用是为编导们提供“抓机遇，促激情”的条件。《这里是北京》有着多套应急机制，鼓励编导进行创新，从主编、制片人到主任，都以服务的姿态面对编导。正是有了这种特殊的“机制”，我们创造了很多奇迹。例如在春节 4 天之内拍摄北京 30 多家庙会，并制作一台小型颁奖晚会，于一周内播出。《这里是北京》不断地挑战极限，在保证品质的前提下，将 50 分钟节目的极限制作周期缩短为 3 天，为这档专题栏目赢得了新闻优势。

编导之所以愿意不断地挑战自己的极限，是因为全频道上下一心，创作、审查流程畅通无阻。在这样的机制下，我们才能更好地把握机遇，迸发激情。

二、用好“三只眼”

首先是“鸟眼”，即“俯瞰”。要从一个宏观的角度把事物放在一种特殊环境下来审视。视角的超然脱俗，是一档栏目树立品牌个性的前提。

例如前不久我们栏目的一位编导上报一个名为“北京的颜色”的选题。值得注意的是，两年前另一位编导曾制作过一个同名片子是以北京的古建为依托，讲述古建油漆色彩的内涵。而今这同样名为“北京的颜色”的选题，难免让人产生重复之感。但仔细看过文案后我发现，这位编导别出心裁地运用了一种俯瞰北京的视角，把北京分为了“蓝色水乡”、“绿色古木”、“灰色的安全保障”等，角度完全有别于两年前的同名节目。举这个例子我想要说的是，要把一个有目共睹的东西创作得让人耳目一新，必须要学会跳进跳出。用“鸟眼”看世界，指的就是“跳出”。

再说“跳进”，也就是第二只眼——“狗眼”。

俗话说：“狗眼看人低”，我认为这话有失偏颇。其实在狗的眼里，人是无比高大的。前边所说的“跳出来用鸟眼看世界”，难免会导致电视人高高在上对观众进行说教，内容天马行空、云山雾罩，一不留神就把自己当成了哲学家。因而我要求《这里是北京》的编导们，用鸟眼的视角看过世界之后，还要用狗眼的视角即低下头来从观众的角度去思考问题。让观众切身体会节目所传递的内容。

有些资深电视人说现在的电视节目有取悦观众之嫌，缺乏引领观众的责任感。

其实两者并不矛盾。下面我要说的第三只眼，就是“鱼眼”。

懂得摄影的人都应该知道，鱼眼的视角是 180 度的，比普通人的视角要广很多。用鱼眼镜头拍出的东西会有种奇幻的感觉。电视人之所以要用鱼眼来看世界，就是要带给观众一些不寻常的东西。想观众之所想的同时，还要想观众之想不到。

用鱼眼式思维制作出来的节目视野更加宽阔。

三、保护“三个性”

首先是“独特性”。

一档栏目一定要有自己独有的东西，这个独有可以是信息、图像、角度、观点、形态、表述方式等，只要是在电视节目传播层面的因素都算在内。一般的独特性是指某个或多个因素如栏目信息或镜头的独创性，独家新闻通常有这样的特质。

然而孤立存在的独特性又具有很强的偶然性和非符号性。试想如果把独特性中的几个因素特别是把元素中的要素进行整合，那么这个独特性就进化成符号性，在浩如烟海的电视栏目中脱颖而出，占有一席之地。

其次是“难复制性”。

单一独特性是比较好复制的。拿新闻类节目来说，若单纯以速度为优势，那么无疑是交通工具的比拼；若单纯靠资源，资源又随时可能流失。很多节目乐于以主持人为符号，我认为这是一档栏目的可悲之处。偌大一个栏目只依靠一人之力，生命力注定不会长久。但我们若有名牌主持人、独家资源和优秀的团队以及最先进的硬件设施，这样被复制的可能性就大大降低了。就好比一根筷子很容易断，但一把筷子就变得无比坚硬。《这里是北京》在过去的几年里，就在不停地增加筷子的数量。

最后是“可持续性”。

栏目的可持续发展是有前提的，主创人员先要了解栏目的“要素”。这个要素可能是主持人、渠道，也可能是表述方式。但不管是什么，都应该是内容层面的。一定要把这些要素变成可控因素，才能持续发展。

四、做好“三道题”

首先是“选题”。

选题是保障高收视的重要因素。怎么选、用什么标准选是个问题。为什么选此题而不选彼题，其中蕴含着选题者的思考和智慧。

举个例子，京西大觉寺非常著名，在过去的5年里，曾经有四五位编导上报关于“大觉寺”的选题，有的我很痛快就通过了，有的我不假思索地毙掉了。为什么呢？我给每位编导提出了同一个问题：“为什么此时要做大觉寺？”能够给我充分理由的人，可以做。因为我知道这个选题是他审时度势选出来的。回答不上来的人，显然是随手拿来滥竽充数的。

其次，有了好选题并不意味着节目就能赢得高收视。操作层面最重要的一道题，就是“标题”。

作为电视人，我们没有资格就标题传授什么经验，值得我们学习标题艺术的是报纸和网络。我们的节目既追溯古老，也追逐时尚，所以选题内容偶尔会与纸、网络热点撞车，惭愧地讲，在标题吸引力的角逐过程中，我们输多赢少。但有例外，年初北京卫视热播《铁齿铜牙纪晓岚》第四部，《这里是北京》配合制作相关节目。编导当时很为难，因为“铁三角”在我们节目中曾多次涉及，创新难度非常大。经过反复思考，推出了专题片《和珅正传》，其中一看点为“和珅是个凤凰男”。此标题次日出现在多个知名网站的热门论坛里。由此可见，各路媒体都相互学习和借鉴，标题的重要性已经为媒体人广泛重视。电视栏目也可以成为“题文化”的领跑者。

最后一个“题”，是“问题”。

提到问题，很多人总把焦点聚集在

"如何解决问题"上，我认为解决问题前，要先学会"提出问题"。面对一个选题，不同的人会提出不同的问题。例如我们要制作一期关于北京城门的选题，外地观众问：北京都有哪些城门？年轻的北京人问：北京的城门都在哪儿？老北京人关心：咱北京的城门都有哪些鲜为人知的传奇故事？考古学家则希望我们多多介绍北京城门遗址的研究成果和保护措施。

同文化层次的观众会关注不同层面的问题，作为编导，我们该站在哪类观众的角度上去提出问题，这比问题的答案本身更重要。

因此，我建议编导们在制作一期节目的时候，先想想做给谁看，受众究竟有多少知识储备，会提出哪些问题，关注哪些焦点。如此深思熟虑后，我们做电视会有明确的方向，避免出现什么都说却什么都没说清楚的尴尬局面。

五、把握三个"度"

第一个"度"是"速度"。

如论电视节目的制作速度，任何形式的栏目都无法与新闻相比。在担任《这里是北京》栏目制片人之前，我也曾参与过新闻类节目的制作，深知新闻的速度对于收视率所起到的重要作用。因此在近些年制作专题类节目的过程中，我鼓励主创人员在保证专题片品质的同时，尝试追求新闻的速度。例如50分钟的专题节目，正常情况下从策划到播出，需要一周的时间。而追求实效性的新闻性专题，往往操作时间只有两天一夜。虽然可能会出现编导熬夜制作、节目延迟播出等情况，但投入产出比要比日常节目低很多，达到的收视效果则远远好于常规专题。需要强调的是，作为专题类节目，追求新闻速度的同时，绝不能牺牲专题片的深度，否则，我们就变成了单纯的模仿新闻节目，这不是栏目发展的长远之计。

第二个"度"，是专题片的"深度"。电视人应该具备一项职业本能，那就是"深入浅出"。首先要深入，一个选题，只需要一张纸就可以写清楚，但编导要先把这张纸读厚，广泛搜集查阅相关资料，再把资料中最精彩的内容提炼成数千字传递给观众，即浅出。这一厚一薄的过程，我又称之为"吞吐能力"。

然而内容的精彩，并不足以支撑一档品牌栏目，这就要提到第三个"度"——"厚度"。

厚度，指的是画面、元素和信息的积累。50分钟的节目如何能让观众不产生疲劳感，这就要求电视画面元素要足够丰富，故事讲述不能就事论事，要善于用类比、对比等多种手法增大节目信息量。

六、用好"三个势"

这里的"势"指的是形势。在大形势面前，我们有三种选择："造势"、"借势"和"逆势"。

先说"造势"。对一档栏目而言，"造势"无异于奢侈品，成本高，效果却不一定好，颇有小马拉大车的感觉。

我个人更建议电视栏目做好"借势"和"逆势"。

"借势"很好理解，就是紧追社会热门话题，观众关心什么我们就关注什么。但借势容易陷入一个困境，一旦几档节目都借了同一个势，那么注定会出现雷同的恶果。如何在借大势的前提下，还能让观众多看我们一眼，这就要求编导另辟蹊径，以另类视角看待问题。例如2007年北京电视台主办的"红楼梦中人"选秀活动曾掀起一阵红楼热。《这里是北京》选择此时借“红楼选秀”之势，制作特别节目。

其实红楼话题在栏目中属于老生常谈，如何在区别于自己的同时区别于同类节目，成为主创们所面临的最大的难题。最终此期特别节目主题定为“曹雪芹与北京的不解之缘”，在《红楼梦》原著中，寻找曹雪芹的人生成长痕迹，可谓独树一帜。此期节目取得了全年的最高收视率。

第三个势是“逆势”，也就是我常说的“差异化”。

跟风要有分寸，龙卷风可以跟一下，但若是吹得观众已经习惯的没了感觉的和煦春风，我认为就没有必要跟了。这种时候不如逆势而为，给观众带来一些与众不同的东西。例如每逢传统节日，电视上会被与节日相关的文化类节目所充斥。此时与其借势，不如逆势，打“差异化”之战。这就像在一张摆满了粥碗的饭桌上，与其跟别人一样做一碗不咸不淡的粥，不如把自己变成“酱豆腐”，调调观众的口味。

七、认清“三个属性”

如果我们把电视节目想象成一个实物，那么它可以是“艺术品”、“易碎品”抑或是“商品”。

每个电视人都有创作艺术品的冲动和愿望，但是创作艺术品需要方方面面的条件，限制非常多。艺术品的价值在于欣赏，难免缺乏实用性。所以“艺术”二字对于一档电视栏目来说，可以追求，但不宜过于执著。

也有人说栏目是易碎品，一次性制作播出后就没有再利用价值了。有个老记者曾经跟我说，她做了十几年的新闻节目，但发现自己做的全是易碎品。

归根结底，一档栏目最应该具备的是“商品”属性，收视率就是销售量。一档收视率低的栏目，就好比一件销售情况堪忧的商品，其存在价值也就值得商榷了。品牌栏目不是“做”出来的，而是“经营”出来的。在生产节目的过程中，我们要考虑到它的市场受众、价格定位等。例如《这里是北京》，一直以中老年观众为主要观众群，以青少年观众为潜在观众群，并且不断努力扩大市场，用不同类型的板块来争取更多的市场受众。这就如同一个大品牌下属多个不同定位的小品牌，目的在于占领市场，做行业内的龙头。

八、用好“三种人”

第一种人是“新人”。

职场中最稳定且最有效的人际关系，即师徒关系。师徒关系在中国人的传统理念中，不仅仅是技术的传承，更多的是理念和意识形态的交换灌输。师父带徒弟，是让新人以最快速度进步的一种方式。

《这里是北京》一直采取师徒方式培养新人，同时对新人“因人设岗”。如有人具有绘画能力，有人对音乐颇有研究。这样一来，栏目不停有新鲜血液注入，不断增加强势元素，使得《这里是北京》成为今天多支撑点、特点丰富且突出的电视栏目。而新人们也在不断的学习中将自己完善成为一个成熟的电视人。

第二种是“熟人”，即资深编导。

他们懂行政规律、人脉熟、对栏目定位十分了解，掌握栏目运行机制，这些都是非常宝贵的因素。师父传帮带徒弟的方式也避免了新老交替中的过多矛盾。

第三种人是“特殊人”。

有一种说法说“历史是由少数人创造的”，对特殊人要用特殊的办法。《这里是北京》采用明星制片人方式，享受这种待遇的人，不一定只是主持人，也可以是任何一方面突出特长的主创人员，例如撰稿、绘画、音乐等。明星80%的工作都是由助理来完成的，但是上台表演一定要亲力亲为。在我们目前的电视创作中，一个普通编导所承担的非创作工作占全部精力的50%到60%。这样一种状态下让具有明星潜质的个别特殊核心人士，能够最大限度地发挥其特长。让其他同事分担其余的非创作型工作，将人才用到极致，避免了出现大材小用的情况。或许有人会问，明星制培养出来的人才，要大牌怎么办。答案很简单，离开了我们的土壤，明星将不再享受明星的待遇。这种独辟蹊径的用人方式，将会像吸铁石一样吸引更多的人才向我们靠拢。

九、认清“三种关系”

电视人与观众的“三种关系”，分别是“面对面”、“肩并肩”和“手拉手”。

“面对面”存在距离问题。以前我们虽然与观众面对面，但距离很远。离近了，又怕会出现热脸贴冷屁股的情况。有些电视栏目一味地取悦观众，却被认为“低俗”。我听到过好多编导抱怨：“我们已经做到极致了，为啥观众就是不买账?”我给出的答案是方向问题。

不知道大家注意观察过没有，面对面吃饭的两个人，有可能是多种关系。但如果两个人“肩并肩”进餐，则很可能是亲密的情侣。这是心理学家观察恋人关系进展程度的一种方法，对我们的工作也同样适用。

其实这不是距离问题，而是心理问题。“肩并肩”意味着想观众所想，急观众所急，站在观众的角度思考问题，用心去体味观众的心理和需求。

最后说“手拉手”。注意是“手拉手”，而不是“手牵手”。拉手有引领的感觉，并非与观众亲密到完全平等。我们电视人需要比观众多迈出一小步，把那些观众差一点就能想到，好像明白但又说不清楚的事情点明说透，这样观众才会对电视节目有需求，才会觉得看电视有意义。

回归本质，回归自然

——换个角度看待政策性报道

公共频道节目中心

作为台内唯一一档专业对农服务的专栏节目，《京郊大地》面临更多的政府政策性报道和收视率之间的“矛盾”，对于年轻记者来说，处理好两者之间的关系，达到双赢，是一个不小的挑战。2010年，我们在实践中摸索到一点点心得。

首先，谈谈来自两个小村的启发。在特色党日活动中，由《京郊大地》栏目策划、走访了平谷区一个地处深山的小村玻璃台，和村党支部成员亲切座谈，了解了大家以前不知道的故事：2006年至今，村里每年收入以百万元的速度递增，全体村民的贷款早已还清，村民日进万元已不是稀罕事。旅游富民，山村百姓真正体会到政府的好，对党对政府感激不尽，也让我们看到了政策性的典型中蕴含的巨大生命力，而作为新闻工作者，如果不深入生活，就可能会仅停留在自己的狭隘理解和想象上。

另一个典型是朝阳区崔各庄乡何各庄村，一个北五环边的千人村庄，与798艺术园区隔路相望。多年来，村民们靠出租房屋“吃瓦片”维持生计，随着大量流动人口涌入，村庄基础设施、公共服务不堪重负。2007年10月，何各庄村委会充当“中介”，租下8处民房改造后转租。与宅基地换房不同，由于房屋权属没变，村民租金收入有了长远保证。1年后，十七届三中全会再次明确了农民可以出租、转包等形式流转土地承包经营权，农村宅基地依法享有用益物权。何各庄村“代租民房”之路走通了。

同样是市政府推出的旧村改造典型，在新闻报道上力度不小，面对这样的宣传任务，我们很难想象，它内部的活跃、原创、新锐，并不像我们寻常认为的先进典型那样机械，它是群众行为在先、政府定义在后的一种模式，让我们的记者都自叹不够新潮，这样的案例，更让我们看到，作为新闻工作者，深度理解政策、到位阐释政策是一种能力！

随着国家假期的调整，传统的“黄金周”被更多的“小长假”取代，北京的郊区旅游越来越成为市民的关注热点，由此也令广大民俗村、民俗户的日常生活发生了相应的变化，以往的农忙农闲是跟着节气走，现在则是跟着城里人的假期走，一个个3天左右的“小长假”成了京郊人民喜悦忙碌的新“节气”，市委市政府也依据农业旅游的特殊性推出了京郊“季活动”，像草莓季、花季、樱桃季、板栗季等等，从春意初露延续到瑞雪隆冬，让市民有的玩、有的采、有的吃，让乡村百姓有的忙、有的赚。

《京郊大地》栏目紧跟这一趋势，在春节后推出了一系列的特别策划，如清明节假期的“北京草莓季”、五一小长假出行的“花季总动员”，利用与政府的合作优势，深度盘活京郊优势产业中的旅游亮点，像“草莓季”特别节目中，栏目在充分了解北京的草莓产业特点后，推出了“北京草莓采着吃!”的口号，这里的“采”不仅仅是采摘的“采”，还是采购的“采”，既推出了海淀、朝阳、昌平等一批特色鲜明、服务贴心的采摘旅游点，又大力宣传了市政府打造的“农超对接”购物平台，给草莓种植业造势，节目播出后，清明小长假期间市民反响热烈，仅海淀香山温室大棚一处就创下单天采摘额6万余元的佳绩，切实为农民增收、推动设施农业和京郊旅游发展起到了扎实的作用。

“一手借鉴”和“本土化”改造应双管齐下

——《手机夺宝集结号》制作经验

公共频道节目中心

《手机夺宝集结号》是《手机江湖》制作的十一特别节目，共7集，每集15分钟，于十一黄金周期间在北京卫视和公共频道播出，在卫视晚间23:00的时段，取得0.66%的平均收视，其中最高一期收视达到了0.94%，也成为公共频道假日节目编排的亮点之一。

制作《手机夺宝集结号》缘起于台研发部提供的一部荷兰制作的真人秀样片《手机》，纵观国内电视节目，能看到海外优秀电视节目“影子”的不占少数，《赢在中国》可以说是“中国版”的《学徒》，《超市大赢家》的灵感来自于英国和日本的电视节目《超市扫荡》，《超级女声》等众多国内选秀节目更是借鉴了《美国偶像》的“造星经验”……由此可见，借鉴海外优秀电视节目早已被国内电视同行视之为一条制作节目的“捷径”，但单纯的照葫芦画瓢、照猫画虎显然不能成功，如何“本土化”和“接地气”成为难点，因此我们根据自身栏目的内容和特点，对“样片”《手机》进行了“第一手”的大胆改造。

一、没有巨额奖金刺激改走“孝亲”公益主题

样片《手机》采用巨额奖金吸引观众眼球，在大奖的刺激下，主持人对选手设置障碍、进行种种刁难都显得合情合理。那在没有巨额奖金刺激下，栏目组将奖金定位为“重阳节礼物基金”，选手参加活动赢取奖金是为了给父母献上一份爱心，他们或是想给父母买按摩椅，或是想带父母去旅游，或是想给父母补一套婚纱照、安排健康体检……虽然奖金的数额不多，选手仍尽全力赢取，在“孝亲”的主题下，选手的行动给人一种温暖感。

二、植入大量手机功能，凸显“科技改变生活”

结合栏目自身“小手机、大生活”的内容定位，我们将手机定位为选手完成任务的必要工具，不仅通过它接受指令，更要正确使用工具手机中的某项特殊功能，才能顺利完成任务。从而，各种新鲜、实用的手机功能得以在节目中展现，像3G可视通话、全景拍照、手机音乐识别功能、手机文档识别功能、手机高度测量软件，凸显信息时代手机给人们生活带来的种种便利。

三、融入旅游、音乐、电影等和任务相关的背景知识点介绍

特别节目精心选择了世界公园、欢乐谷和蓝色港湾三个外景地，在选手完成任务的过程中，插入了和选手所到地点相关的背景知识点介绍，如斯芬克斯像的来历，艾菲尔铁塔的别称是“铁娘子”，特别是时尚运动“跑酷”元素的加入，让人眼前一亮。

四、邀请台内知名主持人加盟串联

特别节目邀请了阿龙、乐文、栗坤、孔洁、卢迪、范红军6位台内优秀主持人给选手下达指令，节目最后他们才通过可视通话的方式和选手见面，既展现手机3G新功能又利用了主持人的名人效应拉动收视。

五、拍摄手法上采用多机位、多角度的纪实拍摄风格

特别节目定位为室外娱乐类真人秀，真人秀强调实时现场直播，采用了多机位、多角度的纪实拍摄手法，通过前景遮挡、长焦跟拍、高点追踪拍摄，增强了观众主观窥视的“现场感”。

六、叙事方法上采用了一条主线多种插叙的手法

选手为赢取“重阳礼物基金”，要通过手机的功能去完成一系列环环相扣的任务是主线，在完成任务的过程中插入对手机功能的说明，和任务谜题相关的知识小片，打破了叙事节奏，避免了一条线索从头讲到尾，易让观众产生审美疲劳的问题。

七、剪辑上采用了多视窗分屏形式

由于信息量大，节目后期剪辑上采用了多视窗分屏的形式。一屏是选手完成任务的状态，一屏是手机界面特写，还有一屏是主持人监看选手完成任务的状态，能在同一叙事空间内，给观众提供最大的信息量，避免了叙事节奏拖沓，符合节目的风格、定位。

八、具招商潜力，形成品牌后能通过招商完成对节目制作经费的筹集

内容和形式适宜网络和手机电视同步播出，能借助新媒体扩大影响力，播出的适应平台广，有利于招商。另外在节目中，选手需借助手机的功能去完成任务，能和手机厂商形成合作。最后，节目中插入了对拍摄景点背后的文化故事和知识点的小片介绍，能和拍摄场地提供方商谈合作。因而，有可能在形成品牌后通过招商来完成对节目制作经费的筹集。

九、联合多种渠道，三网同步播出

节目在三网融合的大环境下，联合多种渠道，不仅在卫视和公共频道播出，而且实现了BTV在线、BTV手机电视同步播出，顺应了三网融合的趋势。

总之，《手机夺宝集结号》让栏目组的所有编导在节目制作方面都有了提升和进步，也让我们深刻认识到：对于海外优秀电视节目的借鉴虽然是一条捷径，但如何进行“本土化”改造，如何“接地气”，还需进一步的思考和研究。

原创动画的大胆突破与探索

——2010年北京电视台卡酷动画春晚总结

曾伟京

经过8个月的艰苦努力，2010年大年初三晚19:40，由北京电视台卡酷动画卫视设计制作的动画春晚在北京卫视如期播出，为全国小朋友献上了一台精彩的动画节目。

这不仅是一台特色鲜明的动画春晚，是一场为儿童打造的独一无二的视觉盛宴，更是一项具有独创精神的品牌节目。

无论从领导勇于创新的指导思想，还是剧组人员开拓进取、大胆探索、运用新形式、新语言的做法，都将是北京电视台进行大胆尝试、大胆突破，具有先锋实验精神的一次重要探索。借助灵感、想象力、科技对传统文化资源进行创新和提升，对未来北京台打造传媒领域的影响力创造了重要的基础和价值，对国产动漫的大发展、大飞跃提供了经验和依据。

一、内容探索

在节目内容的探索上，我们从一开始就设定了独特的创作思路。在节目同质化严重的今天，寻求亮眼的、有话题性的、独特新颖的节目样态最为重要，剧组创作的核心思路就是要有前瞻性，靠独特的气质和品质取胜。

“到月球上放烟花给地球人看”，你相信这样离奇的事吗？这就是 2010 年 BTV 动画春晚的主题。大胆架构出一个外太空虚幻空间，摆脱传统晚会的演播室表演形式，设置了一条贯穿始终的故事线，让动画晚会既有常规晚会的特点，又有电影化的故事性，制造一种内在的悬念，强调整体节目的内部动机和叙事重力，在强化观众预期的同时，用牵引力——“戏”的力量最大限度地引导观众看下去。所有这一切处理，破除常规，标新立异，与众不同，追求最赞最酷的境界，找到和孩子们精神领域的共同语言，将年度流行元素通通纳入到此动画晚会的范畴。

二、形式探索

动画的视觉艺术靠奇特的想象力和真人不可演绎的表演来体现，“神奇”就是其最大的宗旨，所以我们在设计形式的过程中充分运用了动画艺术的综合表现形式。形式和内在动力双管齐下，用创意的铺陈翻新和技术手段更有效地抓住孩子们的眼球，加大节目吸引力。

“剧 + 动画片 + 儿童表演 + 节目拼盘 + 真人和动漫结合 + 明星 + 三维技术 = 动画春晚结构”，巧妙地把各种元素和技术机巧地结合表现出来，通过“剧”的形式、卡通人物“年”的串场，糅合起所有元素，呈现在观众面前的节目并没有给人支离破碎的感觉，相反流畅通汇，一气呵成，实现了假定世界的真实性传达。

同时，我们在设计上破除以往“红红火火过大年”的常规表现，降低色彩系数，寻求差异化的效果，让人有“不同凡响”的视觉体验。

三、品牌尝试

在完成节目设计、保证节目质量的前提下，我们还做了推广卡酷形象品牌化的尝试——“年”。设计“年”的造型时，我们并没有用当年的生肖老虎作为主角，让“年”脱离了十二生肖的限制，对未来这个形象的扩展和变化提供了充分的空间，便于制作其他系列片、电影等，扩大了其品牌的延展性和延续性，更好地发挥和激活它在整个动漫产业链的长期价值，带动品牌经济效益增长的良性循环。作为一个反派主人公，“卡酷年”不是传统意义上的坏人，而是一个非常有个性，可爱又贪吃的“有小孩脾气的大白熊”。孩子们与“年”一样热爱美食，会因此觉得“卡酷年”是他们一伙的，从而产生亲切感。

“年”具备三个功能：

(1) 作为串场主持人。其他形象和人物来来往往，唯独它从始至终都出现，幽默可爱有点坏的个性，给节目定下了喜庆谐趣的基调。

（2）传承文化。发挥其卡通化功能性的同时，还可植入中国传统文化中对“年节”的概念，使孩子们在充分享受天马行空的想象力所带来震撼的同时，体味到中国传统文化的博大精深，感受到一次心灵和文化精神的大巡礼，这样的动画春晚蕴涵了更多的情感内涵和文化价值需求。

（3）品牌化。这个形象的玩偶一经推出就引起了不小的反响，我们的终极梦想不只是制作一台应时应景的动画春晚，更是打造一个成功的形象品牌。依托北京电视台全方位的覆盖宣传，整合网络、手机、移动、楼宇等新媒体资源最大化地凸显以“卡酷年”为首的形象品牌价值。

另外，把“年”设计成白色，“白白胖胖”，本来就是中国人传统上对可爱形象的认知，另一方面考虑到学习国外成功的 block 素模涂鸦玩具熊的成功模式，让消费者自身对它进行描绘和修饰，体现消费者自身的情感审美，这也是一种后期的市场效应，这种理念和玩具模式也是刚刚在国内兴起，还没有普及开来，引进到国内来发展空间很大。

四、制作的收获

（1）科学的项目管理。福娃剧组圆满完成了创作《福娃奥运漫游记》这个在行业内人员看来完全不可能实现的任务，就完全得益于科学有效的项目管理，包括流程管理、时间管理、技术管理等方面。同样，这回的春晚剧组也充分利用了福娃的成功运作模式，在极短的时间内、有限的人力下，有效地完成了高水平高质量的作品。

（2）技术为艺术服务。150 分钟的动画春晚相当于一部大型电影的时长，在创作过程中几乎运用到了所有的制作技术。100 人用 6 个月的时间制作动画部分，平均每人每天只完成 3 秒，需要极大的耐心与高超的技术水平。创作人员需要沉下心来，经过几十道工序慢慢雕琢而成。同时高技术化的流水线作业方式，需要紧密依靠团队协作的力量才能达到。动画的根本是思想理念，但技术可以辅助达成作品思想性的最大释放，使其发挥终极的光芒。这台动画春晚不仅限于动画技术本身的发挥，还涉及了其他领域的概念，诸如平面设计、广告、包装的理念，多种制作技术相结合（三维二维 flash 等），追求最佳的艺术效果。当然晚会是技术和艺术的完美结合，单独地、偏重追求某一个方面都不会成全一部好作品。

五、对于今后动画春晚的设想

（1）创意仍然是动画春晚的核心，没有出其不意的点子，动画春晚就没有价值。

（2）加大观众参与的程度，增强互动性。动画春晚没有真实的舞台表演空间，一切呈现都是靠制作完成，必须加大节目的外延和参与的设置，跳出这种节目的局限，在节目之外让观众参与进来。

（3）可用更简单的动画手法来完成创意的体现。动画技术需要大量的时间进行制作，很难解决实时性，对于那种即时有趣、不可预知的因素瞬时的体现，可以用简单的动画手法完成。如果今后能解决动画技术和观众的时时互动，将是个重大的突破。

赶超综合卫视
卡酷动画构建全国影响力卫视平台

吕　沁

2009年中国的卫视战场，可谓是断杀激烈，一边是娱乐大战，一边则是剧集纷争，而在强手林立的全国卫视阵营中，一个年轻的专业频道异军突起，以独特鲜明的动漫创意风格、稳定持续的高收视表现以及覆盖全国的品牌影响力，迅速晋身全国60余家卫视收视排名前20名，领跑全国同类媒体。北京卡酷动画卫视，一个曾经的地方台规模动画频道，摇身一变成为行业公认的落地范围最广、收视人口最多、影响力最强的中国动漫第一卫视平台，如此华丽转身仅仅用了2年时间。

一、覆盖最广的专业卫视第一平台

覆盖北京、上海、天津、重庆、广州等近百个大中城市，覆盖区域人口近6亿，北京卡酷动画卫视作为全国性频道的地位，已经是个不争的事实。

坚持“内容为王”，着力打造精品节目，卡酷动画卫视已拥有栏目11档，其中日播8档、周播3档，另有动画剧场8个，实现每日首播近10小时、全天播出24小时的平台规模。频道落地覆盖北京、上海、天津、重庆、广州、杭州、南京、武汉、成都、沈阳、石家庄、青岛、太原、西安、呼和浩特、兰州、贵阳、厦门、泉州、宁波、大连、无锡、扬州、东莞、珠海、唐山、保定、包头、鄂尔多斯、大同、咸阳等近百个大中城市，涵盖京、沪、津、渝四大直辖市，冀、贵、陕、内蒙古四省区全境以及长三角、珠三角、环渤海、华中四大综合经济区，覆盖区域人口近6亿，是同类频道的3～4倍；少儿收视北京地区独占鳌头，全龄收视领跑全国动画少儿媒体，收视排名稳居全国60余家卫星频道前20位，成为目前国内动画专业频道中落地范围最广、收视人口最多、市场份额最高的动画卫视。

依照业内通行评估标准，全国覆盖人口达到4亿以上，在全国六大区域中占据优势的区域超过两个，基本覆盖省会城市和直辖市的卫视频道是具有全国性传播价值的频道。北京卡酷动画卫视目前的落地覆盖范围，不仅在动画频道里取得了绝对领先优势，在省级卫视中也是屈指可数，无疑已具有全国性传播价值和影响力。

二、收视最酷的中国动画第一媒体

8大日播栏目、3大周播栏目、8大动画剧场，全天候24小时不间断播出，在4～14岁受众群中，北京卡酷动画卫视已无人能敌，全龄收视领跑全国动画少儿媒体。

2009年卫视收视竞争日趋激烈，卡酷的收视份额却表现稳健，35城市收视排名稳居全国卫视第13位左右，创下同类专业频道的收视奇迹。第47周更是挺进全国前12位，北京地区前7位，超过湖北、云南等10余家省级卫视，跻身全国卫视排名第二阵营。在同类媒体中，卡酷动画卫视更是领跑全国。今年以来，卡酷在全国的全龄收视份额稳定在0.6%左右，3倍高于同类卡通上星频道；核心受众（4～14岁观众）的收视份额在北京地区稳居第一，持续保持在13%左右，黄金时段超同类少儿频道346%，成为中国最具收视影响力的动画少儿媒体。

出色的收视表现源于"内容为王"的策略。几年来北京卡酷动画卫视精心策划自制节目，并积极外购优秀动画作品，极大地提升了节目竞争力。在卡酷的荧屏上，会聚了《喜羊羊与灰太狼》、《百变猪猪侠》、《武林外传》、《三国演义》等人气动画剧集，以及《大耳朵图图》、《郑和下西洋》等国家推荐优秀国产作品，这些优秀剧目受到观众朋友的喜爱，成为卡酷良好收视的有力保障。而作为中国落地最广的动画频道，卡酷动画卫视凭借在受众中强大的影响力，也成为名副其实的"造星平台"。目前为大众所熟知的系列动画片《喜羊羊与灰太狼》，正是两年前卡酷独具慧眼购得，并在卡酷动画卫视进行了两年的热播，目前已经成为国产动画的旗舰作品，不仅是全国的热播动画大剧，也是衍生开发的宠儿。从收视来看，近年来一些省级综合卫视也开始大力度播出《喜羊羊与灰太狼》等热门动画剧集，虽然是相同时段相同片目，卡酷动画卫视总能取得更为出色的收视表现，"卡酷动画"超人气的品牌聚合力量可见一斑。

彰显卡酷原创风格的卡酷品牌栏目更成为频道核心竞争力所在。以卡酷自制动画娱乐栏目《十分开心》尤为突出，健康向上、幽默搞笑的节目特点创下收视率2.0%的高点，远远超出同类节目。而大型现场互动节目《七色光》，9月份以来收视率屡创新高，少儿收视达到7%～8%，全龄收视最高达到1.14%，平均达到0.82%，相比湖南卫视同时段强档综艺节目《挑战麦克风》（平均收视率0.79%），《七色光》高出0.03个点，充分说明卡酷在节目制作上的用心良"酷"。通过精心的节目编排与栏目策划，卡酷已成为中国最具"酷"点的电视媒体平台。最具产业视野的中国动画原创领军媒体创意版权为先，打造具有衍生开发价值原创动画，国内外奖项殊荣并不是卡酷原创的终极目标。

拥有百集动画片《福娃奥运漫游记》、BTV动画春晚等国产原创动画品牌的北京卡酷动画卫视，近年来不仅动画产量逐年上升，也获得了"五个一工程奖"、"亚洲电视奖"、"电影华表奖"、"电视金鹰奖"、"北京文化大奖"等诸多殊荣，但这只是卡酷打造动画原创品牌的第一步。"我们在初创阶段就会全面考虑开发衍生产品，然后通过自己动态的产业链，让它焕发出不同于其他动画片的价值。"北京卡酷动画卫视总经理帅民在文博会动漫产业发展国际论坛上说。

创意版权为先，打造具有衍生开发价值原创动画，卡酷正以国际化的产业思路领军国产原创动画。百集原创动画片《福娃奥运漫游记》收视率创国产动画片新高，赶超欧美日本动画大片，实现全国百家电视台联播，全国铁路、航空、移动媒体全方位出击，得到《求是》、《人民日报》专题文章肯定和海内外各类媒体广泛报道，成为国产原创动画最有影响力品牌，3个月内就实现了销售图书400万册、DVD150万张的骄人业绩。百集科幻动画大片《太空大冒险》、百集动画巨片《中华五千年》、动漫网游大制作《诛仙》以及与国际知名公司合作的动画电影《劳拉的星星》等原创项目正在筹备或已经投入制作。卡酷首部大型国产原创商业动画片《晶能战记》也将于年底制作完成。该片前期由产业链上中下游各环节共同筹备，动漫衍生品将授权国际玩具设计策划最强团队日本万代公司研制，是卡酷特有的商业运作模式对国产动画片传统创作思路的一次大胆突破，也将成为中国动漫产业真正具有大规模海外销售实绩、中国创意文化“走出去”的典型。

三、最充满活力的中国动漫第一品牌

“卡酷动画”、“卡酷全卡通”、“卡酷七色光”、“卡酷全景界”、“卡酷全卡通旗舰店”、“卡酷全卡通特许零售店”，“卡酷”品牌阵系已当之无愧地成为中国动漫第一品牌。

卡酷动画成功实施品牌推广战略，除主品牌“卡酷”外，还拥有亚洲最大玩具销售网络平台“卡酷全卡通旗舰店”和“卡酷全卡通特许零售店”，中国知名儿童艺术培训及演出品牌“卡酷七色光”，以手机电视、WAP业务、视频下载“三网合一”的“卡酷全景界”动漫新媒体平台，中国动漫创意孵化、版权交易第一平台“卡酷全卡通动漫嘉年华”、国内最具广泛国际影响力的顶级动漫盛事“中国（北京）国际大学生动画节”等等。“卡酷”品牌阵系已成为中国动漫领域最具活力的知名品牌，先后被评为中国游戏软件行业优秀企业、中国文化创意领军企业、中国动画电视传媒最具影响力首选品牌、最具投资价值的动画电视媒体和广电业界百强品牌。

除此之外，卡酷还制定了“创意版权为先、播出销售两轮驱动”的发展战略，一只轮子是将播出平台做强、做大，另一只轮子则是加强全国性的销售渠道网络建设。现今卡酷在全国已拥有6家大型玩具卖场“卡酷旗舰店”以及100家“卡酷全卡通”特许加盟店，其中卡酷旗舰店贵阳店开业当天就创下贵州玩具销售新高。不难看出卡酷正在打造中国最大的动漫全产业链条，用两只轮子推动中国动漫产业的不断前行。北京卡酷动画卫视的崛起，将打破中国电视行业原有格局，作为高收视专业媒体跻身综合性媒体行列，并与省级卫视重新分配市场，构建中国全新影响力卫视平台。

卡酷动画卫视《七色光》栏目创新求变的探索

徐杨斌

《七色光》栏目是一档有着20多年历史的老牌少儿节目，在电视竞争日益激烈、观众喜好难以捉摸的当下，我们立足现有收视人群和平台影响力，尝试在内容创新上打开品牌价值和收视提升双赢的局面。

一、《成长加油站》赛季创新求变之核心

为了做一档有社会意义，并且兼具娱

乐性、可看性，能让孩子和家长一同观看的节目，我们制作了《七色光》栏目全新赛季——《成长加油站》。这是一档大型户外闯关真人秀节目，经过几个月的播出，《七色光》栏目在节目形态创新、品牌影响、收视提升、客户黏性上均有所收获。

以《成长加油站》第一季最后两期节目为例，收视率分别为1.34%、1.31%，创了《七色光》栏目近年来的新高，不仅在卡酷动画卫视所有节目及剧场的整体收视排名中名列当周第一，还是2009年同时段动画片剧场收视的148%、2010年同时段剧场《酷片酷映》收视的214%。对于卡酷以动画剧场为根本收视拉动力的平台而言，《七色光》作为一档真人参与的节目能取得高收视，为卡酷卫视节目的多元发展开拓了全新的局面。

我们始终坚持，少儿节目的策划制作，需要树立少儿节目价值观，引领全新样态节目季，制造全国范围影响力。只有如此，才能在创新求变中立于不败之地，而此三者也正是创新求变的核心。

创新求变的核心价值——树立并引导少儿节目的价值观。少儿节目的价值观正确与否，往往直接关系到节目的成败。节目对于孩子的影响是潜移默化的，帮助他们树立起正确的价值观是我们义不容辞的责任。在《成长加油站》赛季中，通过与少儿成长专家的合作，我们将孩子们成长过程中需要具备“耐心、策略、应变、勇气、协作”五大品质融入闯关游戏等节目环节，使参与节目、观看节目的孩子都能得到教益。

在树立了正确的节目价值观，并引导孩子树立起成长的价值观之后，家长和孩子都能在我们的节目中有所收获，这是超越一档节目本身的娱乐意义而存在的，也是我们在内容上创新求变的第一核心价值。家长和孩子都能在我们的节目中找寻到成长的快乐和意义，节目的收视率和影响力也就随之抬高。

创新求变的核心表现——策划并引领创新求变的节目季。孩子们的喜好会经常摇摆，因此，我们节目的内容策划则强调以“变”为核心。在节目形态老化被迫改变之前，我们已经在自我消化、自我求变。基于“变”的核心理念，我们主打“节目季”的概念。

一个节目季，长则四五个月，短则一两个月，根据孩子们当时的喜好和接受程度特点，适时调整、积极应对。节目季的内容策划一切以孩子及家长的调查分析、采访座谈为准绳，并结合电视制作的行业动态，将节目季“以不变应万变”和“万变不离其宗”的优势发挥到极致。“节目季”的概念，是坚持创新求变的核心表现。

创新求变的核心目的——制造并引发卡酷动画卫视的影响力。《七色光》本赛季《成长加油站》节目能够取得较高收视、对卡酷动画卫视周五晚间时段整体的栏目和剧场都产生很好的拉动作用，源于我们坚持的“影响力”战略。

制造影响力，是我们创新求变的核心目的。平民参与、亲子参与、全国参与等一系列节目内容的坚持，都是为了形成这个影响力，并最终引发全国范围对于卡酷的品牌认知和忠诚度提升。

二、探索——《七色光》栏目创新求变之理念

我们结合当前实际情况，在内容创新和团队打造上狠下工夫，在《成长加油站》赛季制作过程中，整个《七色光》栏目组围绕着“五个力”在推进着各项工作，卓有成效地开拓了良好的局面。

这“五个力”是《七色光》栏目持续良性发展的发动机和四轮驱动：内容驱动力、团队战斗力、品牌影响力、收视吸引力、客户黏着力。

内容驱动力。内容创新是一档节目长期生存的核心驱动力，是发动机，是基石。《七色光》栏目去年探索了几类节目形态，收视虽有起伏，但并未形成较大的影响力和关注度。

作为我台卡酷动画卫视的旗舰栏目，《七色光》面临“动画主局”的情势，既要坚持现有收视群的持续关注，又要与动画片区别竞争、避免同质化，必须在内容上坚持少儿参与及品牌打造的原则。这样才能在卡酷的大棋盘中不脱离、不同质，且能引领大活动思路的全盘突围，与其他动画卫视拉大差距。而要想品牌影响和收视提升双丰收，离不开四“感”：参与感、娱乐感、权威感、教益感。

所谓“参与感”：电视机前的小观众要有参与节目的可能，要有报名通途让他们能置身其中，并且参与节目录制的选手既要有“完美无敌”类的，也要有“平凡草根”类的。也即审丑和审美相结合，所有观众都能找到争取的目标和不屑的对象。

所谓“娱乐感”：把原先的小型游戏比拼，扩展到大型互动游戏以及综艺表演比拼等大综艺、全能综艺节目形态的范畴，才能常变常新、自我消化、自我改版。

所谓“权威感”：要树立起基于卡酷在全国少儿类媒体中的位置，从而进行《七色光》栏目全国思维、全国战略的逐步尝试和扩展。

所谓“教益感”：不能再是简单的游戏，要加入对孩子成长的帮助和提升的深层次含义，将教益功能润物细无声地植入到娱乐化的环节中，做到既不生厌又具提升。这为树立栏目的责任感及争取家长收视打下了基础。

基于以上四“感”，我们选择了贴合少儿成长理念的大型户外闯关游戏及娱乐真人秀节目形态《成长加油站》——用真人秀和成长理念的尝试寻求拓展分众收视，用互动参与性极强的闯关游戏寻求更高的知名度。通过这内容上的创新，一步步实现以内容为核心的对团队、对品牌、对收视的驱动力，并将之坚持下去。

团队战斗力。现场类综艺节目需要团队具备很高的默契和信任，严格规范的流程控制以及推己及人、认真负责的态度。节目制作中的3个月，栏目组对于团队的流程化控制、规范化要求、协同化作战、绩效化激励，都有较好的提高，团队已渐趋成熟，成为能打攻坚战的强悍战斗力部队，并基本实现了“四化”要求。

“流程化控制”，是对节目策划、撰稿、筹备、排练、录制、剪辑、宣传等一系列制作流程的事物性要求。栏目组每个月更新一个“事务催办单”，对大小事务的安排执行落实到人、到具体时间节点，使栏目组各项工作有效地推进。对节目制作团队的流程化控制是一档栏目生存的生命线，只有善作决策、强化流程、控制进度，才能有备无患，使节目在可控的范围内稳步提升。

“规范化要求”，是对节目制作各项流程中的具体事物进行的高标准规范，无论是对台本创作的格式、结构的规范，还是对录制时的分工、补位的规范，抑或是对编导组和制片组协同的规范，都严格按照既定标准执行。与之相应的是一套全面的罚款制度，并将罚得的款项用于团队建设，使之良性运转。

“协同化作战”，是节目录制时各部门细致严谨的分工。栏目组一步步按照准直播的要求锻造着录制时的协同战斗力，并已能相当默契地从容应对户外拍摄的各种问题，做到有条不紊、临危不乱。

“绩效化激励”，是对编导组工资体系的重新架构。栏目组建立了一套严谨有效的工资分配制度，不以收视率来分配每位编导的业绩工资，而是以在团队中发挥的作用及取得的成果来衡量，更加科学有效地激励了编导组的创作热情。在面对大量外景拍摄及户外现场录制时，在面临巨大的工作压力时，编导组依然顶住压力，保持很高的创作激情。

品牌影响力。《七色光》的品牌价值由三个“度”组成：大众知名度、小众忠诚度、业界美誉度。不但要在广泛的电视受众中具有较好的知名度，还要在已经参加过节目的受众中具有不可替代的忠诚度，并且能为电视业界同行所认可和接受。

先说“大众知名度”，《成长加油站》经过3个多月的努力，无论在全国范围的知名度，还是报名接收情况而言，都达到了较以往《七色光》任何一种形态均要高出很多的影响力。甚至赞助方“比如世界”的营业收入也因赛季的广泛报名而得到很高的提升。第二季及以后的赛季中，将继续努力实现栏目组的“全国战略”。

再说“小众忠诚度”，就参加过节目的家长和孩子的反馈而言，确实完成了《成长加油站》设计之初关于“成长”的立意和期望，对很多孩子和家庭产生了较大的影响。甚至一些原先有些自闭的孩子，在节目的外拍和录制等一系列的过程中，性格产生了很好的改变，家长还给栏目组送来了锦旗，让我们感到了少儿类节目的责任感与我们的使命感。

还有“业界美誉度”，我们组织了两次孩子看片会及一次业界同行看片会，业界的同行对于我们将“成长”概念融入娱乐游戏节目中均有好评。包括台里很多兄弟栏目的同事，也纷纷想让孩子们参与节目，不光为了“玩儿”，而是确实想通过节目使孩子有些改变。

品牌影响力应该成为《七色光》栏目对外的安身立命之本。因为《七色光》是我台卡酷动画卫视唯一一档自制大型现场类节目，必须承担起在少儿受众中持续制造影响力的重任，否则将容易陷入与其他儿童频道诸侯纷争的恶性竞争中。只有将品牌影响力做大，做到具有全国影响力，并全面树立巩固卡酷在少儿传媒江湖老大的地位，才能立于不败之地。而在此过程中，《七色光》栏目拥有的真人参与的优势将颇有用武之地。

收视吸引力。《七色光》栏目《成长加油站》赛季以来，5月平均收视为0.58%，6月平均收视为0.64%，最高单期收视为1.34%，纵观本年度收视，作为一档承前启后（承《十分开心》启《闪天下》）的90分钟节目，收视表现正在逐步良好地提升。收视吸引力是一个全面提升的过程，我们强调收视曲线背后隐藏的对受众真正的吸引力。

作为周播节目，《七色光》栏目相较日播节目而言抗击打能力较弱，受到诸多综合因素的影响，但是我们在面临前一档节目的收视滑坡、面临6月小学生考试月的情况下，依然得到了以下的成绩：

首先，从周五当日的收视来看，《七色光》超过了同日的《十分开心》，并对《闪天下》起到带动作用。作为一档90分钟的节目，收视能保持高位运行，让我们对节目形态充满信心。

其次，从每期的分钟收视来看，节目的收视均呈往高点攀爬的态势，都是上行曲线，这说明内容的选择是对的。而且，在90分钟的5个广告之内，收视很少出现滑坡，反过来也说明节目内容的吸引力。

最后，从播出的这两个月的分众收视来看，少儿受众和家长陪同收视均有小幅提高，形成了一个良好的态势——家长陪着孩子一起观看《七色光》。而且，进入暑假后的收视表现达到了单期1.34%，再次肯定了栏目的实力。

客户黏着力。作为一档与赞助商合作的节目，《七色光》还承担了体现客户利益，并较好地植入节目内容形态中的任务。在常规的录制之外，由于客户对内容形态的关注以及外景录制场地的原因，栏目组还有大量的精力在与客户沟通协调，在这过程中，栏目组也得到了很好的提高。

如何满足客户利益的同时坚持节目形态的基本原则毫不让步？如何协调客户配合录制的同时对录制现场的把控毫不放松？这是几个月来一直面临的课题。要想让赞助客户对节目形态满意，并感受到对它的品牌和销售的帮助，我们认为客户的黏着力是基础。对于客户的黏着力我们是通过以下手段实现的，我们强调以“合”为核心的沟通机制。

首先是“理念契合”。《成长加油站》节目的制作理念，除了娱乐内容之外，便是“成长”概念的引入。这一点，是我们提炼出来之后与客户不断沟通的结果。这也是客户想要推广的理念。有了理念契合为基础，其他各方面的配合才能有条不紊地开展。这是增强客户黏着力的第一步。

其次是“团队配合”。在整个制作过程中，由于录制场地在客户场地外，几乎所有协调事宜都要与之沟通解决，双方团队的良好配合是顺利录制的保障。在这一点上，栏目组要求每位工作人员坚持原则、适当让步，不冲突、不低头，很好地完成了3个多月的有效沟通。

最后是“思路吻合”。在接下来的“全国战略”及“成长基金计划”等后续的节目思路上，栏目组通过频繁的沟通寻求到了以后的赛季在思路上的吻合，以期使接下来的工作能积极运转。

使客户黏着力增强，能为《七色光》后续的赛季制作扫除障碍、增加筹码，这一点也是必须秉承的。

3个多月的时间，由于节目形态由棚内改成了户外闯关，由单纯的游戏节目改成了真人秀的形态，无论是录制强度还是外拍精度都有了极大的提高。有了这五个“力”的支撑，“内容驱动力”如同栏目的发动机，“团队战斗力、品牌影响力、收视吸引力、客户黏着力”如同栏目前进道路上的四个轮子，栏目组在今后的工作中定能共克时艰、创新形态，用强力的铁军团队争得品牌和收视的双赢。

技术管理和新技术应用

北京电视台建成高清化“制、播、存”一体网

总工办

2010年，北京电视台在确保已建成的标清节目网络制播体系正常运行的基础上，完成了新建高清节目网络制播体系第一阶段项目工程的实施和应用。

一、标清节目网络制播体系的应用情况

北京电视台2009年1月启用的标清节目网络制播体系承载着新台址BTV北京（标清）、BTV文艺、BTV科教、BTV影视、BTV体育、BTV青少6个频道的网络化节目制播任务。在此基础上，2010年1月，为落实标清新闻网的高清化改造，为新建高清新闻网做准备，将新台址的标清新闻网迁移至苏州桥台址改造为综合制作网，以满足苏州桥台址标清节目的制作需要。

2010年3月，完成了全国两会高标清新闻素材信号的收录工作，确保了高清频道两会专题节目的安全播出。

2010年5月，为确保2010年北京国际汽车展览会直播工作的顺利进行，在展会现场的BTV直播区中设置非线制作区和互联网使用区，顺利完成了节目制作及直播的技术支持和保障工作。

2010年5月，配合市广电局完成了北京地区媒资共享平台二期9个区县项目的建设、验收工作，目前，这些区县媒资共享平台已正式投入使用。

2010年9月，综合编辑网和宣传片编辑网承接了卡酷频道的节目制作和网络化备播，卡酷频道开始在新台实现网络化制播。

二、高清节目网络制播体系的建设及应用情况

2010年1至2月，是高清节目网络制播体系一期项目设计招标阶段，主要完成了系统设计、审核、招标、合同签订等任务。

2010年3至5月，是高清节目网络制播体系一期项目实施准备阶段，主要完成了系统集成细化、模拟环境调试、机房环境改造三项任务。

2010年4至8月，是高清节目网络制播体系一期项目现场施工阶段，主要完成了系统综合布线、硬件/基础环境软件安装调试、应用软件安装调试和业务功能测试四项任务。

2010年8至10月，是高清节目网络制播体系一期项目系统联调阶段，主要完成了高清第一阶段所涉及项目的所有接口调试和项目组内部跨系统流程测试，使项目具备了用户培训条件。

2010年10至12月，是高清节目网络制播体系一期项目用户培训演练阶段，主要完成了用户操作培训和业务流程演练两项任务。

2010年12月，高清节目网络制播体系一期项目进入试运行阶段。

12月20日，高清制播网络系统正式

启用，卫视网络化高标清双播频道开播。卫视节目中心正式通过高清 AVID 网、宣传片编辑网和主干平台、总编室编播系统进行网络化制作、备播流程。此外，高标清演播共享系统、媒资系统、收录系统、共享审片系统等也正式开始高清业务。

12 月 29 日，高清新闻网正式投入使用，新闻中心开始网络化制作、备播、直播。

北京电视台高清电视技术系统搭建完成

总工办

北京电视台高清电视技术系统工程项目（一期）从 2009 年 5 月开始规划设计，经过招标采购、系统搭建、培训演练等工作，至今已经搭建完成。2009 年 9 月 28 日，BTV 北京卫视频道采用传统方式实现高标清同播；2010 年 12 月 20 日，BTV 北京卫视频道转入全流程网络化高标清同播；2010 年 12 月 29 日，BTV 文艺频道实现全流程网络化高标清同播。

一、建立高清化工作领导小组

为了加强对高清电视技术系统工程建设的领导，北京电视台于 2009 年 12 月 9 日成立了由王晓东台长任组长、其他相关主管台领导任副组长、相关部门主任为成员的“高清频道建设领导小组”，并成立了领导小组办公室。同时，还制定了高清项目立项和高清专项资金使用的审批程序，将其列入台“三重一大”事项的讨论范围，每一个招标项目的启动均由台党委（扩大）会议讨论通过。

二、加快高清技术系统建设和推广应用

2010 年，北京电视台完成了 6 个高标清同播播出平台的软硬件系统的搭建工作；购置了 60 台高清 P2 卡摄像机，并完成了使用培训工作；完成了两个高清新闻演播室（350 平方米、150 平方米）、两个 600 平方米高清演播室技术系统的搭建工作；完成了高清制播网络系统的搭建工作；购置了高清录像机、监视器、示波器以及高清测试仪器等配套设备；完成了动力系统 UPS 增容 400KVA 工程项目和机房恒温恒湿空调改造项目。

从 2010 年 11 月开始，北京电视台高清电视技术系统工程项目进入全流程演练阶段，BTV 北京卫视频道、BTV 文艺频道涉及的采、编、播、存、管等各项工作进行了为期一个多月的实战演练，各项工作的培训演练计划、业务流程、管理规定也相应制订出台。2010 年 12 月 20 日凌晨 6:00，BTV 北京卫视频道节目转入高清制播网，实现了全流程网络化高标清同播。2010 年 12 月 29 日凌晨 6:00，BTV 文艺频道节目转入高清制播网，实现了全流程网络化高标清同播。

三、加强高清项目资金的使用与监管

北京电视台依照北京市广播电影电视局印发的《北京市高清交互数字电视应用

工程建设项目管理暂行办法》，制定了《北京电视台高清电视技术系统工程专项资金使用流程》，并严格按照流程进行资金的使用和监管。2010年6月，北京电视台高清化工作接受并通过了北京市监察局驻广播电影电视局监察处的监督检查；2010年8月，北京市广播电影电视局派出审计组对北京电视台高清电视项目资金进行阶段性跟踪审计，未发现任何违规现象；2010年，北京电视台依法依规完成了一期工程8大项、35小项、53包项目的招标工作，累计招标金额约5.4211亿元。

北京网络广播电视台筹建情况

研究发展部

2010年1月13日，温家宝总理主持国务院常务会议，决定加速推进三网融合。在此政策推动下，北京电视台积极应对，探索制作了《网络春晚》等新媒体形态的节目内容；展开了对全国广电媒体实现台网联动、与新媒体融合发展的持续跟踪调研；走访、约见了网络、新媒体传播、金融资本业界等的专家和潜在合作伙伴数十位；多次在全台范围内组织召开了“加强网络视频建设，推进台网融合”座谈会及专题研讨会；搭建完成了新媒体实验室；分别向市财政申请并获得了文化创意产业发展基金1000万元的支持。

5月5日，国家广电总局发出《关于开办网络广播电视台有关问题的通知》，经台党委会研究决定，成立了由王晓东台长负责的北京网络广播电视台筹备组。

6月24日，刘志远书记主持召开了北京广播电视台专题会议，同意北京网络广播电视台筹备组“将网络广播电视台作为各项新媒体业务，包括IPTV、手机电视和互联网视频等运行和实施主体”的工作思路。

6月30日北京市成为全国首批三网融合试点城市，筹备组全力投入IPTV平台建设，根据国家三网融合工作领导小组和广电总局相关文件精神，于9月29日建设完成IPTV集成播控分平台，并与CNTV负责的中央集成播控平台连接，成为第一批接受广电总局验收的试点城市。

4讯道高清卫星车设计与应用

转播传送部

为了满足北京电视台卫视频道及其他频道高清播出的要求，确保重点节目直播的安全可靠，台里决定利用高清项目建设一期资金，购置一辆高清卫星直播车。转传部接受任务后，成立了由音频、视频、传输等业务骨干组成的项目组，与相关公司紧密合作，顺利完成了系统设计和招标工作。

一、车体

考虑到设备安装、整体布局、车辆通行性能的要求，此辆高清卫星车采用直挂式车体结构，车长9米，高3.5米，宽2.5米，车内高1.85米。为了卫星上行不受车体摇晃等因素的影响，配备了电控/手动液压支撑稳定系统。

二、配电系统

（1）安全的交流和直流配电系统，总功率在满足全车所有设备满负荷运行的条件下并留有30%余量。

（2）电源电缆长度70米，可以在具备供电能力的工作场地接入动力电。

（3）采用18KW柴油静音发电机，与车头共用一个油箱。作为动力电的备份和无动力电的工作场地为全车设备供电。

（4）配备10KVA UPS，供给车内计算机及主要数字设备，支持时间5分钟。

三、卫星系统

（1）选用C频段。

（2）为实现高清卫星转播，结合所选车底盘尺寸，选择vertex 2.4m C波段车载天线，该产品为碳素纤维结构，强度高，稳定性好。

（3）为保证高清转播，选用两台400w功放，有1:1功放控制及倒换开关。

（4）为提高功率储备，选用功率合成。

（5）上变频器选用comtech产品，含热备份自动倒换系统。

（6）编码方式选用DVB MPEG－2 4:2:0及4:2:2编码，选购DVB S2方式选件，以便节省带宽，考虑本台大量的TANDBERG设备，选用E5788，选购BISS加扰选件。采用1备1方式。

（7）解码器选用对应的TANDBERG RX1290产品。

（8）选用安捷伦频谱分析仪，进行单载波及载波频谱监测及维护检测。

（9）配备足够的高频、中频检测维护接口。

四、视频系统

（1）视频切换台：简单卫星转播车视频系统最重要的环节之一，选择Snell&Wilcox KAHUNA一级ME切换台，是因为这两个品牌的设备稳定性高，功能均能满足需要。

（2）高清摄像机系统：选择日立HK1000高清摄像机。

（3）高清镜头：选择佳能高清全伺服

镜头。

（4）多码流矩阵（32×32）：Haris 引入矩阵可以灵活调用信号，可以作为切换台的备份。

（5）视音频周边系统：根据系统设计需要选择信号处理设备。如 Haris 下变换器、X75 多功能视频处理器、帧同步、A/D 转换、音频加解嵌等多种设备。

（6）同步系统和波形监视系统：采用 TEK TG700 同步机是目前最稳定的高清同步机，WFM7120 + HD 高清数字示波器用于监看高清数字信号，1741C 模拟示波器用于调摄像机之用。

（7）时钟系统：选择青岛广研所产的 GPS 时钟，该设备广泛用于国内转播车和演播室系统。

（8）通话系统：选择 Clearcom 数字矩阵通话系统，其设备广泛用于国内转播车和演播室系统。目前两辆高清车均用这套系统。

（9）高清字幕机：选择新奥特高清字幕机，台内转播车均使用这个品牌的字幕机，字幕员对其操作界面较熟悉。

（10）Tally 控制系统：选择青岛广研所产的 Tally 控制系统，其设备广泛用于国内转播车和演播室系统，可以很好地进行原名跟随显示。

（11）监看系统：选用 Haris 多画面分割器和三菱 42 吋高清液晶显示监视器，这样的组成对于新卫星转播车的导演监视墙效果会很好。两个 9 吋高清液晶监视器用于上下行信号监看。

五、音频系统

（1）主调音台 YAMAHA – DM1000。用于转播及卫星传送工作音频信号混合及调整。

（2）备用调音台 YAMAHA – 01V96。当主调音台发生故障时接替其工作，并作为主调音台通道数的补充。

（3）音频一分二 EMO – E335。将关键音频输入信号同时分配到主备调音台，确保安全播出。

（4）数字倒换开关 TITUSLABS3 – DRX。选择来自主备调音台的输出信号供下级设备使用，确保安全播出。

（5）音频跳线盘 CSF1 × 48AV3/1LAM。音频信号关键节点接入跳线盘，是信号交换的主要手段。

（6）综合缆 LINKCKK54RD100。是转播车与转播现场音频、视频、通话等信号互传的主要手段。

（7）监听音箱 DYNAUDIO BM5ACOMPACT。用于转播车音频、视频、导播等不同区域人员监听音频信号。

（8）SDI 监听器 DELBM – AV2S。用于卫星上星设备区域对 SDI、AES、模拟等外来音频信号的监听监看。

由各项配置可以看出，此辆高清卫星车具备完善的 4 讯道高清视频系统和音频系统，可以进行各类小型节目（需要 4 个机位）的录制。备份手段齐全，安全可靠的卫星系统可以作为台外直播的主要手段。此车的交付使用，将填补北京电视台没有高清卫星车的空白。为台外重要活动的直播提供安全的技术支持与保障。此辆既带讯道，又带高清卫星传输的卫星车，在全国是第一辆。

BTV 手机电视发展情况

京视传媒有限责任公司

2010 年，BTV 手机电视与移动、联通和电信三家运营商展开深度合作，分别在三大运营商的手机电视业务中开通了 BTV 手机电视专区，同时，BTV 手机电视与联通合作，开发了第一款手机视频报——BTV 多媒体手机杂志等业务。

目前，BTV 手机电视可以向全国的手机用户提供北京电视台 10 个频道直播、40 多档节目的点播服务，日节目更新量 260 余条，服务受众覆盖 2.5G 和 3G 用户。

一、北京移动平台（自有牌照平台）

2009 年 12 月 9 日，北京移动平台开始正式收费。截至 2010 年底，北京移动的活跃用户在 32000 人次左右，综合浏览量突破 10 万次。为了让用户更好地体验 BTV 手机电视的收视效果，准备并开始进行中国移动客户端内容的接入，并预计在 2011 年初完成。

BTV 手机视频提供北京电视台直播、点播节目和品牌栏目、频道，精彩随时随身相伴。

（1）直播频道。BTV 手机视频直播的频道有 BTV 北京、BTV 影视、BTV 生活、BTV 公共。

（2）点播节目。BTV 视频点播的节目有新闻、影视、音乐、娱乐、卡酷、体育、法治、气象等种类；点播的栏目有《喜来坞》、《星夜故事秀》、《法治进行时》、《这里是北京》、《快乐生活一点通》、《特别关注》、《首都经济报道》、《我爱我车》、《五星夜话》、《每日文娱播报》、《天天影视圈》、《天下收藏》、《名人之后》等。

二、北京联通平台

2010 年 9 月，BTV 视频与北京联通上线了手机多媒体杂志业务，内容精选北京电视台电视节目和联通提供的包括大事专区、沃门户、生活一点通和天下奇闻，通过视频加图文相结合的产品展现形式，每周一至五发送一期，让用户及时了解最新的北京资讯，带给用户全新体验。2010 年底免费用户达到 6 万左右。

三、中国移动平台

2010 年以来，BTV 手机电视在央广视讯、CRI、中投及人民网等全网平台的节目也取得了一定的成绩，BTV 手机电视在各全网平台的上线合作播出，进一步拓宽了 BTV 手机电视业务。就央广视讯而言，截至 2010 年底，用户的点击次数已达到百万次之多。

四、中国电信平台

根据中国电信集团公司的批文，各省公司一起配合集团推广“天翼视讯”业务，北京电信配合中国电信开设“BTV”品牌包在全国落地，同时开设“BTV 动感北京”在北京地区落地并宣传推广。目前“天翼视讯”全能看产品 BTV 节目已经上线，BTV 品牌包正式上线，开始运营。

五、中国联通 IPHONE 平台

中国联通的 IPHONE 平台在 2010 年春节期间，BTV 的直播频道全部上线，同时，点播频道也陆续上线。内容涵盖《北京您早》、《北京新闻》、《爱音乐》、《气象早知道》、《每日文娱播报》、《时尚装苑》、《首都经济报道》等节目。

六、苹果客户端平台

BTV 手机电视客户端于 2010 年 4 月在苹果客户端平台正式上线，截至年底，客户端安装量约 10 万个，访问量 110 万人次（IP），综合浏览量达到了 437 万次（PV）。节目形式包括北京电视台各频道直播及精彩节目点播。

BTV 红楼梦客户端是 2010 年 8 月为配合新版《红楼梦》在北京卫视播出开发设计的一款客户端，节目形式包括《红楼梦》的精彩视频花絮、50 集剧集，还可以实现在线猜红谜、在线留言提建议等互动功能。

七、FREEWAP 平台的开发和应用

2009 年 10 月，北京电视台手机电视自有 Freewap 平台正式上线开播，Freewap 平台节目内容涵盖电视台直播和精彩栏目点播。移动、电信、联通用户利用手机登陆网址 www.3gbtv.com，即可收看北京电视台手机电视节目。Freewap 平台是全网平台，用户可以在全国范围内随时随地收看到 BTV 的精彩节目。Freewap 平台的正式上线，打破了北京移动只有北京地区牌照的局限，拓展了业务范围。

截至 2010 年底，移动、联通、电信三大运营商的手机电视付费用户数为 10 万人，总点击量已突破 100 万次，并且 BTV 手机电视还开发了基于 IPHONE、SYMBIAN、ANDROID、WINDOWSMOBILE 四大手机操作系统的手机电视客户端，与苹果、诺基亚、联想乐 phone、三星等手机厂商完成合作，以 BTV 手机电视品牌面向移动、联通、电信用户独立提供 3G 手机电视服务。

专辑

“母爱之歌”真情盛典温暖唱响

卫视节目中心

2010年6月9日，“母爱之歌——2010贝因美母爱总动员真情盛典”在北京电视台大剧院温暖唱响。由全国60余万网友投票选出的秦怡、熊丽、岳宗琴、邵丹等“10大感动母亲”获得“母爱真情杯”及100万元圆梦基金。与此同时，北京卫视倾力打造的晚会主题歌《漂亮妈妈》首次发布。颁奖礼现场阎肃、李明启、谢芳、朱明瑛等艺术家作为颁奖嘉宾盛装出席，主持人陈铎、余声，歌唱家谭晶，演员陶虹、苗圃等用不同的形式为母亲献礼。

舞美设计大气高雅
细节设计独具匠心

晚会导演组特邀香港舞美设计师周炳坤根据母爱的主题设计了一套美轮美奂的舞美，独具视觉冲击力。同时，在设计中大胆使用了投影幕，投影幕的升降与获奖母亲的登台亮相方式完美融合，画面丰富。在2层VIP区域巧妙地设置了旋转奖杯作为拍摄前景，画面唯美，使观众在变幻的视觉中欣赏了一台精心制作的晚会。

颁奖典礼感人至深
百万基金圆梦母亲

为了完美呈现本场晚会的视觉效果，北京卫视特意打造了一个如梦似幻的晚会舞台。导演组对10位母亲的故事进行了归纳和提炼，巧妙地分布在晚会的5个篇章中，使母爱这一主题更加具体化，从牺牲、升华、奉献、坚忍一直到母爱精神的反哺，形成一条贯穿整个晚会的主要线索。舞台上，10位母亲分别在五大主题中先后亮相，并接过阎肃、李明启、谢芳、朱明瑛等艺术家颁发的“母爱真情杯”和贝因美集团提供的总额为100万元的圆梦基金。

豪华阵容打造晚会主题歌
《漂亮妈妈》感动全场观众

晚会上，10位母亲的故事感人至深，由歌唱家谭晶演唱的晚会主题歌——《漂亮妈妈》更是倾诉出天下儿女对母亲的真情告白。《漂亮妈妈》是北京卫视为晚会重磅打造的主题单曲，邀请策划人、词作家王平久和音乐人鲍比达通力合作而成。朴实的歌词、优美的旋律被谭晶演绎得温暖、动听，谭晶呼吁天下儿女更多地理解母亲，关爱母亲，用更多的时间来陪伴母亲。

母爱情动晚会现场
明星助阵献礼母亲

在真情盛典现场，众多明星与大家分享母爱故事，见证光辉时刻。主持人陈铎、余声深情朗诵的《母亲的谎言》令全场观众潸然泪下；演员陶虹演唱了歌曲《隐形的翅膀》，初为人母的陶虹表示：

"成为母亲后，我才更深刻地体会到，其实每一个母亲都有一双隐形的翅膀，无私地呵护着、保护着自己的孩子。当了母亲，我也更加理解和感激我的母亲。"而影视演员苗圃在了解了10位获奖母亲的感人故事后，流着泪号召大家投身公益："不光是我们自己的妈妈需要关爱，还有贫困山区的一些妈妈更需要我们用爱心去关怀和照顾，希望大家都能够向她们伸出温暖的手。"晚会现场，苗圃将一首《你给的坚强》献给所有慈爱的母亲，带领人们感受母爱所赋予的生命力量。

新版《红楼梦》超前点映 十二钗璀璨回归大观园

——"品红楼梦回大观园"系列活动反响热烈

卫视节目中心

新版电视剧《红楼梦》于9月2日登陆北京卫视。为了在播映前树立良好的口碑，营造观众的收视期待，8月7日、8日，卫视节目中心在大观园成功举办"品红楼梦回大观园——新版《红楼梦》超前点映"系列活动。该活动以"品味红楼文化"为脉络，以"超前点映"为主题，以"明星互动"为内容，以独特的仪式为表现形式，充分挖掘活动亮点，有效提升了观众对北京卫视即将播出的新版《红楼梦》的关注度，营造了积极正面的舆论评价氛围。

1. 强强联手，巧妙借势，实现双赢。活动筹备过程中，卫视节目中心始终本着"双方资源共享，优势互补"的原则，以求达到双赢的最终效果，借助大观园提供的"百姓大舞台""凹晶溪馆"、图书售卖等活动场地，音响、灯光等各项设施，使得本次活动成本大大降低，开创了"强强联手，巧妙借势"的推广新思路。

2. 打造电视"超前点映"概念，掀起全新互动方式。卫视节目中心首次将电影中惯用的"点映"手法移植到活动现场，在影视节目中心的全力配合下，协调制片公司精挑细选《红楼梦》中最精彩的4集，分别在8月的第一个周末提前呈献给观众。在8月8日的"点映"中，李少红导演及《红楼梦》剧组主要演员被请到现场与观众亲密互动，解密幕后花絮。两天的时间，共有上百人在留言板上真挚留言，纷纷表达对新版《红楼梦》的支持和喜爱。

3. 主动出击，创意先行，爆发众多精彩新闻点。在"点映"结束后，全体人员转场至"凹晶溪馆"举办了一场别开生面的"放生仪式"。随着李少红与剧组成员共同将12条鲜活锦鲤放归到碧绿的池水中，意味着新版《红楼梦》使"金陵十二钗"正式回归大观园。这也成为各媒体争相报道的一大亮点。

此次"超前点映"，除了采用传统的

大屏幕播放方式，还有效利用了大观园中30米宽、15米高的水幕影像播放新版《红楼梦》的片花和精彩剧集，以求通过高科技手段展现“传统文化”。大观园园长马俊潼面对现场观众和众媒体宣布：新版《红楼梦》将正式入驻大观园，并欲挑战“放映周期最长水幕电视剧集”的吉尼斯世界纪录。

活动次日，全国近百家媒体对“品红楼梦回大观园——新版《红楼梦》超前点映”进行了多角度、全方位的报道，掀起了新一轮的“红楼”热潮。

北京卫视启动全国社区行“我要看世博·‘链’上美好生活”天津站新闻发布活动成功举办

卫视节目中心

7月28日下午，“北京卫视全国社区行——我要看世博·‘链’上美好生活大型电视互动活动”在天津率先启动，来自天津市10个“和谐社区建设示范单位”的居民们与明星嘉宾赵津生、贾玲、白凯南以及北京卫视主持人快乐互动，共同体验“靠谱不靠谱”益智问答游戏。形式新颖的大型互动游戏吸引了现场居民极大的参与热情，更令居民们对参与《我要看世博》节目在天津站的录制产生了浓厚兴趣。此次“北京卫视全国社区行”主题推广活动是北京卫视首次进行全国多城市、大规模的地面推广活动，让观众近距离感受到北京卫视带来的精彩，观众还有机会成为北京卫视节目的“参与者”。

1. 提前准备、精心策划，克服异地办活动的困难，保证宣传推广任务圆满完成。作为第一站，卫视节目中心宣传推广团队克服异地办活动的困难，设计了融知识性、趣味性、互动性于一体的活动环节，整场活动亮点频现、笑声不断，为在场新闻媒体提供了丰富的报道素材。

2. 畅通政府渠道，动员社区积极参与。在活动筹备阶段，通过多方协调，国家民政部基层政权和社区建设司以下发公文的形式，协调15城市民政局基层政权和社区建设部门配合“北京卫视全国社区行”的宣传推广工作。天津市民政局积极为新闻发布活动协调场地，安排张贴300张活动海报，覆盖人口达到近8万人。同时，当地民政局组织各社区居民代表参加新闻发布活动，并为《我要看世博》节目录制当天的参赛者招募提供帮助。

3. 明星助阵，提升整个活动的影响力和媒体关注度。活动邀请了来自大洋彼岸的“中国通”大牛和北京电视台主持人晨阳、汪洋共同主持发布活动；天津相声表演艺术家、马派相声传人赵津生倾情助阵。青年相声演员贾玲和搭档白凯南特意表演了为此次活动创作的相声《靠谱不靠谱》，并和现场观众共同体验“靠谱不靠谱”益智问答游戏。

4. 发挥新媒体传播优势，BTV在线首次在京外城市采用3G技术进行全程视频直播。信息网络管理部工作人员与网络信息编辑室通力合作，实现了BTV在线对此次活动进行的全程网络视频直播。这是BTV在线首次在京外城市采用3G技术进行全程视频直播。同时，酷6网同步视频直播，北京卫视新浪官方微博对此次活动进行了全程网络微博直播。

5. 京津两地媒体现场采访报道，全国媒体发稿报道，扩大宣传报道声势。新闻发布活动当天，天津15家强势地面媒体及北京媒体到达现场采访报道。活动结束后，卫视节目中心联络全国35个城市的70余家媒体对本次活动进行发稿报道。

准确及时　求实创新

——新闻节目中心圆满完成北京市“两会”报道任务

新闻节目中心

北京市第十三届人民代表大会第三次会议和中国人民政治协商会议北京市第十一届委员会第三次会议的召开，是全市人民政治生活中的一件大事。新闻节目中心抽调出80多名编辑、记者组成报道队伍，精心策划，周密安排，稳步推进，圆满完成了“两会”直播和各项宣传报道任务，得到了市人大、市政协、市委宣传部领导的肯定和好评，在标高清同步直播、高清光缆传送、扩展报道层面、提高报道质量方面实现了多个创新。

一、“两会”直播——信息丰富，富于创新

此次“两会”直播首次实行高、标清同步播出，技术升级使得协调环节增加、安全播出责任更重。评论部将直播中可能出现的问题进行细致的排查，最大限度地减少风险点，最后与转传等技术部门形成了一套安全播出应急预案。直播前一天，台领导亲自指挥，进行了严格的实战模拟演练。

此次直播还力求在画面语言上有所突破。为充分展现市领导和代表、委员昂扬饱满的精神风貌，评论部首次在直播中使用了摇臂摄像机，场面宏大、气氛庄严，将大会的庄严感和神圣感表现得更加到位。同时，继续沿用过去使用的脚轮推移、香炉脚低位拍摄，丰富了画面。

二、程序报道——及时准确，严谨规范

程序报道是“两会”报道的重要内容之一，要闻部在今年的程序报道工作中，主要突出了以下特点：

1. 时效为先，准确及时。当天的报道在《特别关注》、《北京新闻》、《晚间新闻报道》等栏目中实现滚动播出。此次政协开、闭幕式分别安排在下午3点和4点，这对于抢发《北京新闻》头条来说，是个严峻的考验。新闻中心组建起3组6人的报道团队分工协作、流水作业，每个细节逐一细化落实，最终使得近4分钟和近5分钟的两条新闻顺利在6点30分的《北京新闻》中及时播出。

2. 流程周密，严谨规范。“两会”报道严格按照采访部—宣传部两级审稿，采访部—新闻中心—宣传部三级审片制度执行，保证了程序报道排序准确无误、文字和画面规范，保证了“两会”报道导向安全、内容安全、技术安全、播出安全。

3. 镜头始终对准基层的代表、委员，充分反映他们的意见和心声。经初步统计，会议期间，共有100多位代表、委员的同期声出现在各档新闻中。

三、配合报道——策划先行，多姿多彩

1. 图解方式解读报告。新闻节目中心精心策划了系列报道《“两会”特别报道·畅想2010》，对《政府工作报告》进行了重点解读。报道分为《2009年本市经济增长10.1%　北京人均GDP首破1万美元》、《四加快三完善——打造具有全球影响力科技创新中心》、《统筹城乡区域发展　共享一体化建设成果》、《加大民生工作力度　让发展成果惠及人民》，记者出镜串联，用图表、动画、包装、特技等电视手段对《政府工作报告》内容进行了深入浅出的讲解；大量的代表、委员的同期采访，针对《报告》内容进行解读，清晰地展现了过去一年间北京所取得的辉煌成就，展现出首都2010年发展的美好前景。

2. 建言北京倾听声音。《建言北京》是“两会”报道的一个固定板块，今年的报道与往年相比有所不同，冠之以《“两会”特别报道·建设世界城市　建言北京发展》的总题，针对建设世界城市的重点内容进行逐一解读，该板块在《北京新闻》、《晚间新闻报道》等栏目播出5篇，采访了20～30名来自基层的代表、委员。

3. 继续把《小曹跑“两会”》做成品牌。“两会”期间，再次推出《小曹跑“两会”》，由《特别关注》主持人曹一楠现场出镜，给观众带来“两会”上的热议话题、新鲜事物、会议新气象。其中，《世界城市——北京发展和定位新要求》、《保障性住房为低收入家庭圆安居梦》、《社保卡——换号退费都快》等内容，反映出《小曹跑“两会”》从单纯营造“两会”气氛转向融入对社会热点问题的深入思考，收到了很好的传播效果。

此外，《晚间新闻报道》还开办了《“两会”特别报道·晚间新观察》板块，专家学者被请入直播间，与主持人、观众交流，对“两会”重点给予关注。

四、专题报道——克服时间障碍，报道追求深度和温度

此次“两会”专题报道首次增加了对人大常委会制度建设和创新及议案办理落实情况的报道。新闻评论部推出了8集专题报道全方位解析报告、报道市“两会”。

此次专题报道呈现出与以往不同的特点：一是广泛搜集大量的资料和数据；二是变开放式提问为闭合式提问，使代表接受采访时能够直接切入主题；三是通过“背景链接”和“关键词”的版式，逻辑清晰地加以解释，突出了专题报道的个性化和人性化。

由于市政协开幕式由以往的上午10

点改为下午3点举行，而当晚必须播出《市政协十一届三次会议开幕式实况剪辑》，15分钟的新闻专题节目，制作时间只有1小时20分钟。评论部制订了4套周密的节目制作方案，通过两次实地预演，保证了最终的安全播出。

以“创先争优”精神做好“创先争优”报道

——《北京新闻》深入报道全市“创先争优”活动

新闻节目中心

4月14日，市委市政府召开北京市开展创先争优暨党员作风建设年活动动员大会之后，根据市委宣传部的统一部署，北京电视台新闻节目中心《北京新闻》积极策划，统筹安排，通过生动的报道，有力地配合了全市“创先争优”活动的开展。同时，参与报道的采访部门记者和《北京新闻》编辑以永不满足的创新理念、爱岗敬业的奉献精神、精益求精的工作态度，践行“创先争优”的精神。

成就报道和动态报道统筹兼顾。在报道中，首先明确成就报道是主体，动态新闻是有力补充的理念。《北京新闻》扎实落实市委宣传部和市委组织部确定的先进典型报道计划，同时，统筹兼顾在开展创先争优活动的第一个阶段的动态活动报道。《北京新闻》在报道中，典型和动态两手抓，在典型报道中，强调挖掘基层党组织和党员的感人事迹和闪光精神，由小见大，以情动人；在动态报道中，突出活动开展的广泛性和及时性，使全市18区县和各委办局开展的“共产党员献爱心”和“群众心目中的好党员”评选活动都能在《北京新闻》中得以充分体现。

“动态编排”突出“创先争优”报道的时效性。成就报道的新闻性、时效性一直是新闻报道的难点，《北京新闻》没有满足对报道进行简单的安排，而是在播发过程中力争结合每天的新闻报道进行动态编排，突出“创先争优”活动报道的新闻性。如结合6月25日北京政法系统开展全系统“创先争优”活动表彰工作，《北京新闻》播发了《以党建带队伍　以队伍促审判——市二中院知识产权庭党支部党建业务双促进》报道。利用这种编排思路，很多“创先争优”成就报道在丰富了当天动态新闻报道内容，实现了对动态新闻延伸报道的同时，也具有很高的时效性和新闻性。

奉献精神保证及时、准确、高效地完成报道任务。动态编排丰富了“创先争优”的报道形式，而参与报道的记者因其辛勤工作保证了报道的连续性。6月12日接到第二批报道任务时正值端午节假期，按照市委宣传部要求从当天开始每天都要播发一个基层党组织的先进典型，关键时刻以大局为重，新闻不能停，记者奔波的脚步也不能停。很多人自愿放弃了假期休息，取消了和家人的休假计划，提前拍摄、提前制作保证新闻按时播出。

在此次“创先争优”系列报道中，很多参与的编辑、记者都是党员，他们在工作中创新方式方法，面对困难无私奉献、爱岗敬业，通过自己的行动诠释着共产党员的含义。通过全体编辑、记者的努力，从6月14日到6月30日《北京新闻》已经播出“创先争优”系列报道25篇，及时、准确、高效地完成了宣传报道任务。

新闻节目中心圆满完成武搏会新闻报道

新闻节目中心

北京首届世界武搏运动会于2010年9月4日落下帷幕，世界体育总会主席维尔布鲁根将其称赞为“一届无与伦比的赛事”，各方领导对北京电视台的武搏会报道给予高度评价。新闻节目中心武搏会报道小组从预热到开幕，从接机到比赛开始，从运动员村到志愿者之家，在为期半个月的工作中，圆满完成了继北京奥运会后的又一场宣传报道硬仗。

1. 赛事预热，多方找“料”。首届世界武术搏击运动会涵盖13个运动项目，其中大部分是非奥运项目，还有一些是在中国从未开展过的项目。为了做好13个项目的介绍，报道小组的记者想尽一切办法，从各种渠道寻找视频资料。除了对13个体育项目进行介绍以外，每天在北京新闻中还播出了项目赛事礼仪的报道，请专家详细讲解相关礼仪知识。

2. 赛事临近，任务陡增。随着8月28日开幕式的临近，武搏会相关报道任务开始陡增。《北京新闻》从每天一条武搏会的新闻消息，增加为每天两、三条。从会歌录制到开幕式彩排，从形象大使抵京到运动员接待，记者每天奔跑在机场、体育馆、电视台之间，早出晚归采访报道。

在迎接武搏会柔术形象大使的时候，为了让中国体育爱好者熟悉柔术，同时也出于电视画面的考虑，记者甘当靶子，让大师摔打，向观众展示了柔术基本动作。这条新闻还成为京城主流媒体争相采写的题材，成为武搏会前期报道的亮点。

3. 赛事开锣，角度全面。与体育新闻不同，《北京新闻》所关注的并非只是赛况赛果，更关注赛场背后的故事。从赛事组织到志愿者服务，从运动员拼搏到观众反映，方方面面都要报道。每天3个场馆同时进行比赛，每个场馆有每个场馆的特点，记者在比赛中抓细节，在赛场外抓冷门，把报道做得鲜活生动。

通过现场捕捉细节，《北京新闻》报道了武搏会以礼始、以礼终的武学哲学；通过对赛场外的观察，《北京新闻》报道了志愿者为选手一站就是一天的感人事迹；通过深入运动员村，《北京新闻》报道了细致入微的赛事保障，受到各国运动员的好评，为北京构建世界城市营造了良好的舆论氛围。

提前策划　周密部署
精益求精　气势恢宏

——北京电视台圆满完成世博会“北京周开幕式”大型直播

世博报道小组

上海世博会的第一个省市活动周——北京活动周于5月4日至8日举行。北京电视台全程直播了5月4日北京周开幕式的盛大场面，顺利完成了《魅力北京　闪耀世博》——北京周开幕式大型直播。

果断决策、启动迅速。2月底，在得知北京市委市政府将要在上海世博会期间举办北京活动周后，台编委会果断决定，全程直播北京周开幕式盛况。3月中旬，开始着手组建人马，并与上海电视台联络合作，赴沪考察场地，租借设备，提前一个月启动了北京周直播活动的筹备工作。北京电视台也因此成为除上海以外的各省级电视台中第一个启动世博报道工作的“排头兵”。

科学安排、周密部署。3月初，北京电视台成立了“BTV世博报道工作小组”，台领导牵头总编室、各节目部门、技术部门组成了140多人的联合报道团队。自启动北京周直播工作以来，工作小组多次开会研究《魅力北京　闪耀世博》大型直播的工作流程，尤其是4月26日报道团队全部抵达上海以后，直播工作组逐步落实直播中的技术平台搭建、直播内容架构、直播人员分工、各部门间的工作配合等工作，不断修订直播方案，完善各项流程细节，实现每个环节间的无缝连接，确保大直播的安全顺利。

精益求精、注重细节。北京电视台与北京世博组委会和上海世博局进行双向沟通对接，从确定直播开始就参加由程红副市长主持召开的每周一次的世博专题会，深入了解北京世博报道工作的指导思想，以此细化直播中每一个内容。由于北京活动周开幕式是在异地，又是在世博园区内进行，因此在技术支持和运行保障等方面更加艰难。世博报道团队克服了设备异地租用、异地演播室搭建、报道人员注册、后勤保障等各方面的困难，为直播的顺利圆满完成打下了坚实的基础。

敢于拼搏、通力配合。北京周开幕式大型直播工作不仅涉及北京电视台与世博园区、上海世博局之间的沟通协调，还涉及台内节目部门、技术部门、职能部门之间的密切配合，140多人的报道团队不但要做到分工明确、各司其职，还需要做到通力合作、汇聚合力。5月4日直播当天，部分人员在连续多天超过12个小时的超负荷工作状态下，凌晨3∶30就抵达世博园区开展工作，迅速搭建起了3个直播点。5月4日8∶20，3个注入点信号顺利接入演播室，《魅力北京　闪耀世博》——北京周大型直播平稳开始，在面对异地作战、无法演练、不确定因素众多的情况下，BTV报道团队成员想方设法克服困难、千方百计创造条件，直至12:00长达近4个小时的直播圆满完成。直播内容分别展示了北京周开幕式、花车巡游、文艺演出等活动的实况，通过现场实况、记者连线、演播室嘉宾访谈等形式，结合提前制作的近30个小片展播，气势恢宏、生动鲜活，全方位、多角度地展示了后奥运时代的新北京形象，充分反映了“三个北京”的全新成果，有效阐释了北京建设“世界城市”的目标。

直播获得领导高度评价。5月6日早上，BTV上海世博报道团队接到北京市委宣传部前方指挥部的新闻处副处长金鹏发来短信：“昨夜开会得知，郭金龙市长4日上午推掉所有会议全程看电视直播，之后高度评价，打电话向程红副市长祝贺，各省市惊叹我长达4小时电视直播，认为是不可逾越的标杆，认为我们组织有力、环环相扣，甚至说比开园仪式棒多了。程红副市长、刘志秘书长非常满意，特向一线同志们致敬。”

2010北京电视台春节联欢晚会

文艺节目中心

“2010北京电视台春节联欢晚会”于2010年2月14日（大年初一）19:40在北京卫视首播。晚会以“虎跃中华，花开盛世”为主题，以新的北京风貌、北京精神、北京性格为特色，打造新形象，抒发新情怀，放射出北京后奥运时代的光芒，表达出北京在新中国60周年大庆之后的盛世情怀。

整台晚会气势恢宏、时尚大气，舞美、灯光、服装、造型处处匠心独具，强烈的视觉冲击力、超大画面和亦真亦幻的变幻无穷的色彩与图案，时而气势磅礴，时而热烈奔放，时而幽雅清新，构筑起新北京国际大都会特有的辉煌节日盛景，呈现出“剧院式春晚”的独特魅力。

晚会特别策划了“明星贺岁团”、“影视群星嘉年华”等新颖的晚会概念和节目元素。宋祖英、王力宏、赵本山、冯巩、蔡明、小沈阳、黄晓明、张涵予、林俊杰等影、视、歌，内地、港澳台地区近百位一线明星悉数登台亮相，精彩表演一一呈现。

在晚会串联上，采用创新的明星贺岁团和主持人相结合的新颖串联方式，由黄晓明、王宝强、张涵予、陆毅、苏有朋等组合的“华谊八虎”，由林俊杰带队的新加坡明星贺岁团等群星围绕“感恩幸福——春天的花朵送给谁”的理念推进晚会进程。以“融合的北京祝福你”、“温暖的北京祝福你”、“成长的北京祝福你”为晚会主题，营造了2010年大年初一北京都市感、时代感、现代感交融的新春盛典。晚会总时长约4个小时，首播收视18.88%，在各省台排名第一，在连续3年创出收视佳绩的基础上，再创近几年BTV

春晚新高，成为北京电视台的一大品牌。

“2010年北京电视台·新浪网首届网络互动春节联欢晚会”成功举办

文艺节目中心

“2010年北京电视台·新浪网首届网络互动春节联欢晚会”于2月6日小年夜，率先在北京卫视拉开全国春晚的狂欢大幕，并连续7天在黄金时段由三大平台同步播出。作为全球华人第一台三网融合、三屏合一的新春晚，晚会凭借草根精神和快乐元素获得了观众的广泛关注和热烈好评，取得了3.14%的平均收视。业界同仁和学术界专家赞誉《2010年北京电视台网络互动春晚》围绕“让世界看到中国红”，以全国第一台“三屏合一新春晚”的崭新概念为核心战略，构建了一个崭新的创意新春晚，具有广阔的前景和很高的成长性。

作为北京电视台亮剑新媒体的一张“新春名片”，首届网络互动春晚充分利用北京电视台、新浪网与中国移动三大媒介平台影响力，打造全民参与、全民狂欢的新春盛会。草根和网络红人、巨星同台演出成为网络春晚的最大亮点。不少草根和网络红人由此化茧成蝶，得以与巨星同台、一圆春晚梦想。罗志祥、李玉刚、维塔斯、金巧巧、佟大为、黄征等多位一线明星热力加盟，天天、黑妮、暴走妈妈、抡车男等网络红人纷纷现身，各地民间奇人大秀绝活，自荐节目梦圆春晚，加上充满时代感、都市感的节目风格以及布局时尚、现代的灯光舞美，这一切使网络春晚人气旺盛，契合了不同年龄、不同层次、不同口味观众的喜好。

首届BVT网络互动春晚从启动到录制不过一个多月，是全国筹备时间最短的春晚，也是三大平台联手推广的新春晚。从2009年12月10日晚会创意的产生到晚会播出前，在新浪官网、BTV在线网站和中国移动WAP官网上网民推选、自荐节目的人次已经过亿，堪称是人气最旺的春晚。

以“喜迎天下、情暖中国”为主旨的BTV网络互动春晚始终坚持新姿态、新风貌，7天大容量的晚会，参与人数之多创全国之最。从歌曲联唱《相亲相爱》中最小的演员——不过6个月大的卞嘉浩到年逾九旬专程从南国赶来的佛山十二姨，一老一小相差几近90岁。年龄跨度之大，创了全国之最，足见网络春晚超强的聚集效应。在全国春晚都争抢新春档收视份额之时，北京电视台破旧立新，借力网络、手机新媒体，以快捷、快乐、快速为切入点，打出“短、频、快”旗帜，“三屏合一看春晚”，三大平台联合出击，为网络春晚宣传造势，爆点不断，惊喜连连，赚足了眼球。展现了北京作为世界城市的包容性，拓宽了北京电视台引领时尚的影响力。

赞颂河流 尊重文明

——《第三届青海国际水与生命音乐之旅音乐会》圆满闭幕

文艺节目中心

受青海省人民政府的邀请，北京电视台与青海电视台共同举办的《第三届青海国际水与生命音乐之旅——2010 世界防治荒漠化和干旱日主题音乐会》于 6 月 23 日在黄河发源地青海省贵德县圆满闭幕，并于当晚 20∶30 在青海卫视进行了现场直播。

在 2008 年、2009 年成功举办过两次后，2010 年的晚会延续了前两届的风格，邀请到世界各国以及国内演唱家、演奏家共同出演，由北京电视台主持人春妮、孔洁与青海电视台主持人璟娅、卓玛联袂主持。晚会紧紧围绕水与生命、人与自然、赞颂河流、尊重文明的主题进行，演出同时融入“玉树抗震救灾”元素，玉树籍藏族歌手的现场演唱感人肺腑，表达了青海省各族人民对党和全国人民的感恩之情以及重建家园的信心和决心。

从 6 月 18 日起，由文艺节目中心、转传部、制作部、播出部组成的晚会创作、转播团队就进驻贵德演出现场各司其职，克服当地转播设备相对简陋、现场条件差、人员协调复杂等困难，从节目环节到技术环节，从现场演出到后勤保障，逐项与青海台进行细致有效的沟通，确保了整场演出安全、有序地进行。

6 月 23 日演出当晚，由于上游水库提前开闸，演出现场的水位不断上涨，主持人候场出现困难，摄像师和主持人的裤脚、裙摆都被河水浸湿了。面对现场的紧急状况，转播团队协调相关部门，通过层层沟通，尽快关闭了水库闸门，限制了水量，体现出北京电视台在大型活动中的应变能力和专业素养。

6 月 23 日晚演出前夕，中共青海省委书记、省人大常委会主任强卫来到转播车前，亲切地询问同志们的工作、生活情况。中共青海省委常委、省委宣传部部长吉狄马加也在现场观看了演出，并对北京电视台给予此次活动的大力支持表示感谢，同时对晚会节目给予了高度评价。

整场晚会平稳流畅，灯光、舞美、音响效果均好于往年，现场主持人及演员表演到位，节目设置紧凑。晚会获得了青海省人民政府、中共青海省委宣传部、文化部对外文化联络局等单位的一致好评。

饮水思源 相约沽源

——第十四届《京张心连心》文艺演出在坝上草原举行

文艺节目中心

由北京市委宣传部、河北省委宣传部、张家口市委市政府主办，北京电视台承办的《饮水思源 相约沽源——第十四届“京张心连心”大型文艺演出》，于2010年7月26日上午9点在张家口市沽源县闪电湖畔圆满举行。上万名观众与来自北京、河北以及张家口市委市政府的各级领导和来宾在草原上欢聚一堂，共同观看了演出。

《京张心连心》是北京市和张家口市对口共建的一项大型公益活动，活动集文艺演出、新闻宣传、民众联欢为一体，每年举办一次，至今已先后在张家口的崇礼、怀来、涿鹿、沙城、官厅水库、张北草原等地成功举办过13届，为沟通京张两地达到互相了解、促进两地的合作与发展发挥了巨大的作用。

2010年的《京张心连心》选址在沽源县。沽源位于坝上，被誉为“三江源”，是北京的水源地。本届《京张心连心》将演出主题定为“饮水思源 相约沽源”，旨在展示沽源深厚的人文底蕴和坝上草原的美丽风景。在节目构成上综合考虑“草原”、“水源”、“绿色”、“感恩”等关键词，特别围绕着“水源”和“绿色”两个主题词，展开了情感互动。

此次演出有以下三个特点：一是首次搭建了360度圆形舞台，将天坛圜丘坛的造型与草原风光巧妙结合；二是特别策划了“共享源头水”的动情点，强化了“饮水思源 相约沽源”的主题；三是加强了互动性，突出了“心连心”的特色。

演出结束后，许多观众仍沉浸在“心连心”的美好情境中，久久不愿散去。河北省委宣传部、北京市委宣传部、张家口市委市政府的领导高度称赞这次演出主题鲜明、感情真挚、节目精彩，是一次非常成功的“心连心”。

第五届中国北京国际文化创意产业博览会开幕式文艺演出

文艺节目中心

2010年11月17日晚，第五届中国北京国际文化创意产业博览会开幕式暨文艺演出在人民大会堂举行。中共中央政治局委员、北京市委书记刘淇出席开幕式并宣布文博会开幕。中央有关部委领导以及北京市政府领导出席了开幕式，并与国内外的嘉宾共同观看了由北京电视台承办的大型文艺演出——“创意中国”。演出结束后，来自各个国家和地区的嘉宾对晚会都给予了高度评价。

文艺演出由著名主持人杨澜、朱时茂、春妮、旭东主持，各个节目精彩纷呈，处处彰显创意主题。与以往不同的是，此次演出国际化水准极高，国际参与度更加广泛，外国演出者的节目各个都有创意、高水准、富有激情与活力。著名作曲家刘青为文博会创作的主题歌《花开盛世》拉开了开幕式文艺晚会的序幕；现代激光表演《文博新视界》将舞蹈表演与激光技术完美结合；远道而来的芬兰、乌克兰、俄罗斯艺术家表演的节目让全场掌声雷动；华裔著名歌手费翔和“情歌天后”梁静茹用歌声献上海外华人对文博会的祝福；多次在国际A级杂技大赛上获金奖的节目《挑战》征服了所有观众……最终，一曲由各国艺术家共同演唱的《友谊地久天长》将晚会推向高潮。

精彩的节目赢得了各国嘉宾的赞赏。演出过程中，各国嘉宾不时地为场上演员令人惊叹的演出鼓掌喝彩；演出结束后，他们纷纷伸出了大拇指，给予了极大的肯定和表扬。嘉宾纷纷表示，整场演出虽然时间不长，但是每个节目都很精彩，充满了创意理念，既展现了东方文化的魅力，又充满了西方文化的激情。

源头培育创造《媳妇的美好时代》斐然佳绩

影视剧中心

由北京电视台参与出品的电视剧《媳妇的美好时代》4月15日晚在北京卫视播出大结局。这样一个轻喜剧风格的、家长里短式的现实生活题材作品在社会上一炮打响，在取得单集收视14.55%的成绩之外，也获得了多年龄层次观众的狂热追看和辩论、热议。这部电视剧是影视剧中心自启动大戏战略以来，实行项目全流程贯通制和源头项目培育计划，并进行立体宣传推广的一部成功例证。

《媳妇的美好时代》由北京电视台和北京华录百纳影视公司联合出品，于2009年初开始运作。影视剧中心及时启动项目培育计划，中心项目三部审看全集剧本，不仅对其剧本品质进行评估，同时对其主创人员，包括导演、编剧、主演的整体实力进行评价。一方面肯定了剧本剧作基础好，贴近生活，题材讨巧，且运用了轻松、幽默诙谐的表现手法，每个小人物都很丰满鲜活；另一方面提出了该剧在语言等方面的不足之处，建议导演在拍摄过程中和演员一起加强语言方面的二度创作。

在拍摄过程中，加强了对剧目质量进行全流程的监控。影视剧中心多次进行片场探班，与主创人员共同研讨，同时组织了主流电视、报业以及网络媒体进行前期的预热宣传。我们从粗剪的片花和拍摄现场来分析讨论，与导演、主要演员对拍摄过程中的问题进行沟通，力争使最终完成片能够按照期望的品质拍摄，符合北京卫视的品质要求。

电视剧《媳妇的美好时代》的成功播出是强大预热攻势的成功，也是影视剧中心以项目部为龙头，从产业链源头抓起，加大主控力、策划独特产品的科学工作方法的成功。在整个项目的具体实现和推进过程中集合了中心各个环节的力量，得到了全台多个部门的支持，为提升卫视平台整体影响力积蓄了力量，作出了贡献。

体育节目中心冬奥会报道亮点多

体育节目中心

第21届冬奥会于2月13日至28日在加拿大温哥华举行。体育节目中心在没有赛事报道权的情况下，面对央视大规模、多频道、大兵团的报道压力，积极组织力量、整合资源，仍然取得了多个报道亮点。

一是前方报道在仅有两张ENR（文字记者证）的条件下，6名编辑记者圆满完成了每天20分钟新闻回传和11期、每期30分钟的访谈节目任务。体育节目中心此次派出6名编辑记者到温哥华，和中国奥委会官方网站华奥星空以及新浪网合作，在温哥华的中国奥委会大本营“中国之家”搭建演播室，录制了名将访谈节目《飞越温哥华》，专访了中国代表团所有金牌选手和优秀运动员，以及杨扬、李佳军等冬季运动名将，共制作30分钟访谈节目11期。英达、孙楠、夏雨等演艺明星也出现在了温哥华演播室，丰富了冬奥会节目的内容。

前方记者克服没有证件、外围工作量繁重的困难，每天还坚持回传包括新闻发布会、记者出镜、赛场小机器抢拍、风土人情等20分钟的新闻，在《体坛资讯》和《天天体育》中滚动播出。

二是通过赛事集锦加上自采节目，把“无米之炊”做成了750分钟的冬奥会特别报道。通过与CCTV协调，我们拿到了冬奥会每天的官方赛事集锦，加上自行采制的节目，开赛后每天制作一档50分钟的冬奥会特别报道，内容涵盖了开闭幕式及中国队参加的所有精彩比赛，共播出13期，并在最后制作了一期100分钟的总结篇，全面反映了中国代表团的成就和本届冬奥会的精彩。

三是在国家体育馆“鸟巢欢乐冰雪季”的现场播放冬奥会报道，充分利用了有限资源，提升了BTV体育的影响力。冬奥会期间，通过在“鸟巢欢乐冰雪季”现场大屏幕适时插播中国运动员的夺金场面，并通过现场主持人与观众互动，形成现场活动和冬奥会报道相得益彰的双赢局面。

“海洋沙滩狂欢节”再现京城

体育节目中心

“城市里看海，公园中玩沙！”这句海洋沙滩狂欢节的主题词曾经在2009年火遍北京。2010年6月5日，第二届“海洋沙滩狂欢节”在朝阳公园沙滩主题乐园再度亮相。

“2010北京海洋沙滩狂欢节”是由北京电视台和北京市体育局联手打造，北京新维体育文化发展有限公司和北京金艺舟国际文化传播有限公司共同承办的一项全国闻名的品牌活动。从6月5日到8月31日，海洋沙滩狂欢节在长达3个月的时间里，为广大市民以及海内外游客带来与众不同的消夏娱乐新体验。2010年8月，首届“海洋沙滩狂欢节”在朝阳公园成功举办。这一活动不但符合北京市政府打造国际化体育中心城市的发展脉络和服务奥运、回馈全民的奥运城市发展思路，也有助于破解后奥运时代场馆再利用的世界性难题。“2010北京海洋沙滩狂欢节”较之2009年，时间跨度更长、活动内容更丰富、现场亮点更新颖。

本届海沙节在25000平方米的奥运沙排场地以及独一无二的湖景泳池中规划出了主题区、沙滩区、嬉水区和展售区等多个功能区域。喜爱足球的朋友可以在2000平方米的主题区——足球公园里参与真人欢乐球、九宫格射门、桌上足球、沙滩足球和笼式足球等多项互动足球，躺在沙滩上现场观看巨幅LED中转播的南非世界杯比赛。喜爱排球的朋友可以在北京奥运会沙排场地上打排球，与奥运沙零距离接触。喜欢戏水的朋友在5000平方米的湖景区感受全新的清凉体验。另外，极具异域风情的巴西桑巴舞、南非鼓舞、草裙舞等国际特色表演也为海沙节增添了更多动感激情。

本届海沙节的主题曲《梦想追逐》由足坛明星、乐坛歌星和北京电视台主持人携手高歌，让《梦想追逐》这首活泼明快的主题曲充满了无限的想象和可能。

体育频道全方位报道世界杯

体育节目中心

4年一度的世界杯足球赛于6月11日在南非拉开大幕，北京电视台的世界杯报道也全面展开。本届赛事BTV体育频道实现了若干个创新，演播室日直播量连续31天达到1000分钟；首次采用“三屏合一”的新媒体报道方式；首次推出以足球为主题内容的栏目剧。

1. 大型赛事直播量创新纪录。体育节目中心派出12人的前方报道组，从南非多个城市的赛场发回第一手报道。后方为《步步为赢——赢在世界杯》大型直播节目的大本营，从6月11日开始至7月11日比赛结束，每天从中午12:00到次日凌晨4:40，全天直播量达到16小时40分钟。世界杯期间体育频道31天直播总量达500小时左右，创下了大型赛事直播总量的新纪录。

2. 新媒体节目实现创新。《步步为赢——赢在世界杯》大型直播节目内容丰富，尤其在赛事转播之外，《足球100分特别节目》力推新媒体技术。以直播的方式，真正实现电视、网络与手机在线的实时互动，将电视、手机、网络三屏合一，充分发挥“三屏”的各自优势，为电视观众、网络用户和手机用户搭建一个看球、聊球、侃球的立体空间，这也是国内电视体育节目首次以“三屏合一”的形式展现。

3. 栏目剧拓宽赛事报道模式。世界杯期间推出的32集栏目剧《哎哟，足球》对于电视体育节目是一次全新的探索和尝试。该剧采用情景喜剧和脱口秀相结合的跨界式电视操作模式，即时创作，与世界杯同步拍摄、同步播出。《哎哟，足球》由专业演员扮演的角色和现实中的文体明星、著名主播、评论员相结合的方式拍摄，在多数剧集中，都有明星的助阵演出和对赛事的精妙点评，明星阵容的参与给观众带来了意外的惊喜。

除此之外，在赛事报道方面邀请了业内人士和著名球星作为嘉宾评论，力求全方位多视角展现体育比赛的内在魅力；每天两档综合新闻及时全面地带来了赛事消息和赛场内外的动态新闻；互动节目《射门游戏》则吸引了更多观众参与体育娱乐。

体育频道大型直播节目《世界城市　北京时间——纪念北京奥运会两周年特别节目》精彩亮相

体育节目中心

体育节目中心将于2010年8月8日，推出贯穿全天共13小时的大型直播节目《世界城市　北京时间——纪念北京奥运会两周年特别节目》。

在北京着眼于建设“世界城市”的背景下，直播节目以北京作为出发点，盘点后奥运时代北京的变化，并纵观全球世界级城市，展现纽约、伦敦、东京以及北京等国际大都市的发展与变迁、体育化生存状态、体育运动给人类带来的改变和提升。

现场直播与多方注入点联动：奥运城市发展论坛上刘淇同志的主题演讲、朝阳公园“全民健身志愿服务大行动”、鸟巢里国安—巴萨足球友谊赛、水立方对社会开放、海洋沙滩狂欢节市民戏水玩沙的盛况等。

为了提升市民对于北京建设世界城市的关注，节目特别设计了“我是北京人，我心中的2050年”万人心愿大征集的活动，有一万多名市民填写心愿卡，包括体育明星、奥运冠军、学者、演艺人士、主持人和普通市民，书写对2050年的北京和未来的生活的祝愿和期待。节目组已与首都博物馆达成协议，首都博物馆将存留此次活动的10000张心愿卡以及《世界城市　北京时间》拍摄素材带，首都博物馆颁发收藏证书并赠送特为此次活动定制的2050年通行门票，这对于所有参与的人员都具有历史性的纪念意义。

《世界城市　北京时间》大型直播节目不仅是一档关于奥运会和世界城市的特别节目，更是一档大型公益节目。现场邀请了12位不同领域的嘉宾，分成4支队伍，回答与奥运会、体育和世界城市相关的问题。4支队伍在参与节目时都会承载一个公益梦想，分别是帮助红旗打工子弟学校、半壁店春蕾学校、七彩打工子弟学校及立华打工子弟学校修建操场、教室、捐赠体育器材等。4支队伍经过激烈角逐，最终获胜的队伍实现了帮助希望小学的公益梦想。

《世界城市　北京时间——纪念北京奥运会两周年特别节目》于2010年8月8日9:00至22:00在BTV体育频道进行了直播。

公益　永恒的主题

——《真情记忆》成功举办“政府购买服务—社会组织项目公益大赛”

生活节目中心

为响应市委市政府“关注民生、为民解困”的号召，配合市民政局开展2010年“社会组织民生服务行动”系列活动，突出以民生建设为核心，社会参与、人人参与、政府买单的社会影响力，北京电视台生活节目中心《真情记忆》栏目策划推出了公益大赛特别节目，对优秀公益项目评选的过程予以全面展现。节目分为5集，于7月31日至8月28日，每周六晚21:44在BTV生活频道播出。

扩大栏目选题资源，提升频道整体形象。本次大赛，对于《真情记忆》栏目和生活频道来说是一个“开源”的过程。此次政府购买的公益组织有上百家，涉及领域广泛。这些公益组织不仅为栏目组提供了很多选题资源，同时对于提升频道整体形象，推广政府公益事业，打下了良好的基础。

净化社会风气，推广公益事业。制作本次大赛的过程和节目播出后带来的反响也是净化栏目组和电视机前观众心灵的过程。节目中既有乐观向上的癌友，天真可爱的聋儿，还有坚守希望的白血病患儿和走出贫困的养蜂专业户。在他们身上体现出的不仅是坚强，还有面对挫折和困难时的人生态度。除此以外，许多投身公益事业的年轻人，用他们的精力和满腔的热情把公益作为毕生的事业来完成，令所有编创人员为之感动。

本次“政府购买服务——社会组织项目公益大赛”的录制得到市民政局领导的充分肯定，也是北京电视台与民政局的一次成功合作。

青少频道推出“首届网络文学艺术大赛——网络小说创作大赛”颁奖盛典

青少年节目中心

由中国文联、北京市委宣传部指导，北京电视台、北京网络媒体协会、北京文联共同主办，青少频道承办的“首届网络文学艺术大赛——网络小说创作大赛”颁奖盛典，于4月8日在北京电视台1000平方米演播大厅顺利完成录制。中国文联党组副书记、副主席李牧，北京市委副秘书长肖培，北京市委宣传部副部长严力强，北京文联党组书记朱明德，国务院新闻办互联网新闻研究中心副主任梁立华等领导出席了本次活动，并为获奖者颁奖。

本次颁奖盛典经过了两个多月的筹备，整个过程集中体现了四大亮点：一是盛典凸显BTV的文化形象。本次活动被喻为一场对网络文学领域具有划时代意义的评选活动，北京电视台以全新的视角去诠释这一网络文学盛事，充分体现了新老媒体的有机融合，并凸显了北京电视台的人文视野及文化底蕴。二是普通大众成为盛典主角。本次活动的获奖作者来自五湖四海，三十六行，充分体现了网络的包容、开放和草根精神。三是独具匠心的开奖方式。本次活动的开奖由高校学生会主席携手知名学者共同完成，体现了不同思维的碰撞与融合，共同烘托了庄严而厚重的现场气氛。四是颁奖庆典的权威性及公信力。这是首次由政府权威部门发起的网络文学颁奖活动，包括新浪网在内的14家网站参与了大赛的宣传、推广。在半年的时间里，大赛引起的社会反响强烈，有4万余名网络作者涉及历史、军事、人文、武侠和言情类等多种题材，作品总字数超过12亿，网民点击量超过31亿人次，回贴多达300万条。

颁奖盛典于4月16日20:40在青少频道播出。

“书香北京　文化盛典”成功录制

青少年节目中心

“书香北京　文化盛典——21世纪10年影响中国图书榜”推选活动4月17日晚成功完成晚会录制。由百位名人和数十家实力媒体推荐的21世纪十年最具影响力的图书隆重揭晓，何建明、于友先、马未都、石钟山、毕淑敏等文化名人，《人民日报》、《光明日报》、《北京日报》、《中华读书报》等数十家实力媒体文化版主编共襄2010年春日文化盛举。

此次活动由北京市委宣传部、北京电视台主办，青少年节目中心承办，是“北京市全民读书月”的重头大戏。4月17日气势恢宏的“书香北京　文化盛典”不但以华美的舞台迎接文化名流聚首，还创作了一些独具特色的原创节目：有精心设计的“书友会”特邀读者、专家、网友代表直接提问领奖作者，开创性的现场“零距离”交流；有音乐总监、知名音乐人小柯专为晚会创作的新作《书香》；有舞蹈总监、北京奥运会开幕式上半场的舞蹈编创梁群带来的《墨·梅》，十分契合“书香北京　文化盛典”的儒雅飘逸。全场嘉宾和观众共诵的《为中华之崛起而读书》，更是大气恢弘、感人至深，将晚会推向高潮，营造“京城无处不读书”的书香盛况。

这台以书为主角的晚会于4月23日晚20:40在青少频道首播，北广传媒移动电视、BTV在线、第八区网站、搜狐网、BTV手机电视和书香北京手机官网同步播映。

青少频道《北京青年·拍客大赛》圆满落幕

青少年节目中心

由青少频道《北京青年》栏目携手BTV在线、第八区网站、新浪网、搜狐网、腾讯网等知名门户网站以及中国网络电视台、悠视网、酷六网等10家国内知名视频网站共同推出的“北京青年·拍客大赛”大型电视活动，日前正式举行了盛大的颁奖仪式。6位至尊拍客以及10位优秀拍客从近万名参赛者中脱颖而出，10余部网络点击率过百万的拍客作品在颁奖现场精彩展放，来自全国各地的数十位拍客和相关合作网站的负责人与现场的观众一起兴致勃勃地参加了活动。

“北京青年·拍客大赛”历时近半年，通过10余家合作网站及栏目热线电话征集到作品共计9456部，各网站参赛作品点击率合计达数千万次，点击率过10万次的优秀作品有百部之多。经过合作网站专家、资深媒体人的逐项打分，并参考网络统计点击率和收视率等指标，最终评选出5名至尊拍客、1名最佳感动拍客和10名优秀拍客奖。颁奖现场，拍摄《空姐摔成植物人　母亲坚持唤醒女儿》的年近50岁的老拍客王大飞，年仅19岁、一年当中发布300多条视频、总点击量达到8000万人次的拍客李宗强以及跨越艰险拍摄四川泥石流中携妻救母感人视频的至尊拍客获奖者李明政分别发表获奖感言。

颁奖现场，中国网络电视台视频频道总监王景、激动网副总编张剑锋表示，这次与北京电视台的合作不仅非常愉快，而且意义不凡，民间的DV作品在主流媒体中展示出了非凡的魅力，在网友中引起了热烈反响和积极参与，大赛进行期间，每天都有很多网友咨询比赛内容和信息，是网络媒体和电视平台相互融合、资源共享的有效尝试，希望拍客大赛明年还能继续举行。

庙会尽搜罗，文化大比拼

——《这里是北京》庙会特别节目

公共频道节目中心

2010年3月9日，《这里是北京》栏目推出庙会特别节目，完整地呈现了北京春节庙会盛况，深刻地剖析了庙会所承载的传统文化，以独特的视角解读庙会。

《这里是北京》栏目组从腊月二十八至正月十五，全面深度地拍摄了全市34家庙会。其中包括为人熟知的地坛、龙潭、厂甸庙会，也包括知名度不高但具有悠久传统的怀柔敛巧饭、燕怡园灯会等庙会。无论是数量上，还是规模上，这是第一次对北京庙会的全面拍摄和记录，也是对北京春节文化最完整的一次呈现。

《这里是北京》庙会特辑集中呈现了北京春节庙会的文化韵味。花丝镶嵌景泰蓝、空竹料器蚂蚁塑，百余位老手艺人展现民间绝活，高跷舞狮小车会、竹马秧歌跑旱船，民间花会舞出喜庆欢腾，天坛祭天、地坛祭地，春节祈福造就文化认同，春联送福、节能花灯百姓大舞台营造全民参与。

《这里是北京》庙会特辑挖掘多项庙会中的非物质文化遗产项目，突出庙会文化内涵，以颁奖的形式横向比较34家庙会。《这里是北京》庙会特辑联手北京市文化局，颁发“文化魅力奖”，为现代庙会文化溯源；“非遗展示奖”，呈现传统手工艺精华；“非遗展演奖”，展现民间花会的原生态魅力；“创意奖”，突出现代庙会的独特创新。

公共频道北京国际车展直播实现双丰收

公共频道节目中心

作为北京国际车展大型直播活动项目的开创者，公共频道自2006年开始至今年已连续三届取得了北京国际车展大型直播活动的圆满成功。本届北京国际车展，公共频道组织了近40人的《红绿灯“车宴盛典”》北京国际车展直播团队。从本届车展媒体日开始，实现了每天一小时连续7天的成功直播。其中，前两天还与北京卫视并机，进一步扩大了车展直播活动的影响力。

首先，车展直播为公共频道锻炼出了一支能打硬仗的直播队伍。与前两届车展直播相比，该栏目此次可谓是“双线作战”：既要圆满完成为时7天每天16：00至17:00的车展直播任务，同时也要保证每天7:00至7:30的《红绿灯早直播》及每天17:05至18:00的《红绿灯平安行》交通早晚高峰直播常规节目的正常运行。此外，本届车展直播活动还承担着经营创收任务。经过缜密考虑，公共频道在每天一小时的直播节目中推出了新闻类板块《展会焦点》、专题类板块《新车鉴赏》、谈话类板块《直击展商》等内容，既实现了“外行看热闹，内行看门道”，深入浅出地引领观众“坐在家中看车展”，同时又巧妙地植入部分收费节目内容，确保了车展直播节目的经营目标。据统计，《红绿灯“车宴盛典”》北京国际车展直播节目提升了该时段公共频道的收视率。其中，4月24日、25日（双休日）两天创造了公共频道该时段节目收视率的新高。此外，公共频道车展直播组还积极地与各参展企业联系，为广告部牵线搭桥，几经努力，最终，仅靠《红绿灯“车宴盛典”》节目内容本身就为广告部增加了车展经营收入近40万元。可以说，从节目质量到经营创收，公共频道北京国际车展直播活动实现了双丰收。

美丽乡村　美丽发现

——记2010年度“北京最美的乡村”大型系列片展播

公共频道节目中心

由北京市委农工委、市农委、市旅游局共同主办的“北京最美的乡村”宣传评选活动，2010年度的主题是“共建美丽乡村　共享美好生活”，由《京郊大地》栏目集中拍摄。在区县推荐阶段，10个远郊区县精心推荐了31个候选村，每个村可以说都是一幅美丽画卷。像门头沟岭角村素有“天然氧吧”的美誉，这里的野炊烧烤、果实采摘、特色农家饭最招人儿；平谷黄草洼村，金海湖畔的一个小山村，水磨豆腐，山野杂粮，天然泉水，简直是“世外桃源”；怀柔双文铺村不寻常的“八”字街道，还有独具特色的八宝探险游，八宝养生餐……总之，京郊的美丽乡村，个个不一般！

2010年是开展“寻找‘北京最美的乡村’评选活动”的第5个年头。相对于往年，《京郊大地》栏目制作的展播片有新意有特色，融入了编导们对新农村的思考和感情。用8分钟的时间把新农村由内而外的美呈献给观众，把人与自然的和谐之音、发展之美简约地表达，用8分钟承载一个村庄的历史，浓缩几辈人的奋斗与开拓……8分钟，对拍摄这部片子的电视工作者而言是一个考验。如何展现新农村建设，解读城乡一体化？如何对这些概念性词汇进行深入而通俗的剖析？为此，编导们深入百姓生活，贴近农民兄弟，以创新的思维和创新的表现手法，来为美做诠释。

这次的拍摄主持人以体验式进入主题，引领观众感受美寻找美。形式更加活泼，视角更为贴近。同时，在片尾处增加了《寻美大家谈》小板块，以更多的视角来发现美、表达美。整个系列片以质朴的语言、真实的记录和美丽的画面，为观众呈现了历时一个月的美丽乡村视觉盛宴。

系列片的展播吸引了无数电视观众积极参与评选。免费向游人发放的10万份“候选村体验评选套票”，短短两个多月一抢而空。通过我们的宣传报道，市民们更真切地了解到了各个乡村的特色，通过在候选村实地参观体验，都准备为自己心目中的“最美的乡村”投上宝贵一票。

公共频道现场直播《世界之城　美丽北京》第十二届北京国际旅游节开幕式

公共频道节目中心

2010年9月19日上午9:30至11:30，来自全球30多个国家和地区、40多个团队的近3000名中外演员欢聚在前门大街参加第十二届北京国际旅游节开幕式盛装巡游表演，公共频道通过卫星电视直播向全世界传递北京的美丽与时尚，展示北京建设世界城市的宏伟目标和坚定步伐，吸引更多中外游客来京旅游。

从2004年至2009年，北京电视台公共频道圆满完成数届《北京国际旅游节盛装行进》的电视直播任务。2010年，力图更加多角度、深层次地诠释活动主题，展现前门街区极富北京特色的文化含量，亮出“北京创建世界城市”的名片。以王旭东、春妮两位主持人播报为主线，沿线报道和嘉宾访谈为辅线，一主二次，相辅相成，丰富了节目的可视性，同时更加彰显该活动深远的立意。在以电视主持人现场播报为主线的基础上，另外增加现场直播间嘉宾访谈，分时段引入政府官员、文化学者、国际友人，著名剧作家阎肃、法国留学生朱利安、旅游文化学者吕龙根、新北京形象代言人阿龙、北京市旅游局局长张慧光，从各自不同的角度围绕活动主题进行阐释。加之对沿途观众即兴采访，百姓、学生、游客、商户，不同社会角色与身份，分别从不同角度表述对北京的热爱之情，适时与演播室连线。《前门古往今昔》、《历届旅游节开幕式回顾》、《历届精彩瞬间盘点》、《国际狂欢节集锦》等插播小片既有效为活动预热暖场，又充分展现了国际旅游节的特别文化积淀。

卡酷荣膺“2010 年度中国最具成长性的新兴企业”

动画节目中心

北京卡酷动画卫视凭借强势的频道覆盖、良好的收视表现，以及独创的动漫全产业链模式，获评“2010 年度中国最具成长性的新兴企业”。

“中国 21 世纪未来之星——最具成长性的新兴企业”评选由《中国企业家》杂志社、浦发银行和联想投资控股等知名机构联合发起，旨在寻找中国商界最具成长性和创新性企业的杰出代表。作为此次评比中唯一入选的动漫行业代表，北京卡酷动画卫视是国内率先播出的专业动画卫星频道，目前落地覆盖长三角、珠三角、环渤海、华中四大综合经济区 18 省区近百座大中城市，覆盖区域人口 6 亿，是行业公认的落地范围最广、收视人口最多、影响力最强的中国动漫第一卫视平台。在收视表现方面，不论在区域市场还是全国市场，不论针对核心受众还是全龄范畴，卡酷动画卫视都显示出了不俗的竞争实力。今年以来，卡酷收视份额持续攀升，少儿收视北京地区独占鳌头，全龄收视领跑全国动画及少儿电视媒体，收视排名稳居全国 40 余家省级地方卫视 12 至 14 位，一度冲入全国 8 强。

此外，对模式、渠道、通路、思路等要素的创新，也是此次北京卡酷动画卫视入选最具成长性新兴企业的重要指标之一。评委会认为，北京卡酷动画卫视围绕以“原创动画”、“播出平台”为重心，以“产业渠道”为辅助的核心战略，构建了一个独创的、具有黏性和互补优势的卡酷动漫全产业链模式，呈现出“制作—播出—版权—产业”多元跨界扩张态势，具有无法复制的高成长性。

彰显原创实力 卡酷全产业链“漫动”深圳文博会

动画节目中心

2010 年 5 月 14 日，第六届中国文化产业博览交易会在深圳召开。作为北京发展动漫创意产业的一个重要载体，北京卡酷动画卫视以北京第一动画原创品牌和领跑全国的播出平台，成为北京市文化创意产业代表之一，参加了此次深圳文博会。

中央政治局委员、中宣部部长刘云山，在北京市委常委、宣传部长、副市长蔡赴朝等市领导及局领导的陪同下饶有兴致地参观了北京展区，对卡酷卫视原创动画及卡酷动漫衍生系列给予了充分肯定。

52集大型科幻动画片《星游记》提前亮相深圳文博会，精编版宣传预告集锦在文博会上大放异彩，吸引了众多参观者的驻足观看。同时《中华五千年》、《福娃奥运漫游记》、《我们小孩有力量》等其他原创动画大片，也以精良的制作、生动的题材和寓教于乐的故事情节，受到了来自全国各地的动画制作公司、投资方和出版机构的广泛关注。北京电视台卡酷动画卫视一直以来持续致力于原创动画的制作，2009年以11部原创动画片4465分钟的动画片产量位居北京市第一，受到广电总局和市有关部门及领导的肯定与表扬。

在为期4天的深圳文博会上，除了原创动画力作受到广泛关注外，卡酷推出的系列衍生产品也向诸位领导和参观者展示出基于原创动画和播出平台的全产业链模式。卡酷品牌衍生品目前包括玩具、文具、食品、影像图书出版物、服装鞋帽箱包五大类，此次在深圳文博会上展示的衍生品都是具有代表性的精品，受到了参观者的褒奖与喜爱，多家厂商和出版机构对这一系列表现出浓厚的兴趣。这是在原创与播出的双轮驱动下，开创的具有卡酷特色的新途径，展示出动画领军品牌的独特魅力。

原创作为文化创意产业的核心组成部分，原创动漫始终处于产业链最前端，是创意产业的源头。北京卡酷动画卫视以“原创动画”和“播出平台”为重，以“产业渠道”为辅，打造出动漫全产业链模式，并力争搭建一个更好的动画播出与产业的大舞台。

卡酷“‘嘀嗒’拯救行动”暑期升温
争做环保小英雄成为风尚

动画节目中心

“嘀嗒”拯救行动是卡酷动画卫视在暑期为小观众们奉上的环保活动，自2010年7月1日推出以来，短短几周，就吸引了近百万人的关注和踊跃参与。据统计，从7月1日至7月25日，活动的专题页浏览量和游戏参与已超数十万人次，且呈现出稳步上升的趋势。“嘀嗒”拯救战持续升温，吸引了越来越多的参与者，让争做环保小英雄成为这个暑假的最新风尚。

新鲜有趣的网络互动形式、生动可爱的“水嘀嗒”卡通形象，贯穿始终的绿色环保理念，以及大量卡酷独家放送的动力喜羊羊玩具奖品，让“嘀嗒”拯救行动在短时间内聚集了超高人气，牢牢抓住了小观众们的心。在卡酷"'嘀嗒'拯救行动"的官方网站上，大家热情参与，不断刷新自己的"拯救"记录，争取能够救出更多可爱的"水嘀嗒"，在游戏后还把自己的节水感言与活动视频上传到网站上和大家一起分享。青少年们参加水英雄争夺战，不仅能与喜爱的卡通形象一起联手、体验网络闯关活动带来的放松与快乐，更能在活动中实现环保理念。卡酷"'嘀嗒'拯救行动"的独特创意让它在众多活动中凸显出来，也成为青少年在这个暑假的不二选择。

强化"环球"理念　外化"春晚"属性

——记2010年"环球春晚"

海外节目中心

于2月15日（大年初二）在北京卫视与全国观众见面的第一届"BTV环球春晚"，以开阔的国际视野、高雅的文化品位、自信的大家风范，赢得了观众的高度认可。晚会围绕"牵手世界、欢动五洲"的主题，各国明星同台、中外文化荟萃，为精彩纷呈的春节假日荧屏，送上了一份高雅、清新、喜庆、浪漫的精致晚宴。晚会的北京地区收视率达到了8.05%，占有率达到了22.22%，全国25城市收视率达到了1.15%，同时段收视率全国排名第二位，超额完成了收视指标。

"BTV环球春晚"不但让海外节目中心获得了筹办国际性综艺晚会的宝贵经验，使"环球春晚"的品牌初步形成，还在一定程度上承载起了正从"国际大都市"向"世界城市"迈进的北京在春节这个中国传统节日期间进行国际感、时代感文化展现的需要，体现出北京电视台作为首都媒体应该具备的气质与特质。

1. 收获——始终坚持体现国际视野和首都意识，体现时代高度、创新力度、文化厚度，进而凸显出媒体责任和节目内涵的爆发力、感染力、影响力。既是多元文化的凝聚，也是北京国际影响力的精彩绽放。

（1）"牵手世界、欢动五洲"的主题立意高度，使晚会比较充分地体现出"环球"的概念，也契合了北京的"国际化"城市定位。

（2）坚持高端文化定位和高雅文化品位，围绕主题进行科学的整体编排，确保晚会的雅致、流畅、协调。

（3）充分利用北京电视台大剧院的各种舞台功能，以简洁、时尚、大气的舞美置景，营造出了富有现代感与艺术感的视觉效果。

4. 以同台演出为契机，搭建文化交流桥梁，促进中外民间交往、传播中国传统文化。

2. 创新——坚持社会价值、经济价值、文化价值三位一体，电视、网络、平面三线并进，营造收视吸引力，扩大晚会知名度，在较大程度上实现了晚会品牌打造的"速成"。

从策划阶段起，海外节目中心对“环球春晚”的定位就不仅仅是一台晚会，而是把其看作一项具有社会文明价值、经济创收价值和文化传播价值的综合性项目，努力把其品牌化。在统一协调指挥下，晚会的节目筹备、宣传预热、氛围延伸等各项工作齐头并进，最终实现了文化品位和节目收视的“双高”。

3. 未来——把握时代脉搏、践行传播规律、尊重观众需求、提升品牌价值，从“世界城市”应有的文化高度，进一步打造定位一流、格调一流、内容一流、创收一流的优质晚会。

从初创的角度看，第一届“环球春晚”应属比较成功。中国人民大学舆论研究所所长喻国明教授、清华大学新闻与传播学院常务副院长尹鸿教授、北京大学文化研究院副院长向勇教授、中国传媒大学《现代传播》杂志主编胡智峰教授、北京邮电大学网络文化研究中心黄传武教授及北京国富经济研究院院长周永亮等专家认为，“环球春晚”显示出北京电视台作为首都媒体的广阔视野和世界眼光，晚会在向国内介绍各国文化风情的同时，也把中国春节推向了世界，同时北京电视台的大台风范也得以呈现。

探索“三网融合”
《天下天天谈》尝试网络直播

海外节目中心

2010年9月3日，海外节目中心《天下天天谈》栏目首次实现了录制过程的网络互动直播。当日录制的节目通过“BTV在线”实现了网络直播，并通过“BTV在线”及新浪微博，与网友及微博手机用户进行了实时互动，在“三网融合”方面进行了有益的尝试。

在此次节目录制前，栏目组即通过本台官网“BTV在线”及新浪微博进行了充分的前期预告，一方面通告录制时间，一方面就节目录制的内容征集网友的意见。该期节目以“破解快乐密码”为主题，邀请到知名旅行者“行走四十国”的媒体人、文汇出版社副总编辑萨苏和主持人罗旭一起进行讲述。网友既对嘉宾的经历进行了评论，也讲述了自己的快乐方法，还就如何寻找快乐等向现场嘉宾提出了问题。

演播室中，主持人、嘉宾均配备电脑，可以实时看到网络直播的效果及网友的反馈。操作室中，制片人、主编、编导、导播等岗位人员各司其职，网络直播全程井井有条。为丰富节目内容，最大限度地尝试“三网融合”，节目录制过程中还特别安排了场外嘉宾的电话视频连线。在直播过程中，网友不仅可以通过网络看到电视里《天下天天谈》的录制过程，还可以看到、听到场外嘉宾通过电话接受采访的内容，并且可以实时通过网络留言、提问；而电视里的主持人、嘉宾也可以通过网络看到网友的互动、反馈，并实时体现在电视屏幕上，还可以通过电话和场外嘉宾进行连线沟通。电视、电话、网络在录制中的交替使用，真正体现了广电网、电信网、互联网“三网融合”的态势。

此次网络直播进行了一个小时，网友、微博手机用户留言近千条，是北京电视台节目在录制过程中首次通过“BTV 在线”实现网络直播，同时网友的留言、提问也首次通过“BTV 在线”进入到节目的后期制作中。

弘扬传统文化　打造荧屏亮点

——北京电视台精心策划端午小长假节目

总编室

为弘扬我国优秀传统文化，探讨端午节的丰富内涵，北京电视台节目部门提前一个月着手规划，精心策划端午节特别节目，通过丰富多彩的节目形式解读端午文化，闪亮首都荧屏，提升小长假收视。

一、北京卫视推出《中国节　中华情》系列节目第三辑《大家说端午》

作为2010年度的经典系列文化访谈节目《中国节　中华情》，新闻节目中心专为端午节推出了第三辑《大家说端午》，于6月12～14日在北京卫视19:40播出，节目收到了良好的社会效果，平均收视率为2.87%。

《大家说端午》共分3集，每集15分钟。第一集《家国情怀》着重围绕端午的文字释义、时令特点、版本不一的节日起源、全国各地的端午民间节俗和文化渊源，重点解读民间关于“端午”的传说中所蕴含的中华民族重视民族正气，人格节操，“贫贱不能移、威武不能屈”的文化精神。第二集《护佑生命》还原端午节防疫祛病、避瘟驱毒、养生健体、祈求安康的上古文化习俗，创新中华古老的养生保健文化，倡导社会“清洁不垢”、“正身洁行”的文明卫生习惯和行为规范。第三集《劲健精神》通过对端午节各种与水有关的庆典、运动、节俗的展示，阐释中国传统文化中水火、阴阳、天地和谐统一的理念，传达中国人古已有之的追求人与社会、人与人的和谐。

节目最大的特点是完成了从“说明文”到“记叙文”的转变，在对人物、故事、细节的讲述中，让节日文化不再停留在“浅层礼俗”的解释阶段，而是从“高堂讲义”到“润物无声”，完成文化传播的通俗化表达。

二、录制“第二届北京端午文化节”开幕式“端阳文化之夜”文艺晚会

由市委宣传部、顺义区政府等单位主办的“第二届北京端午文化节”，以挖掘传承端午文化节内涵为核心，打造北京市端午节庆文化活动品牌。为全力宣传此次活动，文艺节目中心全程录制了此次文化节开幕式“端阳文化之夜”文艺晚会。

晚会分为《家国情怀》、《生若夏花》、《激越精神》3个篇章，晚会主持人徐春妮、曹涤非突破传统的主持风格，以古体诗与现代诗歌相结合的方式，把主持纳入整场表演内容中，实现舞台行为的无缝连接。节目时长50分钟，6月16日在北京卫视黄金时间播出。

三、多版宣传片烘托节日气氛

总编室制作了5部以古诗词、各地民俗为主题的30秒宣传片，分别在全台各频道播出；科教频道制作了以端午童谣为形式的30秒宣传片，在科教频道循环播出；生活频道把“生活虎”和粽子、龙舟组织在一起制作10秒动画宣传片以及5秒的特别版。多版宣传片在端午节日期间循环播放，营造了浓郁的节日氛围。

四、各档新闻栏目推出《端午情》系列报道

各档新闻栏目推出《端午情》系列，报道由“起源篇”、“习俗篇”和“活动篇”构成。“起源篇”重在挖掘节日本身蕴涵的传统文化，从节日由来、民间故事、文化特点和重要习俗对节日进行梳理。“习俗篇”立足节日沿袭下来的传统习俗，将关注的焦点放在身边的端午节过法上，并形成发散式报道。“活动篇”动态报道今年全市18个区县将开展近百项端午节群众性文体活动。

各档新闻栏目积极追求形式创新，《北京您早》推出20分钟的特别节目《端午情》，节目主持人亲身体验端午节的民俗活动；《北京新闻》除了密集报道全市端午文化活动的动态外，还在《可爱的北京人》中推出传承文化的民俗专家专辑；《晚间新闻报道》在节日的一头一尾为观众梳理“过端午六大去处”；《特别关注》采用SNG过端午及动态消息抢发等手段，报道端午节丰富多彩的文化活动。多档新闻节目形成了密集的传统节日宣传效应。

五、众多栏目的特别节目异彩纷呈

端午节期间，众多日常栏目根据栏目定位，也制作了各具特色的特别节目，极力营造过端午的气氛。

卫视节目中心《中华文明大讲堂》栏目邀请张颐武教授、叶舒宪教授解读端午节文化由来、饮食风俗、酒文化以及传统节日与现代传承等；《五星夜话》栏目以包粽子为主要话题，邀请不同地区、不同国家的观众代表参与节目，加入现场制作、端午知识快问快答等环节，体现趣味性、互动性、知识性、文化性。

海外节目中心《天下天天谈》6月16日推出“从端午节看中国传统文化”的特别节目，邀请文化名家如纪连海等人，畅谈包括端午节在内的中华传统文化在当今世界的地位，以及每一个国人如何做到保持我们的民族性和我们的传统文化。

文艺节目中心《影视风云路》推出特别节目《凤求凰　闹端午》，通过轻松愉悦的形式表现爱与浪漫相融、“凤凰”和谐共舞的主题。《每日文娱播报》特别制作4期节目《端午一家亲》，每期分别以演艺界中的夫妻、父子、母女为主人公，展示他们不同的生活状态、演艺故事和幕后趣闻。《笑动百乐汇》3期特别节目分别围绕“酒”、“粽”、“情”的主题展开，通过猜酒令、包粽子等游戏环节表现端午的习俗故事。

科教节目中心《科学实验室》栏目制作“端午节的养生经”特别节目。节目邀请权威的营养学家，通过科学实验的方法解读“端午粽子”的新吃法，并教会大家几种健康搭配的营养粽子。

财经节目中心实施节目特殊编排，并在《首都经济报道》和《城市》两档栏目中配合节目做一些传统文化的相关报道。

生活节目中心《食全食美》栏目从6月14日开始，连续两周制作播出特别节目，围绕京郊5个区县端午节的饮食风俗，展现当地私家菜主的拿手菜，每期30分钟。《生活面对面》栏目在端午节当天制作播出了一期端午节特别节目，全面介绍端午节的民俗文化。时长30分钟。

青少年节目中心在《书香北京》栏目中重点推出《我们的节日——端午书香飘》特别节目，栏目联合“中国端午”世界非物质文化遗产申办地——屈原故里湖北秭归县，探寻“端午民俗”。

公共节目中心《北京故事》推出“刨根问底说端午”系列节目，将端午节的历史、典故、吃食上的讲究等划分成几十个知识性的问题，通过走街串巷调动观众参与到节目中来回答问题。《这里是北京》栏目配合北京文化局全程跟踪拍摄赛龙舟、包粽子比赛等活动，并制作一期特别节目“走进延庆说端午”，节目时长50分钟，6月15日在北京卫视播出。

动画节目中心《十分开心》栏目以端午节相关的民俗、民间故事为主策划了5天特别节目，以“粽子来历”、“划龙舟”等为故事主题，让观众在轻松愉快的气氛中感受中国传统文化的魅力。《闪天下》以栏目特有的轻松幽默的方式，宣传快乐、有趣、积极向上的端午节。

北京电视台捐助的什邡市 BTV 双盛小学落成并举行开学典礼

党委办公室

2010年2月28日，正值元宵佳节，由北京电视台捐助的什邡市 BTV 双盛小学正式落成。伴随着欢乐的鼓乐声，在充满节日气氛的学校操场上，BTV 双盛小学举行了隆重的开学典礼，迎接新学期的到来。

什邡市 BTV 双盛小学前身是什邡市双盛青杠小学，在5·12大地震中垮塌。在中央确定北京市对口支援什邡市灾后恢复重建工作启动后，我台迅速在什邡建立了记者工作站，同时，台党委带领全台干部职工共捐资500万元，决定援建一所 BTV 独立命名的小学——什邡市 BTV 双盛小学。2009年3月，经过选址规划，台党委与什邡市人民政府正式签订了援建意向书。在北京市对口支援地震灾区指挥部的领导下，在什邡市委市政府的大力支持和广大援建工作者的共同努力下，BTV 双盛小学建设工程于2009年4月开工，12月底竣工。

新建成的学校建筑结构形式为框架剪力墙结构，建筑面积2348平方米，设计使用年限为50年，抗震设防烈度为7度。学校由教学区、运动区两个部分组成，规划教学班6个、在校生270人。学校设有计算机教室、图书室、实验室、多功能教室、心理咨询室和体育器材室，是一所功能完善、设施齐全的现代化学校。

2月28日，副总编辑张强、张亮等一行5人受台党委委托，参加了BTV双盛小学落成暨开学典礼。台领导与什邡市委宣传部、教育局的领导一起，为什邡市BTV双盛小学落成剪彩，向学校学生赠送了书包和文具，带去了台党委和BTV人的深情厚谊，鼓励同学们在新学校里发奋学习，茁壮成长，增长本领，为建设美好家园和祖国的繁荣昌盛作贡献。

“北京电视台与七所高校共建实习基地”签约仪式举行

人事部

2010年10月28日，“北京电视台与七所高校共建实习基地”签约仪式在北京电视台新址38层多功能厅举行。

北京广播电视台台长、北京电视台党委书记、台长王晓东同志代表北京电视台分别与清华大学校党委副书记邓卫、北京大学校务委员会副主任王丽梅、中国人民大学党委副书记马俊杰、北京航空航天大学副校长郑志明、北京邮电大学副校长张英海、中央财经大学副校长梁勇、中国传媒大学副校长高福安等7所高校代表签署了共建实习基地的《合作协议书》。

北京市委宣传部副研究员韦小玉、北京广播电视台党委书记刘志远等领导同志出席了本次签约仪式。北京电视台总编辑赵多佳主持了签约仪式。

签约仪式上，王晓东台长代表北京电视台致辞时表示，人才是第一资源，在人才的培养和使用过程中高校与电视台有着共同的追求及目标。开展“台校合作”、共建实习基地，就是为了进一步发挥各自优势，共同探索人才培养、使用的有效渠道，实现合作共赢。他希望7所高校能够把最优秀的学生送到北京电视台锻炼，而北京电视台也一定会积极办好实习基地，为来台实习的学子提供施展才华的广阔舞台。北京电视台愿意在更深层次上、更广范围内扩大与7所高校的合作，携手共进，共同发展。

清华大学党委副书记邓卫同志代表7所高校在签约仪式上致辞。他指出，实习是沟通培养和就业的桥梁和纽带，7所高校与北京电视台签署建立实习基地合作关系协议，有利于学生受教育、增才干、作贡献，有利于北京电视台通过学生到本单位实习加强与相关高校的合作，有利于高校了解电视台对人才的要求，从而完善有关新闻专业的教学内容、教学方法，提高人才培养质量。合作促进发展，合作产生共赢。7所高校希望以此为契机，在未来学科建设、人才培养、服务社会、成果宣传等方面同北京电视台有更多的互动与合作。

北京电视中心工程获
第九届中国土木工程詹天佑奖

基建办公室

2010 年 3 月 28 日，第九届中国土木工程詹天佑奖颁奖典礼在北京电视台新台址大剧场隆重举行。来自全国土木工程界共 30 项工程入选，包括北京电视台新台址——北京电视中心一期工程在内的北京南站、新保利大厦、中国电影博物馆等 12 项建筑工程获奖。

中国土木工程詹天佑奖是经科技部核准，建设部认定，由中国土木工程学会和北京詹天佑土木工程科学技术发展基金会主办，面向我国土木工程界的科技创新最高奖。詹天佑奖在建设、铁路、交通、水利等主管部门的支持与指导下，由“詹天佑奖评选委员会”和“詹天佑奖指导委员会”评定，每年评选一次，是我国土木工程领域的最高奖项。

至此，北京电视中心一期工程已囊获了北京市建筑工程结构长城杯、建筑长城杯、中国建筑工程鲁班奖等北京市和国家级建筑工程大奖。

转传部圆满完成上海世博会转播工作

转播传送部

2010 年 3 月，转传部接到要在上海世博园区世博新闻中心搭建前方演播室直播和后期制作系统任务后，于 3 月 2 日组织技术部门与新闻节目中心召开了第一次协调会，按新闻节目中心提出的技术要求，或租或买，统一调配台里的设备，并确立了由转传部牵头，联合制作部、动力部、办公室通讯科共同组成的 30 人的技术团队，保障世博会直播的顺利进行。

转传部负责搭建前方 EFP 系统，采用高清格式直播。这是北京电视台第一次异地采用高清传输。转传部根据要求提前做好内部系统联调和测试，如大屏幕的显示布局，4 路外来信号和输出信号的测试等，对可能出现的问题做好了充分的预案。

4 月 28 日至 5 月 10 日上海演播室直播期间，转传部共完成每天《世博直通车》的直播、《特别关注》、《新闻晚高峰》、《北京新闻》的对播、海外节目中心的3次访谈和卫视频道的访谈，还有大量的《晚间新闻》、《早间新闻》和海外节目中心素材带的传送。5月4日的大直播是这次直播期间的重中之重，在异地转播受到场地和条件的限制，没有时间进行演练。转传部充分调动技术团队的积极性，发挥长期一线直播的经验，在每个注入点派出精兵强将。转传部副主任带队，由视频、音响、通讯、动力、字幕组成技术支持团队，凌晨4点多就到达开幕式现场，与当地转播车进行协调，与IBC总控制室和前方演播室我方人员进行联络，终于在8：20直播之前对信号和声画同步调整完毕。北京周开幕式启动仪式是世博会各个地方省市活动日的第一个，转播团队的技术人员充分发挥技术优势，发扬连续作战精神，圆满地完成了直播工作。

发挥网络优势　尝试最新技术

——BTV在线多种形式报道网络中秋晚会

网络信息编辑室

2010年9月20日至22日，连续3天、总计630分钟的网络中秋晚会网上直播互动工作顺利完成。截至9月22日晚会播出结束，BTV在线对网络秋晚的宣传总访问量达21万页，访问人数为16万人，是近期观众和网友关注度较高的大型活动。BTV在线在为期一个半月的网络中秋晚会的报道中，从内容、形式、技术几方面进行了新的尝试和突破。

一、关注晚会进程，适时调整网络宣传策略

在晚会启动之初，在文艺节目中心、信息网络管理部等部门的通力协作下，BTV在线拟定了集播报、展示、揭秘、互动等功能为一体的网络宣传推广方案。前期，BTV在线进行预热宣传，建立活动官方网站，随时报道晚会的进展情况，为晚会提供网上报名、征集等各种互动功能的支持；中期，与晚会剧组共同举办各类活动，为晚会营造神秘感，用明星效应增强晚会的吸引力；到后期晚会播出时，着力强化传播效果，采取网络直播互动、有奖收看等措施，增强观众和网友的参与度。

二、发挥网络优势，多种形式营造晚会氛围

官方网站：内容翔实，设计精美，气氛浓郁，包括晚会概况、最新动态、相关视频、精彩图片、媒体聚焦、中秋明月论坛、有奖收看、合作媒体区等多个内容板块，随时发布晚会相关活动信息。

网络访谈：晚会形象大使周笔畅做客BTV在线网络聊天室，在晚会录制现场访谈参与晚会的明星、嘉宾，揭秘拍摄幕后花絮。

网络直播：首先对晚会的启动仪式进

行网络直播，在晚会播出时同步直播，增加晚会幕后花絮和晚会主创、嘉宾和明星访谈的内容。

网络互动：《月上紫禁城》主打“一封家书”的征集活动，而《月圆青春梦》和《月洒万家情》则分别设置了别具新意的“时空胶囊”的话题征集以及“月光天使”的演唱能人选拔。这些活动通过网络平台得以实现。BTV 在线还开设了“中秋明月论坛”，开展有奖收视活动等。

三、抓住晚会特点，创意摄制晚会揭秘版

为了更好地诠释“网络中秋晚会”的概念，BTV 在线和文艺节目中心拍摄晚会的网络版，在晚会录制的同时，增设第二现场，采访参与晚会的演员、嘉宾，揭秘拍摄的幕后花絮。网络版共拍摄 12 小时节目素材，剪辑后与晚会重新串编成晚会的揭秘版。揭秘版延展了节目内容，拉近了剧组、演员、嘉宾与观众和网友的距离，更加生动有趣、亲切感人。

四、采用最新技术，尝试多码流直播晚会

信息网络管理部针对这次直播制定了详细、周密的技术方案，完成了现场装机调试、直播视频效果和链路的优化、视频直播保障、网民留言管理等工作。这次直播在技术上也有所创新，第一次采取了通过播出带和数字化切换台的形式提供视频信号。同时，在原有标清信号的基础上，对高清信号进行了测试，效果良好。在保障 BTV 在线顺利直播的前提下，还为腾讯网、土豆网等 6 家视频网站提供了直播信号。

组织机构

组织机构

中共北京电视台委员会

书　记：王晓东
副书记：赵多佳（2010 年 6 月任）
　　　　窦晓东（2010 年 7 月任）
委　员：田　方　刘纪钢

北京电视台领导班子

党委书记、台长：王晓东
党委副书记、总编辑：赵多佳
　　（2010 年 5 月任总编辑）
党委副书记：窦晓东
　　（2010 年 7 月任）
副 台 长：邵宣堂
总工程师：田　方
副总编辑：张　强　朱　江　张　亮
副 台 长：王　澎（2010 年 7 月任）

北京电视台工会

主　席：李　珍
副主席：孟传妍
委　员：马世飞　王　奇　王　峥
　　　　王金生　王宝德　刘绍芬
　　　　伊国庆　陈志明　李　珍
　　　　李　湧　李志国　张　立
　　　　孟传妍　周　红　周久兰
经费审查委员会：温江南　齐学耕
　　　　周志豪

共青团北京电视台委员会

书　记：李　莉
副书记：彭　嘉
委　员：彭　楠　林　遴　王　岩

内设机构

一、内设机构：

党委办公室、办公室、监察审计办公室、人事部、保卫部、计划财务部、工会、办公室、行政部、基建办公室、总编室、广告部、研究发展部、总工程师办公室、播出部、制作部、动力部、技术设备管理部、转播传送部、信息网络管理部、新闻节目中心、海外节目中心、文艺节目中心、科教节目中心、财经节目中心、体育节目中心、生活节目中心、影视剧中心、动画节目中心、卫视节目中心、青少年节目中心、公共频道节目中心、经营管理部。

二、内部机构：

艺委会、史志办、网络信息编辑室、老干部工作办公室、高清纪实频道筹备组。

三、说明：

经台党委研究决定：对新闻节目中心和公共频道节目中心进行资源整合，建立公共·新闻频道；对海外节目中心和青少年节目中心进行资源整合，建立青少·海外频道。

在职中层干部

党委办公室

主　任：刘纪钢

副主任：赵国旗、史椰森

办公室

主　任：宋　莲

副主任：马世飞

总编室

主　任：张　恒

副主任：陈　晔、高　譪

研究发展部

主　任：蒋　虎

副主任：马克燕

总工程师办公室

主　任：付治栋

副主任：刘宏亚

人事部

主　任：杨建忠

工会

主　席：李　珍

副主席：孟传妍

计划财务部

主　任：孙成刚

副主任：汪　红、齐学耕

监察审计办公室

副主任：周久兰

保卫部

主　任：黄剑华

副主任：赵修明、钟　强

行政部

主　任：王兴军

副主任：刘　军、纪　勇、卢英锁

主任助理：李雅涛

基建办公室

主　任：王开平

副主任：程云泽、张宇青

主管工程师：朱晓宇

广告部

主　任：钱　毅

副主任：买剑平、张晓耕

经营管理部

主　任：孙洪斌

副主任：刘方平

副总工程师

李　迅

信息网络管理部

主　任：余　江

副主任：毕　江

播出部

副主任（主持工作）：刘晓光

副主任：祝志超、周治宪

制作部

主　任：郑　星

副主任：鲁高潮、王　方、林　平

动力部

主　任：王晓龙

副主任：刘　颖

技术设备管理部

主　任：周旭辉

副主任：章泽群、赵志成

转播传送部

主　任：王　喆

副主任：朱雨稼

卫视节目中心

主　任：徐　滔

副主任：杨　东、齐建彤、张　丽、李利影

新闻节目中心

主　任：艾冬云

副主任：张　庆

新闻编辑部副主任：张冬林

要闻采访部副主任：徐京玲

社会新闻采访部主任：丁晓阳

新闻评论部副主任：袁子勇

新闻评论部副主任：刘　民

综合管理部副主任：白艳军

公共频道节目中心

副主任：黄　瑨、郝　洪

海外节目中心

主　任：周　泳

副主任：高　扬、严　崴

青少年节目中心

副主任：周　星

文艺节目中心

主　任：张　帆

副主任：翟建国、李　兰

科教节目中心

主　任：杜　研

副主任：李志国、张　宾

影视剧中心

主　任：赵　彤

副主任：曹力宁、孟宪华、郭跃进

主任助理：于金伟

财经节目中心

主　任：宗燕红

副主任：岳　民、杨晓轩

体育节目中心

主　任：焦少波

副主任：邱大卫、宋健生、王少华

生活节目中心

主　任：倪大海

党支部书记：赵琴书

副主任：刘学军、任友红、刘文燕

动画节目中心

主　任：帅　民

副主任：李　果、马　宏

史志办公室

主　任：冯　平

副主任：闫军才

艺术委员会

主　任：刘　冰

党支部书记：赵福明

网络信息编辑室

主　任：戴巧玲

副主任：张　红

老干部工作办公室

主　任：刘绍芬

纪录片频道筹办组

负责人：陈大立

网络电视台筹备组

副处级干部：潘全心

京视传媒有限公司

总经理：霍　胜

北京紫禁城影业有限公司

总经理：许建海

（截至日期：2010年12月31日　党委办公室）

在职科级干部

关于王昕等同志聘任职务的通知

各中心、部、室：

根据《北京电视台科级干部选聘管理暂行办法》要求，经台党委会研究决定：

继续聘任王昕同志为办公室秘书科科长；

继续聘任杨播同志为办公室秘书科副科长；

继续聘任李晗同志为办公室公关外事科科长；

继续聘任张铭同志为办公室公关外事科副科长；

继续聘任王伟同志为办公室公关外事

科副科长；

继续聘任曹勇同志为办公室通讯科副科长（主持工作）；

继续聘任李宇同志为办公室通讯科副科长；

继续聘任贾岩同志为办公室通讯科副科长；

继续聘任田爱民同志为总编室综合科科长；

继续聘任何蔚同志为总编室节目管理科科长；

继续聘任黄晋同志为总编室节目管理科副科长；

继续聘任周红同志为总编室规划编排科科长；

继续聘任杨文华同志为总编室规划编排科副科长；

继续聘任徐京英同志为总编室导播科科长；

继续聘任苏小兵同志为总编室导播科副科长；

继续聘任黄桂芳同志为总编室磁带管理科科长；

继续聘任肖崴同志为总编室磁带管理科副科长；

继续聘任张婕同志为总编室高清频道管理科科长；

继续聘任李昕同志为总编室媒体资产管理科科长；

继续聘任刘锐同志为总编室信息资料科科长；

继续聘任黄新荣同志为总编室信息资料科副科长；

继续聘任罗丽红同志为总编室宣传科科长；

继续聘任丁军同志为总编室宣传科副科长；

继续聘任李诚同志为总编室版权管理科科长；

继续聘任王华同志为总编室播音主持业务科科长；

继续聘任连燕青同志为总编室播音主持业务科副科长；

继续聘任左晶同志为总编室形象设计科副科长（主持工作）；

继续聘任李鹏同志为总编室《电视先锋榜》副制片人；

继续聘任史兵同志为研究发展部研发科科长；

继续聘任宁文茹同志为研究发展部媒介信息调研科科长；

继续聘任李玲同志为研究发展部媒介信息调研科副科长；

继续聘任秦新春同志为研究发展部战略发展研究科科长；

继续聘任马英男同志为研究发展部战略发展研究科副科长；

继续聘任陈冬同志为人事部人事调配科科长；

继续聘任唐乐平同志为人事部职称教育科科长；

继续聘任王京梅同志为人事部工资福利科科长；

继续聘任李耀仙同志为计财部节目核算一科科长；

继续聘任石慧同志为计财部节目核算一科副科长；

继续聘任赵亚波同志为计财部节目核算二科科长；

继续聘任李天莉同志为计财部节目核算二科副科长；

继续聘任杨维玲同志为计财部财务管

理科科长；

继续聘任冯妍同志为计财部财务管理科副科长；

继续聘任赵景瑞同志为计财部内部核算科科长；

继续聘任李培云同志为计财部资产管理科科长；

继续聘任高徽同志为计财部节目预算管理科科长；

继续聘任陈方同志为计财部综合核算科科长；

继续聘任史楠楠同志为计财部综合核算科副科长；

继续聘任张建宁同志为保卫部内保一科副科长（主持工作）；

继续聘任李锐同志为保卫部内保二科科长；

继续聘任张毅同志为保卫部消防科科长；

继续聘任王喜宗同志为保卫部消防科副科长；

继续聘任段平同志为行政部综合科科长；

继续聘任侯宏炜同志为行政部车管科科长；

继续聘任曹京立同志为行政部车管科副科长；

继续聘任崔子强同志为行政部车管科副科长；

继续聘任李金明同志为行政部房管科科长；

继续聘任张红燕同志为行政部房管科副科长；

继续聘任郭建忠同志为行政部修缮科科长；

继续聘任朱洪同志为行政部修缮科副科长；

继续聘任祁景田同志为行政部修缮科副科长；

继续聘任王金生同志为行政部膳食科科长；

继续聘任马树军同志为行政部膳食科副科长；

继续聘任闫欣同志为行政部总务科科长；

继续聘任姜涛同志为行政部总务科副科长；

继续聘任崔国飞同志为行政部物业监管科副科长；

继续聘任张贵芬同志为基建办财务综合科科长；

继续聘任李有成同志为基建办合同招投标科科长；

继续聘任李学红同志为基建办工程科科长；

继续聘任张向华同志为基建办工程科副科长；

继续聘任赵宏伟同志为总工办技术发展规划科科长；

继续聘任徐志军同志为总工办综合科科长；

继续聘任洪建军同志为总工办器材科科长；

继续聘任叶晋卿同志为总工办器材科副科长；

继续聘任李湧同志为总工办技术工程管理科科长；

继续聘任武岳同志为播出部播出中心一科副科长；

继续聘任安贵江同志为播出部播出中心二科科长；

继续聘任王辉同志为播出部播出中心

二科副科长；

继续聘任王志华同志为播出部播出中心三科科长；

继续聘任张宏斌同志为播出部播出中心三科副科长；

继续聘任刘威同志为播出部播出中心四科科长；

继续聘任于先靖同志为播出部播出中心四科副科长；

继续聘任梁建华同志为播出部播出中心五科科长；

继续聘任苏力同志为播出部播出中心五科副科长；

继续聘任刘新同同志为播出部节目技审科科长兼综合业务科科长；

继续聘任褚存同志为播出部节目技审科副科长；

继续聘任王峥同志为播出部技术管理调度科科长；

继续聘任贾京蓉同志为播出部技术管理调度科副科长；

继续聘任王进同志为播出部节目传送科科长；

继续聘任赵悦同志为播出部节目传送科副科长；

继续聘任金强同志为播出部设备维修科科长；

继续聘任程宏同志为播出部设备维修科副科长；

继续聘任肖春艳同志为播出部设备维修科副科长；

继续聘任张皓同志为播出部备播科科长；

继续聘任张勃同志为播出部备播科副科长；

继续聘任于莹同志为播出部综合业务科副科长；

继续聘任李皓同志为播出部网络运营维护科科长；

继续聘任杨建英同志为播出部网络运营维护科副科长；

继续聘任王建业同志为制作部综合管理科科长；

继续聘任韩烜同志为制作部调度科科长；

继续聘任李力同志为制作部技术科科长；

继续聘任周宏同志为制作部技术科副科长；

继续聘任殷亮同志为制作部制作一科科长；

继续聘任覃刚同志为制作部制作一科副科长；

继续聘任李文军同志为制作部制作二科科长；

继续聘任张硕同志为制作部制作二科副科长；

继续聘任何旭同志为制作部制作三科科长；

继续聘任孙大庆同志为制作部制作三科副科长；

继续聘任刘伟立同志为制作部综合制作科科长；

继续聘任程军同志为制作部演播一科科长；

继续聘任陈嘉超同志为制作部演播一科副科长；

继续聘任刘光辉同志为制作部演播一科副科长；

继续聘任周东红同志为制作部演播二科科长；

继续聘任郑岩同志为制作部演播二科

副科长；

继续聘任李建同志为制作部灯光一科科长；

继续聘任郭振渊同志为制作部灯光一科副科长；

继续聘任韩正雷同志为制作部灯光一科副科长；

继续聘任崔歌平同志为制作部灯光二科科长；

继续聘任王江同志为制作部灯光二科副科长；

继续聘任姚银壮同志为制作部录音科科长；

继续聘任孙海峰同志为制作部新闻制作科科长；

继续聘任李勇同志为制作部新闻制作科副科长；

继续聘任梁爽同志为制作部新闻制作科副科长；

继续聘任石伟文同志为制作部新闻演播科科长；

继续聘任冯耀华同志为制作部新闻演播科副科长；

继续聘任章文博同志为制作部新闻演播科副科长；

继续聘任余一华同志为制作部录制设备管理科科长；

继续聘任石巍同志为制作部录制设备管理科副科长；

继续聘任孙游同志为制作部舞美制作科科长；

继续聘任匡葵同志为制作部特技制作科科长；

继续聘任赵新生同志为制作部特技制作科副科长；

继续聘任杨春生同志为制作部整备科科长；

继续聘任陈立强同志为制作部整备科副科长；

继续聘任陈志明同志为制作部整备科副科长；

继续聘任王浩同志为制作部演播设施管理科科长；

继续聘任陆军同志为制作部演播设施管理科副科长；

继续聘任周海峰同志为制作部综合制作科副科长；

继续聘任左云彩同志为动力部技术科副科长（主持工作）；

继续聘任孙少英同志为动力部技术科副科长；

继续聘任方亦军同志为动力部电梯科科长；

继续聘任殷鹏同志为动力部电梯科副科长；

继续聘任黄晓峰同志为动力部电梯科副科长；

继续聘任陶维强同志为动力部电气科科长；

继续聘任杜伟同志为动力部电气科副科长；

继续聘任程毅同志为动力部电气二科科长；

继续聘任郭宝成同志为动力部空调科科长；

继续聘任赵阔同志为动力部空调科副科长；

继续聘任张岩同志为动力部空调科副科长；

继续聘任赵国圣同志为动力部动力科科长；

继续聘任张焱同志为动力部动力科副

科长；

继续聘任苑宏伟同志为动力部动力科副科长；

继续聘任王晓光同志为技术设备管理部技术资源管理科科长；

继续聘任金雯同志为技术设备管理部技术科科长；

继续聘任李玲同志为技术设备管理部资产管理一科科长；

继续聘任邹庆同志为技术设备管理部资产管理一科副科长；

继续聘任王嘉同志为技术设备管理部资产管理二科科长；

继续聘任刘顺平同志为技术设备管理部资产管理二科副科长；

继续聘任王克同志为技术设备管理部维修科科长；

继续聘任翟小辉同志为技术设备管理部维修科副科长；

继续聘任贾玉升同志为技术设备管理部监录科科长；

继续聘任徐冬丽同志为技术设备管理部技术质量管理科科长；

继续聘任张保军同志为技术设备管理部技术质量管理科副科长；

继续聘任王立冬同志为信息网络管理部媒资系统管理科科长；

继续聘任孙波同志为信息网络管理部媒资系统管理科副科长；

继续聘任许之明同志为信息网络管理部网络技术科科长；

继续聘任徐鸣同志为信息网络管理部网络监控科科长；

继续聘任李程同志为信息网络管理部办公网管理科科长；

继续聘任冯新春同志为信息网络管理部办公网管理科副科长；

继续聘任陈宇同志为信息网络管理部生产网络管理一科副科长（主持工作）；

继续聘任韩益亚同志为信息网络管理部生产网络管理二科副科长（主持工作）；

继续聘任宋健强同志为转播传送部管理科科长；

继续聘任魏建国同志为转播传送部管理科副科长；

继续聘任韩士聪同志为转播传送部传输科科长；

继续聘任谢苏文同志为转播传送部传输科副科长；

继续聘任叶志云同志为转播传送部转播一科科长；

继续聘任郝纪同志为转播传送部转播一科副科长；

继续聘任张倞同志为转播传送部转播二科科长；

继续聘任康金平同志为转播传送部转播二科副科长；

继续聘任谢原同志为转播传送部转播二科副科长；

继续聘任杨梓江同志为转播传送部转播三科科长；

继续聘任刘燕伟同志为转播传送部转播三科副科长；

继续聘任姜世杰同志为转播传送部音响科科长；

继续聘任马捷同志为转播传送部音响科副科长；

继续聘任张宝生同志为网络信息编辑室网络编辑科科长；

继续聘任王烨同志为网络信息编辑室网络编辑科副科长；

继续聘任孙兵同志为网络信息编辑室

网络编辑科副科长；

继续聘任侯国强同志为网络信息编辑室运营维护科科长；

继续聘任王毅同志为新闻节目中心新闻编辑部《北京您早》编辑科科长；

继续聘任赵欣同志为新闻节目中心新闻编辑部《北京您早》编辑科副科长；

继续聘任宋扬同志为新闻节目中心新闻编辑部《北京您早》编辑科副科长；

继续聘任袁朴同志为新闻节目中心新闻编辑部《特别关注》编辑科科长；

继续聘任刘晓隽同志为新闻节目中心新闻编辑部《特别关注》编辑科副科长；

继续聘任张文天同志为新闻节目中心新闻编辑部《晚间新闻报道》编辑科科长；

继续聘任柏广群同志为新闻节目中心新闻编辑部《晚间新闻报道》编辑科副科长；

继续聘任周永萍同志为新闻节目中心新闻编辑部《北京新闻》编辑科科长；

继续聘任张晓鲁同志为新闻节目中心新闻编辑部《北京新闻》编辑科副科长；

继续聘任张俭同志为新闻节目中心新闻编辑部新闻导播科科长；

继续聘任胡阳同志为新闻节目中心新闻编辑部编辑科科长；

继续聘任林力同志为新闻节目中心新闻编辑部特别报道组副科长；

继续聘任王晔同志为新闻节目中心新闻编辑部播音科副科长；

继续聘任赵学军同志为新闻节目中心新闻编辑部新闻手语科科长；

继续聘任陈楠同志为新闻节目中心要闻采访部时政新闻采访科科长；

继续聘任赵金春同志为新闻节目中心要闻采访部时政新闻采访科副科长；

继续聘任马国颖同志为新闻节目中心要闻采访部经济新闻采访科副科长（主持工作）；

继续聘任陈栩同志为新闻节目中心要闻采访部城市建设新闻采访科副科长；

继续聘任李斌同志为新闻节目中心社会新闻采访部城市管理新闻采访科科长；

继续聘任赵松建同志为新闻节目中心社会新闻采访部城市管理新闻采访科副科长；

继续聘任楚钊同志为新闻节目中心社会新闻采访部政法新闻采访科科长；

继续聘任代晓同志为新闻节目中心社会新闻采访部文卫新闻采访科科长；

继续聘任吴群同志为新闻节目中心新闻评论部专题节目科科长；

继续聘任张若南同志为新闻节目中心新闻评论部专题节目科副科长；

继续聘任赵波同志为新闻节目中心新闻评论部专题新闻科科长；

继续聘任董二兵同志为新闻节目中心综合管理部行政管理科科长；

继续聘任徐志贤同志为新闻节目中心综合管理部行政管理科副科长；

继续聘任齐海民同志为新闻节目中心综合管理部宣传规划科科长；

继续聘任孙湘源同志为新闻节目中心综合管理部宣传规划科副科长；

继续聘任史月光同志为新闻节目中心综合管理部内参科科长；

继续聘任李大功同志为新闻节目中心综合管理部通联科科长；

继续聘任史慎同志为新闻节目中心综合管理部信息管理科科长；

继续聘任姚大禹同志为新闻节目中心

综合管理部制片科科长；

继续聘任裴晓林同志为文艺节目中心综合科科长；

继续聘任张文华同志为文艺节目中心综合科副科长；

继续聘任王炳川同志为文艺节目中心综合科副科长；

继续聘任李长林同志为文艺节目中心《天天影视圈》副制片人；

继续聘任唐荦同志为文艺节目中心《天天影视圈》副制片人；

继续聘任庄小红同志为文艺节目中心《神州音话》制片人；

继续聘任姜力同志为文艺节目中心摄像科副科长；

继续聘任孙洪信同志为文艺节目中心大型活动节目科科长；

继续聘任王晰同志为文艺节目中心大型活动节目科副科长；

继续聘任朱礼庆同志为文艺节目中心《每日文娱播报》制片人；

继续聘任王强同志为文艺节目中心《每日文娱播报》副制片人；

继续聘任付德刚同志为文艺节目中心《百姓秀场》制片人；

继续聘任李伟同志为文艺节目中心《艺苑新视角》制片人；

继续聘任田歌同志为文艺节目中心《光荣绽放》制片人；

继续聘任盛启立同志为文艺节目中心《笑动百乐汇》制片人；

继续聘任郭悦同志为文艺节目中心《笑动百乐汇》副制片人；

继续聘任赵楠同志为文艺节目中心《影视风云录》制片人；

继续聘任段嵘同志为文艺节目中心《星夜故事秀》制片人；

继续聘任许世忠同志为科教节目中心综合科科长；

继续聘任李永国同志为科教节目中心综合科副科长；

继续聘任田雨果同志为科教节目中心节目编排科科长；

继续聘任马晓冬同志为科教节目中心节目编排科副科长；

继续聘任姚远同志为科教节目中心特别节目科科长；

继续聘任王锦同志为科教节目中心特别节目科副科长；

继续聘任王勇同志为科教节目中心《法治进行时》制片人；

继续聘任王旭东同志为科教节目中心《法治进行时》副制片人；

继续聘任陶继忠同志为科教节目中心《大家说法》制片人；

继续聘任董炬光同志为科教节目中心《大家说法》副制片人；

继续聘任蓝霖同志为科教节目中心《魅力科学》制片人；

继续聘任高艺溦同志为科教节目中心《魅力科学》副制片人；

继续聘任杨韵仟同志为科教节目中心《科学实验室》制片人；

继续聘任彭浩同志为科教节目中心《科学实验室》副制片人；

继续聘任伍立同志为科教节目中心《养生堂》制片人；

继续聘任白红洁同志为科教节目中心《养生堂》副制片人；

继续聘任施卫平同志为科教节目中心《健康北京》制片人；

继续聘任郑兵同志为科教节目中心

《健康北京》副制片人；

继续聘任林燕同志为科教节目中心《非常接触》制片人；

继续聘任王壮壮同志为科教节目中心《非常看法》制片人；

继续聘任许越同志为科教节目中心《非常说名》制片人；

继续聘任穆彤同志为科教节目中心《非常夫妻》制片人；

继续聘任张鹏同志为科教节目中心《非常父母》制片人；

继续聘任杨子云同志为科教节目中心《非常网络》副制片人；

继续聘任吴江同志为科教节目中心《非常记忆》副制片人（主持工作）；

继续聘任刘继东同志为生活节目中心综合科科长；

继续聘任张军同志为生活节目中心《7日7频道》制片人；

继续聘任黄殿琴同志为生活节目中心《7日7频道》副制片人；

继续聘任高燕同志为生活节目中心《生活面对面》制片人；

继续聘任李翔同志为生活节目中心《生活面对面》副制片人；

继续聘任钱丹丹同志为生活节目中心《时尚前线》制片人；

继续聘任倪小康同志为生活节目中心《食全食美》制片人；

继续聘任韩鹤同志为生活节目中心《超级出租车》副制片人（主持工作）；

继续聘任许亮同志为生活节目中心《我爱我车》制片人；

继续聘任李璐同志为生活节目中心《心灵密码》副制片人；

继续聘任王宏同志为生活节目中心《生活+》制片人；

继续聘任王蔚然同志为生活节目中心《真情记忆》副制片人；

继续聘任王昆同志为生活节目中心《生活大调查》副制片人（主持工作）；

继续聘任赵华同志为体育节目中心综合科科长；

继续聘任秦爽同志为体育节目中心综合科副科长；

继续聘任李长平同志为体育节目中心赛事转播科科长（制片人）；

继续聘任德莉巴尔同志为体育节目中心赛事转播科副科长（副制片人）；

继续聘任李铮同志为体育节目中心赛事转播科副科长（副制片人）；

继续聘任曹晓磊同志为体育节目中心《足球》节目科科长（制片人）；

继续聘任张洪同志为体育节目中心《足球》节目科副科长（副制片人）；

继续聘任周欣同志为体育节目中心专题节目科科长（制片人）；

继续聘任冯雪霞同志为体育节目中心专题节目科副科长（副制片人）；

继续聘任孙松同志为体育节目中心《步步为赢》节目科科长（制片人）；

继续聘任魏光磊同志为体育节目中心《步步为赢》节目科副科长（副制片人）；

继续聘任胡宁扬同志为体育节目中心《快乐健身一箩筐》节目科科长（制片人）；

继续聘任高海宁同志为体育节目中心《快乐健身一箩筐》节目科副科长（副制片人）；

继续聘任潘春同志为体育节目中心《篮球》节目科副科长（副制片人）；

继续聘任王奇同志为体育节目中心

《篮球》节目科副科长（副制片人）；

继续聘任章玫同志为体育节目中心频道运营科科长；

继续聘任司虹同志为体育节目中心频道运营科副科长；

继续聘任田丰同志为体育节目中心《体坛资讯》节目科副科长（副制片人）；

继续聘任郭斐同志为体育节目中心《天天体育》节目科科长（制片人）；

继续聘任林琛同志为体育节目中心《天天体育》节目科副科长（副制片人）；

继续聘任寇建国同志为海外节目中心综合科科长；

继续聘任徐春梅同志为海外节目中心综合科副科长；

继续聘任姜华同志为海外节目中心外送节目科科长；

继续聘任沈澜同志为海外节目中心外送节目科副科长；

继续聘任吴玮同志为海外节目中心《天下天天谈》制片人；

继续聘任张苏同志为海外节目中心《天下天天谈》副制片人；

继续聘任李孜同志为海外节目中心《天下天天谈》副制片人；

继续聘任徐剑同志为海外节目中心《国际双行线》副制片人（主持工作）；

继续聘任伊国庆同志为公共频道节目中心综合科科长；

继续聘任王浚同志为公共频道节目中心综合科副科长；

继续聘任张耀同志为公共频道节目中心《红绿灯》制片人；

继续聘任范红军同志为公共频道节目中心《红绿灯》副制片人；

继续聘任颜匀同志为公共频道节目中心《我的父亲母亲》制片人；

继续聘任凌英同志为公共频道节目中心《四海漫游》制片人；

继续聘任卢晓南同志为公共频道节目中心《四海漫游》副制片人；

继续聘任朱晓梅同志为公共频道节目中心《京郊大地》制片人；

继续聘任王子军同志为公共频道节目中心《故事汇》制片人；

继续聘任谢燕秋同志为公共频道节目中心《故事汇》副制片人；

继续聘任马莉同志为公共频道节目中心《手机江湖》制片人；

继续聘任胡泊同志为公共频道节目中心《北京故事》制片人；

继续聘任李欣同志为公共频道节目中心《这里是北京》制片人；

继续聘任白平同志为财经节目中心综合科科长；

继续聘任韩梅同志为财经节目中心研发科科长；

继续聘任刘钊同志为财经节目中心节目导视科科长；

继续聘任沈军同志为财经节目中心《首都经济报道》制片人；

继续聘任杨衍颖同志为财经节目中心《首都经济报道》副制片人；

继续聘任李志兵同志为财经节目中心《城市》制片人；

继续聘任李铁军同志为财经节目中心《城市》副制片人；

继续聘任鲍文同志为财经节目中心《城市》副制片人；

继续聘任孙放同志为财经节目中心《天下财经》制片人；

继续聘任刘浩同志为财经节目中心

《天下财经》副制片人；

继续聘任肖艳萍同志为财经节目中心《天天理财》制片人；

继续聘任宋北光同志为财经节目中心《天天理财》副制片人；

继续聘任李春玮同志为财经节目中心《经济法眼》制片人；

继续聘任张立同志为青少年节目中心综合科科长；

继续聘任章向东同志为青少年节目中心综合科副科长；

继续聘任刘虎同志为青少年节目中心节目管理科科长；

继续聘任王旗同志为青少年节目中心新媒体科科长；

继续聘任董宁同志为青少年节目中心《快乐起飞》制片人；

继续聘任张弘同志为青少年节目中心《SK 状元榜》制片人；

继续聘任刘岩同志为青少年节目中心《天天阅读会－活力昀知道》制片人；

继续聘任孙小喆同志为青少年节目中心《天天阅读会－风云人物榜》制片人；

继续聘任李晓军同志为青少年节目中心《北京青年》制片人；

继续聘任刘健辉同志为青少年节目中心《北京青年》副制片人。

以上同志聘期自原聘期满之日起，至2010 年 12 月 31 日止。

聘任毕小兵同志为保卫部技术防范科科长；

聘任邵晶同志为新闻节目中心社会新闻采访部《新闻晚高峰》编辑科科长；

聘任宋虹君同志为生活节目中心《大城小事》制片人；

聘任杨健同志为财经节目中心《北京议事厅》制片人；

聘任吴筠同志为青少年节目中心《情感部落格》制片人；

聘任崔笑田同志为青少年节目中心《天天阅读会－文教聚焦点》制片人；

聘任戴晋军同志为保卫部内保一科副科长；

聘任季民同志为信息网络管理部网络监控科副科长；

聘任王学奎同志为信息网络管理部生产网络管理一科副科长；

聘任芮浩同志为信息网络管理部办公网管理科副科长；

聘任陈广鑫同志为信息网络管理部生产网络管理二科副科长；

聘任刘婧同志为新闻节目中心新闻编辑部《新闻晚高峰》编辑科副科长；

聘任李颖同志为新闻节目中心新闻编辑部《晚间新闻报道》编辑科副科长；

聘任赵果珍同志为文艺节目中心《经典回眸》副制片人；

聘任田天同志为科教节目中心节目编排科副科长；

聘任刘佳同志为科教节目中心《非常看法》副制片人；

聘任张炜同志为公共频道节目中心《好戏周周看》副制片人；

聘任马旭同志为财经节目中心《天下财经》副制片人；

聘任宫昊同志为青少年节目中心《天天阅读会－魅力昊客厅》副制片人（主持工作）。

以上同志聘期自 2010 年 2 月 26 日起，至 2010 年 12 月 31 日止。

北京电视台

2010 年 3 月 5 日

人 员 情 况

全台在职员工总数 3595 人。其中：在编人员 1563 人，特殊派遣 158 人，一般派遣 1874 人。

政治面貌情况

政治面貌 / 人员	合计	中共党员	共青团员	其他
在编人员	1563	859	60	644

年龄情况

年龄 / 人员	合计	≤30 岁	31～40 岁	41～50 岁	51～60 岁	≥61 岁
在编人员	1563	40	643	598	282	0

学历情况

学历 / 人员	合计	博士	硕士	大本	大专	中专	高中	初中及以下
在编人员	1563	2	148	1181	194	9	15	14

专业技术人员情况

专业技术资格系列	初级（4）	初级（5）	副高级	未评聘	正高级	中级	（空白）	总计
未评聘				269				269
播音	19	1	6		3	25		54
档案管理	1		1					2
工程	43	4	98		5	114		264
会计	16	1	9			8		34
经济	3		5			33		41
审计	1					5		3
统计	2		1			1		4
图书资料	3					2		5
卫生						2		2
新闻	153		150		25	365		693
艺术	30		37		4	59		130
政工	16		11			15		42
（空白）							20	20
总计	287	6	318	269	37	626	20	1563

（截至日期：2010 年 12 月 31 日　人事部）

频道·栏目

频道设置

BTV 北京

北京卫视是以新闻节目为龙头，汇集精品专题节目及优秀电视剧的综合频道，全天 24 小时播出。BTV 北京自开播以来，在宣传营销、节目研发、编排、整体包装以及大型社会公益活动、大型综艺娱乐节目制作、影视剧首映策划及播出等方面，探索创新，寻求突破，并以“文化品位、大家风范”为主基调，追求高尚品位和文化情趣，依托首都的地缘优势，整合资源，打造具有全国影响力的节目播出平台。

北京卫视播出的主要栏目有：《北京新闻》、《北京您早》、《特别关注》、《新闻晚高峰》、《晚间新闻报道》、《真情耀中华》、《这里是北京》、《档案》、《五星夜话》、《天下收藏》、《中华文明大讲堂》、《身边》、《聚星坊》、《国际双行线》等。

BTV 文艺

感受恒久文化魅力，彰显经典文艺精神；在文艺中陶冶，在品位中升华。北京电视台文艺频道，以宽泛的视角，采撷文艺精粹；以独到的见解，引领娱乐观念；以恢宏的气度，展示文明风采。

北京电视台文艺频道以“传播时代强音，服务首都百姓”为宗旨，始终坚持正确的舆论导向，最大限度发掘已有资源，开创新锐文艺娱乐形象。

2010 年，文艺频道继续以深层次的综艺内容打造北京电视台的前沿看点，以新形态的文娱形式提升北京人的生活品质。在现有基础上进一步整合频道资源，遵循电视节目制作规律，对频道各栏目进行更深层次的打造和开发，全面提升节目的收视率、美誉度和文化品质。

2010 年，频道共有 13 档节目，包括日播栏目 5 个，周播栏目 8 个。日播栏目有：《每日文娱播报》、《笑动百乐汇》、《天天影视圈》、《最佳现场》、《音乐风云榜》，周播栏目有：《百姓秀场》、《光荣绽放》、《影视风云路》、《经典回眸》、《神州音话》、《星夜故事秀》、《喜来坞》、《艺苑新视角》。

BTV 科教

打开科教频道，点亮智慧人生！

2010 年，北京电视台科教频道为您点亮生活：晚间 8 点黄金档，7 天 7 档故事讲述“非常人生故事汇”。为您点亮智慧：《魅力科学》、《科学实验室》，用新奇的视角，有趣的实验讲述科学道理。为您点亮人生：以《法治进行时》为龙头的午间法治时段再次更新；《非常看法》再次扩展法治视野；晚间魅力剧场，更是异彩纷呈，好戏连连。

2010 年，科教频道集结科技、法治、健康、人文等 18 大品牌栏目，继续打造午间、傍晚、晚间三大栏目带。以《法治进行时》为龙头的午间法治时段再出重拳，第一时间、第一现场追踪案件侦破、关注社会热点，透视案件背后、启迪法治人生；以养生健康为核心的傍晚健康时段独辟蹊径，走近百姓身边，实现全新互动，普及养生知识，分享健康人生；晚间 8 点黄金档精彩讲述“非常人生故事汇”，7 天 7 档故事，全面解读智慧人生。科教频道全力搭建智慧平台，用实验的方法解读健康知识；用科学的论证解密天下奇闻；用敏锐的视角纵览人间万象。

BTV 影视

北京电视台影视频道是一个专业化、精品化的影视剧频道，全天 24 小时不间断播出精彩电视剧，意在全力打造北京百姓的家庭电视剧频道。全天滚动播出 13 个电视（影）剧场。

BTV 影视频道的宣传口号是“你就生活在这里”，主打贴近生活、贴近现实的家庭生活和情感类电视剧作品，兼顾近年来较为热门的谍战悬疑作品。该频道凭借主打剧场的品牌成熟度和一流的精品电视剧已经在北京地区赢得了良好的品牌美誉度和品牌忠诚度。

电视剧场尤其是晚间黄金档的剧场，通常是普通家庭的客厅剧场，受众广泛、老少咸宜；基本覆盖了所有电视观众，尤其是 45 岁至 50 岁的女性观众。

BTV 财经

北京电视台财经频道是一个宣传北京经济发展、成就大众财富梦想的前沿的、权威的、贴近的专业频道，传播财经知识，解析经济热点，服务大众理财。

财经频道旨在以专业的内容服务于大众，成为“财经政策的窗口、投资理财的指南、经济生活的帮手”。财经频道不盲目追求“高端”，而是面向最广泛的大众，采用通俗易懂的形式提供专业的财经服务。内容上，增强节目的实用性，用多样化、多层次的节目介入百姓经济生活，为提高百姓经济生活品质服务。形式上，增加节目的可看性和互动性，用数据、图表、电脑动画等手段把枯燥抽象的财经知识变得鲜活、生动、现代。

2010年，财经频道树立了以《财经资讯》栏目为主干，以深度经济报道、理财服务性节目以及经济法制类节目、财经评论节目为主体的节目框架，形成了以《首都经济报道》、《城市》、《天下财经》、《财经五连发》、《经济法眼》等为核心的品牌栏目群，树立以“都市资讯+深度专题+访谈评论”为特色的频道结构。

BTV体育

北京电视台体育频道于2002年1月1日正式开播，覆盖全市。2006年起实现24小时全天播出。频道汇集赛事转播、体育新闻、专栏节目，包容竞技体育、全民健身活动。

赛事转播包含中超、亚冠、CBA、NBA、英超、意甲、西甲、网球、排球、羽毛球、田径等中外重点赛事，直击比赛现场，为广大体育爱好者提供精彩的赛事直播；新闻方面，《天天体育》、《体坛资讯》两档节目通过大量国内外自采新闻，详细解读每天国内外体坛发生的重大事件，权威报道国内外体育新闻，并通过网络平台，加强与观众的互动交流；《足球100分》、《快乐健身一箩筐》、《步步为赢》、《篮球风云路》等专栏节目多方位满足不同观众的收看需求。

2010年，频道继续主办了“BTV杯国际斯诺克北京邀请赛”、“海洋沙滩狂欢节”、“鸟巢冰雪季”等大型活动，取得了社会广泛的好评。

BTV生活

生活是美丽的。

北京电视台生活频道于1996年11月8日正式开播，是北京电视台最具专业化特点的频道之一，一直以“根植生活、立足服务、贴近百姓、关注民生”为频道定位。多年来，生活频道在没有电视剧的情况下，频道管理不断创新，注重建立科学实效的组织运营体系，整体竞争实力显著增强。全天12档日播节目中，多数栏目开播4年以上，拥有稳定的收视群体，观众忠诚度较高。《生活面对面》、《7日7频道》、《食全食美》、《选择》、《大城小事》、《快乐生活一点通》、《生活大调查》、《超级出租车》等品牌节目已经深入人心，还有《时尚装苑》、《生活+》、《我爱我车》资源性专业节目也成为受欢迎的行业品牌。

2010年生活频道遵守“坚持、改变、创新、提升”的工作思路，紧抓内容生产，创新节目与改版节目始终坚守专业化定位，12个日播节目与12个周播节目全力打造“都市生活服务频道第一品牌”。在编排策略上继续运用“观众流”的理念主打晚间黄金时段，强化日播节目晚间“两大服务时段”的板块化编排，即由生活服务时段和情感服务时段这两大时段合理控制收视流。在18:00~21:00时段，以《超级出租车》、《食全食美》、《生活面对面》、《7日7频道》、《快乐生活一点通》、《生活大调查》和《时尚装苑》等栏目组合成生活服务板块；在21:00至23:00以《大城小事》、《生活广角》、《你该怎么办》和《选择》等几个栏目组成情感服务板块。这种“两大服务时段”板块化的编排思路实现了收视效果的最大化，2010年生活频道全天收视份额4.22%，在北京地区排名第4，晚间在激烈的收视竞争中保持第3名；频道24档节目中，平均收视率2%以上的栏目达到10个。除此以外，生活频道在坚持生活服务的基础上，继续创新电视表现形式，突出新媒体环境下包装的个性化，提升频道时尚感品质感，倾力打造全媒体版的都市生活指南。

BTV 青少

北京电视台青少频道于2002年1月1日正式开播，2007年2月1日全新改版，强力推出“第八区”品牌。经过几年的精心打造，已经成功构建起一个青春、励志、时尚、亲切的青年电视社区。

青少频道是以青年受众为主要传播对象，以资讯、专题、访谈、综艺、真人秀、纪录片、情景剧、青春偶像剧为主要表现形式，以时代新知、情感心理、成长教育、健康生活、青年榜样为主要传播内容，以“青年主张，价值引领时代；青年文化，智慧激荡人生；青春无界，沟通拉近你我；青春绽放，活力震撼世界”为核心价值，以“青年创造未来”和“新北京，新青年”为宣传口号的专业电视频道。

在整体节目品类上，形成了以《北京青年》为代表的“资讯服务节目群”；以《谁在说》、《情感部落格》、《替身》为代表的“沟通节目群”；以《探索》、《SK状元榜》、《悦读会》、《八区故事》为代表的“文化节目群”；以《青春歌会》、《北京男孩》、《快乐起飞》、《炫影院》为代表的“娱乐节目群”。在整体编排上，已形成日播“五横”、周末“两纵”的成熟播出格局。

同时，频道另一大特色在于构架全方位的传播平台，互动力强大的第八区网站（www. tv8zone. com）更是吸附大量新锐人群。

频道自改版以来，已成功推出2007年大型情境合唱剧《红孩子》、2008年国家大剧院版音乐诗画儿童剧《红孩子》，以及《托起明天的太阳》首都青少年爱心慈善晚会，在社会上引起了巨大的反响。2009年以来，青少频道还通过《青春走过60年》大型电视行动、《北京青年榜样颁奖盛典》《北京青年公益时尚文化节开幕式》演出等大型主题活动，凸显频道品牌价值，打造在北京地区乃至全国具有特殊影响力的“新青年电视”。

不论您的青春正在进行，还是您的青春渐行渐远，BTV青少都将以最新潮的视角、最迅捷的反应、最贴心的服务，为您见证青春岁月，共享青春记忆。

BTV公共

2010年，北京电视台公共频道继续以交通、旅游为频道定位。北京地区唯一的交通节目《红绿灯》，以每日三档的超大规模继续服务百姓出行，追踪交通事件；以《四海漫游》、《这里是北京》和《京郊大地》为主打的精品旅游类节目继续带领观众从京城云游到海外，品味不同地域的历史和文化。电视报告文学类讲述节目《故事汇》继续讲述古今中外、真实精彩的故事。周末还特别奉献真情孝亲类节目《我的父亲母亲》和手机业界权威专题节目《手机江湖》。

贴近百姓生活，充满时代气息，富有文化底蕴，是公共频道崇尚的品格；自然、亲切、平实、睿智是公共频道倡导的文风。明确定位，深入发现，打造品牌，创造精彩。公共频道宣传语：关注出行，畅通生活；怀抱自然，放眼天下；融汇交通旅游中的大事小情；传递平凡生活里的真情实意；公共频道，您不可或缺的朋友。

卡酷动画卫视

北京电视台卡酷动画卫视开播于2004年9月10日，是在全国率先播出的专业动画卫星频道。卡酷动画卫视立足首都，辐射全国，卡酷蓝纵横近百个大中城市，覆盖人口7.9亿，涵盖京、沪、津、渝4大直辖市，冀、贵、陕、内蒙古4省区全境以及长三角、珠三角、环渤海、华中4大综合经济区。卡酷少儿收视北京地区独占鳌头，全龄收视领跑全国动画少儿媒体，收视稳居全国卫视16强，是国内落地范围最广、收视人口最多、影响力最强的中国动漫第一卫视平台。

作为中国十大动画制作机构之一，卡酷动画年产量位列北京之首，出品了《福娃奥运漫游记》、《中华五千年》、《BTV卡酷动画春晚》、《熊猫总动员》、《秦时明月》、《快乐东西》、《我们小孩有力量》等数10部国内外具有广泛影响力的动画大片及动画电影。其中，百集国产原创动画片《福娃奥运漫游记》曾先后获得第24届中国电视金鹰奖、第11届“五个一工程”动画奖第1名、第21届电视艺术“星光奖”、第6届北京市文学艺术奖等国家级政府奖项，是迄今国内所有电视动画片中唯一的“大满贯”；52集动画片《我们小孩有力量》荣获第16届上海电视节“白玉兰奖”最佳国产动画片创意奖。

卡酷积极打造“播出平台与销售渠道双轮驱动、动画原创与衍生产业双轴联动”的动漫全产业链，拥有中国最大动漫衍生营销平台——全国14家大型旗舰店卖场、200余家特许加盟店和网络旗舰店，是中国第一动漫品牌。

长城平台BTV频道

长城平台北京电视台频道于2004年10月1日正式开播，到现在付费收看用户突破10万。目前长城平台已建成美国、亚洲、加拿大、欧洲、拉美、东南亚7个平台，北京电视台频道在7个平台上均有播出。

2010年，长城平台荟萃北京电视台10个频道的精华，节目内容涵盖新闻、资讯、文化、旅游、娱乐以及青年节目等多个类别。节目首播6.5小时，全天24小时无间断播出，全力满足海外观众的收视要求。

优秀栏目

卫视节目中心优秀栏目

《天下收藏》

2010年是《天下收藏》快速成长的一年，平均收视率达到3.6%，创开播4年来历史新高。

不断加大节目中收藏和历史知识含量的比重，坚持文化定位。2010年，在节目中更加充分地挖掘与藏品有关的知识与故事，文化知识含量成为节目优劣的第一标准。

不断创新环节设置，消除观众审美疲劳。在每位嘉宾与相对应的观众席之间，设置特殊的机关。一旦嘉宾在参与竞猜藏品真假的过程中失利，一道帷幔将在嘉宾的身后缓缓升起，被遮挡了视线的观众将无法欣赏到下一环节的精彩现场，以此作为对嘉宾带领的观众团队的惩罚。这种惩罚方式是栏目组的一个创新，是目前国内任何一个演播室节目都不曾使用过的方式。它大大增强了嘉宾与现场观众的团队协作精神以及参与热情，逼迫他们必须在现场非常投入、非常兴奋，很好地保证了嘉宾临场的发挥。

继续降低专业性门槛，想方设法拉近和普通观众的距离。栏目组以往选择的嘉宾集中在瓷器、书画等行业内以及投资理财领域。这些业内人士虽然保证了节目的专业性，但在趣味性和普及性方面与普通观众的接受程度还存在着一定的差距。2010年《天下收藏》将邀请嘉宾的目标锁定为影视界、模特界、体育界、主持人等各个热点领域的一线明星。这些明星虽然是收藏的门外汉，但他们以一种平民心态，积极发问、勇于质疑，极大地拉近了专业性节目和普通观众的距离。

《档案》

《档案》栏目是北京电视台卫视节目中心从2009年2月4日起每周三21:35播出的周播栏目。该栏目的宗旨就是立足于中国国内和世界各国档案机构解密的档案素材，把握正确的舆论导向和解密尺度，通过一种全新的电视形态，用一种全新的方式揭秘档案。

《档案》栏目被称为现场电视栏目。该现场由一个讲述人，在1000平方米的摄影棚内，游走于大屏幕区（30平方米LED）、档案区、幻灯区、16毫米放映区、录音区、沙盘区、中央演示区和景片区，运用所有的现场手段，通过翻阅、播放、展示、聆听、演示等一切可以调动的元素把一个个故事“掰开了，揉碎了”讲给观众听，展示给观众看。《档案》是一个现场讲故事的独幕舞台剧，用看得见、摸得着的历史细节，勾连现实的时空和历史的时空。

《档案》栏目每期节目的进行过程是一个揭秘的过程，“悬疑”在整个过程中至关重要。借鉴神秘或悬疑类型电影剧本的操作模式，以一个强烈动作的场景来开始故事，在故事的推进中揭晓答案，让观众深深地投入到故事里。

《档案》栏目的拍摄方式参照电影的拍摄方式，用分场景、分镜头、单机逐条拍摄节目在现场的进程。导演需要在各个单集节目的拍摄中统一场面调度的各个元素：大屏幕提供的布景、讲述人的服装、灯光，以及讲述人与各光区之间的调度和衔接，使形式与内容达成一致。最终目的是要求导演通过这些调度突出节目的内容和50分钟节目进程的情绪性、节奏感，有效地展现现场发生的讲述过程，带动观众进入故事的各个环节。

《中华文明大讲堂》

《中华文明大讲堂》开播于2007年，至今已经走过了4个春秋。2010年，《中华文明大讲堂》积极打造优质文化品牌，努力开掘优秀民族、民间文化资源，合理吸纳和借鉴优秀文化形态、先进制作理念，节目有了很大的突破。2010年12月，《中华文明大讲堂》获国家广电总局“第二届全国优秀电视文化栏目”称号；2010年10月，《中华文明大讲堂》栏目被授予“2010年首都市民学习品牌”称号。

年初，《中华文明大讲堂》推出开年大戏《天与人——儒学走向世界的前瞻》系列节目，中国画界顶级大师范曾与现代新儒家学派的领军人物、曾任教哈佛大学的著名旅美学者杜维明在北京大学百周年纪念讲堂展开5场“天与人——儒学走向世界的前瞻”的巅峰对话。内容丰富，内涵深厚，既有意味深远的文化启示，也有贴近生活的人文关怀。他们谈到了儒家文化里的“和”，深入浅出地阐述了“和为贵”、“和而不同”的道理；他们谈到了“天人合一”，用贴近生活的通俗话语，揭示出人与自身、人与人、人与社会、人与自然，4种关系的和谐共处之道。

2010年《中华文明大讲堂》重点打造《黄帝内经的智慧》系列讲座，通过对中国传统医学四大经典著作之一——《黄帝内经》的解读，为观众指出正确认识生命的一种方法、一种道路，使观众正确认识和了解有5000年历史的中国传统医学的博大精深，并以《黄帝内经》“治未病”的思路，防病治病。

《真情耀中华》

《真情耀中华》栏目是由原《志愿者真情耀中华》和《真情》两档栏目合并后推出的大型公益节目，开播于2010年1月。栏目定位是：“讲真情故事，帮天下好人，汇聚公益的力量，让真情温暖人心。”该栏目自开播以来，从新闻的视角讲述真情故事，以被采访对象的真实的感人故事为纽带，通过多元解读人间真情，展示普通人身上的人性光芒，自觉倡导社会主义核心价值观，起到了很好的舆论导向作用。如2010年3月至5月推出的《母爱总动员》系列节目，以10期节目加一台晚会的方式，以真实感人的母爱故事为纽带，以一个个生动厚实的人物故事，展示了母爱光芒，弘扬了人间真、善、美。该系列节目推出以后社会反响极大，进一步提升了栏目的品牌影响力。

2010年《真情耀中华》获得了两个奖

项。4月，《真情耀中华之草原寻狼》荣获北京市广播影视奖电视社教类一等奖；10月，《广汉铁路20分钟生死大营救》荣获2010年中国抗灾救灾优秀作品二等奖。

《五星夜话》

《五星夜话》栏目于2008年1月4日开播，每周四晚21∶35播出，时长50分钟。该栏目是一档高端文化访谈节目，秉持传统主流价值观，坚持多元文化的多元展现，致力于打造具有首都品质的“五星级”文艺访谈平台，实现对社会热点的文化解读、对文化热点的冷峻批评。《五星夜话》节目宗旨是“对当代的各种文化热点现象做一个梳理，阔评寰宇”。节目口号为“《五星夜话》，情怀天下”。该栏目自开播至2010年底，共播出158期，社会影响力日渐扩大。2010年在第六届电视制片人论坛上荣获“2010年十大最具原创精神电视栏目”称号。

新闻节目中心优秀栏目

《北京新闻》

《北京新闻》是北京电视台最重要的一档新闻栏目，具有政策性强、收视率高、影响力大的特点，收视率稳居全台日播栏目第一，是北京地区收视率最高的新闻栏目。近年来，《北京新闻》栏目秉承“权威发布政策信息，悉心关怀百姓冷暖”的宗旨，坚持正确的政治导向，坚持党的路线、方针不动摇，成为展示北京市改革开放、经济发展、社会进步的重要窗口，实现了“导向正确、宣传有力、收视稳定”的目标。

2010年，《北京新闻》围绕“十一五”时期发展成就、转变经济发展方式、上海世博会等重大宣传报道课题，先后组织了《回眸十一五　展望十二五》、《加快转变首都经济发展方式　建设人文北京　科技北京　绿色北京》、《创先争优　加强基层党组织建设》、《做文明有礼的北京人》、《城南新事》、《世博直通车》等系列报道和组合报道。其中，《回眸十一五　展望十二五》中的“森林进城　公园下乡”获得中宣部阅评员的高度评价，市委书记刘淇和市委常委、宣传部长、副市长蔡赴朝对此做了专门批示。刘淇书记在批示中写道：“好的节目，可在不同频道多播几次。”蔡赴朝部长在批示中写道：“此节目我看过，确实做得不错。近一段时间以来，北京电视台在节目创新、内容创新上做了不少努力，取得了显著成效，请再接再厉，提前谋划好明年乃至‘十二五’时期的工作，牢牢把握好正确的舆论导向，坚持先进文化的前进方向，不断提高节目的品位、质量和影响力、辐射力，更请落实好刘淇同志的重要指示，好节目在多频道反复播出，扩大覆盖面和其影响。”

《北京您早》

《北京您早》开播于1991年7月，是国内最早开播的一档早间电视新闻节目。栏目定位于“第一时间看北京、看中国、看世界”。《北京您早》始终坚持及时丰富、清新朝气的节目理念，每天早晨给北京和全国观众送上新闻早餐，全年的收视率保持在1.8%，在全国同时段节目中保持遥遥领先的位置。2009年4月，北京电视台喜迁新址。4月1日，随着早上7:00《北京您早》的开播，北京卫视节目正式开始从建国路新址发出，走进全国观众的家庭。从当天起，北京电视台新闻播出进入网络化阶段，摆脱了传统的线性编辑播出，新闻的时效性更强，画面更丰富，包装更先进，工作流程更正规。

《特别关注》

《特别关注》是一档以民生新闻为特色的综合性新闻栏目。始终坚持“关注社会发展、贴近百姓生活”的栏目宗旨，力求用特快的速度、特别的视角、特色的电视手段，突出时效性、地域性、服务性的特点，致力于真实客观地诠释新闻事件，理性细致地关注点滴生活。

为百姓排忧解难，倾听百姓心声，报道百姓关心的事、身边的事、困难的事、烦心的事，一直是《特别关注》的栏目特色。2009年，《特别关注》栏目根据现实需要对栏目定位进行了微调，从以舆论监督为主转变为以舆论引导为主，以党和政府的声音引导舆论，以党和政府的观点解疑释惑，成为沟通政府与市民的一座桥梁。同时，栏目还大力扩宽新闻视野，从一档纯粹的本地新闻转变为一档涵盖本地新闻、外埠新闻和国际新闻的综合新闻栏目，节目内容更加丰富，时效性更强。当年，《特别关注》荣获“全国十大品牌民生栏目”称号。

《特别关注》自2000年11月16日开播，10年以来，在北京一直拥有非常高的收视率，成为北京卫视频道午间时段的王牌栏目。2010年，《特别关注》在密切关注民生话题的同时，相继推出了具有人文气息的《一封家书》系列报道，参与了《温暖一家亲》大型记者关爱公益行动，栏目的影响力和号召力得到了进一步的提升。

《新闻晚高峰》

《新闻晚高峰》从2009年1月1日起，每天18:00以直播形态登陆北京卫视。这档新闻以“都市新闻”和重大事件实时报道为主要特色，节奏轻快，信息涵盖面广，时效性强，编排上打破国内、国外、本市等地域界限，新闻的段落顺序完全以“新闻性”为标准划分，突出新闻性、时效性、贴近性、服务性。开播以来，《新闻晚高峰》以时尚的包装、快节奏的编排和丰富的信息迅速脱颖而出，逐步成为首都电视新闻的一个新品牌。2010年，《新闻晚高峰》收视节节攀升，7月以来连续多周平均收视达到2%以上，周平均收视率最高达到2.98%，日收视率最高达到3.93%。

2010年，在保持节目定位的前提下，结合新的形势，做了一些尝试和改变：一是强调时效，抓好倒头条。《新闻晚高峰》下午6点播出，对下午5点以后发生的国内国际大事以口播或者插画面的方式第一时间播报出去，甚至在节目正在播出的过程中也会临时紧急播发最新消息。而对于北京本地的突发新闻，尽可能每天要有一到两条。这些突发事件、新闻现场具有很强时效性的特点，有意识地放在倒头条的位置播发，对收视的拉升作用十分明显。

二是强调信息量，注重节奏。如果30分钟的新闻只有一个话题，观众很容易造成视听疲劳，因此该栏目注意加强新闻的多样化和丰富性，让新闻彼此之间形成互补，相互调剂，有利于调控整档节目的节奏，在一张一弛之中留住观众。三是抓住热点新闻，适度加强深度调查类报道。对突发事件和热点话题，注重进行深入的调查分析，让新闻增加深度和力度。四是强调贴近性、服务性。《新闻晚高峰》定位于关注国内国际大事，过去在新闻的选择上有时存在过硬过空，信息量不足的问题。因此，这次改变特别强调贴近性和服务性，让观众感同身受，引起共鸣，关注度自然会很高。五是打破常规编排，让编排为新闻服务。《新闻晚高峰》抢发新闻较多，经常出现前面的新闻正在直播，后面的新闻正在赶制的情况，因此事先预排的新闻顺序经常会根据新闻的出炉情况在播出时进行调整。所以，编辑人员经常打破常规编排，把最新最重要的新闻第一时间播发出去，不过分追求编排的完整。

《晚间新闻报道》

《晚间新闻报道》是一档集北京本地新闻、国内新闻和国际新闻于一体，以深度见长，以评论为特色的综合新闻栏目。《晚间新闻报道》关注所有重大、重要或热点新闻事件和新闻现象，在保障时效性和大信息量的同时，强调报道的深度。全面反映新闻事件、理清事件的来龙去脉、透析其内涵是《晚间新闻报道》的重要报道方式。

《晚间新闻报道》把评论性定位为栏目的主要特色，对新闻事件的快速点评贯穿于节目的始终。在记者自采新闻的同时，全面搜索当日各种媒体的热点新闻信息，以夹叙夹议的方式讲述、点评新闻事件，力图做有观点、有态度的新闻。《晚间新闻报道》下设《热点述评》、《晚间短评》、《新闻速览》等固定挂标板块。《晚间新闻报道》采用男女双播的方式播报新闻，节目时长为40分钟，每晚21：40播出。

文艺节目中心优秀栏目

《每日文娱播报》

《每日文娱播报》是一档自办的文娱资讯类栏目，自2002年1月1日创办以来，一直把“娱乐价值发现者”作为栏目口号，坚持“文化彰显品位，娱乐创造价值”的理念，坚决摒弃低俗报道，抵制虚假新闻，始终坚持客观、真实、及时的新闻观，坚持为观众奉献健康、清新的娱乐节目。在北京地区所能收看到的同类型文娱资讯节目当中，《每日文娱播报》收视率一直名列前茅，并长期位于北京地区能收看到的所有电视节目收视率前50名之列。栏目创造的经济效益和广告价值，居全国同类节目前列。2010年，《每日文娱播报》的年广告创收高达1.5亿元，位列全台栏目创收第一名。

2010年，《每日文娱播报》制作的许

多电视作品都获得了各类奖项：特别节目《春节百姓家庭DV才艺大赛》在全国被评为“春节特别节目好作品”；特别节目《十年》在2010年度全国春节文艺晚会暨春节特别节目评选中被评为“春节特别节目最佳作品”；《〈每日文娱播报〉八周年宣传》在中国首届电视节目包装评选中被评为“宣传片类好作品”；十一特别节目《大人大艺》得到北京市广电局《收听收看报告》的好评；《宋丹丹——小品20年》荣获“2009年度北京市广播影视奖”电视文艺类二等奖；栏目荣获中国广播电视协会第十届百家电视文艺节目栏目类三等奖。

《每日文娱播报》首播时间：每天19∶00；时长：30分钟；重播时间：每天00∶20和12∶24。

《天天影视圈》

《天天影视圈》是北京电视台唯一一档日播影视专题类栏目。节目风格新锐，包装时尚，节目内容突出独家、评论色彩，以“三探”——探询、探秘、探究和“三析”——解析、剖析、分析为手段，深度测评影视格局，打造高收视、高品质、益智娱情的电视文化精品。节目内容包括“深度对话”、“片场实录”、“天天点评”等，以热点影视事件的犀利点评以及影视剧片场最新探班为主打。揭秘热门影视剧的第一手现场花絮，生动记录影视圈台前幕后鲜为人知的鲜活故事；深度访谈影视圈焦点人物，展现明星独特艺术魅力，侧重主持人与采访嘉宾在思想观点上的交流、交锋，以“专业、权威、深度”强力打造影视品牌栏目。

2010年《天天影视圈》获奖情况：国庆特别节目《电影奇迹》在中国电视艺术家协会主办的“新中国成立60周年电视文艺节目评选”中被评为“电视文艺特别节目好作品”；春节特别节目《虎虎一家亲》在中国电视艺术家协会主办的“2010年度全国春节文艺晚会暨春节特别节目评选”中被评为“春节特别节目创新作品”；栏目宣传片在中国首届电视节目包装评选中被评为“宣传片类优秀作品”。

《天天影视圈》首播时间：周一至周五22∶10；时长：25分钟；重播时间；周二到周六10∶33、15∶11。

《百姓秀场》

《百姓秀场》开播于2007年，是展示百姓才艺的舞台。它融合人生经历精彩讲述、文艺表演、才艺展示、绝活儿绝技等，是与观众互动的大型综艺栏目。《百姓秀场》挖掘生活中积极乐观、身怀绝技的百姓，把他们的经历、技艺呈献给观众，向观众展示他们阳光、向上、勇于面对挫折的坚强精神，激励更多的百姓追求美好生活、勇敢面对生活挑战，为社会和谐谱写赞歌。栏目的口号是“快乐的一周从星期一开始”。

2010年《百姓秀场》获奖情况：春节特别节目《绝活之家贺新春》获2010年度中国电视艺术家协会“优秀作品奖”、2010年度中国广播电视协会“优秀栏目奖”二等奖。

《百姓秀场》首播时间：周一21∶25；时长：42分钟；重播时间：周二9∶45、14∶23。

科教节目中心优秀栏目

《法治进行时》

《法治进行时》是北京电视台每天中午12:00在BTV-3科教频道播出的一档法制节目。节目开播于1999年12月27日，历经10年风雨，致力于法制新闻的报道，关注百姓身边的法律故事，以独特的新闻视角和第一时间的现场报道，真实记录一个个鲜活的案例，帮助广大观众学法、守法、用法。

2010年，该栏目以最快速的方式对发生在北京的法治事件做出反应，将消息传递给观众，并保持节奏快、信息量大的特点。《法治进行时》荟萃法治资讯，关注法治进程，第一时间，第一现场，用独特的视角记录真实，用新闻的态度还原事实，讲述法理人情、是非曲直，展现善恶交锋、正邪较量。《法治进行时》——做有力量的法治新闻。

《非常网络》

《非常网络》是一档以演播室为主、彰显网络文化的大型谈话周播栏目，每周一20:00与观众见面。栏目旨在讲述人们与网络之间发生的故事，展现网络文化，传达网络情感，表达积极快乐的网络生活，邀请的嘉宾都是国内各个领域重量级的明星和专家，如张艺谋、易中天、邓亚萍、张国立、小沈阳、李玉刚等。栏目紧跟热点人物、热点事件，视角独特，观点犀利，是一档集轻松娱乐与深度评论于一体的优质访谈节目。

《非常向上》

《非常向上》周六晚20:00播出，讲述成功者不惧挫折的励志故事；感受普通人自强不息的乐观豁达；弘扬尊师重教的美德。含泪播种，定能含笑收获。不同寻常的精彩人生，尽在《非常向上》。

影视剧中心优秀栏目

《红星剧场》

《红星剧场》在北京卫视频道播出，播出时间：每天19:44；播出集数：2集。

《红星剧场》立足于“大戏看北京”的定位，精选年度首播、独播大戏，精心进行差异化编排和声势浩大的宣传推广，收视和影响力全面提升，其中《潜伏》收视率达到9.1%，《媳妇的美好时代》收视率达到10.91%。正是由于大戏轮番登场，成功推动晚间黄金时间的《红星剧场》市场份额排名从2008年位居第10，到跻身三甲，将栏目打造成强势剧场品牌。

《黄金剧场》

《黄金剧场》在 BTV 影视频道播出，播出时间：每天 19:30，播出集数：3 集。

影视频道《黄金剧场》以“你就生活在这里”的亲切姿态将观众牢牢地锁定在电视机前。与以“大戏”著称的卫视《红星剧场》不同，影视频道《黄金剧场》擅长将家庭伦理、现实情感类的故事娓娓道来，走贴近百姓路线，抒写生活滋味，二者形成了差异化的完美互动。2010 年，该剧场播出的《老马家的幸福往事》收视率达到 8.9%，《老牛家的战争》达到 8.1%，《大西南剿匪记》达到 7.5%，《全家福》达到 7.1%，创造了收视高峰。

《英雄剧场》

《英雄剧场》在 BTV 影视频道播出，播出时间：每天 17:00；播出集数：2 集。

影视频道《英雄剧场》定位精准，主打警匪剧、公安剧、涉案剧，连续 3 年稳居北京地区同时段收视率榜首。《英雄剧场》紧抓类型题材，积累了经久不衰的忠实观众，品牌力量稳固强劲。

《明星影院》

《明星影院》栏目是 2007 年由原北京电视台《周末新影院》、《风采亚洲影院》两个电影节目整合而成的日播通档栏目，分别在 BTV 文艺频道每日 12:30 和 BTV 影视频道 22:40 播出。栏目自开播以来，播出了大量广大观众喜闻乐见的娱乐影片。同时，在一些重大宣传场合，如国庆 60 周年宣传活动中，栏目也能积极按照上级领导的要求，播出众多符合宣传要求的主旋律影片，受到了上级机关的表扬。

财经节目中心优秀栏目

《首都经济报道》

《首都经济报道》是一档以报道首都经济发展为内容，以互动为手段，以演播室点评为形式的大型直播资讯“脱口秀”节目。节目关注百姓身边的新闻，透视新闻背后的经济，紧抓首都经济发展的热点、焦点、难点、亮点、冰点问题，反映出首都经济火热的变化。

50 分钟《首都经济报道》节目包括《记者调查》、《触摸北京》、《一句话新闻》以及大量新鲜具时效性的新闻等生动内容。

《记者调查》是一个重点打造的特色板块，每天以贴近的视角和独家的观点来诠释市场的、经济的、民生的事件，生动及时、具贴近性以及冲突性是这个板块的特点。

《触摸北京》是一个周末板块，表现的是都市和郊区的经济、文化、旅游等等。引导消费、体现服务性是它的特点，体现幸福感和快乐感是它的主旨。

《一句话新闻》是每天都有的板块，以版式为表现形式，以具时效性、重大、权威以及服务性的为内容。特点是节奏明快，信息量大，是对每天日常节目信息量的有效补充。

《记者关注》是一个特色板块，也是拉动收视的环节。内容侧重各权威媒体热点焦点报道，记者对此阐述独家观点，形式灵动是其特性。

《天下财经》

《天下财经》是北京电视台唯一一档证券类节目，于周一至周五证券市场交易时间播出，每天分为4档节目，分别具有不同的特色，中午、下午、傍晚3档节目力求时效性，而晚上百姓炒股秀则为投资者解惑答疑。节目力求把有价值的新闻和资讯及时有效地传递给观众，使观众方便地获知重要的或者与他们密切相关的资本市场的资讯，为投资者在资本市场中披沙拣金。

《经济法眼》

《经济法眼》是由北京电视台财经节目中心与北京市高级人民法院通力合作，共同打造的一档以百姓经济、生活、商务等典型案例分析为主的法制经济类节目。

《经济法眼》2005年11月开播，到2010年已成为财经节目中心的品牌栏目。2010年，《经济法眼》节目播出了很多在业界及社会有影响力的节目，如“侯耀文遗产纠纷案”、“大兴李磊灭门惨案”等。同时栏目组在节目的内容与编排上也不断创新，2010年春节及国庆长假期间，制作播出了特别节目《法眼看大片》和《法眼看明星》，通过影片中的法律问题和明星的官司纠纷，挖掘其深刻的社会背景，在警醒世人的同时，更达到了普法教育的效果。

《经济法眼》的特点是举案说法，通过对一个个鲜活案例的解析，让百姓知法、守法、用法，以达到普及法律知识的目的。《经济法眼》节目形式采用外采与演播室访谈相结合的方式，演播室邀请部分律师、心理学家等专业人士阐述案情法理，使得法制经济类节目更加贴近百姓、贴近生活。

2010年，栏目主持人宁晓川荣获“全国电视法制节目十佳主持人”称号，同时《经济法眼》还获得2009—2010年度全国电视法制节目十佳栏目提名奖。

《城市》

2010年，《城市》栏目不断进行探索、调整和创新，再次明确了“深度经济调查”的栏目定位，着重于选题控制和节目要素控制。选题上，在继续深入挖掘原有高收视率选题——大众经济生活类选题潜力的同时，拓展新的选题方向，尝试消费调查类、价格调查类、行业调查类、典型人群调查及热点事件调查等选题。在节目要素控制上，强调先有发现，以“发现”为主线指导调查。节目样态上，在保持“既有故事也有行业背景”的模式基础上继续创新。

《天天理财》

《天天理财》作为北京电视台一档专业类财经专题节目，立足于财经、立足于理财，从2003年开播到现在一直受到了很多观众的欢迎。

2010年，《天天理财》节目延续了快乐金融、快乐理财、快乐赚钱的节目方针，力求用轻松幽默的语言讲理财，把金融学的普遍原理用百姓喜闻乐见的形式表现出来，让观众在潜移默化中接受栏目的先进投资观念。

在栏目形式上，《天天理财》充分发挥了主持人的自身特点，轻松活泼的语言、深刻睿智的分析，以及随意但却点睛的调侃，将整个节目进行了有机的串联。同时，由演播室引出的理财短片，同样在形式方面进行了创新。这种设置的好处，就是男女主持人代表了不同的人群、不同的观点，而且这种观点的碰撞可以涵盖《天天理财》栏目需要涉及的各类话题。此外，《天天理财》还根据不同的话题，适当地邀请一些特殊的嘉宾（如影视明星、业内人士、频道其他主持人等）到节目中进行讨论，从而最大限度地发挥电视手段，吸引观众的注意。

《财经五连发》

《财经五连发》是北京电视台财经频道一档具有鲜明经济特色和独特风格的日播财经评论节目，由北京电视台主持人姚常盛担纲主持。

《财经五连发》每期邀请两位财经领域权威嘉宾，从全球化的高度、多元化的尺度以及大众化的角度向受众阐释和解读每天发生在身边的财经事件，并针对当日的头条财经新闻进行分析、评论，依照嘉宾特点展开个性化的、多元的、通俗的解读。

体育节目中心优秀栏目

《天天体育》

《天天体育》原名《晚间体育新闻》，创办于1999年，2006年正式更名为《天天体育》，每天21:25播出，节目时长50分钟，节目定位：日播类体育新闻杂志。

《天天体育》是京城体育迷最为关注的节目，成为北京地区晚间体育新闻的翘楚。作为体育频道的主打新闻之一，通过大量国内外自采体育新闻，为观众详细解读每天国内外体坛发生的重大事件。在强调时效性的同时，力图通过展现新闻背景，剖析内部关系，多角度、多层面的分析，为观众讲述新闻背后的故事。实时的微博和短信互动环节拉近了编导与观众的距离，在给观众搭建展示平台的同时，也在第一时间得到了节目的反馈。

2010年，《天天体育》荣获中国广播电视协会栏目类创优节目一等奖。

《足球100分》

《足球100分》创办于2005年1月，每周一晚19:35直播，节目时长100分钟，是北京电视台体育节目中心唯一一档涵盖足球专题与新闻评论的足球直播节目。栏目立足北京，辐射全国，围绕足坛焦点赛事、风云人物，采用演播室访谈和专题片相结合的方式展开热议，层层深入。特别对北京国安这支本土球队以及国内联赛展开追踪报道，以分析的专业性、报道的独特性和制作的精良考究而享誉全国同类专业节目，成为北京地区最具关注度的全景展示国内足球的电视平台。

特别是2010年世界杯期间，在全国首次实现了32位网友同时在线与电视台演播室的对接，打造了一档三屏（电视、电脑、手机）合一的新媒体世界杯特别节目。百余位影视界和体育界的嘉宾被请进BTV的演播室参与话题辩论，近千位普通观众通过互联网全程参与节目直播，200余位网友与演播室嘉宾实时连线，分享观点。无论是技术层面还是内容层面，该节目开风气之先，极具个性魅力，在北京电视台整体节目的不断创新过程中具有里程碑式的意义。

2010年，《足球100分》荣获中国广播电视学会全国体育传播委员会栏目三等奖。

《快乐健身一箩筐》

《快乐健身一箩筐》创办于2007年5月7日，节目时长30分钟，首播时间为周一至周五22:20，重播时间为次日12:45、18:05。

《快乐健身一箩筐》作为一档日播谈话类节目，是北京电视台体育频道重点打造的一档非竞技类栏目，以鲜明而独特的风格丰富了体育频道的节目类型。全新改版后的《快乐健身一箩筐》着力打造多个创新的亮点，在内容上更贴近百姓，突出全面、细致、生动的特点，追踪社会热点和突发事件，抓典型人物和典型故事，以真实、可行、有说服力的健身方式来指导广大电视观众，让大家轻轻松松掌握健康之道，也让观众了解更多鲜活的健康人物和生动的健身故事。

《快乐健身一箩筐》内容鲜活真实，与百姓生活息息相关，从身边的健身高人到百姓总结的偏方窍门，从极具怀旧色彩的健身方式到热播影视剧中蕴含的健康秘诀，以最直接、最贴近的形态引领百姓快乐健康的新生活。节目还多次走进社区录制特别节目，这种形式既解决了百姓的健康困扰，还通过与观众面对面的直接交流，使节目的品牌形象深入人心。

在时下养生类节目遍地开花、收视红火的形势下，《快乐健身一箩筐》一直保持节目的个性和风格。节目不追求简单的求医问药，而是将科学健身与专业医疗相结合，体现体育频道节目的特色，同时重点强化快乐主题，旨在通过身边的人和事来展现健康理念、传授健身经验，成为一个人人都可受益的电视栏目。

生活节目中心优秀栏目

《7日7频道》

《7日7频道》栏目是一档有着强烈服务意识的民生新闻类节目。从2002年开播以来，《7日7频道》始终高举民生新闻的大旗，以其平民化的视角、故事化的讲述以及极具个性色彩的点评，逐步发展成为北京电视台一档品牌栏目。随着媒体竞争格局的演变以及观众收视要求的不断更新，至今已有8年历史的《7日7频道》

栏目，也在不断地摸索、尝试，以寻求新的突破。为强化所处频道的专业色彩，突出节目的服务职能，栏目几经调整，最终将节目定位于服务性民生新闻节目。它在秉承以往贴近百姓、贴近生活的栏目宗旨的同时，刻意强调服务，力求从物质、精神等各个方面对百姓生活予以引导，成为百姓生活的知识库、方向标。

《生活面对面》

《生活面对面》是北京电视台生活频道一档生活服务类的资讯栏目，自2002年1月1日开播，目前已经进入第9个年头。栏目贴近北京都市生活，服务北京大众民生。从诞生至今，已成长为北京电视台收视率最高的栏目之一，深受百姓喜爱。

《生活面对面》始终秉承贴近北京都市生活、服务北京大众民生的宗旨，关注老百姓衣食住行的方方面面。节目以清新质朴的风格、新鲜实用的信息、权威深刻的解读、方便贴心的帮助而受到京城百姓的喜爱。栏目以演播室主持人播报点评和外拍短片为主，表现手法灵活多样，信息故事化、故事情节化、情节细节化，实现了“趣味信息有效传播、有效信息趣味传播”。让观众在“点滴之间体会生活，便利之间感受关怀”的同时，也得到精神上的抚慰和时尚生活的引领。

《生活面对面》是北京人生活的全记录。除了发生在北京的大事，百姓生活中的如“大笑瑜伽”、“羊肉免费吃”、“皮带充电器”等新鲜事儿，“倭瓜变成癞蛤蟆”、“山药长芽3米高”、“金鱼喜欢拿大顶”等奇怪的事，“冬天养蝈蝈”等特别的事儿，也天天展现，给百姓生活增趣添彩。

《生活面对面》也是观众生活的信息港。为观众精心梳理一天的生活资讯，选取与生活密切相关的人和事，帮观众解读、理解并记忆。手法多样，巧妙运用题板、漫画、动画等视觉手段，涉及买房炒股，求医问药，买菜采购，出行休闲，新规新政，让观众轻轻松松了解、快快乐乐生活。

《生活面对面》还是北京人生活的实用手册。既有生活知识，又有生活情趣；既是视觉享受，又能满足情感寄托，让观众清晰辨明是非曲直、深切感受人间冷暖、充分获取生活经验。《生活面对面》尤为关注的是健康，针对民以食为天的餐桌，栏目组以专业的专家团队和国家级的实验室作为坚实后盾，为观众实验，帮助观众树立科学的饮食观念、消费理念，引导观众科学健康地生活。实验、试验、体验、调查等电视手段是栏目鲜明的特色，它们可以保证观众在节目中知其然也知其所以然。

《生活面对面》更是观众生活的舒心吧。栏目组不会放过任何一个观众热线：观众的困难，号召大家来帮忙；观众的动人故事、生活感悟大家来分享；给观众排难解惑，解决矛盾，让市民生活更舒心。

《大城小事》

《大城小事》于2007年1月4日开播，栏目始终秉承以“说百姓身边事，演百姓身边人”的宗旨，让老百姓走上电视屏幕，让他们讲述自己的经历，演绎身边真实的故事。无论是悲欢离合、人生冷暖，还是奇闻趣事，都可成为栏目的题材资源。4年多来，《大城小事》努力挖掘每个故事背后正面的、积极的社会意义，让观众看后或感动或感触或感激，体现节目的社会功能；在风格上将努力追求题材平民化、情境真实化；在表演上将吸取各地栏目剧成功的经验，尽量选用非专业演员，让观众不仅是旁观者，更是参与者，以“民星”魅力强化栏目剧的真实感。

《大城小事》有几大主要特色，一是故事与悬念：《大城小事》强调故事的新奇与感人，以悬念吸引人，以情感打动人。二是仿真性：栏目剧具有很强烈的真实感，但是它其实不全是真实的，它是在有意模糊虚构与真实之间的关系后，创造出了一种让观众审美“真人真事”的情境。这种仿真性应该说是栏目剧有别于电视剧的一大特色。三是本土性：方言栏目剧无疑是地方台表现地缘文化特质的一个很好的载体，可是，相对于其他城市而言，北京没有明显的方言优势，但可以通过场景的选择、演员的表演尽力凸现北京特色、北京风貌。四是原生态：让老百姓演老百姓的故事，这是栏目剧的一大特色，尽管群众演员的表演可能会有些生涩，但是这种粗糙的质感恰恰就是栏目剧真实性这一魅力不可或缺的组成部分：当然，粗糙是有限度的，应以不影响栏目的品质为前提。

《生活大调查》

《生活大调查》于2009年1月1日开播，是一档集健康知识、生活百科于一身的全新互动栏目，目的在于弘扬科学的生活理念与方法，倡导积极向上的生活心态。与传统的生活服务类栏目所不同的是，《生活大调查》用更时尚的包装、更有趣的形式、更健康的内容、更独特的视角、更娱乐的精神、更科学的态度切入身边的健康资讯、生活百科，突出趣味感、互动感、实验感，摒弃死板说教的生活科学解谜。

在形式上，《生活大调查》以演播室内身兼调查员的主持人风趣幽默的谈论与外景调查短片相接合的方式来结构整体节目。各种具有娱乐性质的实验充分体现科学求证过程的趣味性。街头群众采访环节和权威专家现身说法，使栏目在贴近大众的同时又力求保证节目的科学性和权威性。

在内容上，《生活大调查》充满创意和亮点，选题丰富多彩：食物相克大揭秘、与过敏战斗到底、恐高、枕头的秘密、滴血认亲有没有科学依据、如何解酒最有效、冬天如何去除静电……无论是生活中的疑问还是健康上的困扰都在节目中一一进行探讨，不仅要满足观众的猎奇心理，同时也注重节目的服务性，让观众在娱乐中有所启发有所收获。

《超级出租车》

《超级出租车》是北京电视台生活节目中心的一档日播、新闻话题类节目，该栏目就同一话题的不同角度，在一天的时间里询问不同的访谈对象，最后将这些谈话内容编辑成一段15分钟的视频进行播出。节目中也穿插大量的实拍现场、主持人体验等内容，使节日内容更丰富、翔实。

节目形式比较独特，为国内首创。演播室是一辆被改装的汽车，配以“Taxi”字样的装饰性顶灯，主持人以司机的身份出现，演播车像出租车一样在路上行驶，见到打车的人会上前停靠询问：“您是否愿意接受我们的采访，我们今天的话题是……如果您愿意接受采访，我们将免费送您到目的地。”如果打车人同意，上车后，主持人会与乘客攀谈并提出预先设计好的问题，最后将乘客免费载到目的地，然后继续下一位的搭乘和采访。超级出租车是一个穿梭于城市大街小巷的相对封闭的“演播室”，同时也是一个随时可以开放、随时可以扩展到一个城市范围的“直播”领地。

节目内容涉及百姓关注的热点话题，生活的方方面面，从衣食住行、生活常识到热点时事、政策法规，从医疗保健、教育考学，到特殊年节、突发事件，只要是百姓关注的，形成广泛话题的，都被节目所关注。

从2010年1月1日开播至今，节目所报道的北京市两会、全国两会，以及一些社会热点如手机网络涉黄、工商严检食品安全、房价及楼市新政、医改、健康养生、婚恋情感等各类民生话题，都受到了观众的广泛关注和好评。可以说，在开播的半年时间里，“出租车”迅速树立了品牌和知名度。

《超级出租车》每周一至周六18:37在BTV生活频道首播，时长15分钟，每期一个主题，每天重播两次（周一至周五23:19、10:01，周六23:41）。

青少年节目中心优秀栏目

《北京青年》

《北京青年》栏目开播于2008年5月30日，是北京电视台唯一一档定位于青年的日播资讯节目。该栏目秉承“以青年的视角看世界，从世界的角度看青年”的理念，走进青年人的世界，关注青年成长，反映他们的喜怒哀乐，展示他们的青春风采，为他们提供话语平台。同时从青年独有的视角出发关注社会人生，洞察世态人情，寻找最受年轻人关注的热点、焦点，深度解析，全面解读，为青年人提供最新最前沿的资讯，成为引领青年人生活的风向标。

年轻人是一个求新求变的群体，《北京青年》将节目定位紧扣在“新”上，要求新角度、新观点、新思想，更要求全新的观念和方法。《北京青年》不仅在内容上丰富多彩，力求新颖、独特，同时在主持人的风格上也力求寻找到年轻人特有的语言风格——风趣、睿智、犀利，从而形成《北京青年》特有的节目风格。

《北京青年》不仅是一档引领青年生活的资讯节目，同时也是一档和青年人进行深度互动的交流平台。栏目从成立之初就坚持和年轻人的互动，举行各种深受年轻人欢迎的互动活动，为年轻人搭建交友、沟通的平台。2010年，《北京青年》拍客大赛的举行，更是率先把网络和节目深度结合，把散落在网络里的拍客集结起来，形成了《北京青年》强大的拍客队伍，成为栏目新的发力点。

《谁在说》

《谁在说》栏目是北京电视台青少节目中心与北京银汉传播集团有限公司联合打造的一档大型日播谈话类节目，自2007年2月1日正式开播后，每天19:30至20:00在BTV青少频道播出，目前为日播50分钟。节目已经形成稳定的收视群，在京津唐影响力也越来越大，同时网络传播已经使《谁在说》走向了全国。

《谁在说》总体风格包含3层含义：平等的态度、平等的视角和平等的语场。栏目站在受众立场上，以百姓生活和情感为主要出发点，最大限度地展现人文关怀。根据事件的典型性、可开掘性和社会性来设计节目，在了解事件相关信息之后，以深入而深刻的角度提炼出事件或现象背后的理念作为主题。

根据北京电视台青少节目中心的定位，《谁在说》的收视群体目标是建立在以青年人为中心、相关人群为轴线的基础上，由此拉动社会各阶层对青年生活状态的关注。通过栏目组和专家的开导，达到化解矛盾、营造和谐氛围的目的。

《谁在说》收视非常稳定，连续两年获得“中国最具网络影响力十大社会制片栏目”。

《天天悦读会》

《天天悦读会》是青少频道倾力打造的一档读书类访谈节目。由原来周播节目《悦读会》全新改版，从2010年1月开始首播。播出时间为每周一至周四晚8:35至9:25，节目时长50分钟。

节目本着“阅书、阅人、阅生活”的宗旨，从阅读的视角进入，倡导读书的理念，但不局限于读书的话题。办节目的目的在于让观众一道分享嘉宾的读书感悟、生活感悟，以及对工作、生活、理想、社会现象和热点话题的观点等。节目的形态、样式根据每期人物、话题的不同而有所不同。到场嘉宾或者为畅销书的作者，或者为对阅读情有独钟的爱书之人，或者为当下热点事件的亲历者和解读者等等。

《天天悦读会》曾邀请航天英雄杨利伟将军来做客，为所有热爱他、关心他，像他一样有着远大航天理想的青少年解读他的自传体新书《天地九重》。邀请著名作家王蒙、于丹和青少年一起分享他们的成长经历和阅读心得。

《天天悦读会》希望这些嘉宾能通过我们节目的现场访谈，进一步对自己的著作进行阐述，给广大读者、观众，特别是青少年阅读爱好者揭秘书页背后更多有意思的故事，诠释更加深远的人文理念，引导大家正确地阅读图书，阅读人生。

2010年《天天悦读会》获得了观众的好评，收视率逐渐攀升，最高达到了2.27%。成为青少频道自制节目收视最高节目之一。《我与父辈》5期系列节目播出后节目组收到了不少来信和电话，要求购买光盘，该系列节目还受到广电总局副局长胡占凡在阅评意见上签署的表扬意见。其中一期《俺爹俺娘》节目在中国广播电视协会主办的2010全国青少年电视节目创优评析活动中被评为二等奖。

《情感部落格》

《情感部落格》是青少频道于2007年推出的一档情感访谈类节目。该节目以关注当下社会中所呈现的不同层次、不同人群的情感生活状态和需求为出发点，结合情感故事、情感人物、情感话题讨论等元素，充分探讨情感的真谛，真诚地传递情感中所特有的温暖、力量和希望。节目自开播以来，始终将主体锁定普通百姓，不以明星大腕作招牌；始终以其浓厚的人文关怀为宗旨，秉承真诚、善意的原则，倡导真实的故事、真人的表述、真挚的情感。在内容上拒绝“三俗”，自觉抵制“泛娱乐化倾向”，以节目良好的品质维护主流媒体的公众形象、体现媒体人应有的社会责任感，在业内和观众当中都赢得了较好的口碑。栏目不仅获得了中国广播电视协会主办的全国广播电视生活节目创优评析的二等奖，而且在日常收视上也一直有着较好的表现：2007—2010 年度《情感部落格》收视始终位列青少频道自制节目之首。这些不仅仅是对节目制作的肯定，更是对栏目组每一位成员多年来对“情感”那份“守望”的肯定。我们愿用真诚搭建沟通的平台，用信念寻找情感的避风港，用温暖传递情感的力量！

公共频道节目中心优秀栏目

《这里是北京》

《这里是北京》自 2004 年开播以来，始终坚持立足于北京本土文化，挖掘城市变迁背后的历史渊源，将一个城市的古老与现代、深沉与幽默完美地融合在一起。再加之栏目独创的“幽默的叙述方式”、“以古鉴今的思维方式”、“戏剧化的结构方式”，从人性化的角度与历史人物进行对话，以百姓的心态审视发生在京城的各类历史事件，从而使各个层次的观众都能够深入浅出地了解北京的传统文化。

2010 年《这里是北京》收视也取得了较好的成绩，卫视平均收视率达到 1.97%。另外，栏目还赢得了许多荣誉，其中有：在第二届全国优秀电视文化（文艺）栏目暨大型特别节目推荐表彰活动中荣获优秀栏目奖，这是继“全国广播影视大奖”、“新中国成立六十周年 60 个有影响力的广播电视栏目”之后，《这里是北京》栏目取得的第三个国家级大奖。栏目制片人还被中国广播电视协会评选为“十佳电视栏目制片人”。

《手机江湖》

《手机江湖》于 2007 年 3 月 3 日在北京电视台公共频道正式开播，是目前唯一一档以手机为主题的综合性电视周刊节目。该栏目主打服务牌，解决百姓在手机日常使用中碰到的各种问题，全方位地展示手机给人们生活带来的便利。

内容设置中的《手机情报站》，以主持人串讲的方式，播报最新资讯及趣闻。特点是内容丰富，信息量大。《手机连连看》，以外景主持人走进京城各大手机卖场的方式，介绍卖场的打折促销信息，并根据不同消费人群提出的要求设置主题，推荐二到三款手机。《手机实验室》，打造资深“手机百事通”形象，外景主持人针对观众对手机产生的各种疑惑进行解答。《手机真人秀》是普通观众的手机试用报告，将一部最新面市的手机交到评测员手中，让评测员在试用后客观地描述试用体验，给出这部手机从外观到功能各个方面的综合评价。《手机江湖》开播4年来，立足“小手机大生活”的栏目定位，着重展示各种手机的应用给百姓生活带来的改变，收视稳步攀升，在业内产生了一定影响力。

《红绿灯》

《红绿灯》1997年7月5日开播，播出时间为周一至周六。栏目特色在于内容的精髓性、权威性、独家性、深度性。在遇到有重大、重要事件的时候，《红绿灯》能够向观众提供全方位的报道，除了保持交通新闻节目的时效性以外，在交通新闻和事件的深度报道上也投入了更大的精力，并且做足文章。

深度报道主要采取的是新闻调查的方式，所传递的观点代表着交通业内的最高级别和最专业化的水准，追求深度性和调查性。在北京地区，《红绿灯》栏目在交通报道和交通问题的探讨上，拥有最高端和最准确的话语权。

《四海漫游》

《四海漫游》1996年开播，至今已有14年。该栏目以介绍国内外的人文、自然、地理、旅游资讯为主要内容，全面、丰富、快速反映旅游业动态，以新颖独特的视角，对所拍摄地区进行全景式细致报道。节目内容涉及全国各地及世界各国旅游胜地、民俗风情及旅途中的奇闻轶事，并推荐旅行线路、航空、酒店、旅行社等，为发展旅游事业提供全方位的服务。节目为受众提供有价值的信息资讯，强调节目的参与性、互动性、趣味性和服务性。节目以带观众云游四海为目的，以“好看、好玩、好用”为宗旨进行运营制作。

“好看”——旅游是四季皆宜的户外活动，同一季节不同景区之美，同一景区不同季节之绚，让人有目不暇接之感。满足受众欣赏美的愿望，激发受众想要去旅游的念头。

“好玩”——旅游最终是游山玩水，在美景天成的大自然中不玩得尽兴是终生遗憾的事情。所以，节目就是要带电视机前的观众疯狂地玩个够。正所谓“玩的就是尽兴，玩的就是心跳”。

“好用”——任何事物的存在都是有价值的。我们的价值除了上面最基本的功能之外就是给受众提供具体可行的服务，我们的节目就是要给受众制作“一本方便的旅游实用手册”，给受众的出行带来方便。

《我的父亲母亲》

《我的父亲母亲》是一档服务于父母家庭的孝亲节目。栏目推出孝亲工作室的概念，从衣食住行、健康养生、养老方式、家庭伦理等多方面入手，为父母家庭提供全方位的生活服务，并为观众搭建情感沟通的桥梁。

2010年节目吹响健康集结号，推出全新板块《家有妙招》，从民间征集自创的养生妙招，并由专家点评，详解高妙之处。观众出镜，现身说法，一经推出，即成为各期节目的收视新亮点。栏目根据自己的孝亲特色，变以往的小厨板块为药膳专栏，请资深中医专家推出适合中老年日常保养的家居药膳，务求简便易做，适合中老年人家庭食用。为扩大服务外延，中老年《征婚征友》进一步完善扩版。区别于众多征婚节目中的秀场，栏目号召儿女为单身父母报名征婚，并用更贴近生活的记录式拍摄，提高征婚的成功率。节目增设《服务信息》板块，以孝亲为宗旨，针对父母消息相对闭塞的状况，为观众搜罗从政府到市场的各类惠民生活资讯。

《京郊大地》

《京郊大地》于1996年开播，由北京市委农工委与北京电视台联合策划、制作，深度探索北京乡村生活的各个侧面，着力推介京郊第二三产业，服务于百姓的假日出行、餐桌菜篮，倡导安全、绿色、健康的现代生活理念。以诚信、亲切、贴心的服务为北京市民提供京郊出行服务，展示城乡一体化进程下的魅力新乡村。栏目深度解读每个区县的优势资源，找到与城市观众需求的契合点，融合了城乡关系，真正做到了城市、乡村百姓都认可的双向服务。

内容设置：《京郊全知道》——对京郊的动态信息、当周热点新闻灵活、及时地发布，主题鲜明，实在实用，先声夺人。《都市农庄》——网罗京郊时尚旅行线路，乡村金牌美食，紧密配合区县年度大型活动，为受众提供新鲜及时、诚信权威的出行指南。《乡村超市》——带受众品尝，教受众挑选，使受众深度认识北京特产、有机蔬菜、果品、粮食，精挑细选打造家庭的健康餐桌！《京郊小算盘》——提供记者独家体验报告，为受众估算乡村出行吃、住、行、游、购的高性价比预算方案。

作为北京电视台唯一一档对农栏目，栏目在业内有着较高的知名度。2010年，《京郊大地》被评选为中国广播电视协会三等创优电视栏目；栏目制作的《北京最美的乡村候选村展播系列片》被评选为中国广播电视协会二等创优专题类作品。

动画节目中心优秀栏目

《七色光》

北京电视台少儿节目《七色光》始创于1988年，是一档拥有20多年历史的黄金品牌节目，自创办以来一直坚持着做健康节目、做优秀节目的宗旨，为少儿观众提供了大量既有教育意义又不失娱乐性的节目。2010年，卡酷动画卫视对栏目进行改版，将其打造成为全国少儿综艺旗舰栏目。

《七色光》每周五20∶00播出，2010年独创少儿智力闯关游戏，以主题赛季制进行编排，让孩子和家长在游戏中共同成长、学习体验，受到了家长和孩子的一致喜爱。《成长加油站》、《城市集结令》、《老爸看你的》三个赛季为《七色光》老品牌注入了新的活力。《成长加油站》以户外闯关为主要形式，引入成长理念，旨在全面提升参赛选手的耐心、策略、应变、勇气等个人能力。决赛一期在北京地区收视为1.31%，频道当周排名第一；《城市集结令》从全国召集12个小选手组队参加节目，提升参赛选手的团体协同作战能力和分享精神；《老爸看你的》赛季每场有3队父子或父女组合参与节目，节目深入解读家庭亲子关系，是融合游戏竞技、益智答题、亲情解读为一体的少儿大型综艺形态。全新的节目形态不仅在国内卫视平台属于首家，还在孩子的成长以及家长教育理念的梳理方面，提供了非常重要的参考作用。

2010年，《七色光——全国少儿大联欢》获全国春节电视文艺晚会评选综合类三等奖。

《闪天下》

《闪天下》创办于2004年9月10日，每天21:30在卡酷动画卫视播出。

《闪天下》是国内首档真人与动漫相结合的青春脱口剧节目，以年轻群体为主要受众，以国内精品动画短片为主体内容，以喜剧类短剧为节目亮点。2010年《闪天下》进行大幅改版，打响了“穿越时空，颠覆经典”的口号，结合时尚热点、历史故事与综艺元素，明星大腕汇集，秀绝技，秀演技，形成内容丰富、形式多样的全新栏目形式，打造了一个国内优秀动画作品的展出平台，成为在业界具有品牌号召力的专业优秀动画栏目。新的节目形态生动活泼、积极向上，既符合当代儿童的审美观，又满足了家长的审美需求，丰富的内容和趣味的故事，使节目具有极强的可视性，同时在各年龄层中赢得了极好的社会反响，收视稳步提升，全年平均收视率达到0.56%。《闪天下》吸引了广泛年龄层的受众，4~14岁观众占总体收视人群的39%，24~35岁占41%。2010年《闪天下》栏目最高收视率达到1.32%，全月最高平均收视率达0.81%。

《十分开心》

《十分开心》于2006年10月开播，每天19:30在卡酷动画卫视播出。

《十分开心》作为北京电视台唯一一档原创动画栏目，一直坚持以自有动画节目主持人为核心，用生动、幽默的语言，夸张的动画表现形式，形成特有的栏目风格。栏目通过动画主持人的脱口秀主持，传递“贴近生活、贴近社会、贴近百姓”体现人文关怀的节目主旨。推崇“健康向上、快乐生活”的理念。收视率在卡酷动画卫视的栏目中名列前茅，有较高的社会影响力和品牌价值。

2010年为适应收视习惯的变化，《十分开心》与时俱进，对现有动画主持人进行了重新设计，使之更富时代气息。同时推出以王烦、二秃子两个动画主持人为核心的短剧及漫画作品。《十分开心》坚持中国原创动漫，鼓励原创动漫，并通过自制、发表原创动漫作品，成为中国动漫产业不可缺少的一份子。

《卡酷中国制造》

动画栏目《卡酷中国制造》每天17:30至19:30在卡酷动画卫视播出，节目时长120分钟。

《卡酷中国制造》是卡酷动画卫视黄金档动画剧场栏目，播出最精彩的国产动画片。《羊羊快乐的一年》、《超智能足球》、《武林外传》、《开心超人》等大受好评的动画片都曾在《卡酷中国制造》栏目中首播，受到了观众的热烈好评，取得了优异的收视成绩。《卡酷中国制造》观众年龄分布广泛，不仅广大中小学生喜欢看，很多青年观众也从中找到了乐趣。想看最棒的国产动画片，那就锁定《卡酷中国制造》吧。

观众调查

关于北京电视台网络春晚的调查

蒋 虎 宁文茹

2010 年春节期间，北京电视台推出了全国第一台电视屏、电脑屏、手机屏“三屏合一”的新春晚——首届北京电视台网络互动春晚，充分借力网络、手机新媒体，创造了电视“春晚”播出新方式。调查显示，这台网络春晚在广大观众中以及业界、学术界均引起了很大反响，成为 2010 年春节最受关注的传媒事件，2010 年也因此被专家称为“网络春晚元年”。

一、三屏合一，开创春晚新形式

北京电视台新浪网络互动春晚第一次将“三屏合一”的新技术理念融合到亲民的传播平台，从一般电视观众的“家庭收看”，也就是“点对面”的收看方式跨越到了网络、手机的“点对点”触达手段，从而将“春晚”真正送到了普通百姓的身边。所谓“三屏合一”，是在现有的传输网络、技术平台、终端设备、业务资源等条件下，统合电视屏、电脑屏、手机屏这三个媒介终端的特点，重新设计可以在这三屏之间进行互联互通、服务互补的传媒方式。

作为“全球华人第一台三屏合一新春晚”，北京电视台网络互动春晚大胆将传统媒体与新媒体优势互补，三大主办方强强携手。不但在荧屏上频繁推出亮点宣传，还在新浪、BTV 在线首页、北京移动 WAP 开设官网链接。“条条网络通北京，你我都能上春晚”的立意进一步激起普通百姓献计献策的热情，由网友推选节目创意、演员、导演和主持人的推广策略，更迎来了全国乃至全球的眼球效应，据不完全统计，仅新浪微博地图上平均每天就能收到世界各地的 150 多条建言，参与网上“点将、支招”突破 1.16 亿人次，真正透射出北京电视台与新浪网、中国移动北京公司三屏合一、电视传统媒体与新媒体联动的非凡多媒体效应。

随着活动的进一步深入，每天的留言都在成倍递增。电视、网络、手机三大平台联合出击，为网络春晚宣传造势，爆点不断。北京电视台、新浪网、中国移动北京公司深度合作，真正实现了“三屏合一看春晚”，播出时观众既能在北京卫视以传统方式欣赏高清晰画质的电视节目，又能在新浪网、BTV 在线观看，随意点播，实现全球华人的网络即时互动。北京移动联手 BTV 手机电视更开放 WAP 端口，手机用户可轻松收看。BTV 网络互动春晚在业界第一次实现了三屏任挑选、随时随地点播、随时随地收看。

以“喜迎天下、情暖中国”为主旨的 BTV 网络互动春晚始终坚持新姿态、新风貌，7 天大容量的晚会，多位一线明星热力加盟，网络红人纷纷现身，各地民间奇人大秀绝活，自荐节目梦圆春晚，参与人数之多创全国之最。

二、改变了电视观众逐渐老化的趋势

近年来的数据显示，电视媒体的观众群平均年龄正在逐年提升，一些老牌电视节目的观众结构更是如此。

任何媒体，如果失去年轻人的注意，它的未来前景和现实价值都是令人担忧的。因此，近年来，各大电视媒体在争取年轻观众方面可谓不遗余力。然而成效却并不显著。北京电视台的网络春晚通过接触渠道的改变将大量接触网络的年青一代纳入自己的受众范围，抢占新媒体环境下收视市场先机的意图不言自明。事后的调查表明，这一动作相当成功，表现在对观众人群结构的改造上效果显著。

北京台网络春晚的观众构成

数据来源：CTR 专项研究（下同）

人口特征	大众	网民	大众	网民	说明
14岁及以下	0	0.6			大众人群观众构成比较均衡，15~34岁人群略多
15~24岁	22.0	12.2			
25~34岁	22.6	65.0			网络人群观众构成随年龄增长不断下降，以34岁以下的年轻人为主
35~44岁	17.1	15.0			
45~54岁	21.3	5.6			
55~64岁	17.1	1.7			
男	43.3	52.2			相对于大众群体，男性网民关注网络春晚的比例更高
女	56.7	47.8			
小学及以下	0.6	0.0			相对于常规电视节目观众构成，网络春晚大众观众中高学历的比例相对较高，本科以上达到33%
初中	11.6	0.0			
高中／中专／技校	26.8	3.3			
大专	28.0	23.9			网民高学历的特征非常明显，本科以上学历人群占到72.8%
本科	29.3	61.1			
研究生及以上	3.7	11.7			
已婚	65.9	61.7			网络春晚观众中单身汉较多，其中网民中单身汉略多，对个性、情感方面的需求似乎更多
未婚	33.5	36.7			
其他	0.6	1.7			

备注：大众调查中没有涉及14岁以下和65岁以上人群，故比例为0

数据来源：北京台网络春晚调查

BASE：收看过网络春晚的被访者

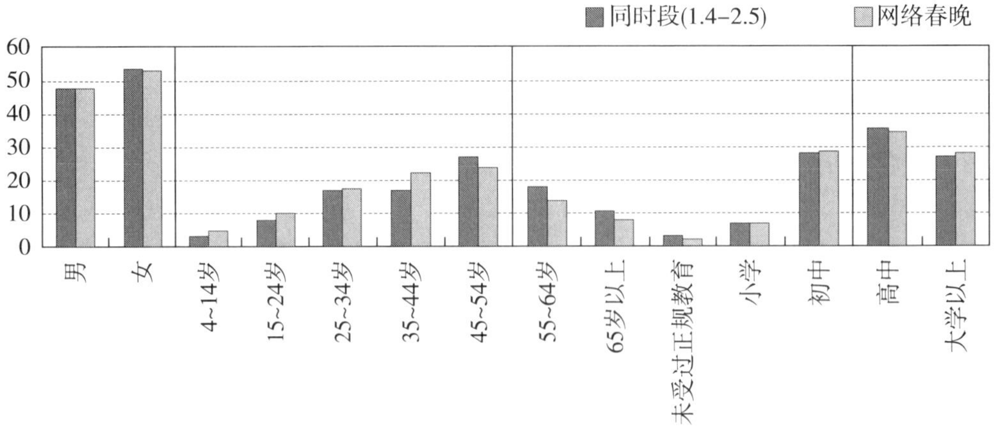

上表显示，因为网民的参与，网络春晚的观众构成与普通电视节目的大众人群相比，年龄构成明显年轻，25 岁至 34 岁年轻人构成观众主体。同时，在性别构成上，男性增加；文化程度上，高学历特征明显，本科以上学历人群占到 72.8%；而且未婚的年轻人也相应偏多。电视收视观众结构也显示，网络春晚对青年观众的吸引力明显增强，44 岁以下青年观众比例达到 54.5%，比之前同时段增长 22%，拓展了北京卫视在青年观众中的影响力。

三、带来“三高效应”：获得高收视、高影响和高满意度

网络互动春晚因其开创性在筹备期就引起了广泛关注。晚会观众调查表明，网络春晚基本实现了广为人知的预期，截至 2010 年 3 月 4 日，百度搜索关键字“春晚 网络 北京”，相关网页达 2190 万个，搜索关键字“春晚 湖南 2010”，相关网页有 557 万个，网络春晚搜索量是湖南春晚的 3.93 倍。

从电视播出效果来看，网络春晚也获得很高的收视率，在全国 35 城市共吸引了 1688 万不重复观众收看，平均每期晚会不重复观众达 370 万。网络春晚作为传统电视媒体与新媒体相融合的一种尝试，有效地优化了观众结构，44 岁以下青年观众比例达到 54.5%，比之前同时段增长 22%，拓展了北京卫视在青年观众中的影响力。同时，高学历人群比例也得到了明显提高，受众含金量显著提升。网络春晚在北京地区非黄金时间播出，7 期平均收视率高达 3.18%，最高收视达到 3.8%，占据了 8.68% 的市场份额，在北京地区所有频道同时段收视名列第一。

在新浪网与北京移动电视方面，截至 3 月 15 日，网络互动春晚在新浪网上的累计观看已达 4500 万人次，新浪微博“网络春晚”话题累计参与量 30034 条。网络春晚专题页面总访问量达到 1.07 亿，网络投票数累计高达 8100 万票。截至 2 月 21 日，北京移动 WAP 官网网络春晚的访问用户数达 91474 人，点击量达 264146 次，显示出多渠道立体整合传播的强大影响力。

网络春晚在节目选择方向上的包容与开放，使得不同口味人群都能获得满足，观众对晚会的开创性给予了高度认同。观众调查显示，收看过网络春晚的受访者中，八成以上的受访者对网络春晚

平均到达率（千人）对比

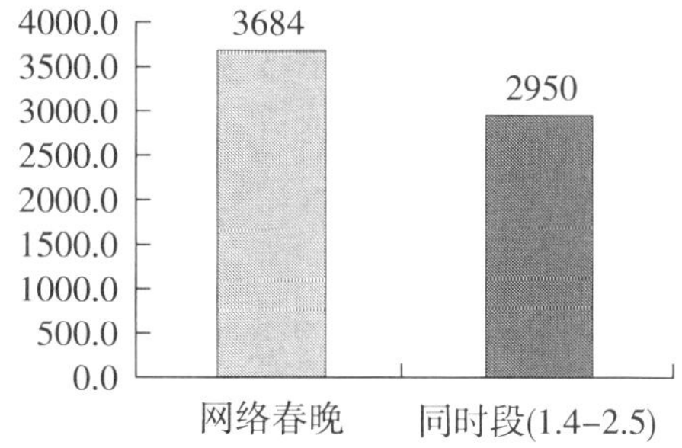

平均忠实度%对比

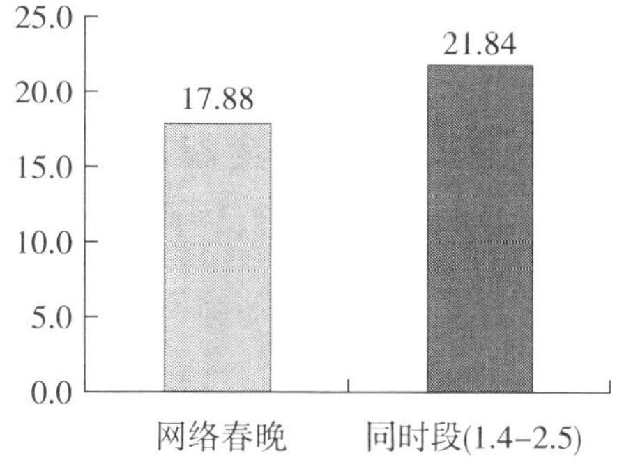

感到满意。其中，大众人群中有81.7%的受访者，对网络春晚感到“满意”；有84.5%的网民对网络春晚感到“满意”。

卡酷动画卫视领跑全国少儿收视

动画节目中心

全国卫视排名稳居前16强 巅峰收视全国第8

卡酷动画卫视作为动画专业频道，适时分析竞争环境，根据市场变化及时调整编排策略，在保证舆论导向、促进青少年健康成长的先决前提下，认真解读收视数据，精心谋划布局，将有限的播出资源转化为高额的收视回报。

据央视索福瑞公司数据统计，2010年以来，卡酷动画卫视的收视排名稳居全国前16强，在第6周（2月7日~2月13日），卡酷更是以收视率0.14%、占有率0.91%的骄人成绩在全国省级地方卫视中排名第8。湖南金鹰当周收视率0.05%，占有率0.31%，位居全国卫视排名第26；上海炫动当周未进全国卫视排名前30。卡酷创下了开播以来的巅峰收视，更创造了专业频道的收视奇迹，在日趋激烈的收视竞争中，彰显了不俗实力。

儿童收视位列全国省级地方卫视前3甲

2010年以来，卡酷动画卫视儿童收视在全国35城市收视排名中稳定在前三位，超过包括江苏卫视、安徽卫视、东方卫视等在内的多家省级地方卫视，是同类频道收视的3到5倍。

卡酷动画卫视受众主体为少年儿童，由于受到孩子特定作息规律以及动画频道特有播出政策的限制，卡酷频道的收视提升受到多方面局限。为做大做强卡酷品牌，频道在精心大胆编排和栏目创新求变的基础上，一方面应时而变，围绕优势资源创新节目编排；另一方面打造具有鲜明卡酷原创风格的品牌栏目，以差异化的编排和内容在与同类频道的竞争中彰显了强大的竞争力。由卡酷原创的动画《我们小孩有力量》1月在卡酷动画卫视首播时曾创下4+人群2.2%的高收视率，核心受众收视率高达7%，博得了观众的好评，更获得了“零零后”们的偏爱；《卡酷漫游记》在卡酷荧屏一经播出便取得平均收视1.1%的优异成绩，核心受众收视率达5.4%，最高值达8.17%。在今年暑期，卡酷还推出了大型绿色公益活动“‘嘀嗒’拯救行动”引发环保风尚，真人互动栏目《七色光——成长加油站》引入亲子协作挑战理念，赢得家长和学生的高度关注。精彩的活动、奇妙的创意吸引了主力受众群的大量流入，促进了有效收视时长的不断累积，使节目编播方面的各种努力产生了聚合效应。

在北京地区，卡酷更是独占鳌头。2010 年以来，卡酷共有 19 周进入北京地区所有频道占有份额排名前十，并稳定在第 8 ~9 位，最高排名第 7。

2010 年卡酷动画卫视北京地区收视情况图

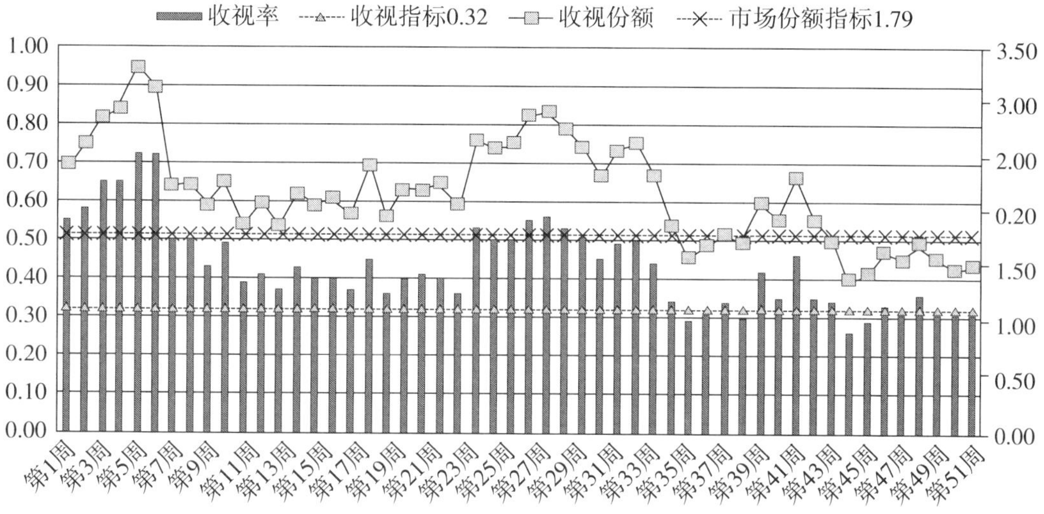

原创为先　内容为王

卡酷动画卫视目前落地覆盖近百大中城市，覆盖人口近 7.9 亿，形成全国性的传播价值和收视影响力。

如此强大的竞争实力，源于卡酷动画卫视的发展战略。卡酷坚持“内容为王”精品战略，海量库存动画节目 30 万分钟，编排《中国制造》、《酷片酷映》、《周末超级大联播》等 8 大动画片剧场，打造《十分开心》、《闪天下》、《七色光》等近 10 档具有全国影响力的卡酷自主品牌栏目，连续 4 年荣获国家广电总局全国少儿节目精品及动画精品评审优秀动画频道一等奖，并成为孩子们最爱以及动漫爱好者首选的专业动画卫星频道。

2010 年北京电视台在全国落地覆盖情况

卫视节目中心

2010 年，北京电视台除继续完成和拓展北京卫视在全国的落地工作外，还积极推进了卡酷动画卫视和北京卫视高清频道的落地。

一、北京卫视

2010 年，北京卫视的可接收人口达到 8.23 亿，实现 71 个重点城市的主网覆盖，其中包括 35 个中心城市的落地接收（包括省会城市、直辖市、计划单列市）。

维护 257 个地级市的落地接收，此外新增 19 个地级城市的落地。

维护 1727 个县级城市落地，在此基础上新增 856 个县级城市落地。

2010 年，新增全国 434 家四五星级酒店落地。

二、北京卡酷动画卫视

2010 年，北京卡酷动画卫视继续维护 15 个中心城市落地，并新增沈阳市、南昌市、合肥市 3 个中心城市落地。至此，北京卡酷动画卫视共实现在全国 18 个中心城市、42 个地级城市的落地。

三、北京卫视高清频道

截至 2010 年 12 月 31 日，北京卫视高清频道共覆盖全国 27 个中心城市、70 个地级城市、16 个县级市，其中新增 10 个中心城市、42 个地级城市。

获奖·表彰

2010年北京电视台节目获奖情况

艺 委 会

奖项名称	年份	获奖作品	体裁	获奖部门	届数	奖项等级	获奖人名
维也纳国际青少年音乐节比赛	2010	《七色光艺术团》	合唱	卡酷动画卫视	第4届	“至高荣耀”金奖	
Promax&BDA Asia（誉为电视包装行业奥斯卡）	2010	《卡酷》	频道	卡酷动画卫视	2010年度	最佳在播频道品牌	
中国新闻奖	2010	《乡村新发现》	系列片	新闻节目中心	第20届	三等奖	张亮、张东林、张晓鲁、兰玲、李光军、石云、金蕾、何涛、冯超、武江
中国新闻奖	2010	《晚间新闻报道》	编排	新闻节目中心	第20届	三等奖	
中国电视金鹰奖	2010	《档案之绝密飞行》	纪录片	卫视节目中心	第25届	优秀电视纪录片奖	
中国电视金鹰奖	2010	《我爱你中国》	纪录片		第25届	优秀电视纪录片奖	
中国电视金鹰奖	2010	《环球春晚》	晚会	海外节目中心	第25届	优秀电视文艺节目奖	
中国电视金鹰奖	2010	《动画春晚》	晚会	动画	第25届	优秀动画片奖	
中国电视金鹰奖	2010	《网络互动春晚》	晚会	文艺节目中心	第25届	电视文艺节目提名奖（三等奖）	
金鹰电视艺术节电视艺术论文评选	2010	《网络媒体的强制性传播和反传播现象探析》	论文	研发部	第8届	理论类三等奖	高菲、陆地
播音主持金话筒奖	2010		播音主持	新闻节目中心			王业
播音主持金话筒奖	2010		播音主持	海外节目中心			姜华
白玉兰奖	2010	《媳妇的美好时代》	电视剧	影视剧中心	第16届	最佳电视连续剧银奖	

续表

奖项名称	年份	获奖作品	体裁	获奖部门	届数	奖项等级	获奖人名
白玉兰奖	2010	《媳妇的美好时代》	电视剧	影视剧中心	第16届	最佳编剧奖	
白玉兰奖	2010	《媳妇的美好时代》	电视剧	影视剧中心	第16届	最佳女演员奖	
白玉兰奖	2010	《我们小孩有力量》	动画片	卡酷动画卫视	第16届	最佳国产动画片创意奖	
中广协奖	2010	《法治进行时》	栏目	科教节目中心		现场直播和特别节目类一等创优法制类节目	
中广协奖	2010	《十岁男童被劫持，警方两小时解救》	消息	新闻节目中心		消息和评论类二等创优法制类节目	
中广协奖	2010	《京郊大地》	栏目	公共频道		三等创优电视栏目	
中广协奖	2010	《北京最美乡村候选村展播系列片》	专题片	公共节目中心		二等创优专题类作品	
中广协奖	2010	《大家说法》	栏目	科教节目中心		全国十佳法制栏目	
中广协奖	2010	《经济法眼》	栏目	财经节目中心		全国十佳法制栏目提名	
中广协奖	2010	《侯氏恩怨几时休》				谈话和故事类二等创优法制类节目	
中广协奖	2010			财经节目中心		全国十佳法制节目主持人	宁晓川
全国优秀电视文化栏目暨大型节目推荐	2010	《这里是北京》	栏目	公共频道节目中心	第2届		李欣
全国优秀电视文化栏目暨大型节目推荐	2010	《北京记忆》	系列片	新闻节目中心	第2届	优秀大型纪录片	袁子勇
全国优秀电视文化栏目暨大型节目推荐	2010	《我爱你中国》			第2届	优秀大型纪录片	王宇
全国优秀电视文化栏目暨大型节目推荐	2010	《江山如画》		海外节目中心	第2届	优秀大型纪录片	杜研

续表

奖项名称	年份	获奖作品	体裁	获奖部门	届数	奖项等级	获奖人名
全国优秀电视文化栏目暨大型节目推荐	2010	《档案》			第2届		吕军
全国优秀电视文化栏目暨大型节目推荐	2010	《环球春晚》		海外节目中心	第2届		严葳
全国优秀电视文化栏目暨大型节目推荐	2010	《国际双行线》		海外节目中心	第2届		严葳
全国优秀电视文化栏目暨大型节目推荐	2010	《动画春晚》		卡酷动画卫视	第2届		曾伟京
全国优秀电视文化栏目暨大型节目推荐	2010	《中华文明大讲堂》		科教节目中心	第2届		于瀛
电视戏曲节目评选	2010	《北京京剧票友段位评授季》	晚会	文艺节目中心	第7届	晚会类创优一等奖	孔洁、吴国华、李雪平、龚宁、马鸥
电视戏曲节目评选	2010			文艺节目中心	第7届	优秀主持人奖	孔洁
百家电视文艺节目评选	2010	《金话筒奖颁奖盛典》	晚会	卫视节目中心	第10届	晚会类一等奖	
全国青少年电视节目动画作品创优评析	2010	《天天悦读汇——俺爹俺娘》	专题	青少年节目中心		二等优秀节目	崔笑田、尤鑫、文文、车洁、李纯、贾广伟、瞿恬
全国少儿节目精品及动画精品评审	2010	《卡酷》	频道	卡酷动画卫视	2009年度	全国优秀动画频道一等奖	
新中国60周年电视文艺节目评选	2010	《天天影视圈——电影奇迹》	特别节目	文艺节目中心		好作品奖	唐苹、宋毅、李佳
春节晚会暨春节特别节目评选	2010	《2010年BTV春晚》	晚会	文艺节目中心	2010年度	最佳作品奖	
春节晚会暨春节特别节目评选	2010	《2010年BTV网络互动春晚》	晚会	文艺节目中心	2010年度	最佳作品奖创新作品奖	

续表

奖项名称	年份	获奖作品	体裁	获奖部门	届数	奖项等级	获奖人名
春节晚会暨春节特别节目评选	2010	《2010 年 BTV 环球春晚》	晚会	海外节目中心	2010 年度	最佳作品奖	
春节晚会暨春节特别节目评选	2010	《每日文娱播报〈十年〉》	特别节目	文艺节目中心	2010 年度	最佳作品奖	
春节晚会暨春节特别节目评选	2010	《天天影视圈〈虎虎一家亲〉》	特别节目	文艺节目中心	2010 年度	创新作品奖	唐荦、宋毅、李佳
春节晚会暨春节特别节目评选	2010	《北京最美丽的乡村主体晚会》	晚会	公共频道节目中心	2010 年度	优秀作品奖	
盛视 2010 年春节电视文艺晚会评选	2010	《北京电视台》			2010 年度	最佳组织奖	
盛视 2010 年春节电视文艺晚会评选	2010	《2010 年 BTV 网络互动春晚》	晚会	文艺节目中心	2010 年度	综合类一等奖	
盛视 2010 年春节电视文艺晚会评选	2010	《2010 年 BTV 动画春晚》	晚会	卡酷动画卫视	2010 年度	综合类一等奖	
盛视 2010 年春节电视文艺晚会评选	2010	《2010 年 BTV 春晚》	晚会	文艺节目中心	2010 年度	综合类二等奖	
盛视 2010 年春节电视文艺晚会评选	2010	《2010 年 BTV 环球春晚》	晚会	海外节目中心	2010 年度	综合类三等奖	
盛视 2010 年春节电视文艺晚会评选	2010	《崇高的荣誉——法制晚会》	晚会	科教节目中心	2010 年度	综合类三等奖	
盛视 2010 年春节电视文艺晚会评选	2010	《暖——2010 爱心互助大型义演晚会》	晚会	文艺节目中心	2010 年度	综合类三等奖	
盛视 2010 年春节电视文艺晚会评选	2010	《龙飞凤舞二人转》	晚会	文艺节目中心	2010 年度	综合类三等奖	
盛视 2010 年春节电视文艺晚会评选	2010	《卡酷全国少儿大联欢》	专题片	卡酷动画卫视	2010 年度	综合类三等奖	
盛视 2010 年春节电视文艺晚会评选	2010	《2009 年北京最美的乡村主题晚会》	晚会	公共频道节目中心	2010 年度	综合类三等奖	

续表

奖项名称	年份	获奖作品	体裁	获奖部门	届数	奖项等级	获奖人名
盛视2010年春节电视文艺晚会评选	2010	《2010BTV网络互动春晚》	晚会	文艺节目中心	2010年度	（单项）摄像奖	
盛视2010年春节电视文艺晚会评选	2010	《2010BTV网络互动春晚》	晚会	文艺节目中心	2010年度	（单项）音响设计奖	
盛视2010年春节电视文艺晚会评选	2010	《2010BTV网络互动春晚〈舞者——刘岩〉》	晚会	文艺节目中心	2010年度	（单项）舞蹈表演奖	
盛视2010年春节电视文艺晚会评选	2010	《2010BTV春晚》	晚会	文艺节目中心	2010年度	（单项）导演奖	
盛视2010年春节电视文艺晚会评选	2010	《2010BTV春晚〈绽放〉》	晚会	文艺节目中心	2010年度	（单项）舞蹈编导奖	
盛视2010年春节电视文艺晚会评选	2010	《2010BTV春晚《虎跃中华》》	晚会	文艺节目中心	2010年度	（单项）舞蹈编导奖	
盛视2010年春节电视文艺晚会评选	2010	《2010BTV春晚》	晚会	文艺节目中心	2010年度	（单项）舞美设计奖	
盛视2010年春节电视文艺晚会评选	2010	《2010BTV春晚》	晚会	文艺节目中心	2010年度	（单项）灯光设计奖	
盛视2010年春节电视文艺晚会评选	2010	《2010BTV春晚》	晚会	文艺节目中心	2010年度	（单项）视频设计奖	
盛视2010年春节电视文艺晚会评选	2010	《2010BTV春晚》	晚会	文艺节目中心	2010年度	（单项）视频特效奖	
盛视2010年春节电视文艺晚会评选	2010	《2010BTV春晚〈阳仔演笑会〉》	晚会	文艺节目中心	2010年度	（单项）语言表演奖	
盛视2010年春节电视文艺晚会评选	2010	《2010年BTV动画春晚》	晚会	卡酷动画卫视	2010年度	（单项）视频特效奖	

续表

奖项名称	年份	获奖作品	体裁	获奖部门	届数	奖项等级	获奖人名
盛视2010年春节电视文艺晚会评选	2010	《2010年BTV动画春晚》	晚会	卡酷动画卫视	2010年度	（单项）晚会撰稿奖	
盛视2010年春节电视文艺晚会评选	2010	《崇高的荣誉——法制晚会》	晚会	科教节目中心	2010年度	（单项）晚会撰稿奖	
盛视2010年春节电视文艺晚会评选	2010	《2010BTV春晚》	晚会	文艺节目中心	2010年度	（单项）晚会主持人奖	
《解放中国》联合采访	2010	《子年北京——拂晓的城》	纪录片	科教节目中心		二等节目	徐滔、陈虎、李冰、董金、明冷威、刘颂、李镇、丁永文
中国电视节目包装评选	2010	《BTV文艺频道节目导视系统》		文艺节目中心	第1届	导视类最佳作品	
中国电视节目包装评选	2010	《BTV文艺频道宣传》		文艺节目中心	第1届	宣传片类优秀作品	
记录中国	2010	《80后调查》	系列片	青少年节目中心	第4届	社会报道类优秀节目大奖	
中国旅游电视艺术周	2010	《南京——难京》	专题片	公共频道节目中心	第3届	专题类最佳奖（一等奖）	
中国旅游电视艺术周	2010	《四海漫游》	栏目	公共频道节目中心	第3届	栏目类优秀奖（二等奖）	
中国旅游电视艺术周	2010	《北京打造旅游休闲计划工程》	新闻	新闻节目中心	第3届	报道类优秀奖（二等奖）	
中国旅游电视艺术周	2010	《北京国际旅游文化节开幕》	新闻	新闻节目中心	第3届	报道类好作品奖（三等奖）	
中国电视纪录片评选	2010	《子年北京》	纪录片	科教节目中心		纪录片系列片好作品	徐滔、陈虎、李冰、董金、明冷威、刘颂、李镇、丁永文
抗灾救灾优秀电视作品总结推选	2010	《四川广汉列车坠桥大营救》	专题片			电视专题报道优秀奖	
科技创新奖	2010	《雪豹迷踪》		科教节目中心	2009年度	科普奖二等奖	李志国、蓝霖、高艺微、张媛媛、李维韦、阚超

续表

奖项名称	年份	获奖作品	体裁	获奖部门	届数	奖项等级	获奖人名
科技创新奖	2010	《淡定如兰——唐由之》		科教节目中心	2009年度	科普奖二等奖	李志国、蓝霖、潘续、颜黎、方怀、卢迪
科技创新奖	2010	《梅花院士——陈俊愉》		科教节目中心	2009年度	科普奖三等奖	李志国、蓝霖、高艺微、付紫薇、卢青、卢迪
科技创新奖	2010	《有功夫的护花使者》		科教节目中心	2009年度	科普奖三等奖	李志国、蓝霖、高艺微、卢志洁、万静霞、王健
科技创新奖	2010	《奥运科技之光——老孙家的花样奥运》		科教节目中心	2009年度	科普奖三等奖	李志国、蓝霖、高艺微、卢志洁、万静霞、王健
未来之星	2010	《卡酷》	频道	卡酷动画卫视	2010年度	最具成长性新兴企业	
中国商务好新闻奖	2010	《正面回应贸易报复说警惕贸易保护主义抬头》	专题	新闻节目中心	第1届	中国商务好新闻奖	赵蕾
《综艺》年度节目奖	2010	《养生堂》	栏目	科教节目中心	第3届	《综艺》年度节目奖	
推进电视产业发展征文		《广电产业如何应对三网融合的市场变局》	论文	研发部		一等奖	高菲
北京新闻奖	2010	《北京法官两度捐献骨髓》	长消息	新闻节目中心	第19届	一等奖	罗嘉、元伟、楚健
北京新闻奖	2010	《艾滋母亲生下健康宝贝》	长消息	新闻节目中心	第19届	一等奖	周宇、雷志军
北京新闻奖	2010	《急速升温解读09楼市新现象》	新闻访谈	财经节目中心	第19届	一等奖	周泳、杨晓轩、丁莉、宋北光、王瑜、姚长盛、沈军
北京新闻奖	2010	《我爱你中国》	系列片	新闻节目中心	第19届	一等奖	张晓、张亮、袁子勇、吴群、张民、陈岳、李烨、王宇、米红、柴济东、付海龙、刘建光、成强、王建

续表

奖项名称	年份	获奖作品	体裁	获奖部门	届数	奖项等级	获奖人名
北京新闻奖	2010	《北京新闻》	栏目	新闻节目中心	第 19 届	一等奖	
北京新闻奖	2010	《乡村新发现》	系列报道	新闻节目中心	第 19 届	二等奖	张亮、张冬林、张晓鲁、李光军、石云、李玲、刘非非、谢小岩、刘彤、金蕾、兰玲、杨硕、王丽晓、任晓松、李莲、张梦瑶、冯超
北京新闻奖	2010	《天降神兵解救人质》	短消息	新闻节目中心	第 19 届	二等奖	周宇、陈军
北京新闻奖	2010	《无与伦比的奥运 永远珍藏的回忆》	新闻访谈	新闻节目中心	第 19 届	二等奖	韦嘉、李琪、王晓龙
北京新闻奖	2010	《追忆钱学森》	专题片	科教节目中心	第 19 届	二等奖	潘续、姜文婷、李林蔚、王健
北京新闻奖	2010	《天天体育》	栏目	体育节目中心	第 19 届	二等奖	
北京新闻奖	2010	《防控 H1N1 流感我国采取严格措施》	长消息	新闻节目中心	第 19 届	三等奖	贾湧强、金谊
北京新闻奖	2010	《科学发展百项实践》	系列报道	新闻节目中心	第 19 届	三等奖	张亮、艾冬云、张冬林、周永萍、张晓鲁、陈楠、陆放、闫丰涛、朱虎
北京新闻奖	2010	《晚间新闻报道》	新闻编排	新闻节目中心	第 19 届	三等奖	艾冬云、张冬林、张文天、柏广群、李颖、陈军、朱晔、田刚、李晓军
北京新闻奖	2010	《中国研发第三代基因测序仪》	短消息	新闻节目中心	第 19 届	三等奖	任效松、尹磊
北京新闻奖	2010	《商海盛宴——北京影响力大型公益评选活动》	组织策划	财经节目中心	第 19 届	三等奖	周泳、岳民、杨晓轩、王春元、赵曼、梁少君、郑雪涛、郭婷、田春红、叶枫

续表

奖项名称	年份	获奖作品	体裁	获奖部门	届数	奖项等级	获奖人名
北京新闻奖	2010	《草原寻狼》	长纪录片	卫视节目中心	第19届	三等奖	吴志勇、李丹、李力、徐云彤
北京广播影视奖	2010	《北京法官两度捐献骨髓》	长消息	新闻节目中心	2009年度	电视新闻一等奖	罗嘉、元伟、楚健
北京广播影视奖	2010	《艾滋母亲生下健康宝贝》	长消息	新闻节目中心	2009年度	电视新闻一等奖	周宇、雷志军
北京广播影视奖	2010	《乡村新发现》	系列报道	新闻节目中心	2009年度	电视新闻一等奖	张亮、张冬林、张晓鲁、李光军、石云、李玲、刘非非、谢小岩、刘彤、金蕾、兰玲、杨硕、王丽晓、任晓松、李莲、张梦瑶、冯超
北京广播影视奖	2010	《急速升温解读09楼市新现象》	新闻访谈	财经节目中心	2009年度	电视新闻一等奖	周泳、杨晓轩、丁莉、宋北光、王瑜、姚长盛、沈军
北京广播影视奖	2010	《天降神兵解救人质》	短消息	新闻节目中心	2009年度	电视新闻二等奖	周宇、陈军
北京广播影视奖	2010	《防控H1N1流感我国采取严格措施》	长消息	新闻节目中心	2009年度	电视新闻二等奖	贾湧强、金谊
北京广播影视奖	2010	《科学发展百项实践》	系列报道	新闻节目中心	2009年度	电视新闻二等奖	张亮、艾冬云、张冬林、周永萍、张晓鲁、陈楠、陆放、闫丰涛、朱虎
北京广播影视奖	2010	《晚间新闻报道》	新闻编排	新闻节目中心	2009年度	电视新闻二等奖	艾冬云、张冬林、张文天、柏广群、李颖、陈军、朱晔、田刚、李晓军
北京广播影视奖	2010	《无与伦比的奥运 永远珍藏的回忆》	新闻访谈	新闻节目中心	2009年度	电视新闻二等奖	韦嘉、李琪、王晓龙
北京广播影视奖	2010	《中国研发第三代基因测序仪》	短消息	新闻节目中心	2009年度	电视新闻三等奖	任效松、尹磊

续表

奖项名称	年份	获奖作品	体裁	获奖部门	届数	奖项等级	获奖人名
北京广播影视奖	2010	《十岁男童被劫持，警方两小时解救》	长消息	科教节目中心	2009年度	电视新闻三等奖	高婉梅、徐光
北京广播影视奖	2010	《海外维权成功王致和披露详情》	长消息	新闻节目中心	2009年度	电视新闻三等奖	张晓沁、何思、盛京
北京广播影视奖	2010	《揭秘三军仪仗队》	长消息	新闻节目中心	2009年度	电视新闻三等奖	陆放、何海东
北京广播影视奖	2010	《记者走一线》	系列报道	新闻节目中心	2009年度	电视新闻三等奖	张亮、宗燕红、徐京玲、马国颖、陈栩、崔睿、王砯、梁岚、曲馥、刘晓、李杰、李琪、尹磊、刘靖、王陆华、王晓龙、徐广安、刘靖
北京广播影视奖	2010	《南北城的对话》	系列报道	财经节目中心	2009年度	电视新闻三等奖	张颖、张杨、王鹏、李朝阳、王欢、李黎、陈阳、董棠、聂承垚、小张颖、张国华、杨衍颖、许萌
北京广播影视奖	2010	《手机涉黄责在何方》	评论	新闻节目中心	2009年度	电视新闻三等奖	刘民、赵波、张海军、王建忠、王怡、焦妍
北京广播影视奖	2010	《保经济增长保耕地红线》	专题	新闻节目中心	2009年度	电视新闻三等奖	何思、姜建财、冯旭、赵蕾、金昌、王建
北京广播影视奖	2010	《我爱你中国——60周年特别节目》	现场直播	新闻节目中心	2009年度	电视新闻三等奖	张亮、艾冬云、张冬林、白艳军、周永萍、胡阳、陈楠、李斌、赵欣、张海军、张俭、孙湘源、刘晓隽、韦嘉、林力、赵波、刘非非、陈大力、潘全心、张斌、周波、杜研、张苏、赵鹏华、宗昊、吴犁犁

续表

奖项名称	年份	获奖作品	体裁	获奖部门	届数	奖项等级	获奖人名
北京广播影视奖	2010	《商海盛宴——北京影响力大型公益评选活动》	组织策划	财经节目中心	2009年度	电视新闻三等奖	周泳、岳民、杨晓轩、王春元、赵曼、梁少君、郑雪涛、郭婷、田春红、叶枫
北京广播影视奖	2010	《草原寻狼》	长纪录片	卫视节目中心	2009年度	电视社教一等奖	吴志勇、李丹、李力、徐云彤
北京广播影视奖	2010	《追忆钱学森》	专题片	科教节目中心	2009年度	电视社教一等奖	潘续、姜文婷、李林蔚、王健
北京广播影视奖	2010	《我爱你中国》	系列片	新闻节目中心	2009年度	电视社教一等奖	张晓、张亮、袁子勇、吴群、张民、陈岳、李烨、王宇、米红、柴济东、付海龙、刘建光、成强、王建
北京广播影视奖	2010	《六邪之寒》	科普节目	科教节目中心	2009年度	电视社教一等奖	伍立、李黎、竺光伟
北京广播影视奖	2010	《北京一小时》	长纪录片	生活节目中心	2009年度	电视社教二等奖	张军、张瑞、曹坤凯、郜芳、陈涛、肖庆峰
北京广播影视奖	2010	《圆明园兽首海外拍卖》	专题片	科教节目中心	2009年度	电视社教二等奖	徐滔、杨子云、左博、苑静华
北京广播影视奖	2010	《玉雕怪才——姜文斌》	专题片	新闻节目中心	2009年度	电视社教二等奖	袁子勇、刘民、张民、曾芳、徐磊
北京广播影视奖	2010	《我想有个家》	系列片	卫视节目中心	2009年度	电视社教二等奖	张凯、李丽君、刘芳芳、曹晨、和雨辰
北京广播影视奖	2010	《按号选塑料》	科普节目	科教节目中心	2009年度	电视社教二等奖	李志国、杨韵仟、车进、张梦寒、王珂、岳宏涛
北京广播影视奖	2010	《韩硕求职》	短纪录片	生活节目中心	2009年度	电视社教三等奖	张军、张瑞、钱瑞泓、陈涛
北京广播影视奖	2010	《重建心灵家园》	长纪录片	生活节目中心	2009年度	电视社教三等奖	霍毓峰、郝帅、孟静

续表

奖项名称	年份	获奖作品	体裁	获奖部门	届数	奖项等级	获奖人名
北京广播影视奖	2010	《使命》	专题片	新闻节目中心	2009年度	电视社教三等奖	曾红梅、李娜、冯旭、赵蕾、金昌、王鹏
北京广播影视奖	2010	《80后调查》	系列片	青少年节目中心	2009年度	电视社教三等奖	庞玉珍、周星、佟立、瞿恬、罗伟、甄梅、李嘉、胡晓宏
北京广播影视奖	2010	《中国古代防腐术》	系列片	科教节目中心	2009年度	电视社教三等奖	徐滔、李志国、蓝霖、高艺澂、赵鹏、卢志洁
北京广播影视奖	2010	《说唱北京》	系列片	生活节目中心	2009年度	电视社教三等奖	倪大海、赵琴书、张军、刘祺、张瑞、李颖
北京广播影视奖	2010	《争冠进行时》	特别节目	体育节目中心	2009年度	电视社教三等奖	宋健生、周欣、魏翊东、李京海、韩柏、卢山
北京广播影视奖	2010	《晕眩的秘密》	科普节目	生活节目中心	2009年度	电视社教三等奖	李翔、赵宁云
北京广播影视奖	2010	《独家探访护航军舰微山湖号》		海外节目中心	2009年度	境外播出一等奖	吴玮、李蓓、张苏、陈立一
北京广播影视奖	2010	《盲女陈燕的世界》		海外节目中心	2009年度	境外播出二等奖	李蓓、刘颖、朱欣翔
北京广播影视奖	2010	《刘岩：后奥运的一年》		海外节目中心	2009年度	境外播出三等奖	吴玮、李蓓、张苏、郭宇
北京广播影视奖	2010	《CNN〈世界报道〉系列》		海外节目中心	2009年度	境外播出三等奖	张晓彦、吕敬、李莜、赵鹏华、李珺、朱欣翔、沈澜、杜研、严崴
北京广播影视奖	2010	《北京新闻》	栏目	新闻节目中心	2009年度	电视优秀栏目奖	
北京广播影视奖	2010	《中华文明大讲堂》	栏目	卫视节目中心	2009年度	电视优秀栏目奖	
北京广播影视奖	2010	《魅力科学》	栏目	科教节目中心	2009年度	电视优秀栏目奖	
北京广播影视奖	2010	《百姓秀场》	栏目	文艺节目中心	2009年度	电视优秀栏目奖	

续表

奖项名称	年份	获奖作品	体裁	获奖部门	届数	奖项等级	获奖人名
北京广播影视奖	2010	《天天体育》	栏目	体育节目中心	2009年度	电视优秀栏目奖	
北京广播影视奖	2010	《特别关注》	播音与主持	新闻节目中心	2009年度	播音主持一等奖	王巍、曹一楠
北京广播影视奖	2010	《晚间新闻报道》	主持作品	新闻节目中心	2009年度	播音主持二等奖	刘海宁
北京广播影视奖	2010	《与共和国齐飞》	主持作品	海外节目中心	2009年度	播音主持二等奖	罗旭
北京广播影视奖	2010	《区长，你好》	主持作品	生活节目中心	2009年度	播音主持三等奖	高燕
北京广播影视奖	2010	《百年程氏养生经》	主持作品	科教节目中心	2009年度	播音主持三等奖	王宁
北京广播影视奖	2010	《奥运周年人物访——陈忠和》	主持作品	体育节目中心	2009年度	播音主持三等奖	王新星
北京广播影视奖	2010	《热血三国》	动画节目	卡酷动画卫视	2009年度	电视文艺一等奖	曾伟京、池浩洋、苏俠
北京广播影视奖	2010	《2009北京电视台春节联欢晚会》	综艺节目	文艺节目中心	2009年度	电视文艺一等奖	齐建彤、段嵘、裴晓林、陈晓健、于洋、姜力
北京广播影视奖	2010	《第二届北京影视盛典》	综艺节目	文艺节目中心	2009年度	电视文艺二等奖	孙仝、朱礼庆、叶蔚宁、于守山、毕鲁克、刘越峰
北京广播影视奖	2010	《北京京剧票友段位评授季》	戏曲节目	文艺节目中心	2009年度	电视文艺二等奖	孔洁、刘涛、李雪萍、宋小川、张巍、龚宁、吴国华
北京广播影视奖	2010	《〈花样年华放歌中华〉歌舞大赛》	歌舞节目	文艺节目中心	2009年度	电视文艺二等奖	张帆、李兰、裴晓林、叶蔚宁、宁馨儿、张文华
北京广播影视奖	2010	《宋丹丹——小品20年》	专题节目	文艺节目中心	2009年度	电视文艺二等奖	朱礼庆、王强、常群、王春华、杨岚、徐颖媛
北京广播影视奖	2010	《十分开心之穿衣儿人傻》	动画节目	卡酷动画卫视	2009年度	电视文艺三等奖	董萌、杨庆晖、赖好林
北京广播影视奖	2010	《中国播音主持金话筒奖联欢会》	综艺节目	卫视节目中心	2009年度	电视文艺三等奖	张小南、李彬、于洋、汪洋、黄蒂一、杨雅丽

续表

奖项名称	年份	获奖作品	体裁	获奖部门	届数	奖项等级	获奖人名
北京广播影视奖	2010	《七色光 2009－56》	综艺节目	卡酷动画卫视	2009 年度	电视文艺三等奖	吴今月、刘强、路漠、汤逸鸥、蒲文苑、刘一男
北京广播影视奖	2010	《卡酷旗舰店广告之男孩篇、女孩篇》	广告节目	卡酷动画卫视	2009 年度	电视文艺三等奖	谢垭冰、白净、曲小松、袁媛、蒋惠岩、江森、林超越、李重阳、孙垚、陈笛、朱云飞
北京广播影视奖	2010	《劳动颂歌》	歌舞节目	文艺节目中心	2009 年度	电视文艺三等奖	王小雄、翟建国、修竣、孙勤、陈家全
北京广播影视奖	2010	《漕运码头》	电视剧	影视剧中心	2009 年度	优秀奖	
北京广播影视奖	2010	《铁人》	电影	北京紫禁城影业有限公司	2009 年度	优秀奖	
北京广播影视奖	2010	《万家灯火》	电影	北京紫禁城影业有限公司	2009 年度	优秀奖	
北京广播影视奖	2010	《走四方》	电影	北京紫禁城影业有限公司	2009 年度	优秀奖	
市宣传人大好新闻奖	2010	《北京议事厅》	栏目	财经节目中心	第 6 届	好新闻奖特别奖	
市宣传人大好新闻奖	2010	《纪念北京市人大设立常委会 30 周年》	系列报道	财经节目中心	第 6 届	好新闻奖特别奖	
市宣传人大好新闻奖	2010	《纪念北京市人大设立常委会 30 周年》	新闻	财经节目中心	第 6 届	电视新闻类三等奖	江沛
市宣传人大好新闻奖	2010	《关注北京运河水系综合治理》	新闻	财经节目中心	第 6 届	电视新闻类一等奖	江沛

2010年北京电视台技术获奖情况

总　工　办

1. 2010年总局金帆奖获奖情况

申报奖项		节目名称	名次	主要完成人员（注明工种）
标准清晰度节目录制	新闻	《北京新闻》	一等奖	视频：张京铭、蔡永亮；音频：张迪；灯光：孙萌
	专题	《江山如画》	一等奖	视频：王申为、张鹏程；音频：郑岩；灯光：郭振渊
	综合文体	《2010 BTV春节晚会》	一等奖	视频：郑星、侯婷婷、赵晨、王倩；音频：王浩、张铭元；灯光：李建、于漫
高清晰度节目录制	专题	《我爱你中国——到祖国需要的地方去》	三等奖	视频：王方、张宁、李娜、肖璨；音频：徐徐；灯光：崔歌平
	电视剧	《媳妇的美好时代（第36集）》	三等奖	视频：赵宏伟、尉光、陈一力、王嘉、翟晓辉、曾昭生
	体育	《第十一届全运会拳击》	三等奖	视频：叶志云、郝纪、张倞、刘来生、马捷、王一明、段然、张宁
	声音	《北京电视台新址落成专题片》	二等奖	音频：张阳、张志杰、杨宣军、曹霏
视频图形制作	片头	《2010 BTV环球春晚片头》	二等奖	匡葵、张晨旭、梁爽
	动画片	《秦时明月之夜尽天明》	二等奖	徐志军、李湧、张力先、邓菲
播出技术			一等奖	刘晓光、董秀琴、郭江平、张兆媛、陈蕾、于莹、黄晓峰、苑宏伟、李萍、刘朵、管芳、刘莘、朱雨稼、徐冬丽、贾玉升
金帆综合大奖		王晓东、田方、李迅、王喆、王宝德、郑星、余江、周旭辉、刘晓光、刘宏亚		

2. 2010年总局先进集体、先进个人名单

先进集体：网络信息管理部生产网络管理二科

先进个人：苏力

3. 北京市广播电影电视局电视节目技术质量奖“华彩杯”

序号	奖项及类别	节目名称	完成人员			名次
			视频	音频	灯光	
1	标清新闻类	《体坛资讯》	刘伟立、徐徐	于晓鹏、杨磊	赵辉	二等奖
2	标清专题类	《江山如画》	王申为、李娜、李剑宇		韩正雷	一等奖
3	标清专题类	《天下天天谈》	刘旖旎、孟晴、陈超、夏新颖			二等奖
4	标清综合文体	《环球春晚》	王丁、刘丹丹、郝丽萍、尉光、陈一力、宋冰、高亚美		李建	一等奖
5	高清新闻类	《特别关注》	蔡永亮、曹帅	骆建华、张洋	孙萌	一等奖
6	高清专题类	《我爱你中国》	张宁、李娜、侯婷婷、王倩、许鹏、翟海云			二等奖
7	高清专题类	《这里是北京》	何旭、张力先、鲁楠、彭楠、孙大庆、吴铮			二等奖
8	高清综艺类	《2010北京电视台春节联欢晚会》	张鹏程、侯婷婷、赵晨、宋建、李璧彤、陆军	李力	李建	一等奖
9	高清综艺类	《北京印——时尚大典》	张鹏程、肖砾、张博、樊玉、张晓晨、汪亚洲、付兵	曹霏		二等奖
10	高清声音类	《北京电视台新址落成专题片》		姚银壮、张阳、张志杰、杨宣军		一等奖
11	高清声音类	《这里是北京》		吴铮、何旭、张力先、鲁楠		二等奖
12	视频图形片头类	《2010环球春晚》片头	池建、赵新生、匡葵			一等奖
13	视频图形片头类	《喜庆中国年》片头	武晓雪、袁虹娟、郭欣阳			二等奖

4. 北京市广播电影电视局科技创新奖

（1）《北京电视台新台址网络化节目制播体系综述》（论文奖）毕江

（2）《大型矩阵技术的发展》（论文奖）王立冬、周旭辉

（3）《北京电视台全台制播网络系统》（工程技术奖）田方、周旭辉、毕江、林平、王立冬、陈宇、李湧、贾京蓉

（4）《基于全台网络的节目代码管理应用》（软科学奖）李讯、高譪、孙波、李昕、陈广鑫、李明嘉、韩益亚、匡奎

5. 2010年市局先进集体、先进个人名单

先进集体：

制作部新闻演播科、转传部视频三科、播出部技术科、动力部、信息网络管理部生产网络管理二科

先进个人：
总工办：李涌、邹斌
技术设备管理部：刘顺平、金凯、徐冬丽、贾玉升
制作部：李勇、孙大庆、章文博、李建、周海峰、刘光辉、崔歌平
转传部：张骞、宋建强、刘燕伟、杜波
播出部：高鹏、郭江平、苏力、王辉、余德骏、张勃、张宏斌
动力部：黄晓峰、宋海滨、张勇、苑宏伟、杜伟
信息网络管理部：赵涛、未立广、柴焱、倪晨爽、王小麒、王翔

6. 2010 年度新技联“新闻科技论文奖”

序号	论文名称	获奖名次	作者
1	《电视台高清网络化节目制播体系新闻制播业务系统存储架构设计思路和实现方案》	二等奖	毕江、张伟、黄正兵
2	《论大型体育赛事图文包装系统架构与制作》	二等奖	祝建平
3	《北京电视台新广告业务系统》	三等奖	徐鸣、孟大欣
4	《北京电视台新址全台无线话筒系统的规划》	三等奖	李力
5	《大规模后期制作网》	三等奖	张硕

7. 2010 年中国电影电视技术学会电视节目“声音制作优秀作品奖”

序号	奖项	名称	获奖名次	制作人
1	综合艺术片	《2010 北京电视台春节联欢晚会》	二等奖	郎志平、宋建、李璧彤、张晓晨、汪亚洲
2	综合艺术片	《北京电视台新址落成专题片》	三等奖	姚银壮、张阳、张志杰、杨宣军

关于表彰2010年度北京电视台节目评奖获奖作品的决定

各中心、部、室：

2010年是我台全面贯彻落实党的十七届五中全会，解放思想、开拓创新、努力发展的一年。在台党委的带领下，全台以科学发展观为指导，紧紧围绕市委市政府中心工作，以提升舆论引导能力和宣传水平、打造首都媒体优质文化品牌为重点，牢牢把握正确的舆论导向，节目收视率稳中有升，影响力和舆论引导水平不断提升，品牌核心竞争力进一步彰显，圆满完成了全年的宣传任务。

一年辛勤耕耘，结出累累硕果，我台创作生产成果显著，精品力作接连推出。根据京视发2010年59号文件《北京电视台节目评奖办法（试行）》，本着公平、公开、公正的原则，对2010年度作品进行了评审，共有77件作品获奖。

为鼓励先进，表彰优秀，鼓励广大编辑记者编辑创作出更多更好的电视作品，经研究决定，对2010年度全台优秀作品和人员进行表彰和奖励。一等奖和特别奖奖金3万元，二等奖奖金2万元，三等奖奖金1万元。获奖名单如下：

第一部分 电视新闻类

一等奖：4名

文物安全会开成“瞌睡”会（新闻节目中心）

以人为本执政为民：供暖延长22天，居民“寒冬”变“暖冬”（新闻节目中心）

三年迈出三大步 小灯笼走出大世界（新闻节目中心）

我在阿富汗随美军采访30天（海外节目中心）

特别奖：1名

北京电视台上海世博会宣传报道项目组织策划

二等奖：8名

城市核心区平房居民　采暖季前全部用上电采暖（新闻节目中心）

创先争优：一定要为人民做些什么（新闻节目中心）

回眸十一五　展望十二五：森林进城公园下乡（新闻节目中心）

城南新事（新闻节目中心）

做文明有礼的北京人（新闻节目中心）

《晚间新闻报道》新闻编排（新闻节目中心）

独家专访——王濛　李琰　我们师徒情深（海外节目中心）

“世界之城”美丽北京第十二届北京国际旅游节开幕式（公共节目中心）

三等奖：12名

青海地震：灾后重生　新生命降临

（新闻节目中心）

回眸十一五　区县巡礼系列报道（新闻节目中心）

游戏小组跟踪报道（新闻节目中心）

第一场大雪（新闻节目中心）

《点击年关键》资本市场在成长（财经节目中心）

《北京议事厅》一线职工收入调查（财经节目中心）

《绿色北京》（财经节目中心）

亚运会沙滩排球比赛（体育节目中心）

《北京青年》拯救小怡帆系列报道（青少节目中心）

爱恨交织的"大嘴巴"（公共节目中心）

快速公交（公共节目中心）

"祸"从何来（公共节目中心）

第二部分　电视社教类

一等奖：5 名

《天下收藏》乾隆粉彩（卫视节目中心）

大型文献纪录片《人民大会堂》（卫视节目中心）

《非常向上》我和"女儿"张怡宁（科教节目中心）

《天天悦读汇》奋斗在路上（青少节目中心）

《经济法眼》离婚的代价（财经节目中心）

二等奖：6 名

母爱之歌——2010 贝因美母爱总动员真情盛典（卫视节目中心）

金话筒传递的力量（新闻节目中心）

明天开学了（科教节目中心）

《书香北京》新解齐白石——从木匠到巨匠（青少节目中心）

80 后调查（青少节目中心）

《这里是北京》前门情思话古今（公共节目中心）

三等奖：9 名

2010 中国播音主持金话筒奖颁奖典礼（卫视节目中心）

和你在一起（新闻节目中心）

《非常网络》"郅"在必得（科教节目中心）

《魅力科学》追忆钱伟长（科教节目中心）

《城市》尾货的尾巴有多"长"（财经节目中心）

世界城市　北京时间（体育节目中心）

2010 中国时尚大典（生活节目中心）

"假油"现世《生活实验室》（生活节目中心）

书香北京　文化盛典（青少节目中心）

第三部分　电视文艺类

一等奖：3 名

2010 年环球春晚（海外节目中心）

2010 北京电视台春节大联欢（文艺节目中心）

2010 网络中秋晚会——月上紫禁城（文艺节目中心）

二等奖：4 名

碧水润京华——密云水库建成 50 周年主题晚会（文艺节目中心）

国粹生香 2009 北京京剧票友段位评授季（文艺节目中心）

玉树不倒　感恩祖国（文艺节目中心）

2009 北京最美乡村主题晚会（公共节目中心）

三等奖：5 名

2010 网络中秋晚会——月圆青春梦（文艺节目中心）

2010 网络中秋晚会——月洒万家情（文艺节目中心）

欢欢喜喜过大年——春节百姓家庭DV大赛（文艺节目中心）

做文明有礼北京人（文艺节目中心）

十分开心——《智力大比拼》（动画节目中心）

第四部分　境外播出类

一等奖：1 名

美国 CNN《世界报道》

——吴玉禄和他的孩子们（海外节目中心）

二等奖：1 名

美国 CNN《世界报道》——熊猫使者（海外节目中心）

第五部分　栏目类

优秀栏目：8 个

《档案》（卫视节目中心）

《真情耀中华》（卫视节目中心）

《中华文明大讲堂》（卫视节目中心）

《特别关注》（新闻节目中心）

《新闻晚高峰》（新闻节目中心）

《光荣绽放》（文艺节目中心）

《天天影视圈》（文艺节目中心）

《这里是北京》（公共节目中心）

第六部分　宣传片类

一等奖：1 名

中国节　中华情（新闻节目中心）

二等奖：2 名

公共·新闻频道整体宣传片（揭匾片）（公共、新闻节目中心）

2010—2011 美国男子职业篮球宣传片（体育节目中心）

三等奖：3 名

《金婚风雨情》系列宣传片（影视剧中心）

《钢铁年代》电视剧宣传片（影视剧中心）

《2010BTV 卡酷动画春晚》系列宣传片之“奔月篇”、“全明星篇”、“超现实篇”（动画节目中心）

第七部分　节目创新类

一等奖：1 名

2010BTV 网络春晚（文艺节目中心）

二等奖：1 名

沟通无界限家庭亲子秀（生活节目中心）

三等奖：1 名

《足球一百分》世界杯特别节目（体育节目中心）

第八部分　单项奖

最佳电视艺术论文奖：1 名

媒体的文化自觉与自为（新闻节目中心吴群）

特此决定。

北京电视台

2011 年 1 月 21 日

节目播出时间表

2010 年北京电视台节目播出时间表

2010 年 BTV 北京/高清频道
节目编排方案（第五稿）

时间	星期一	星期二	星期三	星期四	星期五	星期六	星期日	时间
06:00	广宣时段 2′							
06:02	国际双行线 50′	法治进行时 20′						06:02
06:22		天下天天谈 30′						
06:52	广宣时段 2′早间气象服务 2′广宣时段 4′							
07:00	北京您早（直播）90′							07:00
08:30	新闻手语 8′							08:30
08:38	商务专题 10′							
08:48	广宣时段 8′上集回放 1′广宣时段 3′							
09:00	重播红星剧场电视剧（广告版）（2 集） 第一集：正片 46′（中插广告 1′30″+中插广告 1′30″）、广宣时段 2′、下集预告 1′、广宣时段 2′ 第二集：正片 46′（中插广告 1′30″+中插广告 1′30″）、下集预告 1′							09:00
10:44	商务专题 10′							
11:54	广宣时段 6′							
11:00	天下收藏 50′	真情耀中华 50′	这里是北京 50′	档案 50′	五星夜话 50′	电视先锋榜 50′版	中华文明大讲堂 50′	11:00
11:50	广宣时段 8′							
11:58	身边 28′							11:58
12:26	广宣时段 4′							
12:30	特别关注（直播）（节目 28′+午间气象服务 2′）							12:30
13:00	广宣时段 5′							
13:05	天下天天谈 30′					天下天天谈 30′	国际双行线 50′	13:05
						人才 20′（每月两期）		
13:35	广宣时段 5′					广宣时段 2′商务专题 10′、广宣时段 3′		13:55

续表

<table>
<tr><th>时间</th><th>星期一</th><th>星期二</th><th>星期三</th><th>星期四</th><th>星期五</th><th>星期六</th><th>星期日</th><th>时间</th></tr>
<tr><td rowspan="3">13:40</td><td colspan="5" rowspan="3">玫瑰剧场电视剧（4集）
第一集：正片45′（中插广宣1′、中插广宣1′）〈商务专题〉10′、广宣时段3′
第二集：正片45′（中插广宣1′、中插广宣1′）〈商务专题〉10′、广宣时段3′
第三集：正片45′（中插广宣1′、中插广宣1′）〈商务专题〉10′、广宣时段3′
第四集：正片45′（中插广宣1′、中插广宣1′）〈商务专题〉5′、广宣时段3′</td><td colspan="2">玫瑰剧场电视剧（2集）
第一集：正片45′（中插广宣1′、中插广宣1′）、商务专题10′、广宣时段3′
第二集：正片45′（中插广宣1′、中插广宣1′）商务专题10′、广宣时段3′</td><td>14:10</td></tr>
<tr><td>喜来坞</td><td>电视先锋榜50′版</td><td>16:10</td></tr>
<tr><td rowspan="2">电视先锋榜50′版</td><td rowspan="2">招标综艺节目50′</td><td rowspan="2">17:00</td></tr>
<tr><td>17:35</td><td colspan="5">聚星坊20′</td></tr>
<tr><td>17:55</td><td colspan="7">广宣时段5′</td><td>17:55</td></tr>
<tr><td>18:00</td><td colspan="7">新闻晚高峰28′</td><td>18:00</td></tr>
<tr><td>18:28</td><td colspan="7">广宣时段2′</td><td></td></tr>
<tr><td>18:30</td><td colspan="7">北京新闻、天气预报（4′、含标版广告）30′（直播）</td><td></td></tr>
<tr><td>19:00</td><td colspan="7">转播CCTV《新闻联播》30′</td><td></td></tr>
<tr><td>19:30</td><td colspan="7">看气象5′（含广告）</td><td></td></tr>
<tr><td>19:35</td><td colspan="7">广宣时段4′上集回放1′广宣时段2′</td><td></td></tr>
<tr><td>19:42</td><td colspan="7">红星剧场电视剧（广告版）第一集：正片46′（中插提示＋广告1′05″）</td><td></td></tr>
<tr><td>20:29</td><td colspan="7">广宣时段3′下集预告1′广宣时段2′上集回放1′广宣时段3′</td><td></td></tr>
<tr><td>20:39</td><td colspan="7">红星剧场电视剧（广告版）第二集：正片46′（中插提示＋广告1′05″、中插提示＋广告1′35″）</td><td></td></tr>
<tr><td>21:28</td><td colspan="7">广宣时段2′下集预告1′广宣时段4′</td><td></td></tr>
<tr><td>21:35</td><td>真情耀中华50′</td><td>这里是北京50′</td><td>档案50′</td><td>五星夜话50′</td><td>天下收藏50′</td><td>招标综艺节目50′</td><td>电视先锋榜50′</td><td>21:35</td></tr>
<tr><td>22:25</td><td colspan="7">晚间新闻报道预告1′广宣时段4′</td><td>22:25</td></tr>
<tr><td>22:30</td><td colspan="7">晚间新闻报道（节目48′＋晚间气象服务2′）（直播）</td><td>22:30</td></tr>
<tr><td>23:20</td><td colspan="7">广宣时段5′</td><td>23:20</td></tr>
<tr><td>23:25</td><td colspan="6">天下天天谈30′</td><td>电视先锋榜30′版</td><td>23:25</td></tr>
<tr><td>23:55</td><td colspan="7">广宣时段5′</td><td>23:55</td></tr>
<tr><td>00:00</td><td colspan="7">每日文娱播报（重播27′）</td><td>00:00</td></tr>
<tr><td>00:27</td><td colspan="7">商务专题5′</td><td>00:27</td></tr>
<tr><td>00:32</td><td colspan="7">广宣时段3′</td><td>00:32</td></tr>
</table>

续表

<table>
<tr><th>时间</th><th>星期一</th><th>星期二</th><th>星期三</th><th>星期四</th><th>星期五</th><th>星期六</th><th>星期日</th><th>时间</th></tr>
<tr><td>00:35</td><td colspan="5">重播红星剧场电视剧（广告版）（2集）
第一集：正片46′、〈商务专题〉10′、广宣时段2′
第二集：正片46′、广宣时段1′</td><td colspan="2">重播红星剧场电视剧（广告版）（2集）
第一集：正片46′、〈商务专题〉10′、广宣时段6′
第二集：正片46′、广宣时段7′</td><td>00:35</td></tr>
<tr><td>02:20</td><td colspan="5">聚星坊20′</td><td colspan="2" rowspan="2">午夜剧场电视剧（3集）
第一集：正片47′、广宣时段4′
第二集：正片47′、广宣时段5′
第三集：正片47′、广宣时段5′</td><td rowspan="2">02:30</td></tr>
<tr><td>02:40</td><td colspan="5">午夜剧场电视剧（3集）
第一集：正片47′、广宣时段2′
第二集：正片47′、广宣时段1′
第三集：正片47′、广宣时段1′</td></tr>
<tr><td>05:05</td><td>真情耀中华50′</td><td>这里是北京50′</td><td>档案50′</td><td>五星夜话50′</td><td>天下收藏50′</td><td>电视先锋榜50′</td><td>中华文明大讲堂50′</td><td>05:05</td></tr>
<tr><td>05:55</td><td colspan="7">广宣时段5′</td><td>05:55</td></tr>
</table>

2010年BTV文艺频道节目编排方案（定版）

<table>
<tr><th>时间</th><th>星期一</th><th>星期二</th><th>星期三</th><th>星期四</th><th>星期五</th><th>星期六</th><th>星期日</th></tr>
<tr><td>06:00</td><td colspan="7">频道宣传2′（开播曲，节目预告）</td></tr>
<tr><td>06:02</td><td colspan="7">公共宣传1′　频道宣传2′</td></tr>
<tr><td>06:05</td><td colspan="7">音乐风云榜通档　重播　25′</td></tr>
<tr><td>06:30</td><td colspan="7">频道宣传3′　公共宣传2′</td></tr>
<tr><td>06:35</td><td colspan="7">笑动百乐汇通档　重播　25′</td></tr>
<tr><td>07:00</td><td colspan="7">广告3′　频道宣传2′　广告3′　公共宣传1′　上集回放1′</td></tr>
<tr><td>07:10</td><td colspan="7">电视剧（自然重播）第一集　正片45′（中插广告1′30″+1′30″）广告4′　下集预告1′　共计53′</td></tr>
<tr><td>08:03</td><td>频道宣传1′
广告2′</td><td colspan="6">频道宣传3′　公共宣传1′　广告3′　上集回放1′</td></tr>
<tr><td>08:11</td><td>08:06
星夜故事秀
重播70′</td><td colspan="6">电视剧（自然重播）　第二集　正片45′（中插广告1′30″+1′30″）　广告4′　下集预告1′　共计53′</td></tr>
<tr><td>09:04</td><td>09:16
频道宣传2′
广告2′</td><td colspan="6">频道宣传3′　广告3′　文艺导航9′　公共宣传1′</td></tr>
</table>

续表

<table>
<tr><th>时间</th><th>星期一</th><th>星期二</th><th>星期三</th><th>星期四</th><th>星期五</th><th>星期六</th><th>星期日</th></tr>
<tr><td>09:20</td><td rowspan="3">喜来坞
重播
70′</td><td>百姓秀场
重播
42′</td><td>光荣绽放
重播
42′</td><td>影视风云路
重播
42′</td><td>经典回眸
重播
42′</td><td>神州音话
重播
42′</td><td rowspan="3">星夜故事秀
重播
70′</td></tr>
<tr><td>10:02</td><td colspan="5">频道宣传 1′　广告 2′</td></tr>
<tr><td>10:05</td><td colspan="5">天天影视圈　重播　25′</td></tr>
<tr><td>10:30</td><td colspan="7">频道宣传 2′　广告 2′　公共宣传 1′</td></tr>
<tr><td>10:35</td><td colspan="7">每日文娱播报　重播　27′</td></tr>
<tr><td>11:02</td><td colspan="7">广告 2′　频道宣传 1′</td></tr>
<tr><td>11:05</td><td colspan="7">70 分钟编辑类节目</td></tr>
<tr><td>12:15</td><td colspan="7">广告 2′　文艺导航 9′　广告 2′　频道宣传 2′</td></tr>
<tr><td>12:30</td><td colspan="7">明星影院　100′（含广告）</td></tr>
<tr><td>14:10</td><td colspan="7">广告 2′　公共宣传 1′　广告 2′　频道宣传 2′</td></tr>
<tr><td>14:17</td><td colspan="7">《笑动百乐汇》重播　25′</td></tr>
<tr><td>14:42</td><td colspan="7">广告 3′　文艺导航 9′　广告 3′　频道宣传 3′</td></tr>
<tr><td>15:00</td><td rowspan="3">喜来坞
重播
70′</td><td>百姓秀场
重播
42′</td><td>光荣绽放
重播
42′</td><td>影视风云路
重播
42′</td><td>经典回眸
重播
42′</td><td>神州音话
重播
42′</td><td rowspan="3">星夜故事秀
重播
70′</td></tr>
<tr><td>15:42</td><td colspan="5">频道宣传 1′　广告 2′</td></tr>
<tr><td>15:45</td><td colspan="5">《天天影视圈》　重播　25′</td></tr>
<tr><td>16:10</td><td colspan="7">频道宣传 3′　广告 2′　文艺导航 9′　公共宣传 1′</td></tr>
<tr><td>16:25</td><td colspan="7">最佳现场通档　重播　25′</td></tr>
<tr><td>16:50</td><td colspan="7">频道宣传 3′　广告 3′　公共宣传 1′　广告 3′</td></tr>
<tr><td>17:00</td><td>电视先锋榜
50′</td><td>艺苑新视角
重播
42′</td><td>精彩大放送
——看综艺
42′</td><td>精彩大放送
——看电影
42′</td><td>精彩大放送
——看笑星
42′</td><td>艺苑新视角
42′</td><td>精彩大放送
——看文艺
42′</td></tr>
<tr><td>17:42</td><td>广告 3′
公共宣传 2′
广告 2′
频道宣传 3′</td><td colspan="6">广告 3′　公共宣传 1′　文艺导航 9′　广告 2′　频道宣传 2′</td></tr>
<tr><td>18:00</td><td colspan="7">笑动百乐汇通档　25′</td></tr>
<tr><td>18:25</td><td colspan="7">频道宣传 3′　广告 2′</td></tr>
<tr><td>18:30</td><td colspan="7">音乐风云榜通档　25′</td></tr>
</table>

续表

<table>
<tr><th>时间</th><th>星期一</th><th>星期二</th><th>星期三</th><th>星期四</th><th>星期五</th><th>星期六</th><th>星期日</th></tr>
<tr><td>18:55</td><td colspan="7">频道宣传 2′　广告 3′</td></tr>
<tr><td>19:00</td><td colspan="7">每日文娱播报通档　27′</td></tr>
<tr><td>19:27</td><td colspan="7">广告 3′　频道宣传 2′　上集回放 1′　广告 2′</td></tr>
<tr><td>19:35</td><td colspan="7">电视剧第一集：正片 45′（中插广告 1′）　广告 2′　下集预告 1′　共计 49′</td></tr>
<tr><td>20:24</td><td colspan="6">频道宣传 2′　广告 1′　上集回放 1′　广告 1′</td><td>20:24
频道宣传 2′
广告 2′
频道宣传 2′</td></tr>
<tr><td>20:29</td><td colspan="6">电视剧第二集：正片 45′（中插广告 1′+1′30″）　广告 2′30″　下集预告 1′　共计 51′</td><td>20:30
喜来坞
70′</td></tr>
<tr><td>21:20</td><td colspan="6">频道宣传 3′　广告 2′</td><td>21:40
文艺导航 9′
广告 2′
频道宣传 2′</td></tr>
<tr><td>21:25</td><td>娱乐黄金档
百姓秀场
42′</td><td>娱乐黄金档
光荣绽放
42′</td><td>娱乐黄金档
影视风云路
42′</td><td>娱乐黄金档
经典回眸
42′</td><td>娱乐黄金档
神州音话
42′</td><td rowspan="3">娱乐黄金档
星夜故事秀
70′</td><td rowspan="3">21:53
精彩大放送
——看文艺
（重播）
42′</td></tr>
<tr><td>22:07</td><td colspan="5">频道宣传 1′　广告 2′</td></tr>
<tr><td>22:10</td><td colspan="5">天天影视圈 25′</td></tr>
<tr><td>22:35</td><td colspan="7">频道宣传 1′　广告 2′</td></tr>
<tr><td>22:38</td><td colspan="7">最佳现场通档　25′</td></tr>
<tr><td>23:03</td><td colspan="7">广告 4′　文艺导航 9′　广告 1′频道宣传 1′</td></tr>
<tr><td>23:18</td><td colspan="7">快乐今宵通档　50′</td></tr>
<tr><td>00:08</td><td colspan="7">广告 2′频道宣传 2′　广告 2′</td></tr>
<tr><td>00:14</td><td colspan="7">明星影院　100′（含广告）</td></tr>
<tr><td>01:54</td><td colspan="7">频道宣传 2′　公共宣传 1′</td></tr>
<tr><td>01:57</td><td colspan="7">频道宣传 3′（节目预告）</td></tr>
<tr><td>02:00</td><td colspan="7">结束</td></tr>
</table>

2010 年 BTV 科教频道节目编排方案（第五稿）

<table>
<tr><th>时间</th><th>周一</th><th>周二</th><th>周三</th><th>周四</th><th>周五</th><th>周六</th><th>周日</th><th>时段</th></tr>
<tr><td>06:00</td><td colspan="7">开播晨曲 1′</td><td rowspan="14">早间综合时段</td></tr>
<tr><td>06:01</td><td colspan="7">现场说法 25′重播</td></tr>
<tr><td>06:26</td><td colspan="7">频道宣传 2′+公共宣传 2′</td></tr>
<tr><td>06:30</td><td colspan="7">法治进行时 20′重播</td></tr>
<tr><td>06:50</td><td colspan="7">大家说法 20′重播</td></tr>
<tr><td>07:10</td><td colspan="7">频道宣传 1′+平时广告 1′</td></tr>
<tr><td>07:12</td><td colspan="7">非常看法 25′重播</td></tr>
<tr><td>07:37</td><td colspan="7">频道宣传 2′+公共宣传 1′</td></tr>
<tr><td>07:40</td><td rowspan="2">养生堂周日版 45′重播</td><td colspan="6">养生堂 30′重播</td></tr>
<tr><td>08:10</td><td colspan="6">科学实验室 15′重播</td></tr>
<tr><td>08:25</td><td colspan="7">频道宣传 1′+平时广告 2′+公共宣传 2′</td></tr>
<tr><td>08:30</td><td colspan="7">健康北京 20′重播</td></tr>
<tr><td>08:50</td><td colspan="7">频道宣传 4′+公共宣传 1′</td></tr>
<tr><td>08:55</td><td>晚晴 30′</td><td colspan="4">八点非常故事汇精编版 30′</td><td>非常记忆 30′</td><td>电视先锋榜 30′</td></tr>
<tr><td>09:25</td><td colspan="7">频道宣传 2′+平时广告 2′+公共宣传 1′</td><td rowspan="7">上午人文时段</td></tr>
<tr><td rowspan="2">09:30</td><td colspan="7">点亮人生八点非常故事汇 50′</td></tr>
<tr><td>警法目录</td><td>非常网络</td><td>非常说名</td><td>非常接触</td><td>非常夫妻</td><td>非常父母</td><td>非常向上</td></tr>
<tr><td>10:20</td><td colspan="7">频道宣传 6′+平时广告 2′+公共宣传 2′</td></tr>
<tr><td>10:30</td><td colspan="7">天天听讲 5′</td></tr>
<tr><td>10:35</td><td colspan="7">养生堂精编版 49′</td></tr>
<tr><td>11:24</td><td colspan="7">频道宣传 1′+公共宣传 1′+广告 4′</td></tr>
<tr><td>11:30</td><td colspan="7">现场说法 25′</td><td rowspan="4">午间法治时段</td></tr>
<tr><td>11:55</td><td colspan="7">平时广告 5′</td></tr>
<tr><td>12:00</td><td colspan="7">法治进行时 20′</td></tr>
<tr><td>12:20</td><td colspan="7">大家说法 20′</td></tr>
<tr><td>12:40</td><td colspan="7">频道宣传 1′+平时广告 4′</td><td rowspan="8"></td></tr>
<tr><td>12:45</td><td colspan="7">魅力科学 20′</td></tr>
<tr><td>13:05</td><td colspan="7">频道宣传 2′+平时广告 2′+公共宣传 1′</td></tr>
<tr><td rowspan="2">13:10</td><td colspan="7">点亮人生八点非常故事汇 50′重播</td></tr>
<tr><td>非常向上</td><td>警法目录</td><td>非常网络</td><td>非常说名</td><td>非常接触</td><td>非常夫妻</td><td>非常父母</td></tr>
<tr><td>14:00</td><td colspan="7">频道宣传 1′+平时广告 1′+上集回放 1′+平时广告 2′+公共宣传 1′</td></tr>
<tr><td>14:06</td><td colspan="7">魅力剧场 51′电视剧第一集：正片 45′（中插广告 1′30″+1′30″）+平时广告 2′+下集预告 1′</td></tr>
<tr><td>14:57</td><td colspan="7">频道宣传 1′+平时广告 1′+上集回放 1′+平时广告 2′+公共宣传 1′</td></tr>
</table>

续表

时间	周一	周二	周三	周四	周五	周六	周日	时段
15:03	魅力剧场51′电视剧第二集：正片45′（中插广告1′30″+1′30″）+平时广告2′+下集预告1′							下午综合时段
15:54	频道宣传1′30″+平时广告1′+上集回放1′+平时广告1′+公共宣传30″							
15:59	魅力剧场51′电视剧第三集：正片45′（中插广告1′30″+1′30″）+平时广告2′+下集预告1′							
16:50	频道宣传2′+平时广告2′+公共宣传1′							
16:55	魅力科学20′重播							
17:15	频道宣传4′+公共宣传1′							下午健康时段
17:20	科学实验室15′						天天听讲5′	
17:35	频道宣传2′+平时广告2′+公共宣传1′						养生堂周日版45′	
17:40	养生堂30′							
18:10	频道宣传1′+平时广告3′+公共宣传1′							
18:15	健康北京20′							
18:35	频道宣传1′30″+平时广告3′+公共宣传30″							
18:40	非常看法25′							
19:05	频道宣传1′+平时广告2′+公共宣传2′							晚间人文时段
19:10	传奇40′							
19:50	频道宣传1′+平时广告3′+公共宣传1′							
19:55	天天听讲5′							
20:00	点亮人生八点非常故事汇50′							
	非常网络	非常说名	非常接触	非常夫妻	非常父母	非常向上	警法目录	
20:50	频道宣传3′							
20:53	频道宣传2′+平时广告3′+公共宣传2′							
21:00	北京新闻30′（含气象服务4′）							夜间综合时段
21:30	现场说法25′重播							
21:55	频道宣传1′+平时广告1′+上集回放30″+平时广告2′							
21:59	星月剧场电视剧第一集50′30″：正片45′（中插广告1′35″+1′35″）+平时广告2′+下集预告30″							
22:50	平时广告1′+上集回放30″+平时广告1′							
22:52	星月剧场电视剧第二集49′30″：正片45′（中插广告1′35″+1′35″）+平时广告40″+下集预告30″							
23:42	频道宣传1′+平时广告2′							
23:45	珍品档案15′							
00:00	法治进行时20′重播							
00:20	大家说法20′重播							
00:40	频道宣传2′+公共宣传3′							
00:45	非常看法25′重播							
01:10	频道宣传1′+公共宣传2′							
01:13	点亮人生八点故事汇50′重播							
	非常网络	非常说名	非常接触	非常夫妻	非常父母	非常向上	警法目录	
02:03	天天听讲5′							
02:08	结束夜曲1′							

2010 年 BTV 影视频道节目编排方案（第五稿）

时间	节目名称	时长
6:31:30	公宣 2′、频宣 2′	0:04:00
6:35:30	重播　英雄剧场 - 1　正片 45′（中插广告 30″ + 1′）	0:46:30
7:22:00	广告 2′ + 下集预告 30″ + 公宣 2′、频宣 2′30″	0:07:00
7:29:00	重播　英雄剧场 - 2　正片 45′（中插广告 1′ + 1′）	0:47:00
8:16:00	下集预告 30″	0:00:30
8:16:30	商务专题 10′	0:10:00
8:26:30	公宣 1′、频宣 1′	0:02:00
8:28:30	影视集结号 12′	0:12:00
8:40:30	频宣 1′30″、公宣 2′、广告 1′	0:04:30
8:45:00	重播　黄金剧场 - 1　正片 45′35″（中插广告 1′30″ + 1′30″）	0:48:35
9:33:35	广告 3′ + 下集预告 35″ + 广告 3′、频宣 1′30″	0:08:05
9:41:40	重播　黄金剧场 - 2　正片 45′35″（中插广告 1′30″ + 1′30″）	0:48:35
10:30:15	商务专题 5′	0:05:00
10:35:15	下集预告 35″ + 广告 4′、频宣 1′30″	0:06:05
10:41:20	重播　黄金剧场 - 3　正片 45′35″（中插广告 1′30″ + 1′30″）	0:48:35
11:29:55	广告 30″ + 下集预告 35″ + 公宣 2′	0:03:05
11:33:00	影视集结号 12′	0:12:00
11:45:00	商务专题 10′	0:10:00
11:55:00	★家和剧场 - 1　正片 45′（中插广告 1′ + 1′）	0:47:00
12:42:00	广告 4′ + 下集预告 30″ + 频宣 1′30″	0:06:00
12:48:00	★家和剧场 - 2　正片 45′（中插广告 1′ + 1′）	0:47:00
13:35:00	下集预告 30″、频宣 15″	0:01:00
13:36:00	商务专题 10′	0:10:00
13:46:00	频宣 1′15″	0:01:00
13:47:00	★家和剧场 - 3　正片 45′（中插广告 1′ + 1′）	0:47:00
14:34:00	广告 3′ + 下集预告 30″ + 公宣 3′、频宣 2′30″	0:09:00
14:43:00	★家和剧场 - 4　正片 45′（中插广告 1′ + 1′）	0:47:00
15:30:00	广告 2′ + 下集预告 30″ + 广告 2′ + 公宣 2′、频宣 1′30″	0:08:00
15:38:00	★家和剧场 - 5　正片 45′（中插广告 1′ + 1′）	0:47:00
16:25:00	下集预告 30″	0:01:00

续表

时间	节目名称	时长
16:26:00	商务专题 10′	0:10:00
16:36:00	公宣 2′+频宣 2′30″	0:04:00
16:40:00	影视集结号 12′	0:12:00
16:52:00	公宣 3′、频宣 4′、广告 1′	0:08:00
17:00:00	★英雄剧场-1　正片 45′（中插广告 1′30″+1′30″）	0:48:00
17:48:00	广告 4′+下集预告 30″+广告 2′、频宣 1′30″、广告 2′	0:10:00
17:58:00	★英雄剧场-2　正片 45′（中插广告 1′30″+1′30″）	0:48:00
18:46:00	广告 4′+下集预告 30″+广告 4′、频宣 30″	0:09:00
18:55:00	★情景剧场　正片 23′（中插广告 1′30″）	0:25:00
19:20:00	频宣 3′、公宣 1′、广告 3′+上集回放 30″+广告 4′	0:11:00
19:31:00	★黄金剧场-1　正片 45′35″（中插提示 5″+广告 1′）+广告 3′+下集预告 35″	0:50:15
20:21:15	频宣 3′、广告 2′、公宣 1′+上集回放 30″+广告 3′	0:09:30
20:30:45	★黄金剧场-2　正片 45′35″（中插提示 5″+广告 1′、中插提示 5″+广告 1′30″）+广告 4′+下集预告 35″	0:52:50
21:23:35	频宣 2′30″、广告 3′、公宣 2′+上集回放 30″+广告 3′	0:11:00
21:34:35	★黄金剧场-3　正片 45′35″（中插提示 5″+广告 1′30″、中插提示 5″+广告 1′30″）+广告 4′+下集预告 35″	0:53:20
22:27:55	频宣 30″、广告 2′、公宣 2′、广告 2′、	0:06:30
22:34:25	影视集结号 5′	0:05:00
22:39:25	★明星影院精彩热播　正片 95′（中插广告 1′30″+1′30″+广告 3′、公宣 1′、频宣 1′+中插广告 1′30″+1′30″）	1:46:00
0:25:25	公宣 1′、广告 1′05″、频宣 1′	0:03:05
0:28:30	重播　家和剧场-1　正片 45′	0:45:00
1:13:30	重播　家和剧场-2　正片 45′	0:45:00
1:58:30	重播　家和剧场-3　正片 45′	0:45:00
2:43:30	重播　家和剧场-4　正片 45′	0:45:00
3:28:30	重播　家和剧场-5　正片 45′	0:45:00
4:13:30	公宣 2′、频宣 1′	0:03:00
4:16:30	★星光剧场-1　正片 45′	0:45:00
5:01:30	★星光剧场-2　正片 45′	0:45:00
5:46:30	★星光剧场-3　正片 45′	0:45:00
6:31:30	结束	0:00:00

2010 年 BTV 财经频道节目编排方案（第五稿）

时间	星期一	星期二	星期三	星期四	星期五	星期六	星期日	
6:00	开播曲、报告节目 2′							
6:02	公共宣传 3′							
6:05	北京新闻 30′（含天气）							
6:35	频道宣传 2′、公共宣传 3′							
6:40	天天理财 20′（一重四，日重五）							
7:00	频宣 2′公共宣传 2′、广告 1′							
7:05	首都经济报道 50′							
7:55	频道宣传 2′、公共宣传 2′、广告 1′							
8:00	天下财经周日版 30′	天下财经晚间版 30′					天下财经周六版 30′	
8:30	频道宣传 2′、公宣 1′广告 2′							
8:35	电视先锋榜 30′	财经五连发 30′					北京议事厅 30′	
9:05	频道宣传 2′、公共宣传 2′、广告 1′							
9:10	城市 30′（含广告）							
9:40	频道宣传 2′、公共宣传 1′、广告 2′							
9:45	数说北京 25′	经济法眼 25′						
10:10	频道宣传 2′、广告 2′							
10:14	传奇剧场 -1 上集回放 1′ + 广告 1′ + 正片 45′（中插广告 1′30″ + 中插广告 1′30″） + 广告 1′ + 下集预告 1′							
11:06	公共宣传 1′、广告 1′							
11:08	传奇剧场 -2 上集回放 1′ + 广告 1′ + 正片 45′（中插广告 1′30″ + 中插广告 1′30″） + 广告 1′ + 下集预告 1′ + 频道宣传 2′							
12:02	公共宣传 1′、广告 2′					公共宣传 2′广告 3′		
12:05	天天理财 20′（一重五）					特别节目或大型活动预留 50′	特别节目或大型活动预留 50′	12:07
12:25	频道宣传 2′、公共宣传 1′、广告 2′							
12:30	天下财经 30′							
13:00	频道宣传 2′、公共宣传 1′、广告 2′					频道宣传 3′、公共宣传 2′、广告 3′		12:57
13:05	首都经济报道 50′							
13:55	频道宣传 1′、广告 2′							
13:58	城市 30′							

续表

时间	星期一	星期二	星期三	星期四	星期五	星期六	星期日	
14:28	频道宣传2′、公共宣传2′、广告1′							
14:33	经济法眼（四）	经济法眼25′（含广告）					经济法眼（五）	
14:58	频道宣传2′、公共宣传2′、广告1′							
15:03	电视剧-1 上集回放1′+广告1′+正片45′（中插广告1′30″+中插广告1′30″）+广告1′+下集预告1′							
15:55	频道宣传2′、广告1′							
15:58	电视剧-2 上集回放1′+广告1′+正片45′（中插广告1′30″+中插广告1′30″）+广告1′+下集预告1′							
16:50	频道宣传2′、公共宣传1′、广告2′							
16:55	北京议事厅30′	财经五连发30′					环渤海新视野30′	
17:25	频道宣传2′、公共宣传1′、广告2′							
17:30	名人堂50′	电视先锋榜50′	超级访问50′	名人堂50′	超级访问50′	天下收藏50′	超级访问50′	
18:20	频道宣传2′、广告2′							
18:24	天下财经下午版30′（含广告）					天下财经周六版30′	天下财经周日版30′	18:24
18:54	频道宣传1′、广告2′							
18:57	首都经济报道50′（含广告）							
19:47	频道宣传1′、广告2′							
19:50	城市30′（含广告）							19:50
20:20	频道宣传1′、广告2′						广告1′	20:20
20:23	经济法眼25′（含广告）						数说北京25′（含广告）′	20:21
20:48	频道宣传2′、公共宣传1′、广告2′					20:48 广告1′	频宣1′、广告2′	20:46
20:53	天天理财20′					北京议事厅30′（含广告）	环渤海新视野30′（含广告）	20:49
21:13	频道宣传1′、公共宣传2′、广告2′							
21:18	天下财经晚间版30′（含广告）					广告2′	21:19	
21:48	频道宣传2′、公共宣传2′、广告1′					超级访问50′（含广告）	名人堂50′	
（含广告）	21:21							
21:53	财经五连发30′（含广告）					频宣1′、广告1′	22:11	
						问鼎世界15′（含广告）	问鼎世界15′	22:13

续表

时间	星期一	星期二	星期三	星期四	星期五	星期六	星期日	
22:23	频道宣传2′、公共宣2′、广告3′					频宣1′、广告1′		22:28
22:30	北京新闻30′							
23:00	传奇剧场-1 上集回放1′+广告1′+正片45′（中插广告1′30″+中插广告1′30″）+广告1′+下集预告1′							
23:52	广告1′							
23:53	传奇剧场-2 上集回放1′+广告1′+正片45′（中插广告1′30″+中插广告1′30″）+广告1′+下集预告1′+频道宣传2′							
00:47	财经五连发30′					北京议事厅30′	环渤海新视野30′	
01:17	广告1′							
01:18	城市30′							
01:48	频道宣传2′							
01:50	结束							

2010年BTV体育频道节目编排方案（第五稿）

时间	星期一	星期二	星期三	星期四	星期五	星期六	星期日
6:00	广宣时段10′（含公宣3′）						
6:10	BTV赛场105′（含赛中频道宣传5′）						
7:55	广宣时段5′						
8:00	天天体育50′（重播昨日）						
8:50	广宣时段10′（含公宣3′）						
9:00	体育风趣20′					体坛荟萃30′	
9:20	搏击风暴	足球风尚	马术风行	女性风采	篮球风情		
9:50	广宣时段10′						
10:00	直播：NBA	BTV赛场105′（含赛中5′）		直播：NBA	BTV赛场105′	BTV赛场105′	直播：NBA
11:45	广宣时段5′						
11:50	步步为赢50′					各就各位	健康男女
12:40	广宣时段5′						
12:45	快乐健身一箩筐						

续表

<table>
<tr><th>时间</th><th>星期一</th><th>星期二</th><th>星期三</th><th>星期四</th><th>星期五</th><th>星期六</th><th>星期日</th></tr>
<tr><td>13:15</td><td colspan="7">广宣时段5′</td></tr>
<tr><td>13:20</td><td colspan="7">BTV赛场105′（含赛中频道宣传5′）</td></tr>
<tr><td>15:05</td><td colspan="7">广宣时段10′（含公宣3′）</td></tr>
<tr><td>15:15</td><td colspan="5">BTV赛场105′（含赛中频道宣传5′）</td><td colspan="2">直播周末中超</td></tr>
<tr><td>17:00</td><td colspan="7">广宣时段10′</td></tr>
<tr><td>17:10</td><td colspan="5">快乐健身一箩筐（重播）</td><td colspan="2">直播周末中超</td></tr>
<tr><td>17:40</td><td colspan="7">广宣时段5′</td></tr>
<tr><td>17:45</td><td colspan="5">步步为赢50′（重播）</td><td colspan="2">直播周末中超</td></tr>
<tr><td>18:35</td><td colspan="7">广宣时段5′</td></tr>
<tr><td>18:40</td><td colspan="7">体坛资讯50′</td></tr>
<tr><td>19:30</td><td colspan="7">广宣时段5′</td></tr>
<tr><td>19:35</td><td>足球100分</td><td>篮球风云路100′</td><td>BTV赛场直播CBA、中超</td><td>BTV赛场：105′</td><td>BTV赛场直播CBA、中超</td><td>BTV赛场直播CBA、中超</td><td>BTV赛场直播CBA、中超</td></tr>
<tr><td>21:20</td><td colspan="7">广宣时段5′</td></tr>
<tr><td>21:25</td><td colspan="7">天天体育50′</td></tr>
<tr><td>22:15</td><td colspan="7">广宣时段5′</td></tr>
<tr><td>22:20</td><td>中超集锦</td><td>英超集锦</td><td>各就各位</td><td>健康男女</td><td>欧洲足球集锦</td><td></td><td></td></tr>
<tr><td>23:10</td><td colspan="7">广宣时段10′</td></tr>
<tr><td>23:20</td><td colspan="5">快乐健身一箩筐（重播）</td><td colspan="2" rowspan="6">直播周末
英超/意甲/西甲/德甲</td></tr>
<tr><td>23:50</td><td></td><td>京彩时刻15′</td><td></td><td></td><td>京彩时刻15′</td></tr>
<tr><td>0:05</td><td colspan="5">广宣时段10′</td></tr>
<tr><td>0:15</td><td colspan="5">斗牛、骑牛</td></tr>
<tr><td>0:45</td><td colspan="5">广宣时段15′</td></tr>
<tr><td>1:00</td><td colspan="5">天天体育50′（重）</td></tr>
<tr><td>1:50</td><td colspan="7">频道宣传10′</td></tr>
<tr><td>2:00</td><td colspan="7">BTV赛场105′（含频道宣传5′）</td></tr>
<tr><td>3:45</td><td colspan="7">频道宣传5′</td></tr>
<tr><td>3:50</td><td colspan="7">BTV赛场105′</td></tr>
<tr><td>5:40</td><td colspan="7">体育风趣20′</td></tr>
</table>

2010 年 BTV 生活频道节目编排方案（第五稿）

<table>
<tr><th>时间</th><th>周一</th><th>周二</th><th>周三</th><th>周四</th><th>周五</th><th>周六</th><th>周日</th></tr>
<tr><td>6:00</td><td colspan="7">开始曲、节目预告 1′</td></tr>
<tr><td>6:01</td><td colspan="7">广告 4′</td></tr>
<tr><td>6:05</td><td colspan="5">超级出租车 15′（重）</td><td rowspan="9">我爱我车 40′（重）</td><td rowspan="5">明天我要嫁给你 30′（重）</td></tr>
<tr><td>6:20</td><td colspan="5">公共宣传 2′</td></tr>
<tr><td>6:22</td><td colspan="5">广告 2′</td></tr>
<tr><td>6:24</td><td colspan="5">频道宣传 1′</td></tr>
<tr><td>6:25</td><td colspan="5" rowspan="5">生活大调查 20′（重）</td></tr>
<tr><td>6:35</td><td>频道宣传 1′</td></tr>
<tr><td>6:36</td><td>公共宣传 2′</td></tr>
<tr><td>6:38</td><td>广告 3′</td></tr>
<tr><td>6:41</td><td rowspan="7">7 日 7 频道精编 50′（重）</td></tr>
<tr><td>6:45</td><td colspan="5">公共宣传 2′</td><td>频道宣传 2′</td></tr>
<tr><td>6:47</td><td colspan="5" rowspan="2">健康生活 20′（重）</td><td>广告 3′</td></tr>
<tr><td>6:50</td><td rowspan="7">快乐周末 50′（重）</td></tr>
<tr><td>7:07</td><td colspan="5">频道宣传 1′</td></tr>
<tr><td>7:09</td><td colspan="5">广告 2′</td></tr>
<tr><td>7:10</td><td colspan="5" rowspan="4">你该怎么办 30′（重）</td></tr>
<tr><td>7:31</td><td>频道宣传 1′</td></tr>
<tr><td>7:32</td><td>广告 3′</td></tr>
<tr><td>7:35</td><td rowspan="8">生活面对面精编 50′（重）</td></tr>
<tr><td>7:40</td><td colspan="6">频道宣传 1′</td></tr>
<tr><td>7:41</td><td colspan="6">天气预报 2′</td></tr>
<tr><td>7:43</td><td colspan="6">广告 2′</td></tr>
<tr><td>7:45</td><td colspan="5" rowspan="2">选择 30′（重播）</td><td rowspan="2">真情记忆 30′（重播）</td></tr>
<tr><td>8:15</td></tr>
<tr><td>8:17</td><td colspan="6">广告 2′</td></tr>
<tr><td>8:25</td><td colspan="5" rowspan="4">生活广角 30′（重）</td><td rowspan="4">心灵密码 30′（重播）</td></tr>
<tr><td>8:27</td><td>广告 2′</td></tr>
<tr><td>8:29</td><td>天气预报 2′</td></tr>
<tr><td>8:47</td><td rowspan="3">生活 +45′（重）</td></tr>
<tr><td>8:50</td><td colspan="6">广告 3′</td></tr>
<tr><td>9:14</td><td colspan="6" rowspan="2">生活面对面（重）28′</td></tr>
<tr><td>9:16</td><td>公共宣传 2′</td></tr>
</table>

续表

<table>
<tr><th>时间</th><th>周一</th><th>周二</th><th>周三</th><th>周四</th><th>周五</th><th>周六</th><th>周日</th></tr>
<tr><td>9:18</td><td colspan="6" rowspan="2">广告3′</td><td rowspan="2">广告3′</td></tr>
<tr><td>9:19</td></tr>
<tr><td>9:21</td><td colspan="6" rowspan="4">7日7频道28′（重）</td><td rowspan="7">魅力周末50′（重）</td></tr>
<tr><td>9:23</td></tr>
<tr><td>9:24</td></tr>
<tr><td>9:27</td></tr>
<tr><td>9:49</td><td colspan="6">频道宣传1′</td></tr>
<tr><td>9:50</td><td colspan="6">公共宣传2′</td></tr>
<tr><td>9:52</td><td colspan="6" rowspan="3">快乐生活一点通25′（重播）</td></tr>
<tr><td>10:09</td><td>广告3′</td></tr>
<tr><td>10:12</td><td rowspan="6">生活大调查精编50′（重）</td></tr>
<tr><td>10:17</td><td colspan="6">广告3′</td></tr>
<tr><td>10:20</td><td colspan="5">公共宣传2′</td><td>频道宣传2′</td></tr>
<tr><td>10:22</td><td colspan="6">食全食美（重）30′</td></tr>
<tr><td>10:52</td><td colspan="6">频道宣传1′</td></tr>
<tr><td>10:53</td><td colspan="6">广告3′</td></tr>
<tr><td>10:56</td><td colspan="5" rowspan="5">大城小事30′（重播）</td><td rowspan="5">大城小事周末版30′（重）</td><td>生活大调查精编</td></tr>
<tr><td>11:02</td><td>频道宣传1′</td></tr>
<tr><td>11:03</td><td>广告3′</td></tr>
<tr><td>11:06</td><td rowspan="4">食全食美周末版30′（重）</td></tr>
<tr><td>11:13</td></tr>
<tr><td>11:26</td><td colspan="6">广告2′</td></tr>
<tr><td>11:28</td><td colspan="6" rowspan="4">生活面对面（重）28′</td></tr>
<tr><td>11:36</td><td>频道宣传2′</td></tr>
<tr><td>11:38</td><td>广告1′</td></tr>
<tr><td>11:39</td><td rowspan="3">生活实验室30′（重）</td></tr>
<tr><td>11:56</td><td colspan="6">广告2′</td></tr>
<tr><td>11:58</td><td colspan="6" rowspan="5">超级出租车15′（重播）</td></tr>
<tr><td>12:09</td><td>频道宣传1′</td></tr>
<tr><td>12:10</td><td>广告1′</td></tr>
<tr><td>12:11</td><td rowspan="3">第7日30′（重）</td></tr>
<tr><td>12:13</td><td colspan="5">广告2′</td><td>频道宣传2′</td></tr>
<tr><td>12:15</td><td colspan="6" rowspan="2">7日7频道28′（重播）</td></tr>
<tr><td>12:41</td><td>频道宣传2′</td></tr>
</table>

续表

<table>
<tr><th>时间</th><th>周一</th><th>周二</th><th>周三</th><th>周四</th><th>周五</th><th>周六</th><th>周日</th></tr>
<tr><td>12:43</td><td colspan="6">频道宣传 1′</td><td rowspan="8">大城小事周末版 30′（重）</td></tr>
<tr><td>12:44</td><td colspan="6">广告 2′</td></tr>
<tr><td>12:46</td><td colspan="5" rowspan="2">健康生活 20′（重播）</td><td>频道宣传 1′</td></tr>
<tr><td>12:47</td><td rowspan="8">食全食美周末版 30′（重）</td></tr>
<tr><td>13:06</td><td colspan="5">频道宣传 1′</td></tr>
<tr><td>13:07</td><td colspan="5">公共宣传 2′</td></tr>
<tr><td>13:09</td><td colspan="5">广告 3′</td></tr>
<tr><td>13:12</td><td colspan="5" rowspan="6">生活大调查 20′（重）</td></tr>
<tr><td>13:13</td><td>频道宣传 1′</td></tr>
<tr><td>13:14</td><td>广告 2′</td></tr>
<tr><td>13:16</td><td rowspan="13">快乐周末 50′（重）</td></tr>
<tr><td>13:17</td><td rowspan="5">生活实验室 30′（重）</td></tr>
<tr><td>13:19</td></tr>
<tr><td>13:32</td><td colspan="5">公共宣传 2′</td></tr>
<tr><td>13:34</td><td colspan="5">广告 3′</td></tr>
<tr><td>13:37</td><td colspan="5" rowspan="3">时尚前线 20′（重播）</td></tr>
<tr><td>13:47</td><td>广告 1′</td></tr>
<tr><td>13:48</td><td rowspan="4">超级出租车 15′（重）</td></tr>
<tr><td>13:57</td><td colspan="5">频道宣传 2′</td></tr>
<tr><td>13:59</td><td colspan="5">广告 3′</td></tr>
<tr><td>14:02</td><td colspan="5">公共宣传 2′</td></tr>
<tr><td>14:03</td><td colspan="5" rowspan="6">你该怎么办 30′（重播）</td><td>频道宣传 1′</td></tr>
<tr><td>14:04</td><td rowspan="5">第 7 日 30′（重）</td></tr>
<tr><td>14:06</td><td>公共宣传 2′</td></tr>
<tr><td>14:08</td><td>广告 2′</td></tr>
<tr><td>14:10</td><td>频道宣传 1′</td></tr>
<tr><td>14:11</td><td rowspan="4">生活大调查精编 50′（重）</td></tr>
<tr><td>14:34</td><td colspan="6">广告 3′</td></tr>
<tr><td>14:37</td><td colspan="6">公共宣传 2′</td></tr>
<tr><td>14:39</td><td colspan="5" rowspan="4">生活广角 30′（重播）</td><td rowspan="4">心灵密码 30′（重）</td></tr>
<tr><td>15:01</td><td>广告 2′</td></tr>
<tr><td>15:03</td><td>频道宣传 1′</td></tr>
<tr><td>15:04</td><td rowspan="4">魅力周末 50′（重）</td></tr>
<tr><td>15:09</td><td colspan="6">频道宣传 2′</td></tr>
<tr><td>15:11</td><td colspan="6">广告 3′</td></tr>
<tr><td>15:14</td><td colspan="6">食全食美 30′（重播）</td></tr>
</table>

续表

<table>
<tr><th>时间</th><th>周一</th><th>周二</th><th>周三</th><th>周四</th><th>周五</th><th>周六</th><th>周日</th></tr>
<tr><td>15:44</td><td colspan="6">频道宣传1′</td><td rowspan="4">魅力周末50′</td></tr>
<tr><td>15:45</td><td colspan="6">广告3′</td></tr>
<tr><td>15:48</td><td colspan="6">公共宣传2′</td></tr>
<tr><td>15:50</td><td colspan="5" rowspan="4">选择30′（重）</td><td rowspan="4">真情记忆30′（重）</td></tr>
<tr><td>15:54</td><td>频道宣传1′</td></tr>
<tr><td>15:55</td><td>广告3′</td></tr>
<tr><td>15:58</td><td rowspan="4">我爱我车40′（重）</td></tr>
<tr><td>16:20</td><td colspan="6">广告3′</td></tr>
<tr><td>16:23</td><td colspan="6">公共宣传2′</td></tr>
<tr><td>16:25</td><td colspan="6" rowspan="4">快乐生活一点通25′（重播）</td></tr>
<tr><td>16:38</td><td>频道宣传1′</td></tr>
<tr><td>16:39</td><td>广告3′</td></tr>
<tr><td>16:42</td><td rowspan="7">生活面对面精编50′（首播）</td></tr>
<tr><td>16:50</td><td colspan="6">广告2′</td></tr>
<tr><td>16:52</td><td colspan="5">公共宣传2′</td><td rowspan="7">生活+45′（重）</td></tr>
<tr><td>16:54</td><td colspan="5">生活大调查20′（重播）</td></tr>
<tr><td>17:14</td><td colspan="5">频道宣传1′</td></tr>
<tr><td>17:15</td><td colspan="5">广告3′</td></tr>
<tr><td>17:18</td><td colspan="5" rowspan="6">大城小事30′（重播）</td></tr>
<tr><td>17:32</td><td>广告2′</td></tr>
<tr><td>17:34</td><td rowspan="8">7日7频道精编50′（首播）</td></tr>
<tr><td>17:37</td><td>频道宣传2′</td></tr>
<tr><td>17:39</td><td>广告1′</td></tr>
<tr><td>17:40</td><td rowspan="4">大城小事周末版30′（重）</td></tr>
<tr><td>17:48</td><td colspan="5">频道宣传1′</td></tr>
<tr><td>17:49</td><td colspan="5">广告1′</td></tr>
<tr><td>17:50</td><td colspan="5">健康生活20′（首播）</td></tr>
<tr><td>18:10</td><td colspan="6" rowspan="4">食全食美30′（首播）</td></tr>
<tr><td>18:24</td><td>频道宣传1′</td></tr>
<tr><td>18:25</td><td rowspan="3">食全食美周末版30′（首播）</td></tr>
<tr><td>18:26</td></tr>
<tr><td>18:41</td><td colspan="6">超级出租车15′（首播）</td></tr>
<tr><td>18:55</td><td colspan="7">广告3′</td></tr>
<tr><td>18:58</td><td colspan="6">生活面对面28′（首播）</td><td rowspan="2">生活实验室（首播）30′</td></tr>
<tr><td>19:26</td><td colspan="6">广告2′</td></tr>
</table>

续表

<table>
<tr><th>时间</th><th>周一</th><th>周二</th><th>周三</th><th>周四</th><th>周五</th><th>周六</th><th>周日</th></tr>
<tr><td>19:28</td><td colspan="6">7日7频道28′（首播）</td><td rowspan="3">第7日
30′（首播）</td></tr>
<tr><td>19:56</td><td colspan="6">频道宣传1′</td></tr>
<tr><td>19:57</td><td colspan="6" rowspan="2">广告2′</td></tr>
<tr><td>19:58</td><td>广告1′</td></tr>
<tr><td>19:59</td><td colspan="6">快乐生活一点通25′（首播）</td><td rowspan="6">快乐周末
50′（首播）</td></tr>
<tr><td>20:24</td><td colspan="5">广告1′</td><td rowspan="8">生活+
45′（首播）</td></tr>
<tr><td>20:25</td><td colspan="5">生活大调查20′（首播）</td></tr>
<tr><td>20:45</td><td colspan="5">频道宣传1′</td></tr>
<tr><td>20:46</td><td colspan="5">广告1′</td></tr>
<tr><td>20:47</td><td colspan="5" rowspan="4">时尚前线20′（首播）</td></tr>
<tr><td>20:49</td><td>广告2′</td></tr>
<tr><td>20:51</td><td rowspan="4">魅力周末
50′（首播）</td></tr>
<tr><td>21:07</td></tr>
<tr><td>21:09</td><td colspan="6">天气预报2′</td></tr>
<tr><td>21:11</td><td colspan="5">大城小事30′（首播）</td><td>大城小事周末
版30′（首播）</td></tr>
<tr><td>21:41</td><td colspan="7">频道宣传1′</td></tr>
<tr><td>21:42</td><td colspan="7">广告2′</td></tr>
<tr><td>21:44</td><td colspan="5">选择30′（首播）</td><td>真情记忆
30′（首播）</td><td rowspan="3">生活大调查
精编50′（首播）</td></tr>
<tr><td>22:14</td><td colspan="6">广告2′</td></tr>
<tr><td>22:16</td><td colspan="5" rowspan="4">生活广角30′（首播）</td><td rowspan="4">心灵密码
30′（首播）</td></tr>
<tr><td>22:34</td><td>广告1′</td></tr>
<tr><td>22:35</td><td>天气预报2′</td></tr>
<tr><td>22:37</td><td rowspan="4">明天我要嫁给
你30′（首播）</td></tr>
<tr><td>22:46</td><td colspan="5">频道宣传1′</td><td rowspan="2">广告3′</td></tr>
<tr><td>22:47</td><td colspan="5">广告2′</td></tr>
<tr><td>22:49</td><td colspan="5" rowspan="3">你该怎么办30′（首播）</td><td rowspan="5">我爱我车
40′（首播）</td></tr>
<tr><td>23:07</td><td>广告3′</td></tr>
<tr><td>23:10</td><td rowspan="7">生活面对面
精编50′（重）</td></tr>
<tr><td>23:19</td><td colspan="5">广告3′</td></tr>
<tr><td>22:22</td><td colspan="5" rowspan="4">超级出租车15′（重播）</td></tr>
<tr><td>23:29</td><td>广告3′</td></tr>
<tr><td>23:32</td><td>频道宣传2′</td></tr>
<tr><td>23:34</td><td rowspan="2">超级出租车
15′（重播）</td></tr>
<tr><td>23:37</td><td colspan="5">频道宣传2′</td></tr>
</table>

续表

时间	周一	周二	周三	周四	周五	周六	周日
23:39	广告 3′					超级出租车 15′（重播）	生活面对面精编 50′（重）
23:42	生活面对面 28′（重播）						
23:49						频道宣传 1′	
23:50						广告 3′	
23:53						生活面对面 28′（重）	
0:00							广告 4′
0:04							频道宣传 2′
0:06							7 日 7 频道精编 50′（重）
0:10	广告 3′						
0:13	7 日 7 频道 28′（重播）						
0:21						频道宣传 2′	
0:23						广告 3′	
0:26						7 日 7 频道 28′（重）	
0:41	广告 1′						
0:42	公共宣传 2′						
0:44	时尚前线 20′（重播）						
0:54						频道宣传 2′	
0:56						广告 4′	
1:00						明天我要嫁给你 30′（重）	电视先锋榜 30′
1:04	广告 4′						
1:08	魅力周末 50′（重）	快乐周末 50′（重）	魅力周末 50′（重）	快乐周末 50′（重）	生活大调查精编 50′（重）		
1:30						公共宣传 2′	广告 2′
1:32						快乐生活一点通 25′（重播）	
1:57						频道宣传 1′	
1:58	节目预告、结束语 2′						
2:00	结束						

2010 年 BTV 青少频道节目编排方案（第五稿）

时间	星期一	星期二	星期三	星期四	星期五	星期六	星期日	时间
6:00	开播曲－报告节目频道宣传 7′＋公共宣传 2′＋广告 2′					开播曲－报告节目频道宣传 1′		6:00
6:11	探索周末版 50′	探索 50′				探索 50′	探索周末版 50′	6:01
7:01	频道宣传 5′＋广告 2′＋公共宣传 2′					频道宣传 1′＋广告 2′		6:51
7:10	北京青年 30′					SK 状元榜 50′	北京男孩 50′	6:54
7:40	频道宣传 5′＋广告 2′＋公共宣传 2′					频道宣传 2′＋广告 2′＋公共宣传 1′		7:44
7:49	情感部落格 50′	青年人文通档天天悦读汇 50′					情感部落格 50′	7:49
		风云人物榜	文教聚焦点	活力昀之道	阅读超时刻	魅力昊客厅		
8:39	频道宣传 3′＋广告 2′＋公共宣传 2′							8:39
8:46	谁在说 30′							8:46
9:16	频道宣传 3′＋广告 2′＋公共宣传 2′							9:16
9:23	青春那些事（青春偶像栏目剧）30′					快乐起飞 50′	SK 状元榜 50′	9:23
9:53	频道宣传 3′＋公共宣传 1′＋广告 2′＋上集回放 1′＋广告 2′							
10:02	电视剧场 53′正片 47′（中插广告 1′30″＋1′30″）＋广告 2′＋下集预告 1′					频道宣传 3′＋广告 2′＋公共宣传 2′		10:13
10:55	公共宣传 1′＋广告 2′＋上集回放 1′＋广告 2′					炫影院 90′	炫影院 90′	10:20
11:01	电视剧场 53′正片 47′（中插广告 1′30″＋1′30″）＋广告 2′＋下集预告 1″							
11:54	公共宣传 1′＋广告 2′＋频道宣传 1′					频道宣传 5′＋广告 2′＋公共宣传 1′		11:50
11:58	青春那些事（青春偶像栏目剧）30′							11:58
12:28	频道宣传 3′＋广告 2′					频道宣传 3′＋广告 2′		12:28
12:33	情感部落格 50′	青年人文通档天天悦读汇 50′					情感部落格 50′	12:33
		风云人物榜	文教聚焦点	活力昀之道	阅读超时刻	魅力昊客厅		
13:23	频道宣传 3′＋广告 2′					频道宣传 3′＋广告 2′＋公共宣传 2′		13:23
13:28	北京青年 30′					北京青年 30′	电视先锋榜 30′	13:30
13:58	公共宣传 3′＋广告 2′					频道宣传 2′＋广告 2′＋公共宣传 2′		14:00
14:03	电视先锋榜 50′	情感部落格 50′		快乐起飞 50′	SK 状元榜	综艺 50 分	北京男孩 50′	14:06

续表

时间	星期一	星期二	星期三	星期四	星期五	星期六	星期日	时间
14:53	频道宣传3′+广告2′+上集回放1′+广告2′					频道宣传3′+公共宣传2′+广告2′+回放1′+广告2′		14:56
15:01	八区剧场53′正片47′（中插广告1′30″+1′30″）+广告2′+下集预告1′					八区剧场正片47′（中插广告1′30″+1′30″）+广告2′+下集预告1′		15:06
15:54	公共宣传2′+广告2′+上集回放1′+广告2′					公宣2′+广告2′+回放1′+广告2′		15:59
16:01	八区剧场53′正片47′（中插广告1′30″+1′30″）+广告2′+下集预告1′					八区剧场正片47′（中插广告1′30″+1′30″）+广告2′+下集预告1′		16:06
16:54	频道宣传3′+广告2′+公共宣传1′					频道宣传3′+广告2′+公共宣传2′		16:59
17:00	谁在说30′					谁在说30′		17:06
17:30	广告2′					频道宣传3′+广告2′+公共宣传1′		17:36
17:32	北京青年30′					探索周末版50′		17:42
18:02	广告2′+公共宣传1′							
18:05	探索50′							
18:55	广告2′					频道宣传3′+广告2′		18:32
18:57	天下天天谈30′					SK状元榜50′	快乐起飞50′	18:37
19:27	频道宣传1′+广告2′							19:27
19:30	谁在说30′							19:30
20:00	频道宣传3′+广告2′							20:00
20:05	北京青年30′					情感部落格50′		20:05
20:35	频道宣传3′+广告2′					频道宣传2′+广告2′+公共宣传1′		20:55
20:40	青年人文通档　天天悦读汇50′					北京男孩50′	综艺50分50′	21:00
	风云人物榜	文教聚焦点	活力昀之道	阅读超时刻	魅力昊客厅			
21:30	公共宣传1′+广告2′							
21:33	青春那些事（青春偶像栏目剧）30′							
22:03	广告2′+上集回放1′+广告2′					广告2′+上集回放1′+广告2′		21:50
22:08	八区剧场53′正片47′（中插广告1′30″+1′30″）+广告2′+下集预告1′					八区剧场53′正片47′（中插广告1′30″+1′30″）+广告2′+预告1′		21:55
23:01	公共宣传1′+频道宣传3′+广告2′+上集回放1′+广告2′					频宣2′+广告2′+回放1′+广告2′		22:54

续表

<table>
<tr><th>时间</th><th>星期一</th><th>星期二</th><th>星期三</th><th>星期四</th><th>星期五</th><th>星期六</th><th>星期日</th><th>时间</th></tr>
<tr><td>23:10</td><td colspan="5">八区剧场53′正片47′（中插广告1′30″+1′30″）+广告2′+下集预告1′</td><td colspan="2">八区剧场53′正片47′+（中插广告1′30″+1′30″）+广告2′+预告1′</td><td>22:55</td></tr>
<tr><td>00:03</td><td colspan="5">公共宣传1′+频道宣传2′+广告2′+公共宣传2′</td><td colspan="2">频道宣传3′+广告2′+公共宣传2′</td><td>23:48</td></tr>
<tr><td>00:10</td><td colspan="5">探索50′</td><td colspan="2">探索周末版50′</td><td>23:55</td></tr>
<tr><td>01:00</td><td colspan="5">频道宣传1′+广告2′+公共宣传2′</td><td colspan="2">频道宣传4′+广告2′+公共宣传2′</td><td>00:45</td></tr>
<tr><td>01:05</td><td colspan="5">谁在说30′</td><td colspan="2">谁在说30′</td><td>00:53</td></tr>
<tr><td>01:35</td><td colspan="5">频道宣传1′+广告2′+公共宣传2′</td><td colspan="2">频道宣传3′+广告2′+公共宣传2′</td><td>01:23</td></tr>
<tr><td>01:40</td><td colspan="5">青春那些事（青春偶像栏目剧）30′</td><td>北京男孩50′</td><td>综艺50分</td><td>01:30</td></tr>
<tr><td>02:10</td><td colspan="5">结束</td><td colspan="2">结束</td><td>02:20</td></tr>
</table>

2010年BTV公共频道节目编排表

<table>
<tr><th>时间</th><th>星期一</th><th>星期二</th><th>星期三</th><th>星期四</th><th>星期五</th><th>星期六</th><th>星期日</th><th>时间</th></tr>
<tr><td>6:00</td><td colspan="7">频道宣传2′A+公共宣传2′+频道宣传1′B</td><td>6:00</td></tr>
<tr><td rowspan="2">6:05</td><td rowspan="2">都市阳光20′
华彩宣武</td><td rowspan="2">都市阳光20′
锦绣崇文</td><td colspan="5">6:05 北京故事15′（重播顺序：12345）</td><td>6:05</td></tr>
<tr><td colspan="5">6:20 频宣2′B+公宣2′+频宣1′C</td><td>6:20</td></tr>
<tr><td>6:25</td><td>手机江湖30′</td><td>京郊大地30′</td><td>手机江湖30′</td><td>消费观察30′</td><td>平安生活30′</td><td rowspan="2">都市阳光20′
缤纷西城</td><td>我的父亲母亲30′</td><td rowspan="2"></td></tr>
<tr><td>6:55</td><td colspan="5">频道宣传2′B+公共宣传2′+频道宣传1′B</td><td>频宣2′B+公宣2′+频宣1′C</td></tr>
<tr><td>7:00</td><td colspan="5">红绿灯－早间直播30′</td><td>6:40 这里是北京50′</td><td>7:00 京郊大地30′</td><td>7:00</td></tr>
<tr><td>7:30</td><td colspan="7">频道宣传2′A+公共宣传2′+频道宣传1′C</td><td>7:30</td></tr>
<tr><td rowspan="4">7:35</td><td rowspan="4">这里是北京50′</td><td colspan="5">7:35 红绿灯25′（重播顺序：12345）</td><td>电视先锋榜30′</td><td>7:35</td></tr>
<tr><td colspan="5">8:00 频道宣传2′B</td><td rowspan="2">频宣1′A+公宣2′</td><td rowspan="2">8:05</td></tr>
<tr><td colspan="5">8:02 四海漫游20′（重播顺序：12345）</td></tr>
<tr><td colspan="5">8:22 公共宣传2′</td><td>人才20′</td><td>8:08</td></tr>
</table>

续表

时间	星期一	星期二	星期三	星期四	星期五	星期六	星期日	时间
8:25	频宣1′A+公宣2′+频宣2′B	8:24 故事汇20′（重播顺序：12345）					频道宣传2′B	8:28
		8:44 频道宣传1′C						
8:30	京郊大地30′	8:45 北京故事15′（重播顺序：12345）					平安生活30′	8:30
9:00	广告2′+上集回放1′+广告2′							9:00
9:05	重播晚间剧55′正片47′（中插广告1′30″+中插广告1′30″）+广告2′+下集预告1′+公共宣传2′							9:05
10:00	广告2′+上集回放1′+广告2′							10:00
10:05	重播晚间剧55′正片47′（中插广告1′30″+中插广告1′30″）+广告2′+下集预告1′+公共宣传2′							10:05
11:00	广告2′+上集回放1′+广告2′							11:00
11:05	重播晚间剧55′正片47′（中插广告1′30″+中插广告1′30″）+广告2′+下集预告1′+公共宣传2′							11:05
12:00	我的父亲母亲30′	红绿灯25′（重播顺序：12345）					手机江湖30′	12:00
		频宣1′A+公宣2′+频宣2′B						
12:30	频宣1′A+公宣2′+频宣2′B	12:30 四海漫游20′（重播顺序：51234）					频宣1′A+公宣2′+频宣2′B	12:30
12:35	电视先锋榜50′	12:50 故事汇20′（重播顺序：51234）					电视先锋榜50′	12:35
		13:10 北京故事15′（重播顺序：51234）						
13:25	频宣1′A+公宣2′+频宣2′B							13:25
13:30	身边28′（重播卫视）+公共宣传2′							13:30
14:00	电视购物180′							14:00
17:00	频道宣传1′B+广告2′+公共宣传2′							17:00
17:05	红绿灯－平安行（直播）55′（含广告）							17:05
18:00	这里是北京50′	18:00 频道宣传2′A+广告3′					这里是北京50′	18:00
		18:05 四海漫游20′（重播顺序：12345）						
		18:25 频道宣传2′A+广告3′						
		18:30 故事汇20′（重播顺序：12345）						
18:50	空气质量播报5′							18:50
18:53	旅游天气预报3′							18:53
18:58	广告2′							18:58
19:00	京郊大地30′	我的父亲母亲30′	消费观察30′	平安生活30′	手机江湖30′	消费观察30′	电视先锋榜30′	19:00
19:30	频道宣传1′C+广告2′+公共宣传2′							19:30
19:35	都市阳光20′缤纷西城	都市阳光20′华彩宣武	都市阳光20′锦绣崇文	人才20′	都市阳光20′缤纷西城	都市阳光20′华彩宣武	都市阳光20′锦绣崇文	19:35
19:55	频道宣传1′C+广告2′+公共宣传2′							19:55

续表

时间	星期一	星期二	星期三	星期四	星期五	星期六	星期日	时间
20:00	电视先锋榜 30′	消费观察 30′	平安生活 30′	消费观察 30′	平安生活 30′	电视先锋榜 30′	20:00 频宣 1′A 20:01 好戏周周看 150′ 22:31（约） 频宣 1′A	20:00
20:30	身边 28′（重播卫视）+公共宣传 2′							
21:00	频道宣传 1′A + 公共宣传 2′							
21:03	空气质量播报 5′							
21:08	频道宣传 2′A							
21:10	都市阳光 – DV 生活 10′	都市阳光 – DV 生活 10′	都市阳光 – DV 生活 10′	都市阳光 – DV 生活 10′	都市阳光 – DV 生活 10′	都市阳光 – DV 生活 10′		
21:20	频道宣传 1′（周一至周五单发）+广告 2′+公共宣传 2′					频宣 1′D + 广告 2′ + 公宣 2′		
21:25	红绿灯 25′					21:25 京郊大地 30′		
21:50	广告 2′							
21:52	四海漫游 20′					21:55 频宣 1′E + 广告 2′		
22:12	频道宣传 1′（周一至周五单发）+广告 2′					21:58 我的父亲 母亲 30′		
22:15	故事汇 20′					22:28 频宣 1′F + 广告 2′		
22:35	广告 2′					22:31 手机江 湖 30′		
22:37	北京故事 15′					23:01 公宣 2′		
22:52	频道宣传 2′B							
22:54	广告 2′ + 上集回放 1′ + 广告 2′					23:03 广告 2′ + 上集 1′ + 广告 2′	广告 2′ + 上集 1′ + 广告 2′	22:30
22:59	晚间电视剧 55′正片 47′ （中插广告 1′30″ + 中插广告 1′30″）+广告 2′ + 下集预告 1′ + 公共宣传 2′					23:08 晚间剧	晚间剧	22:35
23:54	广告 2′ + 上集回放 1′ + 广告 2′							

续表

时间	星期一	星期二	星期三	星期四	星期五	星期六	星期日	时间
23:59	晚间电视剧 55′正片 47′（同上）					晚间剧		
00:54	广告 2′+上集回放 1′+广告 2′							
00:59	晚间电视剧 55′正片 47′（同上）					晚间剧		
01:54	结束					0114 版		

2010 年 BTV 卡酷动画卫视常规编排模版

	星期一	星期二	星期三	星期四	星期五	星期六	星期日
4:15	宣传 1　3′					闪天下 23′（重本期）	
4:18	闪天下 23′（重本期）						
4:41	宣传 2　3′						
4:44	玩具总动员 Ⅱ　5′（重）						
4:49	宣传 3　3′					4:43　宣传 1　2′	
4:52	十分开心 23′（重本期）					4:45　十分开心周末版 23′（重本周）	
5:15	宣传 4　3′					5:08　宣传 2　2′	
5:18	卡酷全卡通 23′（重上上期）					5:10　卡酷全卡通周末版 23′（重上上周）	
5:41	宣传 5　3′					5:33　宣传 3　2′	
5:44	卡酷旗舰店 Ⅱ　16′（重）					5:35	
6:00	宣传 6　3′					5:51　宣传 4　2′	
6:03	漫话天下 23′（重上上期）					5:53　十分开心周末版 23′（重上周）	
6:26	宣传 7　3′					6:16　宣传 5　3′	
6:29	卡酷全卡通 23′（重上期）					6:19　卡酷全卡通周末版 23′（重上周）	
6:52	玩具总动员 Ⅰ	玩具总动员 Ⅰ　5′					
6:57	宣传 8　3′					6:47　宣传 6　3′	
7:00	十分开心 26′（重上上期）（含宣传 9　3′）					6:50　KAKU 周末超级大连播—第 1 集 26′（含宣传 7　3′）	
7:26	宣传 10　4′					7:16　宣传 8　4′	
7:30	KAKU 幼幼堂 Ⅰ—第 1 集 26′（含宣传 11　3′）					7:20　KAKU 周末超级大连播—第 2 集 26′（含宣传 9　3′）	
7:56	宣传 12　4′					7:46　宣传 10　4′	

续表

	星期一	星期二	星期三	星期四	星期五	星期六	星期日
8:00	KAKU 幼幼堂Ⅰ—第 2 集 26′（含宣传 13 3′）					7:50 KAKU 周末超级大连播—第 3 集 26′（含宣传 11 3′）	
8:26	宣传 14 4′					8:16 宣传 12 4′	
8:30	KAKU 幼幼堂Ⅰ—第 3 集 26′（含宣传 15 3′）					8:20 KAKU 周末超级大连播—第 4 集 26′（含宣传 13 3′）	
8:56	宣传 16 4′					8:46 宣传 14 4′	
9:00	KAKU 幼幼堂Ⅰ—第 4 集 26′（含宣传 17 3′）					8:50 KAKU 周末超级大连播—第 5 集 26′（含宣传 15 3′）	
9:26	宣传 18 4′					9:16 宣传 16 4′	
9:30	KAKU 幼幼堂Ⅱ—第 1 集 26′（含宣传 19 3′）					9:20 KAKU 周末超级大连播—第6 集 26′（含宣传 17 3′）	
9:56	宣传 20 4′					9:46 宣传 18 4′	
10:00	KAKU 幼幼堂Ⅱ—第 2 集 26′（含宣传 21 3′）					9:50 KAKU 周末超级大连播—第7 集 26′（含宣传 19 3′）	
10:26	宣传 22 4′					10:16 宣传 20 4′	
10:30	KAKU 幼幼堂Ⅱ—第 3 集 26′（含宣传 23 3′）					10:20 KAKU 周末超级大连播—第 8 集 26′（含宣传 21 3′）	
10:56	宣传 24 4′					10:46 宣传 22 4′	
11:00	旗舰店Ⅱ 16′	旗舰店Ⅱ（重）	旗舰店Ⅱ 16′	旗舰店Ⅱ（重）	旗舰店Ⅱ（重）	KAKU 周末超级大连播—第 9 集 26′（含宣传 23 3′）	
11:16	宣传 25 4′					宣传 24 4′	
11:20	父母学堂 26′（重上期）（含宣传 26 3′）					KAKU 周末超级大连播—第 10 集 26′（含宣传 25 3′）	
11:46	宣传 27 4′					宣传 26 4′	
11:50	动漫酷地带—第 1 集 26′（重上期）（含宣传 28 3′）					KAKU 周末超级大连播—第 11 集 26′（含宣传 27 3′）	
12:16	宣传 29 4′					宣传 28 4′	
12:20	动漫酷地带—第 2 集 26′（重上期）（含宣传 30 3′）					KAKU 周末超级大连播—第 12 集 26′（含宣传 29 3′）	
12:46	宣传 31 4′					宣传 30 4′	
12:50	玩具总动员Ⅱ	玩具总动员Ⅱ 5′					
12:55	漫话天下 26′（含宣传 32 3′）					KAKU 周末超级大连播—第 13 集 26′（含宣传 31 3′）	
13:21	宣传 33 4′				宣传 33 7′	宣传 32 4′	
13:25	十分开心 26′（重上期）（含宣传 34 3′）				3:28 电视先锋榜 50′	KAKU 周末超级大连播—第 14 集 26′（含宣传 33 3′）	
13:51	宣传 35 4′					宣传 34 4′	
13:55	卡酷全卡通周末版（重上上周）26′（含宣传 36 3′）		卡酷全卡通周末版（重上周）26′（含宣传 36 3′）			KAKU 周末超级大连播—第 15 集 26′（含宣传 35 3′）	

续表

<table>
<tr><th></th><th>星期一</th><th>星期二</th><th>星期三</th><th>星期四</th><th>星期五</th><th>星期六</th><th>星期日</th></tr>
<tr><td>14:21</td><td colspan="4">宣传37　4′</td><td>宣传367′</td><td colspan="2">14:21 宣传36　4′</td></tr>
<tr><td>14:25</td><td colspan="4">旗舰店周末版（重上上周）26′　旗舰店周末版（重上周）26′</td><td rowspan="6">七色光86′（重上期）（含宣37　3′ 38　4′ 39　3′ 40　4′ 41　3′）</td><td colspan="2">KAKU周末超级大连播—第16集26′（含宣传37　3′）</td></tr>
<tr><td>14:51</td><td colspan="4">宣传38　4′</td><td colspan="2">宣传38　4′</td></tr>
<tr><td>14:55</td><td colspan="4">KAKU午喜欢—第1集26′（含宣传39　3′）</td><td colspan="2">KAKU周末超级大连播—第17集26′（含宣传39　3′）</td></tr>
<tr><td>15:21</td><td colspan="4">宣传40　4′</td><td colspan="2">宣传40　4′</td></tr>
<tr><td>15:25</td><td colspan="4">KAKU午喜欢—第2集26′（含宣传41　3′）</td><td colspan="2">KAKU周末超级大连播—第18集26′（含宣传41　3′）</td></tr>
<tr><td>15:51</td><td colspan="7">宣传42　4′</td></tr>
<tr><td>15:55</td><td colspan="7">闪天下26′（重上期）（含宣传43　3′）</td></tr>
<tr><td>16:21</td><td colspan="7">宣传44　4′</td></tr>
<tr><td>16:25</td><td>旗舰店Ⅰ 26′</td><td>旗舰店Ⅰ（重）</td><td>旗舰店Ⅰ 26′</td><td>旗舰店Ⅰ（重）</td><td>旗舰店Ⅰ（重）</td><td>旗舰店周末版26′</td><td>旗舰店周末版26′</td></tr>
<tr><td>16:51</td><td colspan="7">玩具总动员Ⅰ　5′（重）</td></tr>
<tr><td>16:56</td><td colspan="7">宣传45　4′</td></tr>
<tr><td>17:00</td><td colspan="7">KAKU中国制造Ⅰ—第1集26′（含宣传46　3′）</td></tr>
<tr><td>17:26</td><td colspan="7">宣传47　4′</td></tr>
<tr><td>17:30</td><td colspan="7">KAKU中国制造Ⅰ—第2集26′（含宣传48　3′）</td></tr>
<tr><td>17:56</td><td colspan="7">宣传49　4′</td></tr>
<tr><td>18:00</td><td colspan="7">KAKU中国制造Ⅱ—第1集26′（含宣传50　3′）</td></tr>
<tr><td>18:26</td><td colspan="7">宣传51　4′</td></tr>
<tr><td>18:30</td><td colspan="7">KAKU玩具总动员Ⅱ　5′（重）</td></tr>
<tr><td>18:35</td><td colspan="7">KAKU中国制造Ⅱ—第2、3集51′（含宣传52　3′　宣传53　3′　宣传54　3′）</td></tr>
<tr><td>19:26</td><td colspan="7">宣传55　4′</td></tr>
<tr><td>19:30</td><td colspan="5">十分开心26′（含宣传56　3′）</td><td colspan="2">十分开心周末版26′（含宣传56　3′）</td></tr>
<tr><td>19:56</td><td colspan="7">宣传57　4′</td></tr>
<tr><td>20:00</td><td colspan="4">KAKU酷片酷映—第1集26′（含宣传58　3′）</td><td rowspan="5">七色光86′（含宣58　3′ 59　4′ 60　3′ 61　4′ 62　3′）</td><td colspan="2">KAKU酷片酷映—第1集26′（含宣传58　3′）</td></tr>
<tr><td>20:26</td><td colspan="4">宣传59　4′</td><td colspan="2">宣传59　4′</td></tr>
<tr><td>20:30</td><td colspan="4">KAKU酷片酷映—第2集26′（含宣传60　3′）</td><td colspan="2">KAKU酷片酷映—第2集26′（含宣传60　3′）</td></tr>
<tr><td>20:56</td><td colspan="4">宣传61　4′</td><td colspan="2">宣传61　4′</td></tr>
<tr><td>21:00</td><td colspan="4">KAKU酷片酷映—第3集26′（含宣传62　3′）</td><td colspan="2">KAKU酷片酷映—第3集26′（含宣传62　3′）</td></tr>
<tr><td>21:26</td><td colspan="7">宣传63　4′</td></tr>
</table>

续表

	星期一	星期二	星期三	星期四	星期五	星期六	星期日
21:30	闪天下 26′（含宣传 64　3′）						
21:56	宣传 65　4′						
22:00	卡酷全卡通 26′（含宣传 66　3′）					卡酷全卡通周末版 26′（含宣传 66　3′）	
22:26	宣传 67　4′						
22:30	父母学堂 26′（含宣传 68　3′）					宝贝星计划 26′（含宣传 68　3′）	
22:56	宣传 69　4′						
23:00	动漫酷地带—第 1 集 26′（含宣传 70　3′）						
23:26	宣传 71　4′						
23:30	动漫酷地带—第 2 集 26′（含宣传 72　3′）						
23:56	宣传 73　4′						
0:00	十分开心 23′（重上期）（含宣传 74　3′）					十分开心周末版 26′（重上周）（含宣传 74　3′）	
0:26	宣传 75　3′						
0:29	卡酷全卡通 23′（重上期）					卡酷全卡通周末版 26′（重上周）	
0:52	宣传 76　2′						
0:54	漫话天下 23′（重上期）					宝贝星计划 26′（重上周）	
1:17	宣传 77　2′						
1:19	闪天下 23′（重上期）						
1:42	宣传 78　2′						
1:44	十分开心 23′（重本期）					十分开心周末版 26′（重本周）	
2:07	宣传 79　2′						
2:09	卡酷全卡通 23′（重本期）					卡酷全卡通周末版 26′（重本周）	
2:32	宣传 80　2′						
2:34	闪天下 23′（重本期）						
2:57	玩具总动员 I　5′（重）						
3:02	宣传 81　2′						
3:04	漫话天下 23′（重本期）					宝贝星计划 26′（重本周）	
3:27	宣传 82　1′						
3:28	动漫酷地带—第 1 集 23′（重当日）						
3:51	宣传 83　1′						
3:52	动漫酷地带—第 2 集 23′（重当日）						
	接次日						

广告价目表

2010 年 BTV 北京广告价目表

2010 年 A 类栏目广告价格表

频道	栏目名称	栏目首播时间	刊例价（单位：元）		
			30 秒	15 秒	5 秒
BTV 北京	《北京您早》	07:00（周一～周日）	13000	7800	3900
BTV 北京	《中华文明大讲堂》	11:00（周日）	15000	9000	4500
BTV 北京	《身边》	11:58（周一～周日）	25000	15000	7500
BTV 北京	《特别关注》	12:30（周一～周日）	50000	30000	15000
BTV 北京	《新闻晚高峰》	18:00（周一～周日）	25000	15000	7500
BTV 北京	《志愿者——真情耀中华》	21:35（周一）	35000	21000	10500
BTV 北京	《这里是北京》	21:35（周二）	35000	21000	10500
BTV 北京	《档案》	21:35（周三）	35000	21000	10500
BTV 北京	《五星夜话》	21:35（周四）	40000	24000	12000
BTV 北京	《天下收藏》	21:35（周五）	45000	27000	13500
BTV 北京	《晚间新闻报道》	22:30（周一～周日）	43000	25800	12900

2010 年 B 类栏目广告价格表

频道	栏目名称	栏目首播时间	刊例价（单位：元）		
			30 秒	15 秒	5 秒
BTV 北京	《新闻手语》	08:30（周一～周日）	10000	6000	3000
BTV 北京	《天下天天谈》	13:05（周一～周六）	15000	9000	4500
BTV 北京	《国际双行线》	13:05（周日）	12000	7200	3600

2010 年 A 类时段广告价格表

段位	频道	栏目首播时间	刊例价（单位：元）			广告时长（分）
			30 秒	15 秒	5 秒	
Aa01	BTV 北京	11:50～11:58	18000	10800	5400	3
Aa02	BTV 北京	12:26～12:30	33000	19800	9900	4
Aa03	BTV 北京	13:00～13:05	20000	12000	6000	3
Aa04	BTV 北京	17:55～18:00	20000	12000	6000	4
Aa05	BTV 北京	18:28～18:30	38000	22800	11400	2
Aa06	BTV 北京	看气象片前		36000	18000	0.5
Aa07	BTV 北京	看气象片尾	44000	26400	13200	1.5
Aa08	BTV 北京	红星剧场一集剧前	38000	22800	11400	3
Aa09	BTV 北京	红星剧场一集剧上集回放	43000	25800	12900	2
Aa10	BTV 北京	红星剧场一集剧中插		36000	18000	1
Aa11	BTV 北京	红星剧场一集剧下集预告	43000	25800	12900	2
Aa12	BTV 北京	红星剧场二集剧前	40000	24000	12000	1
Aa13	BTV 北京	红星剧场二集剧上集回放	45000	27000	13500	2
Aa14	BTV 北京	红星剧场二集剧中插一		36000	18000	1
Aa15	BTV 北京	红星剧场二集剧中插二		36000	18000	1.5
Aa16	BTV 北京	红星剧场二集剧下集预告	42000	25200	12600	2
Aa17	BTV 北京	21:31～21:35	30000	18000	9000	4
Aa18	BTV 北京	22:25～22:30	30000	18000	9000	4
Aa19	BTV 北京	23:20～23:25	20000	12000	6000	3

2010 年 B 类时段广告价格表

段位	频道	栏目首播时间	刊例价（单位：元）			广告时长（分）
			30 秒	15 秒	5 秒	
Ba01	BTV 北京	06:52～07:00	10000	6000	3000	6
Ba02	BTV 北京	重播红星剧场一集剧前	7000	4200	2100	0.5
Ba03	BTV 北京	重播红星剧场一集剧上集回放	7000	4200	2100	0.5
Ba04	BTV 北京	重播红星剧场一集剧中插一	8000	4800	2400	1.5
Ba05	BTV 北京	重播红星剧场一集剧中插二	8000	4800	2400	1.5
Ba06	BTV 北京	重播红星剧场一集剧下集预告	7000	4200	2100	2
Ba07	BTV 北京	重播红星剧场二集剧前	7000	4200	2100	2
Ba08	BTV 北京	重播红星剧场二集剧中插一	8000	4800	2400	1.5
Ba09	BTV 北京	重播红星剧场二集剧中插二	8000	4800	2400	1.5
Ba10	BTV 北京	玫瑰剧场一集剧前	10000	6000	3000	2
Ba11	BTV 北京	玫瑰剧场一集剧中插一	12000	7200	3600	1
Ba12	BTV 北京	玫瑰剧场一集剧中插二	12000	7200	3600	1

续表

段位	频道	栏目首播时间	刊例价（单位：元）			广告时长（分）
			30 秒	15 秒	5 秒	
Ba13	BTV 北京	玫瑰剧场二集剧中插一	12000	7200	3600	1
Ba14	BTV 北京	玫瑰剧场二集剧中插二	12000	7200	3600	1
Ba15	BTV 北京	玫瑰剧场三集剧中插一（周一～周五）	12000	7200	3600	1
Ba16	BTV 北京	玫瑰剧场三集剧中插二（周一～周五）	12000	7200	3600	1
Ba17	BTV 北京	玫瑰剧场四集剧中插一（周一～周五）	12000	7200	3600	1
Ba18	BTV 北京	玫瑰剧场四集剧中插二（周一～周五）	12000	7200	3600	1
Ba19	BTV 北京	17:32～17:35（周一～周五）	10000	6000	3000	1

2010 年 C 类时段广告价格表

频道	栏目名称	栏目首播时间	刊例价（单位：元）			广告时长（分）
			30 秒	15 秒	5 秒	
Ca01	BTV 北京	06:00～06:02	6000	3600	1800	2
Ca02	BTV 北京	23:55～00:00	7000	4200	2100	3
Ca03	BTV 北京	00:32～00:40	7000	4200	2100	
Ca04	BTV 北京	夜间电视剧时段	5000	3000	1500	

备注：Aa06/Aa10/Aa14/Aa15：购买 30 秒广告，按照 2 条 15 秒广告价格计算

2010 年 BTV 文艺广告价目表

2010 年 A 类栏目广告价格表

频道	栏目名称	栏目首播时间	刊例价（单位：元）		
			30 秒	15 秒	5 秒
BTV 文艺	《笑动百乐汇》	18:00（周一～周日）	18000	10800	5400
BTV 文艺	《每日文娱播报》	19:00（周一～周日）	46000	27600	13800
BTV 文艺	《百姓秀场》	21:25（周一）	28000	16800	8400
BTV 文艺	《光荣绽放》	21:25（周二）	30000	18000	9000
BTV 文艺	《影视风云路》	21:25（周三）	28000	16800	8400
BTV 文艺	经典回眸（原《周末七十分》）	21:25（周四）	30000	18000	9000
BTV 文艺	《神州音话》	21:25（周五）	35000	21000	10500
BTV 文艺	《喜来坞》	21:25（周日）	25000	15000	7500
BTV 文艺	《天天影视圈》	22:10（周一～周五）	27000	16200	8100

2010 年 B 类栏目广告价格表

频道	栏目名称	栏目首播时间	刊例价（单位：元）		
			30 秒	15 秒	5 秒
BTV 文艺	《艺苑新视角》	16:40（周六）	6000	3600	1800
BTV 文艺	《爱音乐》	17:35（周一～周日）	12000	7200	3600
BTV 文艺	《快乐今宵》	23:20（周一～周日）	8000	4800	2400
BTV 文艺	《精彩大放送系列》	16:40（周二～周五、周日）	6000	3600	1800

2010 年 A 类时段广告价格表

段位	频道	栏目首播时间	刊例价（单位：元）			广告时长（分）
			30 秒	15 秒	5 秒	
Ab01	BTV 文艺	12:23～12:30	8000	4800	2400	4
Ab02	BTV 文艺	17:55～18:00	12000	7200	3600	2
Ab03	BTV 文艺	18:25～18:30	19000	11400	5700	2
Ab04	BTV 文艺	18:55～19:00	25000	15000	7500	3
Ab05	BTV 文艺	北京剧场一集剧前	32000	19200	9600	3
Ab06	BTV 文艺	北京剧场一集剧上集回放	31000	18600	9300	2
Ab07	BTV 文艺	北京剧场一集剧中插	38000	22800	11400	1
Ab08	BTV 文艺	北京剧场一集剧下集预告	33000	19800	9900	2
Ab09	BTV 文艺	北京剧场二集剧前	34000	20400	10200	1
Ab10	BTV 文艺	北京剧场二集剧上集回放	35000	21000	10500	1
Ab11	BTV 文艺	北京剧场二集剧中插一	38000	22800	11400	1
Ab12	BTV 文艺	北京剧场二集剧中插二	38000	22800	11400	1. 5
Ab13	BTV 文艺	北京剧场二集剧下集预告	35000	21000	10500	2. 5
Ab14	BTV 文艺	21:21～21:25	20000	12000	6000	2
Ab15	BTV 文艺	22:07～22:10（周一～周五）	22000	13200	6600	2
Ab16	BTV 文艺	22:35～22:40	22000	13200	6600	2

2010 年 B 类时段广告价格表

段位	频道	栏目首播时间	刊例价（单位：元）			广告时长（分）
			30 秒	15 秒	5 秒	
Bb01	BTV 文艺	09:04～09:20	6000	3600	1800	3
Bb02	BTV 文艺	10:02～10:05（周二～周六）	6000	3600	1800	2
Bb03	BTV 文艺	10:30～10:35	8000	4800	2400	2
Bb04	BTV 文艺	11:45～11:58	8000	4800	2400	3
Bb05	BTV 文艺	14:10～14:15	5000	3000	1500	4
Bb06	BTV 文艺	14:42～14:45	5000	3000	1500	2
Bb07	BTV 文艺	17:22～17:35	5000	3000	1500	4
Bb08	BTV 文艺	23:05～23:20	8000	4800	2400	5

2010 年 C 类时段广告价格表

段位	频道	栏目首播时间	刊例价（单位：元）			广告时长（分）
			30 秒	15 秒	5 秒	
Cb01	BTV 文艺	重播北京剧场一集剧前	4000	2400	1200	6
Cb02	BTV 文艺	重播北京剧场一集剧中插一	5000	3000	1500	1.5
Cb03	BTV 文艺	重播北京剧场一集剧中插二	5000	3000	1500	1.5
Cb04	BTV 文艺	重播北京剧场一集剧下集预告	4000	2400	1200	4
Cb05	BTV 文艺	重播北京剧场二集剧前	4000	2400	1200	3
Cb06	BTV 文艺	重播北京剧场二集剧中插一	5000	3000	1500	1.5
Cb07	BTV 文艺	重播北京剧场二集剧中插二	5000	3000	1500	1.5
Cb08	BTV 文艺	重播北京剧场二集剧下集预告	4000	2400	1200	4
Cb09	BTV 文艺	15:27～15:30（周二～周六）	5000	3000	1500	2
Cb10	BTV 文艺	15:55～16:08	5000	3000	1500	1
Cb11	BTV 文艺	16:33～16:40	5000	3000	1500	2
Cb12	BTV 文艺	00:10～00:15	5000	3000	1500	2
Cb13	BTV 文艺	00:40～00:45	5000	3000	1500	2

2010 年 BTV 科教广告价目表

2010 年 A 类栏目广告价格表

频道	栏目名称	栏目首播时间	刊例价（单位：元）		
			30 秒	15 秒	5 秒
BTV 科教	《法治进行时》	12:00（周一～周日）	70000	42000	21000
BTV 科教	《大家说法》	12:20（周一～周日）	70000	42000	21000
BTV 科教	《魅力科学》	12:45（周一～周日）	15000	9000	4500
BTV 科教	《传奇》	19:10（周一～周日）	20000	12000	6000
BTV 科教	《非常网络》	20:00（周一）	20000	12000	6000
BTV 科教	《非常说名》	20:00（周二）	20000	12000	6000
BTV 科教	《非常接触》	20:00（周三）	23000	13800	6900
BTV 科教	《非常夫妻》	20:00（周四）	26000	15600	7800

2010 年 B 类栏目广告价格表

频道	栏目名称	栏目首播时间	刊例价（单位：元）		
			30 秒	15 秒	5 秒
BTV 科教	《晚晴》	08:55（周一）	6600	3960	1980
BTV 科教	《科学实验室》	17:20（周一～周六）	10000	6000	3000
BTV 科教	《养生堂》	17:40（周一～周六）	20000	12000	6000
BTV 科教	《养生堂》周日版	17:25（周日）	20000	12000	6000
BTV 科教	《非常父母》	20:00（周五）	17000	10200	5100
BTV 科教	《非常向上》	20:00（周六）	21000	12600	6300
BTV 科教	《珍品档案》	23:45（周一～周日）	5000	3000	1500

2010 年 A 类时段广告价格表

段位	频道	栏目首播时间	刊例价（单位：元）			广告时长（分）
			30 秒	15 秒	5 秒	
Ac01	BTV 科教	11:55～12:00	39000	23400	11700	5
Ac02	BTV 科教	12:40～12:45	28000	16800	8400	4

2010 年 B 类时段广告价格表

段位	频道	栏目首播时间	刊例价（单位：元）			广告时长（分）
			30 秒	15 秒	5 秒	
Bc01	BTV 科教	11:24～11:30	11000	6600	3300	4
Bc02	BTV 科教	13:05～13:10	10000	6000	3000	2
Bc03	BTV 科教	魅力剧场一集剧前	10000	6000	3000	1
Bc04	BTV 科教	魅力剧场一集剧上集回放	10000	6000	3000	2
Bc05	BTV 科教	魅力剧场一集剧中插一	8000	4800	2400	1.5
Bc06	BTV 科教	魅力剧场一集剧中插二	8000	4800	2400	1.5
Bc07	BTV 科教	魅力剧场一集剧下集预告	5000	3000	1500	2
Bc08	BTV 科教	魅力剧场二集剧前	5000	3000	1500	1
Bc09	BTV 科教	魅力剧场二集剧上集回放	5000	3000	1500	2
Bc10	BTV 科教	魅力剧场二集剧中插一	6000	3600	1800	1.5
Bc11	BTV 科教	魅力剧场二集剧中插二	6000	3600	1800	1.5
Bc12	BTV 科教	魅力剧场二集剧下集预告	5000	3000	1500	2
Bc13	BTV 科教	魅力剧场三集剧前	5000	3000	1500	1
Bc14	BTV 科教	魅力剧场三集剧上集回放	5000	3000	1500	1
Bc15	BTV 科教	魅力剧场三集剧中插一	6000	3600	1800	1.5
Bc16	BTV 科教	魅力剧场三集剧中插二	6000	3600	1800	1.5
Bc17	BTV 科教	魅力剧场三集剧下集预告	5000	3000	1500	2
Bc18	BTV 科教	16:50～16:55	5000	3000	1500	2
Bc19	BTV 科教	17:35～17:40（周一～周六）	5000	3000	1500	2
Bc20	BTV 科教	18:10～18:15	5000	3000	1500	3
Bc21	BTV 科教	18:35～18:40	7000	4200	2100	3
Bc22	BTV 科教	19:05～19:10	12000	7200	3600	2
Bc23	BTV 科教	19:50～19:55	10000	6000	3000	3
Bc24	BTV 科教	20:53～21:00	12000	7200	3600	3
Bc25	BTV 科教	星月剧场一集剧前	15000	9000	4500	1
Bc26	BTV 科教	星月剧场一集剧上集回放	17000	10200	5100	2

续表

段位	频道	栏目首播时间	刊例价（单位：元）			广告时长（分）
			30 秒	15 秒	5 秒	
Bc27	BTV 科教	星月剧场一集剧中插一	23000	13800	6900	1.5
Bc28	BTV 科教	星月剧场一集剧中插二	23000	13800	6900	1.5
Bc29	BTV 科教	星月剧场一集剧下集预告	18000	10800	5400	2
Bc30	BTV 科教	星月剧场二集剧前	15000	9000	4500	1
Bc31	BTV 科教	星月剧场二集剧上集回放	16000	9600	4800	1
Bc32	BTV 科教	星月剧场二集剧中插一	20000	12000	6000	1.5
Bc33	BTV 科教	星月剧场二集剧中插二	20000	12000	6000	1.5
Bc34	BTV 科教	星月剧场二集剧下集预告	10000	6000	3000	1
Bc35	BTV 科教	23:42～23:45	10000	6000	3000	2

2010 年 C 类时段广告价格表

段位	频道	栏目首播时间	刊例价（单位：元）			广告时长（分）
			30 秒	15 秒	5 秒	
Cc01	BTV 科教	07:10～07:12	5000	3000	1500	1
Cc02	BTV 科教	08:25～08:30	5000	3000	1500	2
Cc03	BTV 科教	09:25～09:30	5000	3000	1500	2
Cc04	BTV 科教	10:20～10:30	5000	3000	1500	2

2010 年 BTV 影视广告价目表

2010 年 A 类时段广告价格表

段位	频道	栏目首播时间	刊例价（单位：元）			广告时长（分）
			30 秒	15 秒	5 秒	
Ad01	BTV 影视	英雄剧场一集剧中插一	30000	18000	9000	1.5
Ad02	BTV 影视	英雄剧场一集剧中插二	30000	18000	9000	1.5
Ad03	BTV 影视	英雄剧场二集剧中插一	38000	22800	11400	1.5
Ad04	BTV 影视	英雄剧场二集剧中插二	38000	22800	11400	1.5

续表

段位	频道	栏目首播时间	刊例价（单位：元）			广告时长（分）
			30 秒	15 秒	5 秒	
Ad05	BTV 影视	情景剧场中插	30000	18000	9000	1
Ad06	BTV 影视	晚间黄金剧一集剧前	40000	24000	12000	3
Ad07	BTV 影视	晚间黄金剧一集剧上集回放	42000	25200	12600	4
Ad08	BTV 影视	晚间黄金剧一集剧中插一		37800	18900	1
Ad09	BTV 影视	晚间黄金剧一集剧下集预告	45000	27000	13500	3
Ad10	BTV 影视	晚间黄金剧二集剧前	46000	27600	13800	2
Ad11	BTV 影视	晚间黄金剧二集剧上集回放	47000	28200	14100	3
Ad12	BTV 影视	晚间黄金剧二集剧中插一		37800	18900	1
Ad13	BTV 影视	晚间黄金剧二集剧中插二		37800	18900	1.5
Ad14	BTV 影视	晚间黄金剧二集剧下集预告	48000	28800	14400	4
Ad15	BTV 影视	晚间黄金剧三集剧前	45000	27000	13500	2
Ad16	BTV 影视	晚间黄金剧三集剧上集回放	46000	27600	13800	3
Ad17	BTV 影视	晚间黄金剧三集剧中插一		39600	19800	1.5
Ad18	BTV 影视	晚间黄金剧三集剧中插二		39600	19800	1.5
Ad19	BTV 影视	晚间黄金剧三集剧下集预告	42000	25200	12600	4
Ad20	BTV 影视	22:26～22:28	35000	21000	10500	2
Ad21	BTV 影视	22:32 影视集结号前	30000	18000	9000	2
Ad22	BTV 影视	明星影院精彩热播中插一	25000	15000	7500	1.5
Ad23	BTV 影视	明星影院精彩热播中插二	25000	15000	7500	1.5

2010 年 B 类时段广告价格表

段位	频道	栏目首播时间	刊例价（单位：元）			广告时长（分）
			30 秒	15 秒	5 秒	
Bd01	BTV 影视	重播晚间黄金剧一集剧前	6000	3600	1800	1
Bd02	BTV 影视	重播晚间黄金剧一集剧中插一	7000	4200	2100	1.5
Bd03	BTV 影视	重播晚间黄金剧一集剧中插二	7000	4200	2100	1.5
Bd04	BTV 影视	重播晚间黄金剧一集剧下集预告	6000	3600	1800	3
Bd05	BTV 影视	重播晚间黄金剧二集剧前	7000	4200	2100	3
Bd06	BTV 影视	重播晚间黄金剧二集剧中插一	10000	6000	3000	1.5
Bd07	BTV 影视	重播晚间黄金剧二集剧中插二	10000	6000	3000	1.5
Bd08	BTV 影视	重播晚间黄金剧二集剧前	8000	4800	2400	4
Bd09	BTV 影视	重播晚间黄金剧三集剧中插一	12000	7200	3600	1.5
Bd10	BTV 影视	重播晚间黄金剧三集剧中插二	12000	7200	3600	1.5
Bd11	BTV 影视	重播晚间黄金剧三集剧下集预告	7000	4200	2100	0.5

续表

段位	频道	栏目首播时间	刊例价（单位：元）			广告时长（分）
			30 秒	15 秒	5 秒	
Bd12	BTV 影视	家和剧场一集剧中插一	8000	4800	2400	1
Bd13	BTV 影视	家和剧场一集剧中插二	8000	4800	2400	1
Bd14	BTV 影视	家和剧场二集剧中插一	8000	4800	2400	1
Bd15	BTV 影视	家和剧场二集剧中插二	8000	4800	2400	1
Bd16	BTV 影视	家和剧场三集剧中插一	8000	4800	2400	1
Bd17	BTV 影视	家和剧场三集剧中插二	8000	4800	2400	1
Bd18	BTV 影视	家和剧场四集剧中插一	8000	4800	2400	1
Bd19	BTV 影视	家和剧场四集剧中插二	8000	4800	2400	1
Bd20	BTV 影视	家和剧场五集剧中插一	8000	4800	2400	1
Bd21	BTV 影视	家和剧场五集剧中插二	8000	4800	2400	1
Bd22	BTV 影视	英雄剧场一集剧前	12000	7200	3600	1
Bd23	BTV 影视	英雄剧场一集剧下集预告	22000	13200	6600	4
Bd24	BTV 影视	17:52 ~ 17:54	25000	15000	7500	2
Bd25	BTV 影视	英雄剧场二集剧前	30000	18000	9000	2
Bd26	BTV 影视	英雄剧场二集剧下集预告	35000	21000	10500	4
Bd27	BTV 影视	情景剧场前	25000	15000	7500	4
Bd28	BTV 影视	明星影院精彩热播中插三	20000	12000	6000	3
Bd29	BTV 影视	明星影院精彩热播中插四	15000	9000	4500	1. 5
Bd30	BTV 影视	明星影院精彩热播中插五	15000	9000	4500	1. 5

2010 年 C 类时段广告价格表

段位	频道	栏目首播时间	刊例价（单位：元）			广告时长（分）
			30 秒	15 秒	5 秒	
Cd01	BTV 影视	重播英雄剧场一集剧中插一	4000	2400	1200	1. 5
Cd02	BTV 影视	重播英雄剧场一集剧中插二	4000	2400	1200	1. 5
Cd03	BTV 影视	重播英雄剧场一集剧下集预告	4000	2400	1200	2
Cd04	BTV 影视	重播英雄剧场二集剧中插一	7000	4200	2100	1
Cd05	BTV 影视	重播英雄剧场二集剧中插二	7000	4200	2100	1
Cd06	BTV 影视	家和剧场一集剧下集预告	7000	4200	2100	4
Cd07	BTV 影视	家和剧场三集剧下集预告	7000	4200	2100	3
Cd08	BTV 影视	家和剧场四集剧下集预告	7000	4200	2100	2
Cd09	BTV 影视	家和剧场五集剧前	7000	4200	2100	2
Cd10	BTV 影视	重播家和剧场一集剧前	4000	2400	1200	2

备注：Ad08/Ad12/Ad13/Ad17/Ad18：购买 30 秒广告，按照 2 条 15 秒广告价格计算

2010 年 BTV 财经广告价目表

2010 年 A 类栏目广告价格表

频道	栏目名称	栏目首播时间	刊例价（单位：元）		
			30 秒	15 秒	5 秒
BTV 财经	《天下财经》（午间、下午、晚间）	12:00、18:24、21:18（周一～周五）	35000	21000	10500
BTV 财经	《天下财经周末版》	18:24（周六日）	12000	7200	3600
BTV 财经	《首都经济报道》	18:57（周一～周日）	25000	15000	7500
BTV 财经	《经济法眼》	20:23（周一～周六）	15000	9000	4500
BTV 财经	《超级访问》	20:49（周六）	25000	15000	7500
BTV 财经	《名人堂》	20:49（周日）	16000	9600	4800
BTV 财经	《天天理财》	20:53（周一～周五）	20000	12000	6000
BTV 财经	《财经五连发》	21:53（周一～周五）	20000	12000	6000

2010 年 B 类栏目广告价格表

频道	栏目名称	栏目首播时间	刊例价（单位：元）		
			30 秒	15 秒	5 秒
BTV 财经	《数说北京》	20:21（周日）	15000	9000	4500
BTV 财经	《北京议事厅》	21:41（周六）	15000	9000	4500
BTV 财经	《环渤海新视野》	21:41（周日）	15000	9000	4500

2010 年 A 类时段广告价格表

段位	频道	栏目首播时间	刊例价（单位：元）			广告时长（分）
			30 秒	15 秒	5 秒	
Ae01	BTV 财经	18:21～18:24	12000	7200	3600	2
Ae02	BTV 财经	18:54～18:57	16000	9600	4800	2
Ae03	BTV 财经	19:47～19:50	16000	9600	4800	2
Ae04	BTV 财经	20:20～20:23（周一～周六）	13000	7800	3900	2

续表

段位	频道	栏目首播时间	刊例价（单位：元）			广告时长（分）
			30 秒	15 秒	5 秒	
Ae05	BTV 财经	20:20～20:21（周日）	13000	7800	3900	1
Ae06	BTV 财经	20:48～20:53（周一～周五）	12000	7200	3600	2
Ae07	BTV 财经	20:48～20:49（周六）	12000	7200	3600	1
Ae08	BTV 财经	20:46～20:49（周日）	12000	7200	3600	2
Ae09	BTV 财经	21:13～21:18（周一～周五）	12000	7200	3600	2
Ae10	BTV 财经	21:39～21:41（周六日）	10000	6000	3000	2
Ae11	BTV 财经	21:48～21:53（周一～周五）	10000	6000	3000	1
Ae12	BTV 财经	22:11～22:13（周六日）	10000	6000	3000	1

2010 年 B 类时段广告价格表

段位	频道	栏目首播时间	刊例价（单位：元）			广告时长（分）
			30 秒	15 秒	5 秒	
Be01	BTV 财经	09:35～09:40	5000	3000	1500	1
Be02	BTV 财经	重播传奇剧场一集剧上集回放	5000	3000	1500	1
Be03	BTV 财经	重播传奇剧场一集剧中插一	6000	3600	1800	1.5
Be04	BTV 财经	重播传奇剧场一集剧中插二	6000	3600	1800	1.5
Be05	BTV 财经	重播传奇剧场一集剧下集预告	5000	3000	1500	1
Be06	BTV 财经	重播传奇剧场二集剧前（11:00～11:02）	5000	3000	1500	1
Be07	BTV 财经	重播传奇剧场二集剧上集回放	5000	3000	1500	1
Be08	BTV 财经	重播传奇剧场二集剧中插一	6000	3600	1800	1.5
Be09	BTV 财经	重播传奇剧场二集剧中插二	6000	3600	1800	1.5
Be10	BTV 财经	重播传奇剧场二集剧下集预告	5000	3000	1500	1
Be11	BTV 财经	11:56～12:00	10000	6000	3000	2
Be12	BTV 财经	12:53～12:56（周一～周五）	8000	4800	2400	2
Be13	BTV 财经	12:50～12:56（周六日）	8000	4800	2400	2
Be14	BTV 财经	17:26～17:31	6000	3600	1800	2
Be15	BTV 财经	22:23～22:30（周一～周五）	8000	4800	2400	3
Be16	BTV 财经	22:28～22:30（周六日）	8000	4800	2400	1
Be17	BTV 财经	传奇剧场一集剧上集回放	5000	3000	1500	1
Be18	BTV 财经	传奇剧场一集剧中插一	6000	3600	1800	1.5
Be19	BTV 财经	传奇剧场一集剧中插二	6000	3600	1800	1.5

2010年C类时段广告价格表

段位	频道	栏目首播时间	刊例价（单位：元）			广告时长（分）
			30秒	15秒	5秒	
Ce01	BTV财经	07:00~07:03	3000	1800	900	1
Ce02	BTV财经	07:53~07:58	4000	2400	1200	1
Ce03	BTV财经	08:28~08:32	5000	3000	1500	2
Ce04	BTV财经	13:46~13:51	5000	3000	1500	2
Ce05	BTV财经	14:21~14:26	5000	3000	1500	2
Ce06	BTV财经	14:51~14:56	5000	3000	1500	1
Ce07	BTV财经	15:56~16:01	5000	3000	1500	2
Ce08	BTV财经	16:31~16:36	5000	3000	1500	1
Ce09	BTV财经	传奇剧场一集剧下集预告	4000	2400	1200	1
Ce10	BTV财经	传奇剧场二集剧前（23:52~23:53）	3000	1800	900	1
Ce11	BTV财经	传奇剧场二集剧上集回放	3000	1800	900	1
Ce12	BTV财经	传奇剧场二集剧中插一	4000	2400	1200	1.5
Ce13	BTV财经	传奇剧场二集剧中插二	4000	2400	1200	1.5
Ce14	BTV财经	传奇剧场二集剧下集预告	3000	1800	900	1

2010年BTV生活广告价目表

2010年A类栏目广告价格表

频道	栏目名称	栏目首播时间	刊例价（单位：元）		
			30秒	15秒	5秒
BTV生活	《食全食美》	18:10（周一~周六）	29000	17400	8700
BTV生活	《食全食美周末版》	18:26（周日）	29000	17400	8700
BTV生活	《生活面对面》	18:58（周一~周六）	46000	27600	13800
BTV生活	《7日7频道》	19:28（周一~周六）	45000	27000	13500
BTV生活	《第7日》	19:28（周日）	45000	27000	13500
BTV生活	《快乐生活一点通》	19:59（周一~周六）	42000	25200	12600

续表

频道	栏目名称	栏目首播时间	刊例价（单位：元）		
			30秒	15秒	5秒
BTV生活	《快乐周末》	19:59（周日）	42000	25200	12600
BTV生活	《生活大调查》	20:25（周一～周五）	29000	17400	8700
BTV生活	《大城小事》	21:11（周一～周五）	30000	18000	9000
BTV生活	《大城小事周末版》	21:11（周六）	30000	18000	9000
BTV生活	《选择》	21:44（周一～周五）	22000	13200	6600
BTV生活	《我爱我车》	22:49（周六）	15000	9000	4500

2010年B类栏目广告价格表

频道	栏目名称	栏目首播时间	刊例价（单位：元）		
			30秒	15秒	5秒
BTV生活	《生活面对面精编》	16:43（周日）	11000	6600	3300
BTV生活	《7日7频道精编》	17:35（周日）	19000	11400	5700
BTV生活	《健康生活》	17:50（周一～周五）	20000	12000	6000
BTV生活	《生活+》	20:24（周六）	29000	17400	8700
BTV生活	《魅力周末》	20:51（周日）	15000	9000	4500
BTV生活	《真情记忆》	21:44（周六）	20000	12000	6000
BTV生活	《生活大调查精编》	21:44（周日）	25000	15000	7500
BTV生活	《生活广角》	22:16（周一～周五）	23000	13800	6900
BTV生活	《心灵密码》	22:16（周六）	28000	16800	8400
BTV生活	《明天我要嫁给你》	22:35（周日）	14000	8400	4200
BTV生活	《你该怎么办》	22:49（周一～周五）	14000	8400	4200

2010年A类时段广告价格表

段位	频道	栏目首播时间	刊例价（单位：元）			广告时长（分）
			30秒	15秒	5秒	
Ag01	BTV生活	18:55～18:58	30000	18000	9000	3
Ag02	BTV生活	19:26～19:28（周一～周六）	40000	24000	12000	2
Ag03	BTV生活	19:56～19:59	40000	24000	12000	2
Ag04	BTV生活	20:24～20:25（周一～周五）	28000	16800	8400	1
Ag05	BTV生活	20:45～20:47（周一～周五）	28000	16800	8400	1
Ag06	BTV生活	20:49～20:51（周日）	28000	16800	8400	2
Ag07	BTV生活	21:07～21:09（周一～周五）	20000	12000	6000	2
Ag08	BTV生活	21:41～21:44	16000	9600	4800	2

2010 年 B 类时段广告价格表

段位	频道	栏目首播时间	刊例价（单位：元）			广告时长（分）
			30 秒	15 秒	5 秒	
Bg01	BTV 生活	10:17～10:20	6000	3600	1800	3
Bg02	BTV 生活	10:52～10:56（周一～周六）	6000	3600	1800	3
Bg03	BTV 生活	11:10～11:13（周日）	8000	4800	2400	3
Bg04	BTV 生活	11:26～11:28（周一～周六）	8000	4800	2400	2
Bg05	BTV 生活	11:43～11:45（周日）	8000	4800	2400	1
Bg06	BTV 生活	11:56～11:58（周一～周六）	8000	4800	2400	2
Bg07	BTV 生活	12:13～12:15（周一～周五）	8000	4800	2400	2
Bg08	BTv 生活	12:15～12:16（周日）	8000	4800	2400	1
Bg09	BTV 生活	12:43～12:46（周一～周六）	8000	4800	2400	2
Bg10	BTV 生活	13:06～13:12（周一～周五）	8000	4800	2400	3
Bg11	BTV 生活	13:17～13:19（周日）	8000	4800	2400	2
Bg12	BTV 生活	13:32～13:37（周一～周五）	8000	4800	2400	3
Bg13	BTV 生活	13:47～13:48（周六）	8000	4800	2400	1
Bg14	BTV 生活	16:50～16:52（周一～周六）	6000	3600	1800	2
Bg15	BTV 生活	17:14～17:18（周一～周五）	6000	3600	1800	3
Bg16	BTV 生活	17:33～17:35（周日）	6000	3600	1800	2
Bg17	BTV 生活	17:37～17:40（周六）	6000	3600	1800	1
Bg18	BTV 生活	17:48～17:50（周一～周五）	8000	4800	2400	1
Bg19	BTV 生活	22:14～22:16（周一～周六）	12000	7200	3600	2
Bg20	BTV 生活	22:34～22:35（周日）	12000	7200	3600	1
Bg21	BTV 生活	22:46～22:49（周一～周五）	10000	6000	3000	2
Bg22	BTV 生活	22:46～22:49（周六）	10000	6000	3000	3
Bg23	BTV 生活	23:05～23:08（周日）	8000	4800	2400	3
Bg24	BTV 生活	23:19～23:22（周一～周五）	8000	4800	2400	3

2010 年 C 类时段广告价格表

段位	频道	栏目首播时间	刊例价（单位：元）			广告时长（分）
			30 秒	15 秒	5 秒	
Cg01	BTV 生活	06:01～06:05	3000	1800	900	4
Cg02	BTV 生活	06:20～06:25（周一～周五）	3000	1800	900	2
Cg03	BTV 生活	06:35～06:41（周日）	3000	1800	900	3
Cg04	BTV 生活	06:45～06:50（周六）	3000	1800	900	3
Cg05	BTV 生活	07:07～07:10（周一～周五）	3000	1800	900	2
Cg06	BTV 生活	07:31～07:34（周日）	3000	1800	900	3
Cg07	BTV 生活	07:43～07:45（周一～周六）	3000	1800	900	2
Cg08	BTV 生活	08:15～08:17（周一～周六）	3000	1800	900	2
Cg09	BTV 生活	08:24～08:26（周日）	3000	1800	900	2
Cg10	BTV 生活	08:47～08:50（周一～周六）	3000	1800	900	3
Cg11	BTV 生活	09:18～09:21（周一～周六）	4000	2400	1200	3
Cg12	BTV 生活	09:23～09:27（周日）	4000	2400	1200	3
Cg13	BTV 生活	13:57～14:04（周一～周五）	5000	3000	1500	3
Cg14	BTV 生活	14:09～14:13（周日）	5000	3000	1500	2
Cg15	BTV 生活	14:34～14:39（周一～周六）	5000	3000	1500	3
Cg16	BTV 生活	15:03～15:06（周日）	5000	3000	1500	2
Cg17	BTV 生活	15:09～15:14（周一～周六）	5000	3000	1500	3
Cg18	BTV 生活	15:44～15:50（周一～周六）	5000	3000	1500	3
Cg19	BTV 生活	15:56～16:00（周日）	5000	3000	1500	3
Cg20	BTV 生活	16:20～16:25（周一～周六）	5000	3000	1500	3
Cg21	BTV 生活	16:40～16:43（周日）	5000	3000	1500	3
Cg22	BTV 生活	23:29～23:34（周六）	7000	4200	2100	3
Cg23	BTV 生活	23:37～23:42（周一～周五）	7000	4200	2100	3
Cg24	BTV 生活	23:49～23:53（周六）	7000	4200	2100	3
Cg25	BTV 生活	23:58～00:06（周日）	7000	4200	2100	4
Cg26	BTV 生活	00:10～00:13（周一～周五）	7000	4200	2100	3
Cg27	BTV 生活	00:21～00:26（周六）	7000	4200	2100	3
Cg28	BTV 生活	00:41～00:44（周一～周五）	7000	4200	2100	1
Cg29	BTV 生活	00:56～01:00（周六日）	7000	4200	2100	4
Cg30	BTV 生活	01:04～01:08（周一～周五）	4000	2400	1200	4
Cg31	BTV 生活	01:30～01:32（周日）	4000	2400	1200	2

2010年BTV青少广告价目表

2010年A类栏目广告价格表

频道	栏目名称	栏目首播时间	刊例价（单位：元）		
			30秒	15秒	5秒
BTV青少	《谁在说》	19:30（周一～周日）	18000	10800	5400

2010年B类栏目广告价格表

频道	栏目名称	栏目首播时间	刊例价（单位：元）		
			30秒	15秒	5秒
BTV青少	《炫影院》	10:20（周六）	5000	3000	1500
BTV青少	《探索周末版》	17:42（周六日）	12000	7200	3600
BTV青少	《探索》	18:05（周一～周五）	12000	7200	3600
BTV青少	《悦读会系列》	20:05（周一～周五）	12000	7200	3600
BTV青少	《情感部落格》	20:05（周六日）	12000	7200	3600
BTV青少	《北京男孩》	21:00（周六）	12000	7200	3600
BTV青少	《北京青年》	21:33（周一～周五）	12000	7200	3600

2010年B类时段广告价格表

段位	频道	栏目首播时间	刊例价（单位：元）			广告时长（分）
			30秒	15秒	5秒	
Bh01	BTV青少	电视剧场一集剧中插一（周一～周五）	5000	3000	1500	1.5
Bh02	BTV青少	电视剧场一集剧中插二（周一～周五）	5000	3000	1500	1.5
Bh03	BTV青少	电视剧场二集剧中插一（周一～周五）	5000	3000	1500	1.5
Bh04	BTV青少	电视剧场二集剧中插二（周一～周五）	5000	3000	1500	1.5
Bh05	BTV青少	10:13～10:20（周六日）	4000	2400	1200	2
Bh06	BTV青少	11:55～11:58	4000	2400	1200	2
Bh07	BTV青少	12:28～12:33	5000	3000	1500	2

续表

段位	频道	栏目首播时间	刊例价（单位：元）			广告时长（分）
			30 秒	15 秒	5 秒	
Bh08	BTV 青少	13:23～13:30	5000	3000	1500	2
Bh09	BTV 青少	13:58～14:03（周一～周五）	5000	3000	1500	2
Bh10	BTV 青少	重播八区剧场一集剧中插一	6000	3600	1800	1.5
Bh11	BTV 青少	重播八区剧场一集剧中插二	6000	3600	1800	1.5
Bh12	BTV 青少	重播八区剧场二集剧中插一	6000	3600	1800	1.5
Bh13	BTV 青少	重播八区剧场二集剧中插二	6000	3600	1800	1.5
Bh14	BTV 青少	17:25～17:30（周一～周五）	7000	4200	2100	2
Bh15	BTV 青少	17:37～17:42（周六日）	7000	4200	2100	2
Bh16	BTV 青少	18:00～18:05（周一～周五）	7000	4200	2100	2
Bh17	BTV 青少	18:32～18:37（周六日）	7000	4200	2100	2
Bh18	BTV 青少	18:55～18:57（周一～周五）	7000	4200	2100	2
Bh19	BTV 青少	19:27～19:30	10000	6000	3000	2
Bh20	BTV 青少	20:00～20:05	10000	6000	3000	2
Bh21	BTV 青少	20:55～21:00	10000	6000	3000	2
Bh22	BTV 青少	21:30～21:33（周一～周五）	10000	6000	3000	2
Bh23	BTV 青少	八区剧场一集剧前	8000	4800	2400	2
Bh24	BTV 青少	八区剧场一集剧上集回放	8000	4800	2400	2
Bh25	BTV 青少	八区剧场一集剧中插一	10000	6000	3000	1.5
Bh26	BTV 青少	八区剧场一集剧中插二	10000	6000	3000	1.5
Bh27	BTV 青少	八区剧场一集剧下集预告	8000	4800	2400	2
Bh28	BTV 青少	八区剧场二集剧前	8000	4800	2400	2
Bh29	BTV 青少	八区剧场二集剧上集回放	8000	4800	2400	2
Bh30	BTV 青少	八区剧场二集剧中插一	10000	6000	3000	1.5
Bh31	BTV 青少	八区剧场二集剧中插二	10000	6000	3000	1.5
Bh32	BTV 青少	八区剧场二集剧下集预告	8000	4800	2400	2

2010 年 C 类时段广告价格表

段位	频道	栏目首播时间	刊例价（单位：元）			广告时长（分）
			30 秒	15 秒	5 秒	
Ch01	BTV 青少	06:00～06:11（周一～周五）	3000	1800	900	2
Ch02	BTV 青少	06:51～06:54（周六日）	3000	1800	900	2
Ch03	BTV 青少	07:01～07:10（周一～周五）	3000	1800	900	2
Ch04	BTV 青少	07:40～07:49	3000	1800	900	2
Ch05	BTV 青少	08:19～08:26	3000	1800	900	2

续表

段位	频道	栏目首播时间	刊例价（单位：元）			广告时长（分）
			30 秒	15 秒	5 秒	
Ch06	BTV 青少	09:16～09:23	3000	1800	900	2
Ch07	BTV 青少	电视剧场一集剧前（周一～周五）	4000	2400	1200	2
Ch08	BTV 青少	电视剧场一集剧上集回放（周一～周五）	4000	2400	1200	2
Ch09	BTV 青少	电视剧场一集剧下集预告（周一～周五）	4000	2400	1200	2
Ch10	BTV 青少	电视剧场二集剧前（周一～周五）	4000	2400	1200	2
Ch11	BTV 青少	电视剧场二集剧上集回放（周一～周五）	4000	2400	1200	2
Ch12	BTV 青少	电视剧场二集剧下集预告（周一～周五）	4000	2400	1200	2
Ch13	BTV 青少	重播八区剧场一集剧前	5000	3000	1500	2
Ch14	BTV 青少	重播八区剧场一集剧上集回放	5000	3000	1500	2
Ch15	BTV 青少	重播八区剧场一集剧下集预告	5000	3000	1500	2
Ch16	BTV 青少	重播八区剧场二集剧前	5000	3000	1500	2
Ch17	BTV 青少	重播八区剧场二集剧上集回放	5000	3000	1500	2
Ch18	BTV 青少	重播八区剧场二集剧下集预告	5000	3000	1500	2
Ch19	BTV 青少	16:05～16:12（周六日）	4000	2400	1200	2
Ch20	BTV 青少	16:31～16:35（周一～周五）	4000	2400	1200	2
Ch21	BTV 青少	17:02～17:07（周六日）	4000	2400	1200	2
Ch22	BTV 青少	23:48～23:55（周六日）	4000	2400	1200	2
Ch23	BTV 青少	00:03～00:10（周一～周五）	4000	2400	1200	2
Ch24	BTV 青少	00:45～00:53（周六日）	4000	2400	1200	2
Ch25	BTV 青少	01:00～01:05（周一～周五）	4000	2400	1200	2
Ch26	BTV 青少	01:35～01:40（周一～周五）	4000	2400	1200	2

2010 年 BTV 公共广告价目表

2010 年 B 类栏目广告价格表

频道	栏目名称	栏目首播时间	刊例价（单位：元）		
			30 秒	15 秒	5 秒
BTV 公共	《红绿灯—早间直播》	07:00（周一～周五）	5000	3000	1500
BTV 公共	《红绿灯—平安行》	17:05（周一～周日）	5000	3000	1500
BTV 公共	《红绿灯》	21:32（周一～周五）	8000	4800	2400

续表

频道	栏目名称	栏目首播时间	刊例价（单位：元）		
			30 秒	15 秒	5 秒
BTV 公共	《京郊大地》	21:32（周六）	8000	4800	2400
BTV 公共	《四海漫游》	21:59（周一～周五）	10000	6000	3000
BTV 公共	《我的父亲母亲》	22:05（周六）	10000	6000	3000
BTV 公共	《故事汇》	22:22（周一～周五）	8000	4800	2400
BTV 公共	《手机江湖》	22:38（周六）	10000	6000	3000
BTV 公共	《北京故事》	22:44（周一～周五）	8000	4800	2400

2010 年 B 类时段广告价格表

段位	频道	栏目首播时间	刊例价（单位：元）			广告时长（分）
			30 秒	15 秒	5 秒	
Bj01	BTV 公共	18:00～18:05	5000	3000	1500	3
Bj02	BTV 公共	18:25～18:30（周一～周六）	5000	3000	1500	2
Bj03	BTV 公共	18:55～19:00（周日）	5000	3000	1500	2
Bj04	BTV 公共	18:58～19:00（周一～周六）	6000	3600	1800	2
Bj05	BTV 公共	19:08～19:10（周日）	6000	3600	1800	2
Bj06	BTV 公共	21:28～21:32（周一～周六）	7000	4200	2100	2
Bj07	BTV 公共	21:57～21:59（周一～周五）	7000	4200	2100	2
Bj08	BTV 公共	22:02～22:05（周六）	7000	4200	2100	2
Bj09	BTV 公共	22:19～22:22（周一～周五）	7000	4200	2100	2
Bj10	BTV 公共	22:42～22:44（周一～周五）	7000	4200	2100	2
Bj11	BTV 公共	22:35～22:38（周六）	7000	4200	2100	2

2010 年 C 类时段广告价格表

段位	频道	栏目首播时间	刊例价（单位：元）			广告时长（分）
			30 秒	15 秒	5 秒	
Cj01	BTV 公共	重播晚间电视剧一集剧前	4000	2400	1200	2
Cj02	BTV 公共	重播晚间电视剧一集剧上集回放	4000	2400	1200	2
Cj03	BTV 公共	重播晚间电视剧一集剧中插一	5000	3000	1500	1.5
Cj04	BTV 公共	重播晚间电视剧一集剧中插二	5000	3000	1500	1.5
Cj05	BTV 公共	重播晚间电视剧一集剧下集预告	4000	2400	1200	2
Cj06	BTV 公共	重播晚间电视剧二集剧前	4000	2400	1200	2
Cj07	BTV 公共	重播晚间电视剧二集剧上集回放	4000	2400	1200	2

续表

段位	频道	栏目首播时间	刊例价（单位：元）			广告时长（分）
			30 秒	15 秒	5 秒	
Cj08	BTV 公共	重播晚间电视剧二集剧中插一	5000	3000	1500	1.5
Cj09	BTV 公共	重播晚间电视剧二集剧中插二	5000	3000	1500	1.5
Cj10	BTV 公共	重播晚间电视剧二集剧下集预告	4000	2400	1200	2
Cj11	BTV 公共	重播晚间电视剧三集剧前	4000	2400	1200	2
Cj12	BTV 公共	重播晚间电视剧三集剧上集回放	4000	2400	1200	2
Cj13	BTV 公共	重播晚间电视剧三集剧中插一	5000	3000	1500	1.5
Cj14	BTV 公共	重播晚间电视剧三集剧中插二	5000	3000	1500	1.5
Cj15	BTV 公共	重播晚间电视剧三集剧下集预告	4000	2400	1200	2
Cj16	BTV 公共	12:00～12:05	5000	3000	1500	2
Cj17	BTV 公共	午间电视剧一集剧前	4000	2400	1200	2
Cj18	BTV 公共	午间电视剧一集剧上集回放	4000	2400	1200	2
Cj19	BTV 公共	午间电视剧一集剧中插一	5000	3000	1500	1.5
Cj20	BTV 公共	午间电视剧一集剧中插二	5000	3000	1500	1.5
Cj21	BTV 公共	午间电视剧一集剧下集预告	4000	2400	1200	2
Cj22	BTV 公共	午间电视剧二集剧前	4000	2400	1200	2
Cj23	BTV 公共	午间电视剧二集剧上集回放	4000	2400	1200	2
Cj24	BTV 公共	午间电视剧二集剧中插一	5000	3000	1500	1.5
Cj25	BTV 公共	午间电视剧集剧中插二	5000	3000	1500	1.5
Cj26	BTV 公共	午间电视剧二集剧下集预告	4000	2400	1200	2
Cj27	BTV 公共	午间电视剧三集剧前	4000	2400	1200	2
Cj28	BTV 公共	午间电视剧三集剧上集回放	4000	2400	1200	2
Cj29	BTV 公共	午间电视剧三集剧中插一	5000	3000	1500	1.5
Cj30	BTV 公共	午间电视剧三集剧中插二	5000	3000	1500	1.5
Cj31	BTV 公共	午间电视剧三集剧下集预告	4000	2400	1200	2
Cj32	BTV 公共	17:00～17:05	5000	3000	1500	2
Cj33	BTV 公共	晚间电视剧一集剧前	5000	3000	1500	2
Cj34	BTV 公共	晚间电视剧一集剧上集回放	5000	3000	1500	2
Cj35	BTV 公共	晚间电视剧一集剧中插一	6000	3600	1800	1.5
Cj36	BTV 公共	晚间电视剧一集剧中插二	6000	3600	1800	1.5
Cj37	BTV 公共	晚间电视剧一集剧下集预告	5000	3000	1500	2
Cj38	BTV 公共	晚间电视剧二集剧前	5000	3000	1500	2
Cj39	BTV 公共	晚间电视剧二集剧上集回放	5000	3000	1500	2
Cj40	BTV 公共	晚间电视剧二集剧中插一	6000	3600	1800	1.5
Cj41	BTV 公共	晚间电视剧二集剧中插二	6000	3600	1800	1.5
Cj42	BTV 公共	晚间电视剧二集剧下集预告	5000	3000	1500	2
Cj43	BTV 公共	晚间电视剧三集剧前	5000	3000	1500	2
Cj44	BTV 公共	晚间电视剧三集剧上集回放	5000	3000	1500	2
Cj45	BTV 公共	晚间电视剧三集剧中插一	6000	3600	1800	1.5
Cj46	BTV 公共	晚间电视剧三集剧中插二	6000	3600	1800	1.5
Cj47	BTV 公共	晚间电视剧三集剧下集预告	5000	3000	1500	2

大事记

北京电视台2010年大事记

一月

1日 《超级出租车》栏目开播。《超级出租车》栏目作为北京电视台生活节目中心2010年打造的一档全新民生访谈类节目，凭借新颖的节目样态，鲜活的资讯内容，创造了前三天0.96%、1.59%和1.8%的收视率。尤其是第三期、第四期节目《2010年第一场雪》以“超级出租车24小时大雪全体验”和“超级出租车大雪背后故事全揭秘”为主线，延长电视节目的话题影响力，与观众形成了“你中有我，我中有你”的平等交流，不断探索着与节目样式衔接最恰当的节目传播方式。

同日 北京电视台科教节目中心又一档法治栏目《非常看法》开播，栏目重在解读司法条款，普及法律知识。

3日 首届《北京印·时尚大典》在卫视播出，获得3.95%的收视佳绩。

4日 由北京电视台体育节目中心推出的50分钟日播节目《步步为赢》正式开播。新一年体育节目中心加大了对全民健身运动的宣传力度，在保有原《快乐健身一箩筐》《各就各位》的基础上，又增加了50分钟的周播节目《健康男女》和日播节目《步步为赢》。

5日 市委副书记王安顺来北京电视台参加“大爱无疆2009年首都十大教育新闻人物颁奖典礼”北京电视台科教频道录像。

7日 市委宣传部常务副部长陈启刚、市委宣传部副局级调研员陈建文、市广播电视局副局长李春良等领导，来北京电视台听取春节联欢晚会节目组汇报，并对春晚筹备进展情况提出新要求。陈启刚副部长听取汇报后，肯定北京电视台2010年春晚工作重视程度高，准备充分，明星阵容强，内容有新意。他要求抓紧最后一个月的时间，做出一台精彩的晚会。他希望2010年北京电视台春节联欢晚会，更加体现北京特色，更加紧密地与观众进行情感互动，让老百姓走上春晚舞台，用真人真事打动人心。陈建文、李春良、荣大力等同志也分别从把握好春节晚会的时代特色、节目特色、北京特色、艺术特色等方面提出了指导意见和具体要求。

同日 四川省委宣传部常务副部长、省外宣办主任侯雄飞带领四川宣传系统考察团来北京电视台考察交流。市委宣传部副部长严力强，宣传部、市广电局、北京电视台领导与考察团进行了座谈。座谈会由张晓总编辑主持。严力强副部长首先代表北京市委宣传部欢迎四川宣传系统考察团的到来。严力强说，四川和北京历来有着良好的合作关系，北京的发展离不开四川，北京文化产业特别是广播电视行业的发展也离不开四川广电行业的支持。希望今后北京和四川的宣传系统能够强化交流，强化合作。侯雄飞常务副部长说，考察团此行主要是想就新闻立台、新闻制播流程与北京电视台进行交流。侯雄飞代表四川省委宣传部就北京给予的援建工作表示感谢。张亮副总编向考察团详细介绍了北京电视台新闻节目中心的部门设置、新闻制作、新闻生产管理等方面的内容。总编室主任张恒重点介绍了北京电视台制播管理制度。座谈会上，考察团观看了北京电视台宣传片并就新闻节目中心的机构设置、生产流程及如何调动采编人员的积极性等问题进行了探讨和交流。四川广播电视台党组书记、台长陈华与王晓东台长就制播分离充分交换了意见。四川广播电视台总编辑程朝阳、北京市委宣传部副局级巡视员苏仁先、北京市广电局副局长丁百之、北京电视台总工程师田方及相关部门负责人参加了座谈。座谈结束后考察团参观了北京电视台综合业务楼，实地了解了节目的制播流程。

12日　北京电视台《北京新闻》栏目播出《人文北京——可爱的北京人》系列报道，报道选取我们身边的普通人，从他们身上挖掘出爱岗敬业、团结友爱、创新进取、志愿服务、热心公益等事迹与精神，展现符合建设人文北京所崇尚的人文价值观。该专题运用纪实手法，展现人物生活片段，挖掘人物事迹细节，体现人物精神亮点，全面展现普通北京人的可爱之处。专栏报道了辛苦扫雪而昏迷不醒的环卫工人王长荣，乐于助人、永远把快乐带给乘客的好的哥张志刚，丰台的好民警刘春，十几年坚持义务捡拾垃圾的老人郝殿贵……节目播出的第二天，市委常委、宣传部长、副市长蔡赴朝委托宣传部副部长严力强，对该专栏及报道给予充分肯定，认为《北京新闻》推出的《人文北京——可爱的北京人》报道准确、生动、感人，达到了很好的传播效果，并要求在专栏开播的第一周，每天在《北京新闻》中播出。

15日　《崇高的荣誉——首都政法综合治理系统春节联欢晚会》由北京电视台录制完成。中共中央政治局常委、政法委书记周永康，中共中央政治局委员、北京市委书记刘淇，国务委员、公安部部长孟建柱，北京市委副书记、市长郭金龙出席。2月11日（腊月二十九日）19:00在北京电视台科教频道播出。

22~24日　BTV体育频道全程直播国际自盟世界杯场地自行车赛（北京站）比赛。该赛事是2010年在中国进行的级别最高的场地自行车赛，BTV体育频道对本项赛事进行全程直播并为国际自盟和欧广联制作本次赛事的公共信号。

22日　国家广播电影电视总局发布《关于2009年度全国电视动画片制作发行情况的通告》，北京电视台卡酷动画卫视原创动画产量持续上升，年生产动画片11部共4465分钟，产量位居北京第一，全国第九位。在“2009年全国原创电视动画片生产十大城市”排名中，北京以总生产量9357分钟位列第七位，北京电视台卡酷动画卫视生产份额占总产量近一半，为北京进入全国前十作出了重要贡献。

22日　2010年上海世博会宣传片摄制组专程来到“鸟巢欢乐冰雪季”进行现场拍摄，“鸟巢欢乐冰雪季”活动作为新北京最生动的城市代言在世博会的宣传片中向全世界展现首都的风采。北京电视台体育频道主持人张鹏作为媒体代表在鸟巢现场放歌的一幕更被收录其中，充分展示了北京电视台现代、时尚、健康的媒体形象。

23日　由北京市委宣传部、北京市科

委联合主办，由北京科技协作中心和北京电视台承办的《首都科技盛典》在北京电视台1000平方米演播室录制，并将于2月17日15:30在北京电视台科教频道、2月20日19:40在北京电视台卫视频道播出。盛典围绕“科技北京、成就未来”主题，彰显当今我国最顶尖科学家的风采，首次在电视荧屏上集中展现我国科技工作者的精神风貌。

25日 北京电视台网站“BTV在线”新版页面正式上线。

29日 国家广电总局科技司司长王效杰率科技司老干部、科技司各处室负责人一行50余人来北京电视台新址参观指导。北京电视台台长王晓东致欢迎辞，总工程师田方陪同参观，市广电局科技处处长陈煜也一并陪同。

同日 北京电视台170余名离退休职工和王晓东等台领导在新台生活楼欢聚一堂，共庆虎年新春的来临。台领导向老同志们介绍了上一年北京电视台工作取得的成就和新一年的工作展望，并向老同志代表赠送了新春礼品。

同日 武侠电影《苏乞儿》在北京电视台卫视频道录制《“天下英雄会”暨全球首映式》。来自全国10个城市的20名民间武林高手、热心影迷来京参与首映活动，周杰伦、赵文卓、周迅、安志杰、郭晓冬、闫妮等登场亮相。

1月 新闻节目中心圆满完成北京市第十三届人民代表大会第三次会议和中国人民政治协商会议北京市第十一届委员会第三次会议的报道任务。

1月 《2010年北京市“两会”专题报道》收视率创下了历年“两会”报道的新高，平均收视率达到了3.58%，最高一期的收视率达到了4.67%。

1月 春节前夕，北京电视台党委书记、台长王晓东和党委副书记、总编辑张晓等台领导分9路，对老劳模代表、患病和困难党员代表、获得2009年度全国性奖励的集体和职工代表进行慰问。

1月 北京电视台人事部为全台一般派遣制职工建立补充医疗保险。

1月 “2009北京喜剧艺术节”压轴大戏陈佩斯最新喜剧《老宅》在北京电视台BTV大剧院上演。

1月 “2009北京喜剧艺术节”闭幕酒会在北京电视台BTV大剧院举行，各大电视、平面、网络媒体及业界知名人士到场，“喜剧节”完满落下帷幕。

二月

1日 北京电视台内部局域网改版。

3日 由北京电视台、市总工会、市温暖基金会联手打造的《暖——2010爱心互助大型义演晚会》在北京工人体育馆隆重举行。这台以“暖”命名和贯穿的晚会紧扣“温暖大城”的理念，场上、场下、场地内外融为一体，处处涌动着爱心互助的“暖”意。整场演出分为“温暖，是一盏不灭的灯”、“温暖，是一双相握的手”、“温暖，是梦想开始的地方”、“温暖2010，我的爱”四个篇章，以爱心团送温暖的温暖特刊为形式，以温暖故事公益短片为主线，将爱心、互助展现得淋漓尽致。全部主持人、演员都是公益出场，所有的观众都是“爱心大使”，公益故事的主人公、爱心家庭、爱心企业的代表也来到现场。每个公益故事主人公生活艰辛但却保持积极乐观的生活态度，深深打动了在场的每一个人。晚会于2月19日（农历正月初六）晚19:40在北京卫视频道播出。

6日 《2010年北京电视台·新浪网首届网络互动春节联欢晚会》，在北京电视台卫视频道拉开全国春晚的大幕，并连续7天在黄金时段由电视、手机电视、网络三大平台同步播出。作为全球华人第一台三网融合、三屏合一的新春晚，晚会凭借草根精神和快乐元素获得了观众的广泛关注和热烈好评，平均收视率达到3.14%。

6~26日 北京电视台公共频道、文艺频道联合主办“欢欢喜喜过大年——春节百姓家庭DV才艺大赛”，展播参赛作品，每天1集，每集15分钟。

8~12日 《大家说年》于北京卫视播出，5位顶级民俗专家热聊春节老礼。打造一套权威的影视版《传统节日文化读本》，成为北京电视台新闻评论部纵贯全年的任务。

9日 广电总局通报了《广电总局办公厅关于对2009年度全国上星电视节目无重大播出事故单位/频道表扬通报的通知》，卡酷动画得到了广电总局的表扬，总局对卡酷始终保持政治责任感、不断规范制度流程、加强人员应急处置能力、圆满完成全年安全播出任务，特别是全国上星电视节目安全播出工作取得的成绩给予肯定。

13~28日 第21届冬奥会在加拿大温哥华举行，北京电视台体育节目中心在没有赛事报道权的情况下，积极组织力量、整合资源，仍然取得了多个报道亮点：一是6名编辑记者完成每天20分钟新闻回传和11期每期30分钟的前方名将访谈节目《飞越温哥华》。二是通过赛事集锦加上自采节目，在开赛后每天制作了一档50分钟的冬奥会特别报道，内容涵盖了开闭幕式及中国队参加的所有精彩比赛，共播出13期，并在最后制作了一期100分钟的总结篇，全面反映了中国代表团的成就和本届冬奥会的精彩。三是在国家体育馆“鸟巢欢乐冰雪季”的现场播放冬奥会报道，充分利用了有限资源，提升了BTV体育的影响力。

13~20日 北京电视台生活频道推出春节特别节目《生活7天小春晚》。

14日 19:40《2010北京电视台春节联欢晚会》在北京卫视首播。晚会以“虎跃中华，花开盛世”为主题，以新的北京风貌、北京精神、北京性格为特色，打造新形象，抒发新情怀，放射出北京后奥运时代的光芒，表达出北京在新中国60周年大庆之后的盛世情怀。晚会总时长约4个小时，首播收视率18.88%，在各省台排名第一，在连续3年创出收视佳绩的基础上，再创近几年BTV春晚新高，已经成为北京电视台的一大品牌。在2010年3月中国电视艺术家协会主办的“全国省级电视台春节晚会及春节特别节目评优活动”中，《2010北京电视台春节联欢晚会》获最佳作品奖（一等奖）。在2010年6月举行的“盛视2010——全国首届春晚评选”中获综合类二等奖。

同日 北京电视台播出春节联欢晚会的同时，BTV在线进行了同步网络互动直播。在近4个小时的直播中，直播页面访问量超过3万人次，最高同时在线人数突破5000人。超过56%的网友来自全国各地，欧洲、美国、澳大利亚、日本、新加坡、加拿大等国外访问量超过了3500人次。在北京电视台春节联欢晚会的带动下，BTV在线整站的页面访问量达到128万页、22万人次，访问量较平时翻了一倍，网站全球排名（据Alexa统计）从第3万名，上升到当日的第3199名，刷新了“谁知红楼梦中人”官方网站在全球排第5000名的记录，创BTV网站建站以来历史新高。

14～29日　《这里是北京》全方位完整记录了18区县36家庙会盛况，在一周之内摄制播出《第五届北京庙会、灯会、文化活动评选》节目，史无前例地完成了对京城庙会最全面、最丰富、最珍贵的一次拍摄。

15日　在北京卫视与全国观众见面的第一届“BTV环球春晚”，以开阔的国际视野、高雅的文化品位、自信的大家风范，赢得了观众的高度认可。北京地区收视率达到了8.05%，占有率达到了22.22%，全国25城市收视率达到了1.15%，同时段收视率全国排名第二位，“环球春晚”在为观众带来精彩演出之余，还尝试搭建中外文化交往的桥梁，助推民间外交，传播中国传统文化。

16日　《2010年北京电视台卡酷动画春晚》历时8个月精心创作，在北京卫视首播，收视率达到2.33%，较去年的同期收视率1.2%翻了一番，最高收视率达到3.77%，超越《喜羊羊与灰太狼》等国内外强档动画片收视，得到了全国观众和业界人士的一致好评。

23日　由北京电视台体育节目中心和国家体育场有限责任公司等联合主办的“首届鸟巢欢乐冰雪季”完美收官。自2009年12月19日盛大开幕以来，冰雪季活动历时两个月。体育节目中心派出近百人的报道团队，在转传部、台办通讯科的大力支持下，制作总长超过150小时的节目，其中包括现场直播、新闻报道、体育娱乐节目。每周末及节假日进行的3小时以上的现场直播达到16次，并且取得了收视率同比翻番的成果。

25日　北京电视台编委会决定正式成立北京电视台世博会报道工作组。工作组由张亮副总编辑牵头，新闻节目中心、总编室相关人员组成常设办事机构。

26日　由北京电视台工会主办，制作部和体育节目中心共同协办的北京电视台《职工新春大联欢》晚会在BTV大剧院举行，全台职工齐聚一堂，用欢歌笑语总结2009年，展望2010年，共庆这一属于BTV人自己的节日。

28日　北京电视台捐助的四川省什邡市BTV双盛小学正式落成并举行了隆重的开学典礼。什邡市BTV双盛小学前身是什邡市双盛青杠小学，在“5·12”大地震中垮塌。在中央确定北京市对口支援什邡市灾后恢复重建工作启动后，北京电视台迅速在什邡建立了记者工作站，同时，北京电视台党委带领全台干部职工共捐资500万元，决定援建一所BTV独立命名的小学——什邡市BTV双盛小学。2009年3月，经过选址规划，北京电视台党委与什邡市人民政府正式签订了援建意向书。在北京市对口支援地震灾区指挥部的领导下，在什邡市委市政府的大力支持和广大援建工作者的共同努力下，BTV双盛小学建设工程于2009年4月开工，12月底竣工。新建成的学校建筑结构形式为框架剪力墙结构，建筑面积2348平方米，设计使用年限为50年，抗震设防烈度为7度。学校由教学区、运动区两个部分组成，规划教学班6个、在校生270人。学校设有计算机教室、图书室、实验室、多功能教室、心理咨询室和体育器材室，是一所功能完善、设施齐全的现代化学校。北京电视台副总编辑张强、张亮等一行5人，受北京电视台党委委托，参加BTV双盛小学落成暨开学典礼。北京电视台领导与什邡市委宣传部、教育局的领导一起，为什邡市BTV双盛小学落成剪彩，向学校学生赠送了书包和文具。

2月 北京电视台《北京新闻》栏目春节期间推出专栏《我在一线过大年》，根据中宣部《关于春节期间组织新闻工作者深入基层的通知》精神，新闻中心在春节期间派出多路记者深入企业、厂矿、农村、社区、医院以及四川什邡等地，深入了解、采访、报道基层群众在春节这个“普天同庆、阖家团聚”大喜日子里的真实场景和感人细节。同时，反映节日一线工作人员坚守岗位、加班加点生产的动人事迹；反映窗口服务行业辛勤工作、确保正常运转的工作情况；反映交通运输人员、治安民警、敬老院老人及福利院孩子们的节日生活等。为了能全面、充分展现节日期间各行各业、广大群众的节日生活、工作情景，《我在一线过大年》特别报道采用了组合报道方式，以记者现场报道的方式，形象、生动地报道所见所闻，塑造节日期间奋战在一线的劳动者的鲜活形象，并反映普通群众节日生活的红火热闹。

三月

1日 北京电视台影视剧年会暨制作机构新春答谢会举行。国家广电总局电视剧司副司长宋鲁曼出席会议，北京电视台张晓总编辑、王云副书记、张强副总编辑等台领导与来自全国各地的110多家影视剧制作机构代表就2009—2010年BTV电视剧整体工作以及制播行业的相关问题进行全方位探讨，共商合作、共谋发展。会上颁发了“最佳收视贡献奖”，共有22部作品喜获嘉奖。今年，北京电视台还特别设立了“最佳品质奖”以及BTV年度金奖，《潜伏》、《闯关东（中篇）》、《勇者无敌》、《北风那个吹》、《生死线》等一批上乘佳作获此殊荣。《闯关东（中篇）》的编剧高满堂、《潜伏》的编剧兼导演姜伟、著名电视剧制作人张国立以及一些制作机构荣获2009年度特殊贡献奖。

同日 北京电视台体育节目中心《足球一百分》节目经过精心筹划，邀请新上任的国家体育总局足球运动管理中心主任韦迪做客《足球一百分》演播室，就近期社会上共同关心的话题与观众们进行了交流。这也是韦迪主任首次出现在电视直播间。

1~7日 北京电视台财经频道策划制作的大型系列节目《绿色北京》在北京卫视黄金时段播出。节目邀请了北京市发改委、财政局、环保局等11个部门的负责人与观众现场互动，为百姓全面解读“绿色北京行动计划”，充分展示了市委、市政府加快建设绿色北京的重大战略思想，为建设绿色北京营造了良好的舆论氛围。该系列节目播出后，受到了《人民日报》的持续关注和市政府部门的高度赞誉。3月28日，《人民日报》刊出一篇名为《北京开始“绿色行动”》的文章，详细介绍了“绿色北京行动计划”的内容和实施方略。接着，4月29日《人民日报》一篇名为《北京：绿色大讲堂讲述“绿色新政”》的文章着重介绍了《绿色北京》节目的播出及其良好社会效果。文章指出："该节目以身边事为例，把15000字的方案，变成一个个细节生动的话题，有如一个绿色大讲堂。"4月28日，北京市发改委在写给市委宣传部的信函中，对《绿色北京》系列节目的策划、制作和播出成效都给予了高度肯定。

2日　全国政协十一届三次会议举行首场新闻发布会，大会发言人赵启正介绍会议情况。在参加新闻发布会的上百家中外媒体中，北京电视台记者杨洋成为全场首个提问的记者。杨洋关于民生问题的提问以及赵启正的回答，随着电视直播传遍国内外，广受社会各界关注。北京电视台在全国"两会"媒体大战中，发出了BTV自己的声音。

4日　北京电视台工作会议召开，全台千余名干部职工参加了会议。市委宣传部副部长严力强，市广电局党组成员、纪检组长王立平出席了会议并讲话。王立平在讲话中说，北京电视台作为全市最具影响力的大众传媒，必须借助北京要建成世界城市这一东风，将自身发展融入首都建设、世界城市的大格局，确定新的发展定位、发展目标、发展思路和举措，谋求大的发展和大的跨越。市委宣传部副部长严力强要求北京电视台要从提高首都文化的软实力，把北京电视台建设成为与首都的发展同步、与首都的地位相称的现代传媒机构的高度去谋划北京电视台的工作；全体干部职工在新的一年要树雄心、立大志，敢于创造、敢于争先，迎接新的形势和新的任务。

5日　北京电视台团委组织了"学雷锋、献爱心"团日活动，与慧灵智障人士服务机构的师生一起参观了海淀公共安全馆，并看望了北京松堂关怀医院的医患人员。

22日　北京电视台新闻节目中心在各档新闻节目中开辟专栏《西南抗旱第一线》，实时播放来自抗旱一线的最新消息。不仅积极配合了全国抗旱工作，也使北京电视台在全国性重大新闻事件报道中发出了自己的声音。

24日　北京市人大常委会机关离退休老干部50人来北京电视台座谈参观。市广电局局长李春良、北京电视台台长王晓东、副台长邵宣堂及办公室、研发部、总编室、总工办、制作部等部门负责人出席了座谈会。李春良局长致辞后简要介绍了北京市广电事业发展状况，并就把握正确导向、新闻媒体队伍建设、新媒体发展以及如何使广电事业获得更好的经济效益等问题作了介绍。王晓东台长汇报了北京电视台的简要情况，并分析了北京电视台所处的发展环境和目前的重点工作。

25日　2010年东京国际动漫展隆重开幕。北京电视台卡酷动画卫视旗下卡酷全卡通首次涉足海外动漫市场，将旗下原创动漫作品和主力产品推向全球，向国际动漫玩具界精英展示了卡酷在原创动漫及动漫全产业链运营方面的优势和成果。此次参展卡酷全卡通吸引了多美、万代、美泰等59家世界知名动漫玩具企业前来洽谈合作，吹响了公司正式进军全球玩具市场的号角。

28日　北京电视台卡酷动画卫视旗下"卡酷全卡通旗舰店"品牌，在2010中国商业地产行业年会上荣获"中国最具成长性商业品牌"大奖。卡酷全卡通旗舰店从凯德商用、中粮置业、宜家等近百家国内著名商业地产开发商和连锁商业品牌中脱颖而出，凭借其在商场评价、用户满意度与拓展速度等方面的优势，一举摘获了“中国最具成长性商业品牌”，成为唯一一家儿童类获奖企业。

同日　第九届中国土木工程詹天佑奖颁奖典礼在北京电视台新台址 BTV 剧场隆重举行。来自全国土木工程界共 30 项工程入选，北京电视台新台址——北京电视中心一期工程及北京南站、新保利大厦、中国电影博物馆等 12 项建筑工程获奖。至此，北京电视中心一期工程已囊获了中国建筑工程鲁班奖、北京市建筑工程结构长城杯、建筑长城杯等国家级和北京市建筑工程大奖。

29～31 日　《中国节　中华情》第二辑《大家说清明》于北京电视台卫视频道播出，划破初春寒冷。这是一次从说明文到记叙文的转身，力求将高堂讲义翻译为润物无声的微言大义。充满古意古趣的美术效果为后续篇章的视觉系统定下了基调。单期最高收视率达到 4.15%。

31 日　以“珍爱生命·思念感恩”为主题的《第三届北京清明诗会》在石景山体育馆录制完成，这是北京电视台对晚会活动播出采取“三屏合一”方式的又一探索。晚会从前期到后期的各个阶段都利用了网络、手机等新型媒体，了解百姓的需求、拉近同群众的距离，在弘扬中华传统文化、缅怀先贤先烈的同时还把握当下发生的重大事件，关注我国西南地区的严重旱灾，为受灾同胞送去首都人民的问候和祝福。4 月 4 日晚 19:40，《清明诗会》在电视、网络和手机同步播出，电视观众通过收看 BTV 卫视、广大网友通过访问“BTV 在线”网站、手机用户通过观看“BTV 手机电视”均可收看本届晚会。

3 月　体育节目中心《快乐健身一箩筐》节目联合中国医学科学院肿瘤医院策划了《快乐健身、远离癌症》系列节目，并举办“为了姐妹们的健康与幸福”大型公益活动。这次公益活动的主题是“乳腺癌和子宫颈癌的预防和早诊早治”。此次公益活动由《快乐健身一箩筐》节目发起征集，为本市 100 名下岗女工和贫困妇女提供免费乳腺癌和子宫颈癌两癌筛查的机会。

3 月　西南大旱，北京电视台新闻专题科记者第一时间奔赴现场。百色、漓江、南宁……两位记者 18 天日夜奋战，克服晕车、水土不服等诸多困难，翻山越岭行程 4000 多公里，发回稿件近 30 篇。王晓东台长批示：“BTV 有此平台，年轻记者敬业爱台，我们就有了持续战斗力。”

四月

1 日　反腐倡廉宣传报道工作座谈会在北京电视台召开。会议由台长王晓东、副总编辑张亮主持，市纪委副书记王海平、市纪委宣教室副主任杜晓光、市委宣传部纪检处处长卜秀均等 8 人与我台办公室、总编室、研发部、新闻节目中心等部门负责人参加了此次座谈会。座谈会上，王海平副书记首先感谢我台多年来对反腐倡廉宣传报道工作的大力支持，并对反腐倡廉宣传报道工作的开展提出了具体建议：希望今后反腐倡廉宣传进一步结合新形势、新任务、新要求，不断扩大影响，发挥作用，拓展阵地；希望反腐倡廉宣传能充分利用历史文化资源，在故事性、教育性方面有所创新。与会人员还就双方今后如何发挥优势、加强反腐倡廉宣传进行了研究探讨。

同日 由市委宣传部、北京电视台共同主办，青少频道承办的“书香北京·文化盛典”大型文化活动，在北京电视台举行了新闻发布会及“21世纪10年影响中国图书榜”的推选会。著名学者阎崇年，著名作家毕淑敏、虹影，青少年教育专家卢勤，著名文学评论家白烨、止庵、解玺璋等文化名人汇聚一堂，各抒己见，共商荐书事宜。

5日 “文明之光——庚寅年清明公祭轩辕黄帝典礼”在陕西省黄陵县桥山轩辕殿和殿前广场隆重举行。北京卫视与陕西电视台、上海东方卫视联合直播，向全球华人全程呈现一年一度的中华大祭祖典礼盛况。

12日 北京电视台召开2010年度深入开展“三项学习教育活动”（以下简称“三教”）动员会。会议由张晓总编辑主持，党委副书记王云就2010年度深入开展“三教”活动进行了部署，党委书记、台长王晓东做了动员讲话，台领导和各部门负责人参加了会议。

14日 北京电视台2010年思想政治工作会议在38层会议室举行。台领导班子成员与各党支部（党总支）负责人、各部门负责人、团支部书记、工会小组长和思想政治工作部门全体人员200余人参加了会议。党委副书记、总编辑张晓主持会议。党委书记、台长王晓东在讲话中对北京电视台2009年思想政治工作给予充分肯定，对广大思想政治工作专、兼职干部表示感谢。他指出，思想政治工作是我们党的优良传统，对于形成人们思想、情感、精神上的归属感、认同感、向心力、凝聚力具有重要作用。新闻宣传单位作为巩固党的执政地位、传播主流价值观、营造安定团结社会局面的承载者，必须对做好自身思想政治工作有更高的要求，要先学一步、先行一步，把思想政治工作成效体现到提升传播水平上去，确保党的舆论喉舌作用得到充分发挥。党委副书记王云传达了上级有关精神，并对北京电视台2009年思想政治工作进行了全面总结，对2010年工作作出部署。会上，王晓东台长与台领导班子其他成员、各位台领导与分管部门负责人代表分别签订了2010年度党风廉政建设责任书。与会人员观看了各党支部2009年开展特色活动的专题片，并进行了评选。

同日 由国家广电总局推出的“2009年度少儿节目精品及动画精品”评审结果揭晓，北京电视台卡酷动画卫视连续第4年荣获全国优秀动画频道一等奖第1名；广电总局同期公布了“2010年度第一批优秀国产动画片推荐名单”，由卡酷原创制作的52集动画片《我们小孩有力量》榜上有名，实现了频道播出和动画原创双葩齐放的良好格局。

同日 7时49分青海省玉树县发生7.1级地震，消息刚刚传到北京，北京电视台新闻节目中心就紧急启动了应急报道机制，《特别关注》栏目第一时间播出青海玉树发生强烈地震的新闻，《北京新闻》栏目及时发布党中央、国务院和市委市政府关于抗震救灾工作的重要指示，报道了市委市政府决定向灾区捐助1000万元和各类救灾物资，帮助灾区人民战胜灾害、重建家园，各档新闻栏目滚动播出最新情况。

15日 北京电视台新闻节目中心两路记者分别跟随北京红十字会救援队和北京医疗救援队，紧急赶赴青海抗震救灾第一线，各档栏目统一挂标推出《玉树抗震进行时》。全面展示党和政府积极组织抗震救灾、社会各界心系灾区、千里驰援的感人画面。

16～18日 为宣传世博会的主旨和精神，北京电视台主持人爱心团、北京青少年发展基金会、北京儿艺在上海艺海剧院联合举办公益演出——世博儿童剧《海宝》，特别邀请50位上海希望工程捐助的小学生在家长陪同下观看演出。

20日 北京电视台因在参与“一人一月捐一元，守望相助献爱心”活动中表现突出，被评为北京市朝阳区CBD红十字先进志愿服务集体。

同日 BTV手机电视苹果客户端开发完成并正式上线运营，节目内容包括BTV北京、BTV文艺、BTV科教、BTV财经等我台各路电视直播以及新闻、娱乐、资讯等点播节目，节目资源丰富，画质高。截至11月底，访问数（IP）达到962596次，综合浏览量（PV）达到3837587次，已下载安装的客户端约60000个。

24～25日 路况直播与北京卫视并机直播《2010北京国际车展》的实况，并实现了之后一个星期（26日至30日）每天一个小时的公共频道播出。

4月27日～5月10日 北京电视台党委组织开展向青海玉树地震灾区捐款活动。全台职工共计捐款501746元。

4月28日～5月10日 新闻专题节目《世博直通车》在北京卫视频道播出，每天19:40，每集25分钟，为首都观众带来上海世博会的空前盛况，带来北京参与世博的最新进展。

4月28日～5月3日 第六届中国国际动漫节暨动漫产业博览会在杭州召开，北京电视台卡酷动画卫视通过百余平方米精美展台和多场推广洽谈活动，向来自47个国家和地区的知名动漫机构、161万人次观众展示了中国动画领军品牌的独特魅力。借助此次参展机会，北京卡酷动画卫视召集了“原创精品动画项目创投会”，吸引了来自全国各地的动画制作公司、投资方、出版机构及玩具厂商共50家单位出席，现场共推介在制动画项目24个，增强了卡酷在动画业界的号召力和影响力。

29日 北京电视台动力部完成综合业务楼制播机房配电增容改造工作，共敷设800余米电缆、安装6面配电柜、改造改接15面配电柜，新装配电柜顺利送电为高清制播网设备的调试、运行提供了电力保障。

4月初 北京卫视文化通档栏目《档案》、《天下收藏》、《五星夜话》、《这里是北京》、《中华文明大讲堂》高清无广告版开始在纪实高清频道播出。

4月 北京电视台《快乐健身一箩筐》节目联合北京民众眼科医院举办了“预防眼疾，珍爱光明”大型公益活动。此次公益活动由《快乐健身一箩筐》节目发起征集，旨在帮助大众预防、远离眼疾，找寻光明，让大家树立良好的生活习惯，增强对眼睛的保健意识。活动为本市100名患有眼疾的患者提供免费进行眼疾筛查及常规体检的机会。

4月 北京电视台海外节目中心制作的北京市参加上海世博会宣传片《魅力北京》在上海世博园播出，该片制作时间短、任务重，海外节目中心和制作部的同志们克服困难出色完成任务。副市长、北京参博团队主任程红赞扬此片定位准确、大气恢宏、画面精美、节奏张驰得当、剪辑流畅。市委常委、市委宣传部部长、副市长蔡赴朝也对制作团队表示感谢。

4月 在北京市政府、首都绿化委员会联合召开的2009年度首都绿化美化先进表彰大会上，北京电视台被评为首都全民义务植树先进单位。

五月

1日 由北京电视台海外节目中心制作的8∶1超高清宣传片《劳动改变中国》、《北京颂》开始在天安门广场大屏幕播出，为五一假期营造了和谐、欢庆、奋进的节日氛围，宣传片得到市委宣传部和天安门管委会领导的高度评价。

7日 中共中央政治局常委李长春同志在北京电视台BTV大剧院观看了朝鲜歌剧《红楼梦》并亲切会见了主要演职人员。他称赞这部歌剧词曲优美，场景生动，表演细腻，相信在华演出一定会获得圆满成功，为巩固和发展中朝传统友谊作出贡献。中共中央政治局委员、中央书记处书记、中央宣传部部长刘云山，中共中央政治局委员、国务委员刘延东，中共中央政治局委员、中央书记处书记、中央组织部部长李源潮一同观看了演出。中央和国家机关有关部门负责同志、朝鲜驻华大使崔秉官以及专程随艺术团来华的朝鲜文化省副相韩铁，北京市领导蔡赴朝，北京电视台台长王晓东、总编辑张晓等陪同观看了演出。朝鲜歌剧《红楼梦》是50年前由金日成同志提议，根据中国越剧《红楼梦》改编创排的。邓小平等党和国家领导人访问朝鲜时曾观看过该剧。

同日 台湾会馆举办了重新开馆仪式，中共中央政治局委员、北京市委书记刘淇，中国国民党荣誉主席连战等人出席了该仪式，并为台湾会馆揭牌。北京电视台《这里是北京》栏目制作了2期专题节目《台湾人的北漂生涯》和《老北京的台湾事》。12月中，市委常委、常务副市长吉林率北京团走访台湾，还特意将该节目光盘作为礼物送给台湾相关人士及普通百姓。

5月14日~6月2日 北京电视台和北广传媒集团一行23人，在北京电视台总编辑赵多佳、副总编张强率领下，赴英国学习21天，走访了20多家传媒及节目制作机构，听专家讲课，并与专家进行了深入交流。

26日 北京电视台体育节目中心与北京体育大学体育传媒系举行合作签约仪式。副总编辑朱江与北京体育大学副校长钟秉枢分别就双方的合作意义及今后的发展做了简要阐述。焦少波主任与北京体育大学体育传媒系主任张玉田作为双方代表，签订了战略合作协议书。

29日 北京电视台体育节目中心酝酿半年之久的南非世界杯特别节目《哎哟，足球》栏目剧在昌平的影视基地开机。《哎哟，足球》栏目剧不仅是北京电视台体育节目中心在世界杯期间推出的一部带有情景喜剧特色的风味产品，更是由北京台倡议、发起、联合全国近20家省市电视台的体育频道、文体频道联合出品、共同出资、同步播出的一档特色节目。

30日 由北京市文化局文化艺术活动中心和北京电视台公共频道联合主办的“我的北京我的家——2010北京市群众文化年”系列活动之“2010百姓DV大赛”举行新闻发布会，大赛正式启动。

31日 北京广播电视台成立大会隆重

举行。中宣部副部长孙志军，国家广电总局党组副书记、副局长赵实，中国记协党组书记、常务副主席翟惠生，市委常委、宣传部长、副市长蔡赴朝出席会议。北京电视台领导班子成员和各部门主要负责人参加成立大会。

同日　北京电视台领导班子成员和各部门主要负责人参加了在北京广播大厦举行的北京广播电视台领导干部会议，市委常委、宣传部长、副市长蔡赴朝出席会议并讲话，市委宣传部常务副部长陈启刚主持会议，市委组织部副部长吕和顺宣布市委市政府关于北京广播电视台领导班子成员的任命通知。市委、市政府决定，王晓东任北京广播电视台党委副书记、台长兼北京电视台台长；赵多佳任北京电视台总编辑；免去张晓北京电视台总编辑职务。

5月　北京电视台人事部在全台开始实施“三定”工作，下发了《北京电视台“三定”工作方案》。

5月　为配合北京电视台“三定”工作的开展，邀请了中国人民大学劳动人事学院周文霞教授就人力资源管理与“三定”工作进行了台党委中心组（扩大）学习的业务讲座，全台部分处、科级干部180余人参加了培训。

5月　以新闻节目中心为主体的北京电视台世博会报道工作组出色完成世博会宣传密集期报道任务。报道工作组在世博园内搭建演播室，开办《世博直通车》和大型直播《魅力首都闪耀世博》，以15天播出节目时长30小时，每天超过120分钟的电视节目制作播出，完成了北京电视台历史上最大规模时事类事件异地报道任务。

六月

3日　为建设一支“政治过硬、精于策划、善于管理、勇于创新”的制片人队伍，全面提升制片人的岗位履职能力，北京电视台组织开展制片人岗位能力讲座和测试。此次讲座和岗位能力测试是本年度北京电视台“三项学习教育活动”的重要组成部分，也是加强制片人岗位培训的重要内容，将与下半年岗位培训的考核结果共同作为年终制片人考核续聘的重要依据。

5日　2010年“北京海洋沙滩狂欢节”在朝阳公园盛大开幕。开幕当天，新华社、人民日报、中央电视台、上海电视台等数十家媒体来到“海沙节”现场进行采访报道。从6月5日到8月31日长达3个月的时间里，由北京电视台和北京市体育局联手打造的“2010北京海洋沙滩狂欢节”在25000平方米的奥运沙排场地以及独一无二的湖景泳池中规划出主题区、沙滩区、嬉水区和展售区等多个功能区域。为广大市民以及海内外游客带来与众不同的消夏娱乐新体验。

7日　北京电视台召开“三定”工作动员会。会上，王晓东台长发表了题为《统一思想、坚定信心、锲而不舍构建人力资源管理新格局》的重要讲话。

同日　北京电视台卡酷动画卫视获“Promax&BDA全球奖”的少儿节目宣传类提名奖。“Promax&BDA全球奖”被誉为电视包装业中的“奥斯卡”，是国际公认的该领域的最高奖项。同时入围该类提名奖项的还包括Disney、NICKELODEON、BBC Worldwide等4家全球知名电视台和国际一流媒体制作公司。卡酷成为自2008年以来中国大陆地区唯一入围“Promax&BDA 全球奖”并获得提名奖的媒体。

8日 北京电视台总编室遵照市委组织部、宣传部的部署，紧急拍摄制作60秒“首都共产党员献爱心”捐献活动公益宣传片。市委组织部、宣传部领导审看后，对宣传片表示了充分的肯定。“首都共产党员献爱心”捐献活动公益宣传片从6月21日开始，在北京电视台、北京人民广播电台、北广传媒、千龙网等媒体播出。

9日 北京电视台南非世界杯前方报道组顺利传回第一档新闻，标志着世界杯前方报道的正式启动。

同日 北京电视台举行了一个简短温馨的欢迎会，欢迎2010年度“紫荆计划”香港大学生来台实习。“紫荆计划”是中国科协为落实中央对港澳台工作的指示，自2002年开始实施的“港澳台大学生暑期实习活动”。北京电视台已经先后接待过3批港澳大学生。此次来台实习的学生共12名，分别来自香港中文大学、香港理工大学和香港城市大学。这12名学生被分配到了科教节目中心、体育节目中心、青少节目中心和广告部，开始为期2个月的实习。

11日 市委宣传部通知（［2010］26号），赵多佳任北京电视台党委副书记，免去张晓北京电视台党委副书记职务。

17日 《新闻阅评》重点介绍北京电视台科教节目中心《江山如画》大型纪录片，刘云山同志、刘淇同志、蔡赴朝同志高度赞扬《江山如画》。

19日 北京电视台2010年职工乒乓球团体赛在国家体委训练局健身中心举行，40支来自北京电视台各部门的代表队共计240名选手参加比赛，经过激烈角逐，制作部一队和二队再次蝉联第一名和第二名，体育节目中心一队获得第三名。

21日 由来自格鲁吉亚、马来西亚、尼泊尔等21个国家的40余位广播电视中高层管理人员组成的研修班来北京电视台参观访问。邵宣堂副台长向来宾们介绍了北京电视台的整体情况，总编室高譺副主任介绍了北京电视台频道设置与管理情况，海外节目中心高扬副主任介绍了北京电视台的国际频道与国际交流合作情况，总工办傅治栋主任介绍了北京电视台技术设备与高清电视发展情况。几位主任还回答了来宾们关于北京电视台如何与发展中国家加强技术合作、卫视频道的落地播出等方面提出的问题。会后，来宾还参观了北京电视台41层观光大厅、13层播出部机房、演播楼7层高清新闻演播室、2层1000平方米演播室及BTV大剧院。

同日 北京电视台召开宣布华艺同志免职会议，市委宣传部副巡视员、干部处处长韦小玉到会宣布市委宣传部关于华艺同志免职的通知。党委书记、台长王晓东主持会议并发言。

22日 “北京卡酷动画卫星频道有限公司”更名为“北京卡酷传媒有限公司”。

23日 由北京电视台与青海电视台共同举办的《第三届青海国际水与生命音乐之旅——2010世界防治荒漠化和干旱日主题音乐会》在黄河发源地青海省贵德县圆满闭幕，并于当晚20:30在青海卫视进行了现场直播。此次活动在2008年、2009年已经成功举办过两次，今年的演出延续了前两届的风格，邀请到世界各国以及国内音乐演唱家、演奏家共同出演，由北京电视台主持人春妮、孔洁与青海电视台主持人璟娅、卓玛联袂主持。晚会紧紧围绕水与生命、人与自然、赞颂河流、尊重文明的主题进行，演出同时融入“玉树抗震救灾”元素，玉树籍藏族歌手的现场演唱感人肺腑，表达了青海各族人民对党和全国人民的感恩之情以及重建家园的信心和决心。

6月24日~7月7日 北京电视台党委在全台组织开展“共产党员献爱心”捐献活动，同时北京电视台的“扶贫济困春风行动”也结合党员献爱心活动共同开展。全台捐款总计169015.33元，捐献人数1507人（其中党员971人，流动党员19人，入党积极分子193人，群众324人）。

25日 第十届中国企业“未来之星”评选结果揭晓，北京电视台卡酷动画卫视凭借强势的频道覆盖、良好的收视表现，以及独创的动漫全产业链模式，与优酷网、奇虎360、优视科技等知名企业一起获评第十届中国企业“未来之星”——2010年度最具成长性新兴企业。华谊兄弟、盛大、腾讯、百度等目前国际市场上广受关注的中国企业代表，也曾先后入选该活动榜单。北京卡酷动画卫视独具特色的动漫全产业链模式，呈现出“制作—播出—版权—产业”多元跨界扩张态势，代表了北京电视台的高成长性与蓬勃的生命力。

28日 北京电视台庆祝中国共产党成立89周年暨先进表彰大会在BTV大剧院隆重举行，北京电视台全体共产党员、入党积极分子、团支部书记和部分干部职工1000余人欢聚一堂，共同庆祝党的生日。北京广播电视台党委书记刘志远应邀出席大会并讲话，北京电视台党委书记、台长王晓东代表台党委讲话，台党委副书记、总编辑赵多佳主持大会。大会在雄壮的国歌声中开始。赵多佳总编辑首先宣读了北京电视台党委《关于表彰2010年度先进党支部、优秀共产党员、优秀党务工作者》的决定，与会领导为获奖代表颁发荣誉证书和鲜花。随后，在北京电视台党委委员、总工程师田方的领誓下，33名新党员上台进行入党宣誓，全体到会的党员一同举起右手，重温入党誓词。

同日 北京电视台党委向世界杯南非报道组全体同志发出慰问信。

29日 反映北京对口支援什邡灾后重建的大型纪录片《和你在一起》正式开机。摄制组在重生的城市中寻找援建者的指纹，翻山越岭，记录下灾民努力前行的目光。这是评论部历史上历时最长、规模最大的一次外地拍摄，历时90天，摄制组人员最多时达19人。动用了轨道、摇臂、直升机等重型器械，采访100余位口述人，积累影像素材300小时。

30日 “我的北京我的家——2010百姓DV大赛”在西城区文化馆召开新闻发布会暨启动仪式。该活动是市委宣传部、市文化局等单位在全市开展的“2010年北京市群众文化年系列文化活动”之一，由市文化局北京文化艺术活动中心和北京电视台公共频道主办。大赛时间从2010年7月开始持续到12月结束，大赛优秀作品将在北京电视台公共频道《DV生活》栏目展播。大赛结果作为全市群众文化年的成果之一。2010年百姓DV大赛有三个特点：一是参与者的广泛性，大赛面对所有普通百姓和一切DV爱好者，可以是个人作品，也可以是团体作品；二是作品的开放性，只要主题积极健康，不限题材，不限类型；三是大赛的活动化，大赛组委会将进入社区，给 DV 爱好者提供专业辅导和提高的机会，也会组织采访体验活动，让大家有一个切磋交流的机会。

七月

1日 市委宣传部通知（宣干字［2010］32 号）：经研究决定，王澎同志任北京电视台副台长。

3~7日 在第四届“至高荣耀”维也纳国际青少年音乐节比赛上，北京电视台七色光艺术团一举夺得“至高荣耀”金奖特等奖。“至高荣耀”维也纳国际青少年音乐节，是由维也纳国际音乐文化交流协会组织并承办的一项国际性音乐赛事，评委会由世界顶尖的、享有盛誉的音乐教授组成，七色光艺术团以精湛的表演征服了评委，展现出了中国顶级童声合唱专业团体的卓越风采。

7日 北京电视台举办了高清摄像技术培训班，这标志着北京电视台新一轮的高清摄像技术人员岗位培训工作正式启动。此次培训是去年卫视频道高（标）清同播前开展高清摄像技术人员岗位培训工作的延续，同时也是为保证今年年底北京电视台文艺、体育频道实现高（标）清同播，培养和储备高清电视摄像技术人才的重要举措。

10~17日 北京电视台文艺节目中心会同总编室、转传部、制作部、播出部现场直播多场在国家大剧院举办的《2010漫步经典音乐会》，该音乐会由北京市委宣传部、国家大剧院、北京广播电影电视局、北京广播电视台等单位联合主办，都柏林爱乐乐团、北京交响乐团、国家大剧院音乐厅管弦乐团 3 支中外名团为首都观众连续奉献了 6 场风格迥异的“漫步经典”音乐会，让首都观众在炎炎夏日体验到经典艺术的永恒魅力。

10日 截至 7 月 10 日，北京电视台海外节目中心共制作英语新闻 17 条，共计 50 分钟。节目在美国联邦公共广播公司 MHz 频道以及长城平台北京电视台国际频道播出；其中 7 条被美国 CNN 采用，在 CNN《世界博览》栏目播出，创历年同期境外主流媒体采用量新高。北京电视台制作英语新闻已有 11 年，在新形势下，此项工作也被赋予了新的使命和意义：助力宣传北京打造世界城市、塑造北京电视台的国际品牌和口碑、提高国际影响力。

12日 南非世界杯落下帷幕，32 天里，北京电视台体育频道 200 人全力投入，“步步为赢·赢在世界杯”每天直播 17 个小时。南非报道组的 12 名记者每天进行三档共 60 分钟视频对播，同时还完成了 2000 分钟新闻回传，在节目中实现三地实时卫星视频连线直播，刷新了境外大型赛会报道总量的纪录。国内后方团队打破常规播出形式，将 100B 演播室设置为每天 17 小时直播的总串中枢。总导播根据频道编排，将体育新闻演播室、1000 平方米演播室、海洋沙滩狂欢节以及外来比赛信号等多个信源进行无缝串联。尤其在栏目转场时，实现了演播室之间的视频对播，增加了直播的整体感并最大限度地实施了动态编排。《足球 100 分》特别节目集中体现新媒体概念，通过先进的技术手段，发挥电视、电脑、手机各自的优势，实现电视、网络、手机三屏融合。这是目前国内唯一直播的网络互动电视节目，在世界范围内也是领先的。

15～18日　北京电视台团委联合北京青少年发展基金会、北京儿艺开展三地共建活动，在玉树称多县完全小学和什邡市BTV双盛小学设立BTV希望之星助学金，对品学兼优的10名贫困学生各奖励1000元，并邀请他们来北京参观学习。

16日　2010年第二届“BTV杯”国际斯诺克北京挑战赛拉开战幕。本次赛事由国家体育总局小球运动管理中心、中国台球协会、北京市体育局及北京电视台联合主办，于2010年7月16日至25日在北京大学生体育馆举行。作为赛事主办方之一的北京电视台体育频道，以新闻、专题、直播、录播等方式进行全方位的宣传报道。“国内媒体首创经典赛事，绅士运动打造BTV品牌”。作为一项传统品牌赛事，“BTV杯”始终致力于促进中国台球运动的发展和提高，同时将积极推动全民健身运动、促进和谐社会建设。

18～31日　北京电视台分4批，组织今年受到表彰的优秀共产党员、优秀党务工作者和部分中层干部前往上海、横店等地学习考察。其中，优秀共产党员和优秀党务工作者两批，分别为期7天，共有72人参加；中层干部两批，分别为期4天，共有43人参加。分别参观了上海世博会中国馆和一些主题馆，考察了横店影视城的影视拍摄场景，观看了相关文化演出，重点对上海世博会和横店影视城的文化创意产业运作情况进行了考察。

22日　市委宣传部通知（宣干字［2010］29号），窦晓东同志任北京电视台党委副书记，免去王云同志北京电视台党委副书记职务。

25日　第二届“北京市体育大会”在“海沙节”现场举行了启动仪式。启动仪式现场进行了中国式摔跤、健美、空竹、踢毽等精彩表演。“北京市体育大会”提倡淡化锦标，重在参与，形式广泛，贴近大众，目标为吸引众多体育爱好者参加，为社会各界、各年龄段群众参与体育健身搭建了广阔的平台。

26日　由北京市委宣传部、河北省委宣传部、张家口市委市政府主办，北京电视台承办的《饮水思源　相约沽源——第十四届“京张心连心”大型文艺演出》，上午9点在张家口市沽源县闪电湖畔举行。来自北京、河北以及张家口市委市政府的各级领导和上万名观众在草原上欢聚一堂，共同观看了演出。本届《京张心连心》的演出主题为“饮水思源相约沽源”，旨在展示沽源深厚的人文底蕴和坝上草原的无穷魅力。在节目构成上综合考虑“草原”、“水源”、“绿色”、“感恩”等关键词，特别围绕着“水源”和“绿色”两个词，展开了情感互动。首次搭建的360度圆形舞台，舞台设计以“北京与草原”为创意出发点，将天坛圜丘坛的造型与草原风光巧妙结合。特别策划的“共享源头水”动情点，强化了“饮水思源相约沽源”的演出主题。台上台下的互动，更是突出了“心连心”的特色。河北省委宣传部、北京市委宣传部、张家口市委市政府的领导高度称赞这次演出主题鲜明、感情真挚、节目精彩，是一次非常成功的“心连心”。

28日　由青海电视台与北京电视台共同举办的《玉树不倒感恩祖国》文艺晚会晚8点在北京电视台1000平方米演播室举行。北京市委书记刘淇，青海省委书记强卫，北京市委副书记、市长郭金龙，北京市委常委、常务副市长吉林，北京市委常委、宣传部长、副市长蔡赴朝等领导到场观看了演出，并在演出结束后亲切接见了全体演职人员，对演出成功表示祝贺，并对整台晚会给予了高度评价。青海电视台对晚会进行了同步直播。整台晚会以“感恩”为主题，旨在表达青海各族人民对党中央、国务院给予玉树灾区亲切关怀和全国各族人民对玉树抗震救灾、恢复重建给予无私援助的感激之情。来自青海玉树的演员们为观众奉献了一个个精彩纷呈、感人至深的节目。玉树的孩子们为消防、武警、地震救援队、志愿者、捐助者代表献上了金色的哈达。

7月28日~8月28日 四川省什邡电视台第二批12人来我台参加为期1个月的培训活动，分别到我台新闻节目中心、科教节目中心、制作部、信息网络管理部、总编室学习锻炼。

29日 下午，北京电视台总编赵多佳、副总编朱江等领导来到“海沙节”现场，亲切慰问了酷暑中坚守在工作岗位上的北京电视台“海沙节”工作人员。在听取了“海沙节”的运行情况介绍后，赵多佳总编指出，“海沙节”年年创新，已经成为北京电视台“走出去”模式的良好探索，并且逐步树立起一个深入人心的精品形象。

30日 由北京文化艺术活动中心、怀柔区委宣传部、怀柔区文化委员会、怀柔区广电中心主办，怀柔区文化馆承办，各郊区县文化馆协办的“绚丽北京多彩怀柔”北京市第三届来京务工人员才艺大赛颁奖晚会在怀柔剧场举行。市委宣传部副部长张淼等领导到场观看了演出。北京电视台文艺节目中心承担了颁奖晚会的录制工作，晚会的节目时长50分钟，将于8月7日9:10、8日3:00在文艺频道播出。

八月

3日 市委宣传部副部长严力强专程来到北京电视台，听取了北京电视台纪念建党90周年、辛亥革命100周年节目策划工作的汇报。台领导王晓东、赵多佳、张强、朱江、张亮、王澎参加了会议。严力强副部长认真听取了北京电视台新闻节目中心、海外节目中心、文艺节目中心、科教节目中心、财经节目中心共9个项目的详细汇报，并逐一进行了点评。严力强强调，一个大台必须要有自己的历史观和新闻观，并一以贯之。他希望我台继续发挥特长，保持专题片制作水平在全国的领先地位。

7日 当夜，甘肃舟曲发生特大泥石流灾害。北京电视台新闻节目中心第一时间全方位、多角度加入到对灾情的报道当中。电话连线前方了解最新灾情和救援情况。8月10日，新闻节目中心派出记者奔赴灾区，记者经过7天7夜艰苦跋涉到达灾区，对前方灾情和救援情况进行实时报道。

8日 北京电视台体育节目中心推出贯穿全天共13小时的大型直播节目《世界城市北京时间——纪念北京奥运会两周年特别节目》。在北京着眼于建设“世界城市”的背景下，直播节目以北京作为出发点，盘点后奥运时代北京这座城市的变化。并纵观全球世界城市，展现纽约、伦敦、东京以及北京等国际大都市的发展与变迁、体育化生存状态、体育运动给人类带来的改变和提升。现场直播与多方注入点联动——奥运城市发展论坛上刘淇同志的主题演讲、朝阳公园“全民健身志愿服务大行动”、鸟巢里国安—巴萨足球友谊赛、水立方对社会开放、海洋沙滩狂欢节市民戏水玩沙的盛况等等。

9日 国家广电总局党组副书记、副局长赵实带队来到北京电视台，就广电总局“十二五”广播影视改革规划进行专项调研。北京市广播电影电视局局长李春良等领导陪同调研。台长王晓东、总编辑赵多佳、副台长邵宣堂、总工程师田方向参加调研的各位领导介绍了北京电视台在“十二五”期间的重点工作，并陪同参观了北京电视台新媒体实验室和高清播出机房。

11~24日 北京电视台播出部完成了皂君庙发射机的更新任务，确保了北京卫视节目模拟地面无线发射的安全播出。

12日 北京电视台体育节目中心青奥会报道组一行6人抵达新加坡，在8月14日至8月26日为首都观众带来为期两周的相关报道。这是历史上的首届青奥会，具有里程碑意义，因此，此次报道也开启了青奥会报道的新篇章。

12~16日 《大家说七夕》于北京卫视播出，为七夕节正名。当相亲变成娱乐，爱情变成筹码，《大家说七夕》倾心勾勒出一幅古典主义纯真年代的生活图景。节目的创新舞蹈元素，唯美简约，又与内容贴合，为七夕节的美学特征作了令人印象深刻的注脚。赵多佳总编表扬：片子做得美，在艺术上有追求，不肤浅，有深度。我们要多做公益性的节目，要提升我台的总体品位。

12日 2010年北京电视台网络中秋晚会新闻发布会暨官网启动仪式在北京电视台新址41层观光大厅举行。北京广播电视台台长王晓东、副台长苏仁先、北京电视台副总编辑张亮等领导出席了网络中秋晚会的新闻发布会。晚会将加强网络的宣传推广和互动活动，通过“一封家书”征集、“七星伴月”推选、“才艺达人”混搭等网络主题活动，与全球网友进行多媒体互动，吸引更多群众参与活动。晚会将于9月21日至23日连续3天在北京卫视黄金时段播出，并在BTV在线、搜狐网、腾讯网、酷6网等网站进行网络同步播出。

16日 北京电视台七色光艺术团出演《庆祝北京市文学艺术界联合会成立60年——首届北京童声合唱节开幕式》，以专场音乐会的形式为首都观众献唱，拉开了首届北京童声合唱节的序幕。此次盛会由联合国教科文组织支持，北京市文学艺术界联合会、北京音乐家协会、北京卡酷动画卫视、卡酷七色光等单位联合主办。七色光艺术团作为国内少儿合唱团高水平的代表，唱响了首届北京童声合唱节的序曲。

20日 市委常委、宣传部长、副市长蔡赴朝，副市长苟仲文来到北京电视台，就北京市三网融合工作进行调研。市政府副秘书长戴卫、市委宣传部副部长张淼、市广电局局长李春良等领导同志参加了调研。北京广播电视台党委书记刘志远、北京电视台台长王晓东、总编辑赵多佳、总工程师田方陪同。蔡赴朝、苟仲文等领导同志视察了北京电视台电视节目及新媒体实验室，听取了北京电视台关于筹备北京网络广播电视台的工作汇报，观看了北京广电系统开展三网融合工作电视短片《三网融合，北京广电在行动》。市委宣传部副部长张淼汇报了北京电视台IPTV、手机电视内容平台、集成播控平台和IPTV监管平台的建设思路和下一步工作，北京歌华有线公司高清交互数字电视网络建设情况和开展电信业务准备情况，北京市广播电视监测中心 IPTV 监管平台建设方案等。

26日 当晚，《碧水润京华——纪念密云水库建成50周年主题晚会》在 BTV 大剧院成功录制。晚会以“碧水润京华”为主题，以一个“情”字贯穿始终，融合了视频短片、现场访谈、歌舞、小品、大型情境配乐朗诵5种呈现形式，全方位展示密云水库建成50年来的建设成就，讴歌水务工作者和密云人民的奉献精神，热情展望密云未来的美好前景，唤起全市人民珍惜水资源、保护环境的环保意识。中央政治局委员、北京市委书记刘淇，北京市委副书记、市长郭金龙出席了晚会，与水库的建设者们共同庆祝密云水库建成50周年。中央有关部门和北京市领导周英、蒋旭光、胡和平、蔡赴朝、吉林、李士祥、牛有成、夏占义也一同观看了晚会。

同日 广电总局收听收看中心鉴于卡酷动画优秀的节目形态、健康的产业链运营和稳固的品牌价值，撰写发表题为《北京卡酷动画卫视积极打造中国优秀动漫频道》的文章，对卡酷动画卫视打造绿色播出平台、提升收视、提供丰盛的原创作品等方面做了深入的分析，肯定了卡酷动画卫视的成绩。

26~28日 北京电视台参加了由广电总局主办、中国广播电影电视节目交易中心承办的“2010中国国际影视节目展”。展览由总编室组织，影视剧、卡酷动画、京视传媒、紫禁城影业等部门参与。在210平方米的展台上，集中展示了以《第一书记》、新版《红楼梦》、《江山如画》等为代表的一批我台优秀影视节目。展会上，京视传媒版权发行、手机电视部门以及紫禁城影业还进行了业务推广。

8月28日~9月4日 2010年首届世界武搏运动会在北京举行。北京电视台负责北京科技大学体育馆举行的5个大项：柔道、柔术、空手道、剑道、跆拳道的转播。体育节目中心专门成立了转播领导小组，并从各部门抽调精兵强将，多次召开有关部门和相关人员的协调会，针对赛会转播要求制定转播方案。并在人力、物力、财力、技术等方面都给予本次赛事转播极大的支持，有力地保证了电视直播在硬件、软件、传输和后勤等方面工作的顺利进行。体育频道每天进行大时段的转播，赛前加强主持人专业培训工作，整个节目由主持人和资深嘉宾全程串场包装，对同时进行的精彩赛事不能直播的，第一时间录像播出，确保武搏大面积广泛地传播。

31日 由北京电视台主办的“第二届海洋沙滩节”落幕。88天中，北京电视台报道组在前方演播平台完成了共计75次、51小时、3060分钟现场直播。与此同时，报道组还回传220条、490分钟新闻专题节目，在体育新闻各档节目中取得良好的收视反响。“海沙节”已从奥运会后的一项大型活动变身为一项独立的高端品牌运动休闲项目。“海沙节”不但是北京的品牌，也成为了 BTV 的品牌。“以活动办节目，以节目促活动”。体育频道面对靠天吃饭、竞争对手强大的困境，主动出击、大胆创新，及时推出了海洋沙滩节、鸟巢欢乐冰雪季等走出电视台的主题活动，初步完成了后奥运时代的转型。

8月 北京电视台《红楼梦》项目

的广告营销获得了全面成功，总体广告创收达6000万元，创造了北京电视台单部电视剧广告创收的历史之最。作为2010年的重点项目，《红楼梦》在“以销定产”的思路下，设计了4个全新的广告产品：《一人一个红楼梦》、《解梦红楼》、电视剧特约播映、电视剧首映礼独家冠名，这4个由《红楼梦》衍生出的广告产品在电视剧开播一个月前就全部顺利售出，创造了2000万元的广告增量。同时，依托《红楼梦》的优势资源，北京电视台与中国银行深度合作，联名推出“中银红楼梦主题信用卡”，首次将优秀电视作品的文化价值附加在金融产品上，锁定了特定的消费者，实现了电视媒体与金融行业的深度融合。

九月

1日 北京电视台赵多佳总编辑、张亮副总编辑会见了日本HBC北海道放送株式会社社长渡边卓先生等一行。会见中，双方商议了北海道“冰雪节”的相关合作事宜。赵多佳总编辑、张亮副总编辑介绍了《环球春晚》节目的制作情况。双方表示希望借“冰雪节”期间的合作为契机，拓展更多的机会和更广的领域，推动更深层更密切的合作。

2日 上午，张健民、汪家镠、陈广文等市老领导到北京电视台参观考察。市委常委、宣传部长、副市长蔡赴朝陪同。座谈会上，蔡赴朝首先对老领导到北京电视台检查指导表示热烈欢迎。他说，在市老领导的支持和关怀下，北京广播电视事业取得长足发展。近年来，北京电视台在节目内容、形态上不断探索、创新，制作能力不断提升，去年在全国率先实现了高清电视的制作和播出。北京广播电视台的成立，形成了完整的上下游产业链，同时也标志着本市文化体制改革正在逐步走向深化。北京作为全国12个三网融合试点地区之一，应当加快产业升级与发展，为三网融合、三屏合一创造更大产业空间。座谈会上，老领导们听取了北京广播电视台台长、北京电视台党委书记、台长王晓东的工作汇报，对北京电视台的工作给予充分肯定，同时提出了一些中肯的意见、建议，表达了殷切希望。老领导们还饶有兴致地参观了北京电视台观光大厅、科教节目中心、新媒体实验室、新闻高清演播室、BTV大剧院。

17日 北京电视台党委理论学习中心组举行扩大学习报告会，邀请国家广播电影电视总局宣传管理司司长金德龙同志作题为《广播电视宣传管理的思考》学习辅导。党委副书记窦晓东同志主持学习报告会。台党委理论学习中心组成员，全台副处级以上干部，各节目中心正、副制片人等200余人参加了学习报告会。

19日 北京电视台公共节目中心与北京市旅游局合作，圆满完成《“世界之城 美丽北京”第十二届北京国际旅游节开幕式》的直播任务。

20～22日 《大家说中秋》在北京卫视播出，雕琢满月古趣，唤醒月圆人圆的亲情记忆。节目延续了一贯的美学追求，古琴的悠远，琵琶的清脆，二胡的百转千回，古典而时尚，令人回味。《收听收看》表扬《大家说中秋》节目内容丰富，雅俗共赏。

20日 卡酷频道节目在北京电视台新机房播出。

20日 凌晨1时30分北京电视台

高清项目UPS电源增容改造工程，新装400KVAUPS电源成功与原有UPS电源实现并机运行，此次并机可满足网络制作高清节目的用电需求，提高安全供电的可靠性。

21日 北京电视台体育节目中心为响应北京恢复“第八套广播体操”的号召，特别策划拍摄了6分钟的公益宣传片。该片的拍摄是在国家体育场“鸟巢”、天坛公园、王府井百货大楼、北京电视台新址、朝阳公园“海洋沙滩狂欢节”等北京各具特色的场景中，由18位体育频道的节目主持人、知名劳模、著名演员、运动员以及众多健身爱好者共同参与完成。

23~24日 由北京电视台、北京人民广播电台、北京青少年发展基金会、雷子乐笑工厂联合举办的公益喜剧《蚁族的幸福生活》在BTV大剧院上演。北京电视台主持人栗坤、曹一楠、陈竞、玮琦、礼欢、一龙、韦至和北京电台主持人王一、郭炜、顾一菲、李娜为公益事业无偿出演。演出所得40800元汇入主持人爱心团设在北京青少年发展基金会的专项基金，用于捐助贫困学生和其他公益活动。

26日 北京电视台召开部分中层干部任免工作会议，集中宣布北京广播电视台党委和我台党委有关干部任免决定。北京广播电视台纪委书记王伟、党委办公室主任杨秀英出席会议。台领导班子成员和副科级（副制片人）以上干部约500人参加会议。会议由党委副书记窦晓东主持。党委副书记、总编辑赵多佳在会上宣读了有关任免通知。党委书记、台长王晓东结合此次干部调整，就我台干部工作特别是台风问题讲了一堂党课，重点围绕“什么是干部，北京电视台干部队伍和台风的现状怎么样，在BTV做一个什么样的干部”3个问题，进行了深入的阐述。对于北京电视台台风和干部队伍作风现状，王晓东重点从8个方面剖析了目前存在的突出问题，要求大家切实提高认识，时刻保持警醒，认真加以解决。他强调，一些较为严重的风气问题正在侵蚀和危害北京电视台的名誉和利益，影响了我台的工作效率和发展效益，给可持续发展带来威胁，也损害了正常的干部人才培养秩序、人际关系、工作氛围和发展环境。我们身处于传媒领域急剧变革的时期，面对各种复杂的困难和挑战，必须从风气抓起，切实转变不适应、不符合我台发展要求的思想观念、行为习惯和工作作风，营造一个和谐、进取、健康、温馨、风正、气顺的发展环境。王晓东指出：干部正，则风气正；干部强，则事业强。解决风气问题，首先要加强干部的作风建设，以此推动北京电视台的健康发展。他向全台干部提出七点要求：一是要坚持正义，明辨是非，养成浩然正气；二是要坚持原则，照章办事，树立优良风气；三是要坚持创新，锤炼本领，增强工作勇气；四是要坚持诚实，勤奋敬业，夯实奋斗底气；五是要坚持平凡，修身养性，培育健康心气；六是要坚持公正，带好队伍，聚集发展人气；七是要坚持底线，抵御诱惑，保持做人骨气。

同日 市委组织部常务副部长史绍洁率组织部调研组一行9人来北京电视台参观调研。北京广播电视台党委书记刘志远，北京广播电视台党委副书记、台长兼北京电视台党委书记、台长王晓东，北京广播电视台纪委书记王伟，北京广播电视台副台长苏仁先，北京电视台党委副书记、纪委书记窦晓东及北京人民广播电台领导等参加调研。调研会议由刘志远书记主持，会议围绕“如何加强和改进组织工作宣传报道”展开。王晓东台长首先从“领导重视”、“围绕中心做足文章”、“重要内容推出系列报道”、“常规报道及时跟进”、“栏目报道有声有色”以及“进一步增强组织工作宣传的吸引力、感染力”等方面简要汇报了今年以来北京电视台节目、栏目在加强党建宣传、组织工作宣传方面进行的探索和取得的成绩。史绍洁常务副部长代表调研组作了讲话。他首先肯定了电台、电视台在市委宣传部领导下，在创新发展方面所做出的成绩。针对党建和组织工作宣传报道，他从拓宽宣传报道形式、形成多方位的宣传格局、进一步加强与媒体的合作、健全日常工作机制以及进一步探索创新等方面提出了希望和建议。刘志远书记在总结发言中谈到，北京广播电视台将认真落实好调研组关于进一步加强和改进组织工作宣传报道的意见，在提高节目报道数量的基础上努力提升质量，实现北京组织工作立体化的宣传格局。

27日 由北京市委、北京市科委、北京电视台主办、北京电视台科教节目中心《魅力科学》栏目制作的《科技北京在行动》节目录制完成，近期将播出。节目旨在深入报道首都科技战线的丰硕成果，展现创新魅力。

同日 北京电视台新闻节目中心启动嫦娥二号系列报道——《飞天探月》，报道小组克服不能进入核心区、采访受限等困难，坚守职责、不言放弃，创造性地采写报道、完成任务：在十余天内累计发布消息、特写报道40多篇，制作了两期电视访谈节目《晚间观察》，以独特的视角，生动的语言，为观众解读“嫦娥二号”任务看点，并精心制作了迄今为止最深入揭示嫦娥二号任务情况、最细致反映此次任务中中国航天测控人员精神风貌的专题片——《探月先锋》……这些努力，为地方电视媒体报道探月重大题材积累了经验、探索出了新路。

28日 中国人民解放军总政治部群众工作办公室及驻京大单位群工部门领导约60人到北京电视台视察，首都精神文明建设委员会办公室陈冬主任、马润海副主任陪同。

29日 北京电视台团委参加了京报集团、北京广播电视台、北京同仁医院联合举办的文化卫生科技三下乡主题实践活动。京报集团、北京广播电视台为怀柔区北房镇中心小学送去了文体用品、音像制品和书籍等，组织记者与北房小学电视台记者进行了座谈，同仁医院医生为全校教师义诊。

9~11月 北京电视台《四海漫游》栏目与北京市旅游局合作，圆满完成了2010年北京导游员电视大赛的复赛、决赛、实景讲解展播和《星光耀旅途》颁奖晚会。

9月 前门大街开街一周年之际，北京电视台《这里是北京》栏目制作专题节目《前门情思话古今》。

十月

1日 北京电视台海外节目中心制作的8∶1超高清宣传片《灵动北京》、《国旗颂》开始在天安门广场大屏幕播出，宣传片以大气磅礴、饱含艺术感的方式展现首都风采，歌颂祖国成就，得到了国内外观众和市委宣传部、天安门管委会领导的好评。

8～13日 6集大型系列节目《人文之都》在北京电视台卫视频道节目以时尚的演播室设计、高端的技术手段、严谨的布局谋篇和丰富的内容展示，将抽象的理论视觉化、趣味化。根据研发部统计，《人文之都》的收视人群集中在高学历、高收入的高端受众，创造了同类节目的高收视率。

15日 北京电视台团委联合北京电视台总编室信息资料管理科在新台35层阅览室，举办了部分团员青年参加的读书座谈会。大家围绕“我最近读过的书”、“向朋友推荐的好书”、“怎样营造读书氛围”、“对阅览室的建议”等问题展开了热烈的讨论。

同日 北京电视台新闻节目中心在《北京新闻》栏目推出《回眸十一五展望十二五》系列报道，回顾北京市“十一五”经济社会发展取得的辉煌成就，宣传5年来北京市改革开放和现代化建设的宝贵经验，展望“十二五”发展的美好前景。

16日 北京市老龄委、北京电视台生活频道联合推出了一档全新的老年节目——《咱爸咱妈的美好时代》。

同日 《中国节　中华情》的收官之作《大家说重阳》最后一集播出，为期一年的岁时盘点画上了句号。《大家说重阳》结合昆曲的“念做身段”为节目表情达意服务，再一次更新了视觉表意系统。《中国节　中华情》节日文化系列节目品牌已经形成。

18日 北京电视台新闻专题科承担了为市委书记刘淇制作反映北京城乡结合部建设成就的汇报片《明天更美好》。经过一个半月的采访拍摄和后期制作，并顺利通过牛有成、夏占义等市领导的严格审核，圆满完成这项工作。

19日 文化部文化产业司司长刘玉珠、副司长高政一行来北京电视台调研动漫文化产业发展情况。北京电视台副总编辑张强和卡酷动画相关领导出席了调研座谈会。根据中央编办对动漫产业的相关管理规定，由文化部牵头指导管理全国动漫产业的发展。文化部产业司领导此次调研旨在了解卡酷公司目前的发展状况、公司下一步发展需要政府哪方面支持、对发展我国动漫产业的想法和建议、对文化部动漫工作的意见和建议以及对扶持原创动漫优秀作品的建议和想法等情况。调研会上，张强副总编辑提出，希望与文化部动漫集团联手，探讨突破现有动漫发展瓶颈的方式，打通渠道建设，利用平台优势，达成进一步合作。其他与会人员也对文化部领导的问题一一作出解读，双方进行了积极的探讨。

同日 北京电视台张亮副总编等会见了以色列国防军新闻发言人贝内亚胡准将一行。来宾参观了我台观光大厅、播出机房、新闻高清机房、BTV大剧院等设施。贝内亚胡准将对北京电视台取得的巨大成就表示祝贺，并祝愿北京电视台今后取得更大的发展。

同日 第二届环球春晚启动仪式在北京电视台新址41层举行。北京市外宣办王慧主任，北京市旅游局孙维佳副局长，北京电视台赵多佳总编、张亮副总编等台领导和多国驻华使节参加了仪式。

21日 下午北京市广电局局长李春良、副局长杨培丽、纪检组长王立平、总工程师何桂芝及局高清监管小组相关处室成员来北京电视台对频道高清化工作进行现场调研。北京电视台赵多佳总编辑、田方总工程师及高清化工作相关人员出席了调研会。田方总工程师从高清技术工程项目建设、培训演练工作安排、流程规定文件编写三个方面汇报了目前北京电视台频道高清化工作的进展情况。局科技处安凭汇报了媒资共享平台项目的建设情况。会上，李春良局长对北京电视台频道高清化工作取得的显著进展和成效表示肯定，希望继续推进资金使用、设备搭建、培训演练、管理机制等各项工作的落实到位，在确保安全播出的前提下圆满完成市委市政府部署的任务。李春良局长表示媒资共享平台现在面临怎么使用的问题，北京电视台可以考虑该平台的使用管理和开发运营。会后，在田方总工程师的陪同下，市广电局领导现场观看了媒资中心平台功能演示，检查了高清制播网主干机房、高清传输机房、高标清播出机房、高清新闻机房等高清系统机房的建设情况。

21～26日 大型纪录片《和你在一起》播出。这部纪录片以冷静、深入的观察视角记录了一段波澜壮阔的援建历程。以人物的心灵轨迹、命运变迁为线索，叙述饱含生命质感和人文情怀；以丰富的视觉手段再现了一个个工程奇迹被缔造的过程。在全国同类反映对口支援的专题纪录片当中，《和你在一起》堪称大制作、高品质，高度配合了市委宣传部的宣传。

21日 由北京电视台公共节目中心《平安生活》栏目与北京市民防局合作，制作播出“民防杯—防空防灾公共安全知识竞赛决赛”。

22日 北京电视台海外节目中心与北京电视台青少节目中心整合后统一规划的新青少频道发展提案在编委会顺利通过。青少·海外节目中心随即进入高效实施阶段，第一阶段重点推出6档日播栏目，打造晚间“三益＋三高”的两大黄金节目带，以益智、益能、益心的《北京青年》、《书香北京》、《谁在说》和高影响、高品位、高价值的《军情解码》、《北京客》、《探索》形成连续不断的晚间收视冲高带，打造青少频道新形象，力争形成青年观众预约收视。周末娱乐节目和大型活动的筹备也同时启动。2011年1月1日，新节目将正式播出。

26日 由国家人防办、北京市人民政府共同主办，北京市民防局、北京市委宣传部协办，北京电视台、北京市歌剧舞剧院共同承办的“人民防空之歌”庆祝新中国人民防空创立60周年大型文艺晚会在京西宾馆举行。整台晚会以历史的脉络、百姓的视角将人民防空工作者的奉献精神贯穿始终，通过“使命的交响”、“奉献的旋律”、“和平的乐章”三个篇章，共同奏响一曲60年之久的“人民防空之歌”。由少年儿童合唱《永远的蓝天》与人防联唱进行首尾呼应，来自东南西北不同地域的戏曲演员用京剧、昆曲、黄梅戏、越剧共唱人防等主题鲜明的节目与大屏幕中人防史料视频今昔配合，将人防60年的变化全景呈现；著名朗诵艺术家瞿弦和与表演艺术家宋春丽朗诵的诗歌《人防颂》，气势宏大地表现了“领导关怀、全民建设、创新发展”等主题；著名影视演员肖雄、侯勇、温玉娟、胡亚捷身着人防迷彩服朗诵的诗歌《特殊的事业》，更是将人防人几十年默默耕耘、不问回报的精神进行了高度呈现和热情赞颂。“人民防空之歌”

庆祝新中国人民防空创立60周年大型文艺晚会时长90分钟，于11月1日22:30分在卫视频道播出。

28日 “北京电视台与七所高校共建实习基地”签约仪式在北京电视台举行，清华大学校党委副书记邓卫、北京大学校务委员会副主任王丽梅、中国人民大学党委副书记马俊杰、北京航空航天大学副校长郑志明、北京邮电大学副校长张英海、中央财经大学副校长梁勇、中国传媒大学副校长高福安7所高校代表与北京电视台台长王晓东签署协议共建实习基地，旨在创新人才培养使用模式，提高北京电视台可持续发展能力。

29日 北京电视台团委组织12名单身青年到房山北方温泉会议中心参加“相约青春携手未来”市直机关第四届青年联谊活动。这次活动有市机关工委、市教委、京报集团、北京电视台等9家单位的100名青年人参与，男女各半。通过开展趣味寻缘运动会、青春联谊会，大家认识了许多新朋友，也为今后进一步交流打下了良好的基础。

十一月

1日 由北京电视台京视传媒手机电视业务独家提供技术平台并负责运营的BTV多媒体手机杂志正式在北京地区上线运营。BTV多媒体手机杂志将以北京电视台自有节目为主要内容来源，同时整合其他各方面的优秀视频节目资源；BTV多媒体手机杂志通过视频、图文相结合的形式，加强了手机电视业务与传统短信业务的融合，大大增加了用户体验；BTV多媒体手机杂志为日报型多媒体手机杂志，每周一至周五下午为用户发送。

4日 北京广播电视台党委书记刘志远率台领导班子成员和各部室正副主任来北京电视台调研。北京电视台党委副书记窦晓东、副台长邵宣堂及党委办公室、办公室、总编室、研发部、总工办等部门负责人参加调研活动。

8日 北京电视台新闻节目中心和北京电视台公共节目中心进行整合，建立公共·新闻频道。打造北京地区本土新闻信息权威发布平台。

10日 由北京电视台承办的2010年度中国播音主持“金话筒奖”颁奖典礼在国家大剧院隆重举行。北京电视台姜华、王业等共45位播音员主持人喜获“金话筒奖”。晚会上，代表了不同时代声音的播音员主持人、当下活跃在播音主持界的新生力量以及众多明星嘉宾，和现场2000多名观众一起见证了本年度“金话筒奖”的颁奖盛况，为今年中国人民广播事业70岁生日献上了一份厚礼。

同日 “2010时尚大典”新闻发布会在北京电视台举行，这标志着本届时尚大典正式启动。发布会上，公布了北京电视台与时尚集团联手共同打造的中国时尚领域最具影响力传媒大奖。该奖项的确立历时8个月，通过众多领域文化名人、媒体精英层层提名、筛选，紧密围绕本次大典的立意“时尚改变生活”最终确立了4类21项大奖。

11日 市委组织部、市委宣传部在北京电视台BTV大剧院举办了“做党性最强的组工干部”演讲比赛决赛。在近3个小时的角逐中，13名组工干部围绕自己身边的人和事，从不同角度阐述了组工事业的创新发展和组工干部的职业追求，诠释了选手们对党性的理解与思考。选手们的精彩表现，不时赢得阵阵掌声。市委常委、组织部长吕锡文观看了比赛。此次比赛由北京电视台录制播出。

12～27日　党委书记、台长王晓东，党委副书记、总编辑赵多佳，党委副书记窦晓东分别带队前往广州，看望慰问北京电视台赴广州亚运会报道团队。

15日　北京电视台文艺中心栏目《每日文娱播报》正式上线直播。《每日文娱播报》的直播，是北京电视台文艺节目中心自1986年建制24年来，首次实现常态节目的直播，它意味着北京电视台文艺节目中心在节目制作、技术手段、人员业务素质方面又上了一个新台阶。

21日　“献出你的爱——百姓爱心故事颁奖晚会”在北京电视台大剧院隆重举行。两次为素昧平生女孩捐献骨髓的法官厉莉、用爱心与包容帮助艾滋病患者的地坛医院护士长王克荣、环保小卫士张海高云等10位“百姓爱心明星”登台亮相，接受闪亮的奖杯和观众的掌声。整场晚会围绕“爱心北京”的主题，以“百姓爱心明星”颁奖为主线，通过主题单元的形式将获奖的百姓爱心故事原汁原味地搬上舞台，为观众打开了一幕幕真实的爱心画卷。晚会的原创节目全部取材于百姓故事，部分服装道具也由热心百姓提供。真实生动的场景，感人至深的剧情，原汁原味的精彩演绎，收获了观众感动的泪水，也收获了一次又一次真挚的笑声和热烈的掌声。晚会于12月5日21∶35分在北京卫视频道播出。

22日　北京电视台深入学习贯彻十七届五中全会精神党员干部大会在BTV大剧院召开。北京广播电视台党委书记刘志远、党委办公室主任杨秀英出席大会。全台共产党员和副科级以上干部近1000人参加了大会。大会由党委副书记、总编辑赵多佳主持。党委副书记窦晓东作了题为《深入学习贯彻十七届五中全会精神，努力开创北京电视台科学发展的新局面》的讲话，紧密结合北京电视台面临的形势和任务，对深入学习贯彻五中全会精神、进一步加强北京电视台党的建设，进行了全面部署。

25日　由北京电视台广告部主办的“创新融合，携手共赢——2011年北京电视台广告政策说明会”在北京隆重举行。北京电视台台长王晓东、总编辑赵多佳、副台长邵宣堂、总工程师田方、副总编辑张强、副台长王澎，各节目中心、总编室、研发部、计财部等相关部门的领导，以及来自广告界、企业界的300余位嘉宾，共同出席了此次会议。大家共同分享了2010年的“双赢”成果，展望了2011年的美好合作前景。

27日　广州亚运会圆满结束，北京电视台体育节目中心两支公共信号制作团队也圆满完成任务。沙滩排球团队完成全部74场比赛的信号制作，共约74小时，制作赛事集锦约200分钟。跆拳道、空手道团队共完成15天比赛上百场次的赛事转播，制作公共信号约70小时，赛事集锦65分钟。团队成员克服了人员少、工作量大、工作时间长、就餐时间不规律、南北方气候反差大等困难，出色完成转播报道任务，得到GAB领导的充分肯定。

30日　在“2010 Promax&BDA Asia”颁奖典礼上，北京电视台卡酷动画卫视作为大陆地区唯一获奖的电视媒体摘得本年度“Promax&BDA Asia”“最佳在播频道品牌”（BEST ON－AIR CHANNEL BRANDING）金奖桂冠，迪斯尼紧随其后摘得银奖。“Promax&BDA Award”被誉为电视包装行业的“奥斯卡”，众多国际知名电视机构和国际一流媒体制作公司的数千部作品参与角逐，被国际公认为该领域的最高奖项。此次获奖，是对北京电视台及卡酷动画卫视制作水平的高度肯定。

同日 《北京娱乐信报》刊发首期“BTV专版”，以整版篇幅全面报道了北京电视台“春晚播出带”概念及晚会节目亮点。今年10月，北京电视台与《北京娱乐信报》签署了宣传合作协议，《北京娱乐信报》将以每周一次、每次一版的篇幅刊发“BTV专版”。“BTV专版”将借助《北京娱乐信报》覆盖地铁受众的特色和优势，全面介绍北京电视台大制作、大活动、名主持人和观众关注的热门话题，以扩大北京电视台节目的影响力。

11月 第十一届全国电视新闻通联工作会在武汉召开，来自中央电视台、各省级、计划单列市电视台的代表参加了会议。北京电视台新闻节目中心李大功获2010年“优秀通联个人”奖、聂一菁获2009年中央电视台新闻协作奖之“十佳出镜记者”奖。今年1～9月中央电视台各档新闻节目共选用北京电视台提供的新闻1129条，其中58条新闻在《新闻联播》中播出，特别是11月20日全国通联会开幕当晚，北京电视台提供的新闻《回眸“十一五”展望“十二五”：“森林进城公园下乡”北京建设绿色宜居城市》在《新闻联播》中作为头条播出，有力地宣传了北京在“十一五”期间取得的丰硕成果。

十二月

1～2日 北京电视台举办了两期消防安全与实操演练培训，14个部门的1100余名工作人员参加了安全培训和消防器具的实操演练。参训人员增强了消防安全意识，学习了安全逃生技巧，提高了实操演练能力。

3日 由市委宣传部、市民政局和首都慈善公益组织联合会主办的《善行天下——第三届首都慈善晚会》在BTV大剧院由北京电视台完成录制。晚会分为“三加一”两大部分。“三”是三个颁奖项目，分别为“善行天下项目奖”、“善行天下个人奖”、“善行天下企业奖”。“一”是针对北京对什邡援建工作的成果，采取由点及面的表现形式，现场采访援建工作中表现突出的个人。来自什邡市的小朋友向丁向阳副市长赠送了一串钥匙，表达了什邡市民欢迎北京市民到家中做客的美好心愿。市长郭金龙为10家积极投身慈善事业的首都企业颁发了“商界彩虹心”荣誉牌匾。他代表市委、市政府向获奖单位和个人、向为慈善公益事业作出贡献的人们表示崇高敬意，向所有关心支持慈善公益事业的首都市民表示感谢，并对本次晚会给予了充分肯定。郭金龙市长说，今天这场活动很好，很有意义，所有的节目都非常感人。

4日 2010年北京电视台职工羽毛球团体赛在北京工业大学奥林匹克体育馆举行。北京电视台34支代表队共300多名职工参加了本次比赛，台长王晓东、副书记窦晓东、副总编辑张强、北京广播电视台工会办公室主任罗霄来到比赛现场，并为比赛开球。

经过一天激烈角逐，最终体育节目中心代表队获得冠军，制作部代表队获得亚军，办公室代表队获得季军。第四至六名分别被财经节目中心代表队、生活节目中心代表队、新闻节目中心代表队获得。制作部代表队二队、技术设备管理部代表队、公共频道节目中心代表队、文艺节目中心代表队、行政部代表队二队、青少年节目中心代表队并列第七名。

同日 BTV 手机电视财经平台正式上线，该平台主要包括 BTV 财经频道及精品理财两个板块；精品理财可进行收费运营，主要包括翔龙八涨和股灵精等财经产品。

9日 市委宣传部副部长严力强来北京电视台听取了“2011 年 BTV 春晚”、“网络春晚”、“环球春晚”的筹备、宣传情况及卫视、青少、公共·新闻频道的改版编排方案的汇报。严力强副部长对三台春晚的整体策划筹备工作表示满意，同时指出主春晚的整体感觉要温馨，要控制好节奏，增加什邡、玉树元素；网络春晚应注重网络传播特色，突出与一般文艺节目的差异化；环球春晚的内容要国际化，重视推广品牌的影响力。

10日 北京市园林绿化局局长、首都绿化委员会办公室主任董瑞龙率市园林绿化局相关部门领导一行前来北京电视台慰问新闻节目中心工作人员，并向北京电视台赠送锦旗——“营造舆论环境共建绿色北京”。北京电视台台长王晓东接受锦旗，副总编辑朱江及办公室、新闻节目中心等部门负责同志参加座谈并陪同参观。

14～16日 北京电视台工会在全台范围内召开了 3 场职工代表座谈会，围绕推动北京电视台各项工作和事业发展听取职工代表意见、建议。党委副书记窦晓东、副台长邵宣堂、总工程师田方、副总编辑张强、副总编辑朱江、副总编辑张亮、副台长王澎分别参加了座谈。来自北京电视台 34 个部门的 60 名职工代表畅所欲言，从北京电视台政策制定、节目发展、经营创收、职工生活等方面提出了很多建设性意见。

18日 由北京电视台体育节目中心和国家体育场联合主办的第二届“鸟巢欢乐冰雪季”开幕，海内外游客蜂拥而至鸟巢，引起包括中央电视台、北京电视台、路透社等各大媒体纷纷聚焦、争相报道。本届冰雪季在延续去年成功举办经验的基础上，加入了更多可看、可玩、可体验的新鲜亮点，游客朋友在冬季的鸟巢不仅可以饱览冰雪奇景，更能够全方位地感受到冰雪游乐的快乐与激情。

20日 当日凌晨，北京电视台卫视频道高标清同播开播仪式在播出机房举行。台长王晓东、总工程师田方、副总编辑朱江、副总工程师李迅和办公室、总编室、总工办、播出部、动力部、网管部、卫视节目中心、新闻节目中心等部门负责同志参加了仪式。6 点整，王晓东台长按下控制按键，卫视高标清信号顺利准时播出。此次高标清同播顺利开播标志着北京电视台 6 个高标清同播系统如期完成。播出不仅采用了新的软、硬件设施，而且绝大部分节目是通过高清总编室备播库传送到高清播出备播库再迁至播出服务器播出，实现了真正意义上的全台高清网络化制播流程。这意味着北京电视台的网络制播技术又迈上了一个新台阶。

22日 由北京电视台和时尚传媒集团

联合主办的“2010 中国时尚大典颁奖晚会”在国贸大酒店举行。北京电视台台长王晓东、总编辑赵多佳、副总编辑张亮及时尚界人士、众多国内当红艺人参加了时尚大典。“2010 中国时尚大典”将于12月27日19:40在北京卫视播出。

23日 《文明新北京》——“做文明有礼的北京人”主题晚会在人民大会堂隆重举行，北京电视台对晚会进行了录制。1000多位首都文明模范代表聚集在国家殿堂，宣扬文明有礼的传统美德，号召市民为建设美丽的家园、和谐的社区、文明的社会努力，为创建多文化融合的首都、世界的北京贡献自己的力量。晚会以“个、十、百、千、万”文明模范的5个献词环节为主体，贯穿了多种形式的10个文艺节目，场上场下互动热烈，呈现出庄严的仪式感。在亚洲爱乐乐团的伴奏下，林妙可童声朗诵《我爱你，北京》拉开了晚会的序幕。随后，中共北京市委副书记王安顺同志上台为濮存昕、章子怡、蔡明、冯巩颁发了“做文明有礼的北京人”活动的形象大使聘书。在蔡国庆、白雪、叶蓓、郝歌和台上1700名演员共同演唱的主题曲《可爱的北京》中，在3700名观众舞动着“做文明有礼的北京人”的红旗中，晚会落下了帷幕。《文明新北京》——“做文明有礼的北京人”主题晚会于2010年12月28日19:40分在北京卫视播出。

25日 根据市委、市政府的统一部署和北京电视台党委的精神，北京电视台公共·新闻节目中心于近期陆续在新疆和田、西藏拉萨、青海玉树设立记者站，选派精干采编力量驻站，跟踪记录并宣传报道北京对口援建少数民族地区和地震灾区工作。25日新闻节目中心选派有着多年新闻实践经验的王毅和牛月华首批驻站。未来4个月时间里，他们将深入北京援建新疆和田的最前沿，采访发掘援建工作中的感人故事，随时向北京发回援建工作第一手新闻资讯。

28日 北京电视台领导班子召开以“贯彻落实《党员领导干部廉洁从政若干准则》，切实加强领导班子作风建设”为主题的民主生活会，党委书记、台长王晓东主持，北京广播电视台纪委书记王伟、纪检监察部主任侯召国、市委宣传部干部处张正江到会指导。

29日 北京电视台高清新闻网正式投入使用，新闻中心开始网络化制作、备播、直播业务。文艺节目中心正式通过高清综合制作网和主干平台、总编室编播系统进行网络化制作、备播流程。29日凌晨6时，文艺频道正式启动高清播出。

同日 7点，BTV350高清新闻演播室暨新闻高清非线制播系统正式启用，总编辑赵多佳、总工程师田方、副总编辑朱江、副总编辑张亮等领导参加启用仪式。赵多佳总编辑指出，350高清新闻演播室暨新闻高清非线制播系统的正式启用，是北京电视台高清化技术改造的重要节点，标志着北京电视台新闻制作播出技术又迈上了一个新台阶。

30日 在国务院新闻办公室举行了本年度最后一场新闻发布会后，中共中央宣传部副部长、中共中央对外宣传办公室主任、国务院新闻办公室主任王晨接受了我台《新闻发言人》栏目独家专访。当记者问及新的一年对新闻发布工作报道的期许时，王晨主任表示：“非常感谢媒体对于我们国家新闻发布制度建设的支持，我再着重地说一下就是，北京电视台对于我们国务院新闻办的新闻发布会一直是给予积极的报道，我看了你们《新闻发言人》的专题报道，我觉得报道得很好，希望能够在新的一年里，我们的媒体，也包括北京电视台能够更加积极更有深度地报道我们的新闻发言人的各个方面的情况、制度和发布会的情况。”

同日 北京电视台亚洲杯足球赛报道组首批成员出发前往卡塔尔，为体育频道及多档综合新闻节目提供新闻素材和注入点对播。报道组将在前方搭建简易工作室，进行访谈、谈话类节目的录制，拍摄新闻专题向国内回传，并尝试3G网络视频连线对播，进行新形态节目报道方式的探索等。

31日 北京电视台卫视节目中心录制《炫彩北京新年跨越”三维灯光楼体秀》拉开2011年新年跨年活动的序幕。

同日 北京电视台举行了向黑剑先生颁发特邀记者聘书暨为其“南极行”送行的仪式。北京电视台台长王晓东以及相关部门负责人参加了仪式。黑剑先生是知名的旅行者，他作为北京电视台的“特邀记者”将在“南极行”的旅行途中携带印有北京电视台台标及LOGO的旗帜和宣传品沿途进行展示，并邀请与南极有关的人士在旗帜上签字留念。北京电视台邀请黑剑先生为北京电视台特邀记者，聘期一年。王晓东台长向黑剑先生发放聘书、摄像机，授予其BTV旗帜、BTV LOGO标版。

索　引

索 引

汉语拼音索引

Z

数字索引

英文字母索引